STANDARDIZED CHILDHOOD

THE POLITICAL
AND CULTURAL STRUGGLE
OVER EARLY EDUCATION

标准化童年

美国学前教育的政治与文化之争

[美]布鲁斯·富勒（Bruce Fuller）著
宋映泉　张眉　程静　译

教育科学出版社
·北京·

推 荐 语

如同书名所示，本书尖锐地揭示了美国普及学前教育运动背后一个重大而深刻的问题。社会精英代表公众利益所推动的理想化的普及教育方案，往往具有“准顶层设计”的色彩，在自上而下的操作中形成统一化的体制。这一过程对儿童的丰富性和家庭教育多样化需求的忽视，造成了大量有违教育理想的“标准化童年”。

作者对美国学前教育历程的研究，对于认识中国当下的教育发展极具启示。一方面，从实现普及义务教育目标到全社会为学业负担过重、培养“考试机器”所困，问题始终存在。高速发展的学前教育，则面临重归“大一统”体制以及新生儿童数量锐减的巨大冲击，从制度和政策层面破解这一困境困难重重。另一方面，社会现代化运动本身具有追求效率、理性化、标准化等特征。与书中讨论的中国儿童培养的“第三种方式”相比，北欧国家通过大幅度向家长和社区赋权，促进家庭园、社区园的发展，可能是一个更值得认识和借鉴的路径。

——杨东平（国家教育咨询委员会委员、21世纪教育研究院院长）

长期以来学前教育研究领域主要以心理学为学科视角，鲜有基于政治学、文化学、政治社会学、政策社会学等社会科学视角的研究，《标准化童年》恰好可以为学前教育研究转换或增加新的跨学科视角提供借鉴。最近几年我国似有开展儿童学研究的趋势，从哲学、历史学等学科角度来研究儿童和童年的本质、性质及其与社会的关系，本译著的出版也恰好为儿童学的研究拓展提供了启示。当前我国正处在学前教育普惠性发展阶段，为儿童提供均衡化的教育条件，保障幼儿教育的基本权利，成为主要的政策取向。本译著的出版一方面可以帮助我们了解美国学前教育普及中政策和文化等因素影响导致的“标准化童年”的问题，另一方面也可以为我们更好构建促进儿童全面发展的幼儿园教育体系提供参考。

——朱旭东（北京师范大学教师教育研究中心主任）

布鲁斯·富勒所著的《标准化童年：美国学前教育的政治与文化之争》以一位美国学者的观察与视角，梳理了20世纪70年代以来美国普及学前教育运动中的政策制定过程及其背后的政治文化体制。书中对儿童的本质、学前教育的目的与质量要素等问题进行了深入剖析，对如何以不同的理论框架去透视教育面临的复杂性问题，并通过研究设计给教育政策制定者提供可参照的证据，进而以高质量的学前教育关照儿童发展中的差异性与标准化等关系提供了新的视角。政策推行中的美国经验也给中国学前教育发展带来诸多启示：统一的幼儿园模式未必能适应所有家庭的育儿需求；制定多元化的政策以促进不同类型幼儿园的建设，也许能更好地适应当下中国学前教育倡导的以公办为主的发展路径；内涵建设已成为幼儿园持续发展的主要路径，即通过关注过程性质量要素、提升师幼互动的质量、提高幼儿教师的专业敏感性及对儿童语言的反应将有助于幼儿社会性技能和情感的发展，也能促使幼儿更好地应对未来社会的需求。这本书值得一读，特此推荐。

——侯莉敏（广西师范大学教授）

任何人拿到这本书，一定会首先被书名所吸引。“标准化童年”，很具视觉和思维的冲击力。无论如何，“童年”是不应当被“标准化”的。“标准化”一词很容易让人联想到工业化流水线的生产模式：统一标准，整齐划一。当“标准化”一词用于童年，一定是带有贬义的。究竟这本书所说的“标准化童年”的含义是什么呢？带着这个问题，我开始了对于本书的阅读理解之旅。

全书读下来，我大概明白了作者所说的“标准化童年”的含义。作者用“标准化童年”这个颇具贬义的词来抨击发生在美国的、由政府推动的普及学前教育运动。自 2010 年以来，我国也在政府主导下推动学前教育的普及普惠。由于中美两国普及学前教育的背景和面临的问题有较大的差异，因此，为了帮助中国读者更好地理解本书，有必要对美国普及学前教育运动的背景做一简单的介绍。

从 20 世纪 60 年代反贫困运动开始，美国政府就用公共资金为处境不利的儿童及家庭提供补偿性质的托幼服务与早期教育，这就是著名的自 1965 年问世的“开端计划”（Head Start）。70 年代以后，随着越来越多的妇女加入劳动力市场，人们对家庭以外的托幼服务的需求日益增强，在美国出现了针对不同家庭需要的各种不同类型的学前儿童保育和教育机构。学前教育的市场化供给，导致不同类型机构之间的教育质量参差不齐。与此同时，如何缩小长期以来存在的学生在学业成就上巨大的贫富和种族差距，一直是美国社会一个重要的政治议题。大量研究证明，这种差距实际上在儿童入学前就已经存在（这里的“学”实际上是指招收 5—6 岁幼儿的学前班，即 kindergarten。在美国，学前班是正规学校教育的开端）。因此，提供高质量的学前教育（preschool）被看作是缩小入学准备上的贫富和种族差距的有效策略。1989 年布什总统和联邦政府提出“所有美国儿童都要有机会接受高质量的、适合儿童发展的学前教育方案，从而为入学做好准备”。2002 年 1 月布什政府签署实施《不让一个孩子掉队法案》，开始了本书所说的“普及学前教育运动”。很多州开始对 4 岁幼儿提供免费的、自愿的（非强制性的）“先学前班教育”（Pre-K）。为了解决原先市场化供给带来的教育质量良莠不齐的问题，这场主要由州政府推动的“普及学前教育运动”所采取的措施，一是在公立学校办“先学前班”，即在学前班的基础上往下延伸一年；二是制定早期学习标准，强调早期学习标准和 K-3（学前班至三年级）标准的一体化。在布什总统倡导的“良好开端，聪明成长”计划（Good Start，Grow Smart）的要求下，很多州制定了与小学直至初中的学习标准相联系的早期学习标准，尤其是读写和数学方面的早期学习标准，使“儿童在入学以前所做的和在入学以后对他们的期望”之间建立联系，这些标准也成为幼儿园和小学教师的培训内容以加强学前教育和学校教育之间的连续性。同时，各州对学前班的班额大小、师幼比、教师培养和资格要求、课程标准及对家庭的支持性服务等也有较严格的规定。这应该是本书所说的“普及学前教育运动”的发生背景。

普及学前教育（包括制定早期学习标准）是近几十年来世界学前教育发展的潮流和趋势。解决入幼儿园的“难”、“贵”和“质量”问题，是每个国家在普及学前教育过程中共同面临的问题。各个国家，因着社会制度和文化背景的不同，在普及学前教育的做法上可能有所不同。以公办学校（幼儿园）为主要办学主体，制定统一的办学质量标准和学习标准的做法，在我们的社会制度和文化背景下，是能够为社会大众所普遍认可接受的。但是，由于美国社会的多元文化背景以及崇尚个体自由和选择的文化传统，这种以“统一标准”的公办幼儿园（或先学前班）取代原先遍布社区、契合社区文化背景和家庭需要、丰富多样的儿童保育和教育机构的做法，就不能被所有人所接受。在本书作者看来，这种自上而下、政治化推动的制度化的学前教育正是在“标准化童年”。其实，被作者抨击的这种试图以“统一标准”推进普及学前教育的努力，迄今为止在美国并没有完全实现其目标。通过本书，我们可以了解到美国各州是如何通过各种艰难的“政治博弈”来推动普及学前教育运动进程的。在作者笔下，历史与现实、政治与文化，多种因素交织在一起，犹如色彩丰富的“调色盘”，描绘了美国各州普及学前教育运动发展的不同图景。

跨越社会制度和文化背景，本书所提出的一些问题和观点值得我们所有学前教育研究者思考——“童年由谁定义”“哪些儿童从幼儿园受益”等等，启发我们更全面地思考幼儿园教育对于所有幼儿应有的价值，进一步深化研究，更加公平地推动普惠性学前教育的发展。

当前，我国普惠性学前教育被定位于“非基本公共服务”。“成本分担”和“多元化供给”是“非基本公共服务”的两个基本特征。因此，“普惠性幼儿园”是由公办幼儿园和普惠性民办幼儿园共同构成的。如何以“公平和质量”为价值导向，更好地推动普惠性学前教育发展，办好每一所普惠性幼儿园，是我们当前和未来面临的挑战。可以采取哪些政策，来更好地扶持、规范和激励普惠性民办幼儿园的发展，满足幼儿和家庭的多元化需要？从本书对于美国各州政策的介绍以及关于“标准化童年”的批评中，我们也可以获得一些有益的启发。

本书内容非常丰富，值得反复阅读思考。作者分析问题的独特视角、令人耳目一新但又有理有据的观点，值得借鉴与学习。

——刘焱（北京师范大学教育学部教授）

《标准化童年》绝对会叫一些人火冒三丈，同时也会得到另一些人的鼓掌称颂。“标准化童年”一词精辟而明晰地对学前教育的普及做出了概括。

——苏珊·纽曼（Susan Neuman）

美国教育部前中小学教育助理部长，密歇根大学教育学教授

《标准化童年》是当今所有关心美国学前教育的人必读的一本书。布鲁斯·富勒直面了这一领域的种种棘手难题。学前教育应该普及吗？谁来为此买单？以及，怎样做才能提供平等的入园机会？本书针对美国的学前教育现状进行了令人耳目一新的深刻观察。

——珍妮·布鲁克斯-冈恩（Jeanne Brooks-Gunn）

哥伦比亚大学教授

以注重个体主动性、关注文化差异和尊重组织多元化等价值观为基础，布鲁斯·富勒的分析对那些崇尚“统一的最佳学前教育体制”的理念提出了疑问。本书以一种态度鲜明而毫不妥协的方式写就，揭示了当今美国儿童保育和教育领域所面临问题的复杂性，既可能启发，也可能激怒投身于普及学前教育运动的政策制定者和实践者。

——塞缪尔·J. 迈泽尔斯（Samuel J. Meisels）

埃里克森研究院院长

生动、清晰，叫人欲罢不能。一手资料比比皆是，全部来自正在尝试普及学前教育的美国各州和各个城市。在有关这一主题的所有书籍中，这是我读过的论述最完整、最有趣的一本。它似讲故事般娓娓道来，而没有将一大堆学术术语抛到读者眼前。想必每个谈及学前教育的人都会从富勒这本书中引用几句。

——杰伊·马修斯（Jay Mathews）

《华盛顿邮报》教育专栏作家

本书对普及学前教育运动做出了直率而令人深思的批评。最根本的问题不是我们是否要为学前教育制定政策，而是应当制定怎样的政策。在与教育政策相关的问题中，此时提出普及学前教育的问题恰逢其时，对当前美国的公立学校教育最有可能产生长期的影响，最有可能带来改变。

——辛西娅·加西亚·科尔（Cynthia García Coll）

布朗大学教授

在这本令人大开眼界的书中，布鲁斯·富勒揭示了普及学前教育运动的倡导者们拼命想要隐瞒的儿童保育的真相。富勒将孩子们的利益置于政治利益之上，以罕有的真诚揭露了普及学前教育运动夸张的、滥用的，有时甚至是彻头彻尾的欺骗性的言论。家长们需要知道关于儿童保育的真相，而富勒博士值得他们信任。

——达西·奥尔森（Darcy Olsen）

戈德华特研究院院长兼首席执行官

通过政治化的推动将学前教育体制化，建立一个放之四海而皆准的一刀切的学前教育项目正是本书真正批判的对象——本书击中了靶心。书中有确凿的批评和分析。本书确有公之于众的必要，尤其在当下，在研究人员、政策制定者和学前教育从业者都在争取令公众关注美国儿童的现状之际。这是一本必读之书。

——尤金·E. 加西亚（Eugene E. García）

亚利桑那州立大学副校长

译者的话

宋映泉

一

2006年6月6日，美国加利福尼亚州（以下简称加州）的选举日。除了其他选举提案，选民们还要对一个名为“面向所有家庭的学前教育”（Free Preschool For All）的提案投票，这就是在美国学前教育界有名的“加州82号提案”。

该提案的目标是为加州“所有4岁儿童提供免费非强制的优质学前教育”。为了实现这个目标，选民们只需授权州政府向全州最富有阶层（收入最高1%的人群）征收一点收入税，即可筹集到足够的资金。具体来说，该提案拟对年收入在40万美元以上的个人或者年收入在80万美元以上的夫妇征收1.7%的收入税。据估计，如果该提案通过，那么加州政府2007—2008财政年度的税收收入将增加24亿美元；到2010—2011年，加州政府每年的财政收入将增加26亿美元。这些每年增加的财政收入足够为全州4岁儿童提供高质量的学前教育服务。对于大多数民众而言，这是一个近乎完美的方案。这是因为，当时有研究指出：2005年加州4岁儿童毛入园率不高，只有65%；幼儿园质量参差不齐；幼儿园供给不足，且收费昂贵，令中产阶级家庭难以负担。同时，也有研究宣称，这个免费学前教育项目的长期回报率很高。据说，每投入1美元，回报率将高达2.78美元。

假设你是有投票资格的加州选民，作为一个普通家长，你将如何投票？是支持还是反对？如果你是加州州长，你将如何投票？如果你是某所幼儿园的园长，你将如何投票？或者假设你是大学教授，作为一个学前教育研究者，你又将如何投票？

起初的民调预测，这个提案大概率能赢得多数选民，获得通过。后来的民调显示，选民中反对者和支持者的差距渐渐地越来越小。在投票前夕，这个提案支持者和反对者的竞争非常激烈，鹿死谁手，难以预测。尽管有不少知名政治人物在媒体上为这个提案公开站台，大量反对的声音仍然出现。也许你猜到了结果。最后这个提案没有通过，而且得票差距很大。在将近500万的投票选民中，超过六成（60.79%，303.6万）选民反对，不到四成（39.21%，195.8万）选民赞成。

令人吃惊的是，在这次民主党大获全胜的选举中，这个提案却终遭流产。面对这样一个看似“很民主党”的免费学前教育提案，竟然有那么多人投了反对票，这究竟是什么原因？难免令人好奇。

让我们一起来听听反对者们的声音。“摆在我们面前的不是扩大学前教育资源是否能使我们的孩子受益的问题。我怀疑加州不能承担花费24亿美元，再建一个昂贵又低效的公立学前教育官僚体系，而这个体系只能增加4—5个百分点的入园率。”这是在质疑这个议案的政策目标和政策路径问题。“广大中小学及幼儿园教师、其他教育工作者、少数族裔、老人、纳税人团体、工商企业界人士，经过反复研究，得出结论：这个提案设计错误，终将贻害我们的孩子和整个加州的未来。”反对者的理由还包括：“加州本来就已经面临长期的财政赤字，我们还有许多更紧急的事务亟须优先考虑，比如提高K-12的教育质量。24亿美元可以用来解决69000名中小学教师的短缺问题，或者为120万个中小学教室提供计算机设备，或者修建150英里高速公路以缓解交通拥挤，或者为2.4亿没有医疗保险的成年人和孩子提供医疗健康服务。”他们提出：“我们都支持发展学前教育事业，但82号提案给出的是一个错误方案。”这些选民懂得机会成本的概念，明白“没有免费的午餐”。除了机会成本，有人质疑这个方案对经济的长远影响：“被加征税收后，富人可能关闭自己的中小企业，离开加州，到其他地方发展，这会导致经济发展受影响，同时导致失业……”

82号提案投票前夕，布鲁斯·富勒教授曾接受媒体采访。作为社会学家，他给出的是逻辑、理性和思考有关问题的框架。对这个提案支持者所引用的一些似是而非的说辞，他用逻辑和证据给出了批评。比如，有人引用佐治亚州一个类似于82号提案的学前教育项目作为例证。有严谨的评估证据显示，佐治亚州的学前教育项目对弱势群体儿童发展有显著影响。富勒教授指出，佐治亚州的学前教育项目评估证据没有问题，那个项目对弱势群体儿童发展确实有利，但这并不能推广得出它对所有儿童都有利。如果82号提案的目标是缩小弱势人群和优势人群子女之间的发展差距，那么，给所有4岁儿童提供免费教育似乎不能实现这个目标。因此，事实上，这些科学证据并不能支持82号提案。

这个提案的运作过程很有美国特色。提案由好莱坞知名电影导演罗布·赖纳（Rob Reiner）发起，帕卡德基金会等多个知名公益机构负责人为之站台，诸多精英人士加盟，他们雄心勃勃，试图通过劫富济贫，实现振兴加州教育和经济发展的宏大理想。简言之，这是一个精英发起、代表大众利益、充满理想色彩的提案，其运作过程颇有“准顶层设计”的色彩。投票前夕，悬念迭起，但终遭滑铁卢，这令人深思。

学前教育和早期儿童的发展问题，已经成了这场包含政府、市场、社会组织以及家庭功能的斗争的前沿阵地。对于普及学前教育运动本身而言，这不过是漫长历史长河中的一小片浪花。在《标准化童年》一书中，富勒教授生动描绘了美国普及学前教育运动的历史源流、利益相关方的不同诉求，以及彼此之间的张力。而“加州82号提案”的故事，不过是其中（第五章）的一个小插曲。

二

这本书与中国何干？对中国读者有何启示？尽管中美两国在政治体制、文化传统、学前教育历史发展轨迹、幼儿园培养目标、入园规模、学前教育服务提供体系等方面都存在显著差异，但两国在很多方面也有相似之处。比如，就对儿童发展的价值和重要性的观点而言，两国父母都非常关注和重视儿童问题，都关心下一代的培养，将儿童看作民族和国家的未来。就儿童养育责任来看，两国从传统上都以家庭为重，长久以来，儿童成长和培养都是家庭的主要责任，孩子们都主要在自家屋檐下长大。就学前教育的供给主体而言，两国都是多元供给混合市场经济模式：美国不仅有大量营利性和非营利性私立幼儿园，也有许多公立幼儿园；在我国，非常类似，公、民办幼儿园共同存在，而且民办幼儿园占半壁江山。就服务对象而言，两国都是多民族国家，美国是一个由来自世界各地的移民组成的文化“大熔炉”，而我国是一个由50多个民族构成的国家。因此，两国的学前教育服务体系都需要考虑不同文化背景的儿童的需求。

因此，迥然不同的政治文化体制下及学前教育体制背后，两国其实也有极为相似的普及学前教育运动的政策推力、路径选择与偏好。这本书要处理的问题非常重要，看似有一定专业性，但本书的读者显然不只限于学前教育研究者，所有关心下一代和国家未来的人们，都是本书合适的读者，无论你是普通家长、幼儿园教师、幼儿园园长、学前教育行政管理者、公共政策相关的学者还是其他任何普通公众。

首先，一些学前教育的基本问题值得所有人思考并探索答案。比如，应该如何培养下一代？童年由谁定义？儿童的本质是什么？学前教育目的何在？谁应该负责对早期儿童的培养？政府、学前教育机构、社会组织如何帮助家庭培养儿童？为什么普及学前教育运动出现在这个时代？为什么免费学前教育政策总是充满争议？幼儿园教育到底让谁的孩子受益最多？这些都是《标准化童年》一书提出并试图回答的问题。在这些问题中，有些是哲学理念层面的问题，比如儿童的本质和学前教育之目的何在。这样的问题不能通过实证证据来分析，对于这类问题，需要的是厘清和辨析不同价值观之间的差异。另一些问题，必须通过实证证据来回答，比如，谁的孩子在什么样的幼儿园受益？我们有理由相信，本书提到的一些重要实证研究发现和观点，对于大多数中国读者而言，可能是全新的。比如，优质学前教育服务只有对于来自弱势群体家庭的儿童其效果才始终显著，因此，对这个群体的早期投资效率是最高的。另一个例子值得关注：孩子何时入园以及在园时间与来自中产阶级家庭的儿童发展的关系比较复杂。来自中产阶级家庭或者父母受教育程度较高的儿童，入园过早或者在幼儿园时间过久，可能会出现情绪暴躁、侵犯性行为突出等问题。再比如，高学历（比如有本科或者研究生学历）的幼儿园教师并不一定能带来高质量的师幼互动，也并不一定能导致高质量的儿童发展。更进一步的例子是，基于公立学校系统的公办幼儿园并不一定比非营利性组织举办的幼儿园质量更高。这些都是我们中国读者可以留意的重要信息。这些信息不仅对家长自己的孩子入园选择有帮助，而且对学前教育研究者在开展实证研究及政策制定者在设计政策时都有参考价值。

其次，从借鉴和批判的角度，我们可以通过本书对美国学前教育政策制定过程及其背后的政治文化体制有比较透彻的了解。以“美国学前教育的政治与文化之争”为副标题，布鲁斯·富勒教授和他的合作者在这本书中系统分析了美国普及学前教育运动的政治与文化斗争。他们分析了美国自 20 世纪 70 年代以来兴起的这场普及学前教育运动的推动力量。这些力量涉及四个方面：一是漫长历史中关于儿童成长本质的观念和学前教育的目的设定；二是不断变迁的妇女在家庭和社会中的经济角色；三是政府在各种公共事务中不断演进的父权主义角色；四是遍布全美的万花筒般多姿多彩的基于社区的学前教育体系。这四种力量在历史和现实中相互作用，塑造了普及学前教育运动的走向。在这四种力量中，有一股由普及学前教育运动倡导者们所推崇的强劲力量，就是对体制的崇拜和认定。这种力量试图通过政府建立“一个最好的系统”（one best system）。这个被打了引号的“一个最好的系统”，就是由公共财政支持的公办幼儿园系统，该系统试图规制学前教育：从办园目的、办园标准、教师资格、课程体系到评价方法都实现标准化。在本书中，富勒教授驾轻就熟地分析了关于儿童本质及学前教育目的不同理念之历史演进，同时，他和他的研究合作者生动地刻画了这场“标准化童年”运动及其遭遇到的多元化政治与文化抵抗力量。

最后，我们可以从这本书中学到一些理解复杂公共政策的基本思考框架。作为社会学家的富勒教授，在这本书中呈现了他惯有的风格：透过多个思考框架来透视同一主题。无论是“写给中国读者”这一序章，还是本书的主体章节中，他都灵活地运用了几个基本的框架。比如，历史中理念演进的框架，现实中政府、社会组织、市场与家庭的互动框架，等等。在中国，关于儿童早期发展和学前教育公共政策，常常有很多声音，比如，“应该在学前教育阶段全面实行免费义务教育”“发展学前教育必须大量增加公办和普惠性民办学前教育资源”“要解决学前教育入园难、入园贵问题，必须立法”。这些问题的讨论需要一个完善的思考框架，否则就是在喊口号，而且口号与口号之间可能自相矛盾。富勒教授以一个美国学者的观察和理解，对他眼中的中国学前教育发展沿革、政策和研究进行了扫描，对不同读者，他也给出了思考题。

三

感恩二十多年前有机会成为富勒教授的学生。富勒教授并非我的学术导师。我的方向是教育经济学，因此我的学术导师是一位经济学家，但根据系里的安排，我需要选修社会学和公共政策方面的课，于是我就选了他的课，并选了至少两门。从富勒教授那里，我学到很多东西。除了学习用多个不同理论框架去透视一些复杂公共政策议题之外，我还学习怎样成为一个更好的老师、一个更好的研究者、一个更好的人。

富勒教授是一个对学生宽严相济的老师。博士阶段第一学期我选修了一门他开的课程“组织行为与教育改革”。二十多年过去了，有三件事情我记忆犹深。

第一件事是关于伯克利时间。第一节课，我提前几分钟到了教室，教室竟空无一人。正疑惑是不是记错时间或者找错了地方，这时候富勒教授出现了。他告诉我，按照伯克利传统，正式上课比课表上的时间要晚 10 分钟，这叫“伯克利时间”。

第二件事与学术规范有关。有一天，富勒教授让我课后去他办公室一趟。我不知何故，课后便忐忑地到了他的办公室。他见到我，先是表扬我作业完成得不错，然后他问，为什么没有在我的作业中发现留学生常见的语法错误。我说已经请美国同学帮我修改了语法错误。他说，如果是这样，我至少应在报告下面注明，增加一个致谢，说明作业经同学帮忙修改过语法错误，否则就是学术不诚实，说得严重些，这和学术剽窃一样。

第三件事和期末考试有关，更是刻骨铭心。这门课的期末考试是开卷考试，其中一个题目好像是模拟几个社会学家对特许学校改革的辩论，然后给州长还是学区负责人写一个报告。那是我遇到的最难的考试，我完成期末考试报告比规定的截止日期整整晚了三天。我以为这门课要不及格，颇为焦虑。提交报告时，我给富勒教授写了封邮件，对迟交报告表示抱歉。很快收到他的回信，充满安慰与温暖的气息："Yingquan，don't worry about it；take a break and have a great rest and enjoy the holidays."（映泉，不要担心，给自己放个假，好好休息，享受假期。）在之后返回来的报告上，他批注道："你的期末报告得了 20 分中的 18 分，但因你迟交 3 天，为了公平起见，我还是要每天扣你 1 分。因此你期末得分是 15 分。"

富勒教授是一位特立独行不人云亦云的学者。无论对加州 82 号提案，还是对纽约市普及学前教育的政策举措，富勒教授都是针锋相对的批评者。正如《标准化童年》所体现的，他对免费普及学前教育运动中的标准化倾向提出了一针见血的批评。

尽管富勒教授对美国公共政策直率的批评有时到了不近人情的地步，但现实中他却是一个很温暖的人。他对中国学生、学者以及中国有特别的关照。除了培养中国学生，他几乎每年都要接收来自我国的访问学者。关于他有多少中国学生、学者，我没有统计数据，但有一点可以肯定，他深深影响了很多中国学生、学者，尤其是学前教育领域里的研究者。

因此，非常感恩能把富勒教授的《标准化童年》介绍给国内的读者。

四

《标准化童年》中文译本历时数年，最终面世，有许多人需要感谢。首先要感谢教育科学出版社使这本书的出版成为可能，特别是学术著作编辑部的刘明堂先生和编辑赵琼英女士。据我所知，曾经有学者想在某出版社翻译出版这本书，但那家出版社学术部门负责人在盘算这本书的“可能收益”之后就婉拒了。教育科学出版社的领导眼光独到，相信这本书的学术价值。他们并不指望一本学术书成为畅销书。赵琼英女士的专业精神令我们尊重，特别是，仅在“写给中国读者”一章，赵老师的批注就有好几百条，这给我们增加了许多额外的工作量，但让我们对书的质量更有把握。

其次，要感谢使这本书得以最终获得出版的人们。本以为这本书在2019年秋季就能面世，但书号审批的时间、等候CIP的时间都比预期的时间长很多。因此，这本书能最终面世，实在值得感恩。有很多我们不知道的环节帮助这本书得以出版，尽管我们不知道这些人是谁，但我们也要借此表达谢意和敬意。

感谢一起参与翻译的程静女士和张眉女士。本书涉及内容丰富烦琐，有大量需要核实审校的细节，同时需要考虑国内读者的阅读习惯并进行相关用语的转换，这些都有赖译者们深入细致的讨论与不断的校订。感谢云南师范大学谢云丽老师，她在加州大学伯克利分校做富勒教授的访问学者时，帮助完成了许多关于书稿内容的沟通与澄清工作。感谢参与校对书稿的北京大学教育学院副教授杨钋、本科生章梅莹和李思琪，她们对书稿也提出了有价值的修订建议。

2022 年 3 月

目　录

写给中国读者[①]

导言——来自不同社会的经验借鉴

如何培养下一代是人类社会极为关键且经常引发激烈争论的一个问题。这个问题体现着我们最深刻的价值观，即我们的下一代应该成为怎样的人，应该如何向他人学习，应该如何尊重基本的文化实践或者质疑旧有习惯。

当一种文化或一个国家走向新的方向，即民意领袖（civic leaders）由于希望促进经济或社会的现代化，对儿童必须掌握的重要技能或社会规范做出调整，或对民众参与社会的方式做出改变时，对家长和政治领导人来说，培养下一代的重任就变得愈加复杂起来。因此，我们诚邀您阅读《标准化童年》一书。本书介绍了影响美国学前教育政策发展的关键参与者有关学前教育发展的不同价值观念，各方力量获得支持和引发热烈讨论的政策制定过程，以及这些力量对学前教育的目标、方法及鲜活的学前教育政治的影响及塑造。

无论您是家长、教师、政策制定者还是学者，我们都希望能促使您思考：在中国或其他国家的社会中，应该如何培养下一代？本书深入探讨了

---

① 北京大学的宋映泉和云南师范大学的谢云丽参与本部分的写作。其中宋映泉的部分研究获得联合国儿童基金会资助，谢云丽赴美国加州大学伯克利分校做访问学者时获得国家留学基金委资助。特别感谢澳门大学的胡碧颖，北京师范大学的刘惠、唐文雯，以及亚利桑那州立大学的约瑟夫·托宾（Joseph Tobin）对初稿提出的批评和建议。

美国当前在儿童培养方面存在的争议，以及幼儿园和政府应该如何恰当发挥各自的作用，帮助家庭完成这一重要使命。书中探讨了美国各种类型的幼儿园得以蓬勃发展的原因：它们服务于各种各样的家庭，尊重社群的差异性和多样性，而非对美国儿童进行整齐划一的培养。

我们从这介绍性的序章开始本书的讲述。在这一章中，我们不谈美国，而是简要回顾中国的学前教育在过去和当代所取得的成就与面临的挑战。在过去一个多世纪中，中国社会不断讨论如何培养下一代，如何通过学前教育促进国家和社区的发展以及儿童自身的成长。如果将美国学前教育经验与中国国情的“镜子”相对照，中国也许能够更好地利用这些经验。

因此，本章首先回顾中国幼儿园的历史和办园理念，以及保障入园机会平等与提高教育质量等问题。中美两国的共同实践为两国社会提供了丰富的经验，同时，我们也能够从这些经验中看到两国在学前教育理念方面的差异：学前教育有着怎样的目标？政府如何通过开办学前教育机构对儿童发展在集体和个人两个层面的目标做出调和？等等。

在过去的二三十年中，中国大力促进学前教育事业的发展，促使幼儿园实现为3—6岁儿童提供学前教育服务的目标。2018年，中国宣布，计划到2035年，全面普及学前三年教育。①

可是，实现这些宏伟的目标并非易事。在这一方面，尽管美国已经朝着创办普及性的优质幼儿园迈进了一大步，但中国所面临的几个关键的学前教育政策问题同样困扰着美国：如何为贫困家庭提供平等的入园机会？具有不同文化背景的家长对培养和教育儿童有着不同的优先考虑要素，在这种情况下，如何定义学前教育的质量？中央政府的决策者如何在不抑制创新的前提下提高公办幼儿园（以下简称公办

---

① 有关政府目标和法规的梳理参见：Xiaofei Qi and Edward Melhuish, “Early Childhood Education and Care in China: History, Current Trends, and Challenges,” *Early Years* 37 (2017), 268-284. 关于国务院对于普及性学前教育的承诺，参见：Shuo Zou, “New Policies Ease Access to Kindergarten,” *China Daily*, http://www.chinadaily.com.cn/a/201901/02/WS5c2c0a92a310d91214051f79.html, accessed January 2, 2019.

园）和民办幼儿园（以下简称民办园）的教育质量？

本书回顾了由政府监管的学前教育机构在帮助儿童成长的同时如何引发有关儿童培养的重要讨论，以及在受到政府部门不同程度的鼓励和监管的情况下，制度性措施是如何回应不同的儿童养育观念和幼儿学习理论的。您很快便会看到，多元主义的冲击在中美两国广泛而多样化的社区中生发了各种各样的幼儿园办园理念和实施方式。

我们将这一序篇分为以下几个部分：

- 中国家长在怎样的经济和社会状况下抚养下一代？
- 随着时间的推移，儿童养育和学前教育的目标发生了怎样的变化？什么样的文化价值观和政府看重的优先事项决定了幼儿园的办园目标？
- 优质幼儿园能否促进中国儿童的学习和社会性成长？促进儿童发展最有效的质量要素是什么？
- 在中国，能够获得入园机会的儿童来自什么样的家庭？孩子能否入园，受到哪些因素（孩子的年龄、家长的收入、居住在城市或农村）的影响？
- 公办园和民办园组成的混合市场（a mixed market）是否为家长提供了有益的选择，减轻了政府的财政压力，提高了教育质量？政府如何才能更好地监管由公办园和民办园组成的混合市场？

我们会在这一部分呈现与上述问题相关的内容，以及中国学者和教育工作者对此展开的讨论。然后，我们会解释来自美国的经验能够如何为中国教育工作者和决策者在权衡选择时提供参考。最后，我们会针对家长、教育工作者、政策制定者和学者对如何改善中国学前教育的质量提出建议。

从美国过去半个多世纪的经验和研究中，本书总结出一个重要观点：通过标准化的内容投入，使所有幼儿园课堂变得更加整齐划一，的确可能带来显著且稳健的好处。这样的成果通常要倚靠一个强大的中央政府，需要训练有素的教师、更高的教职员工配置比例及精心组织的教学活动，吸引幼儿投入其中，刺激幼儿成长。

对幼儿园课堂进行标准化的规范，并对儿童实行组织化的管理，这种做法往往忽视了一个事实，即不同的家庭是在不同的经济条件和文化规范之下抚养后代的。不同的家庭各有各的语言或方言，儿童也以其文化约定俗成的方式影响着家庭。甚至是谁应该照顾孩子——父母、祖父母还是其他人——在中国的农村和城市之间也存在很大差异。

在反思中国儿童的现状，以及由中国学前教育机构组成的不断变化的混合市场时，我们不禁要问：提高统一性、加大监管是否一定能够带来期待的结果？或者，这是否会导致幼儿园变得形式单一，对家长的需求熟视无睹，令家长无从选择？本书的另一个主题，是教育工作者和政策制定者必须认真思考的，即如何进一步发展学前教育行业，如何通过地方社区机构的建设，来适应各种各样的儿童以及说着不同的语言、有着不同的文化传统和育儿偏好的家庭。

与美国相似，中国的学前教育如今也拥有一个多元化的混合市场：既有资金匮乏的农村幼儿园，也有为富裕家庭服务的、价格不菲的民办园。政府希望对非营利性和营利性幼儿园进行规范管理，将它们整合到更为统一的学前教育体系中，让更多家庭的孩子上得起幼儿园。与此同时，幼儿园的作用若要得到最大限度的发挥，又必须适应中国庞大人口构成的多元情境及有关幼儿培养和幼儿社会化的不同传统。下面我们将讨论家长和政策制定者在对各种不同需求做出反应、面对多样化的学前教育机构时，存在哪些优势和挑战。

关于本书相关术语的一点说明：在美国，5 岁儿童上学前班（kindergarten），“幼儿园”（preschool）是指为上学前班以前的儿童，即 3—4 岁的美国儿童提供学前教育服务的机构。在中国，“幼儿园”（kindergarten）是指“为 3—6 岁儿童提供学前教育的机构”。本章使用的“幼儿园”一词采用其中文语境下的含义，即“为 3—6 岁儿童提供学前教育的机构”。

中国儿童的现状——健康状况和幼儿教育方面的差异

当代中国的经济腾飞始于1978年政府推行的市场化改革。到2010年，中国人均GDP增长了约12倍，从165美元增至2206美元（以2000年的美元折算）。1995年，中国的人均国民收入水平仅相当于美国基准水平的6%，但到2017年（以2011年的美元折算），这一比例已升至28%。[①]

在过去两代人的时间里，中国的经济和社会改革使数亿人摆脱了贫困。中国人的平均预期寿命从1960年的43.7岁上升到2017的76.5岁。[②]物质上的极大丰富也提高了中国儿童的福利水平，至少是平均水平。根据《中国统计年鉴2020》，2019年，中国有8000多万名5岁以下儿童。[③]世界银行核实的统计数据显示，中国因营养不良造成发育迟缓的5岁以下儿童占中国5岁以下儿童总数的比例从1987年的38.3%下降到了2017年的4.8%。[④]在过去的一代人中，中国的婴儿死亡率从1975年的62‰下降到2019年的6.8‰。[⑤]

尽管如此，根据政府的估计，2018年，中国仍有1600多万农村贫困人口，农村居民人均可支配收入约是城镇居民的三分之一。[⑥]世界银行估计，由于父母进城务工，有三分之一的中国农村儿童成为留守儿童。中国

---

① “政府推行的市场化改革”这个观点借鉴于：Kin-Bing Wu，Mary Eming Young and Jianhua Cai，“Early Childhood Development in China：Breaking the Cycle of Proverty and Improving Future Competitiveness”（Washington，DC：World Bank，2012）. 中国GDP发展数据和人均国民收入水平等数据根据世界银行数据库中提供的数据计算得出，参见：https://data.worldbank.org.cn/country/china?view=chart（中国数据）；https://data.worldbank.org.cn/country/united-states?view=chart（美国数据）。

② 参见：https://data.worldbank.org/indicator/SP.DYN.LE00.IN?locations=CN。

③ 参见：http://www.stats.gov.cn/tjsj/ndsj/2020/indexch.htm。

④ 参见：https://data.worldbank.org/indicator/SH.STA.STNT.ZS?locations=CN。

⑤ 参见：https://data.worldbank.org/indicator/SP.DYN.IMRT.IN?locations=CN。

⑥ 中国国家统计局，《2018年中华人民共和国国民经济和社会发展统计公报》，（北京，2019）.

农村地区的婴儿死亡率几乎是城市地区的三倍。即使是在不同的城市之间，儿童日常生活条件的差异依旧十分明显。在上海，婴儿出生体重过低的发生率仅为0.08%，但在北京，这一比例为0.25%，在江西和云南，这一比例为4.2%。[①]

这些持续存在的不平等现象与公众对幼儿成长认识的不断提高相结合，使得幼儿时期成为家长、教育工作者和政府能够有目的地进行干预、促进儿童学习和增强儿童体质的关键期。此外，中国有超过三分之二的母亲外出工作[②]，因此在过去的半个世纪里，中国家庭越来越关注学前教育。与此同时，政府也有意缩小儿童在接受优质学前教育机会方面的差距。

幼儿培育的多重目标

2017年，中国大约有4600万名儿童在25.5万所幼儿园中接受学前教育。幼儿园这种小型的组织机构已具有相当大的影响力，成为中央政府努力减少家庭贫困和缩小儿童学业成就差距的基石。根据中国教育部的数据，2017年，在3—6岁的儿童中，在幼儿园就读的儿童人数比例略高于三分之二。[③]

关于如何对儿童开展德育和正规教育，幼儿园往往能够反映社会的主流观念——数百年间，这些与儿童社会化相关的理念在中国大地上已发生多次改变。在过去两代人的时间里，西方的浪漫主义思想，即幼儿园应该培养儿童“天然”的好奇心（比如通过游戏来学习的观念），已经传入中国。与此同时，在美国，却有许多教育工作者认为，幼儿园应该提高儿童

① Kin-Bing Wu, Mary Eming Young and Jianhua Cai, “Early Childhood Development in China: Breaking the Cycle of Proverty and Improving Future Competitiveness” (Washington, DC: World Bank, 2012).

② 基本人口统计资料来自联合国儿童基金会的研究，相关评述参见：Xin Gong, Di Xu and Wen-Jui Han, “Household Income and Preschool Attendance in China,” *Child Development* 86 (2015), 194-208.

③ 本段数据是基于政府统计数据（图0.1和图0.3）的估测，假定2017年儿童出生规模为1700万。

的前阅读能力*和认知技能。

本节将简单梳理中国各类幼儿园彼此各异的办园目标，目的在于解释当下幼儿园在组织形式和教学重点方面的多样性。数以亿计的中国家长在培养下一代的问题上持有截然不同的思想观念，中央政府若试图对童年进行标准化管理或对幼儿园进行标准化的规范管制，可能会冒极大的风险。

有关办园目标的争议

中国最早的公办园开设于 1903 年**。几名日本教师在当时来到中国，他们接受过大量的培训，了解德国教育家福禄贝尔（Friedrich Fröebel）重视玩耍和幼儿的认知好奇心的思想，以及他为儿童喜爱探索的天性而打造"花园"的愿望。在此之前，英国和美国传教士已经把学前教育的办学形式带到中国。第一次世界大战后，中国的教育工作者将目光投向欧洲和美国，以确立当时的幼儿园办园目标和教学方法。

1905 年，科举制度在中国被废除，美国教育家约翰·杜威的实用主义和建构主义教学法也在同一时期兴起。①

不久后，中国的教育工作者开始强调基于中国自身经济和文化历史的办园目标。例如，陶行知（1891—1946）认为，幼儿园应不分社会阶层，对所有的孩子开放，重视人格陶冶，为帮助儿童进入小学获得更高成就而

* 前阅读能力是指幼儿在识字前已经具备的阅读能力，此时他们的阅读材料不是文字材料，而是图画材料，阅读的方式除了自己看以外，还包括借助成年人的帮助来进行。这样的阅读活动，是真正的阅读活动的准备阶段。——译者注

** 1903 年秋，湖北巡抚端方在武昌阅马场寻常小学堂内创办幼儿园一所，这是湖北，也是中国第一所公办幼儿园。幼儿园聘请户野美知忠等三名日本教师，由户野美知惠担任园长。事实上，早在 1898 年中国第一所私立幼儿园就由英国基督教长老会的宣教士韦玉振牧师的太太韦爱莉在福建厦门鼓浪屿建立，叫怀德幼儿园。该园在 1950 年由厦门市人民政府接办，1957 年改为日光幼儿园，直到如今。——译者注

① 有关幼儿园的历史回顾，参见：Caven McLoughlin，Lijuan Pang and Qi Dong，"The Past，Present and Future of Chinese Early Childhood Education，" *School Psychology International* 18（1997），275-288；Zhengao Wei，"China，" in *International Handbook of Child Care Policies and Programs*（1st ed.），ed. Moncrieff Cochran（Westport，CT：Greenwood Press，1993），83-106.

做好准备。幼儿园在当时被视为国家建设的基石之一。[①]

在中华人民共和国1949年成立后不久，中国的学前教育有了新的目标。由于政府着力增加妇女的就业机会，母亲的就业水平不断上升，幼儿园在当时便显得尤为重要。1956年，相关部门认识到，未来将有更多妇女参加工作，为了帮助职业母亲照顾和教育她们的孩子，应该大力开办托儿所和幼儿园。[②] 许多国营企业和农业合作社纷纷开办托儿所和儿童保育机构。这在一定程度上借鉴了苏联的模式，该模式倡导母亲参与社会劳动，为集体做贡献，同时也倡导国家更深层地参与到儿童培养这一领域中去。

在1958年开始的"大跃进"时期，幼儿园的发展得到了有力的驱动。"大跃进"强调发展集体经济和所有制，其中就包括让人民享有更广泛的受教育机会。到1960年，全中国开办了超过78.4万所幼儿园，其课堂主要由教师主导，传授学业知识，而玩耍"被视为对个人兴趣的过度关注"，被认为"会引起混乱"。[③] 许多教师认为，幼儿园以教师为主导的特点体现了以集体利益为重的精神，而非西方那种注重儿童个体发展的观念。在"大跃进"结束后，由于政府削减了相关财政支持，大量贫困和农村地区幼儿园纷纷关闭。

从1978年开始，在邓小平的推动下，人民群众对学前教育的需求激增，但在接下来的10余年内，政府对幼儿园的支持力度却有所下降。总的来说，到1995年，共有超过2710万名儿童进入幼儿园，这些幼儿园包括由政府公共财政支持的公办园以及靠家长交纳的学费支持的幼儿园。从2011年开始，中国增加了学前教育的投入，鼓励学前教育行业的发展，

---

① Shihui Zhong, "Young Children's Care and Education in the People's Republic of China," in *How Nations Serve Young Children: Profiles of Child Care and Education in Fourteen Countries*, ed. Patricia Olmsted and David Weikart (Ypsilanti, MI: High/Scope Press, 1989); Carl Corter, Zeenat Janmohammed, Jing Zhang and Jane Bertrand, "Selected Issues Concerning Early Childhood Care and Education in China" (Paris: UNESCO, 2006).

② Zhengao Wei, "China," in *International Handbook of Child Care Policies and Programs* (1st ed.), ed. Moncrieff Cochran (Westport, CT: Greenwood Press, 1993), 83-106.

③ Carl Corter, Zeenat Janmohammed, Jing Zhang and Jane Bertrand, "Selected Issues Concerning Early Childhood Care and Education in China" (Paris: UNESCO, 2006).

提供了更多的入园机会，并提倡人们关注学前教育的质量。政府政策正好呼应了家庭对民办园日益增长的需求。根据中国教育部的数据，到 2017 年，全国公、民办园幼儿教师总计超过 240 万名。①

在过去半个世纪里，中国学前教育质量呈现良莠不齐的状态。伴随着家庭对学前教育需求的激增，加之政府监管能力不强，幼儿园在师资培养、基本教学资料和课堂教学活动方面的差距变得越来越悬殊。2010 年，在城市地区的幼儿园中，幼儿与教师的人数比例约为 16：1，而在农村，该比例约为 44：1。到 2016 年，大约三分之二的幼儿园教师具有专科及以上学历，这已经超过了包括加利福尼亚州在内的许多美国幼儿园教师的受教育水平。② 不过，中国仍有 60 多万名幼儿园教师仅有高中文凭，其中许多集中在农村地区。

20 世纪 80 年代，中华人民共和国全国人民代表大会和中央政府开始颁布一系列法律法规，一个法律框架开始成型，公办园和民办园（非营利性或营利性）便在这样的框架中运营起来。③ 从 1979 年开始，政府数次发布相关文件，明确学前教育的政策目标，于是西方世界的儿童培养理念再次走进大众视野：中央政府开始提倡体育活动、音乐和美术的学习，幼儿的数学概念学习以及对幼儿园教师的尊重。我们仍要知道，正如联合国教科文组织的分析人士指出的："通过大型集体活动进行学习的情况仍在继续。……与常见的西方学前教育机构相比，这种学习的组织方式更具结

---

① 有关幼儿园行业的规模及范围，详见：Jiaxiong Zhu and X. Wang, "Contemporary Early Childhood Education and Research in China," in *International Perspectives on Research in Early Childhood Education*, ed. Bernard Spodek and Olivia Saracho (Greenwich, CT: Information Age Publishing, 2005), 55-78. 有关最新的教师人数统计，参见：Xiaofei Qi and Edward Melhuish, "Early Childhood Education and Care in China: History, Current Trends, and Challenges," *Early Years* 37 (2017), 268-284.

② Xiaofei Qi and Edward Melhuish, "Early Childhood Education and Care in China: History, Current Trends, and Challenges," *Early Years* 37 (2017), 268-284.

③ 有关过去 35 年现代法律规章的详细介绍，参阅：Kin Bing Wu, Mary Eming Young and Jianhua Cai, "Early Childhood Development in China: Breaking the Cycle of Proverty and Improving Future Competitiveness" (Washington, DC: World Bank, 2012).

构性。”①

在过去的二三十年中，幼儿园的普及与政府对城市建设的热情投入同时进行着，而城市学前教育的发展往往以牺牲农村地区的学前教育机会为代价。从 1986 年到 2010 年，中国农村地区幼儿园的数量减少了一半，从 13 万所减至 7. 1 万所。同一时期，城市幼儿园数量在快速增长，从 2. 45 万所增加到 3. 6 万所。在县镇地区，这一数字增加了 2 倍。② 根据中国教育部的统计数据，3—6 岁儿童当中，上幼儿园（包括半日制幼儿园在内）的儿童比例从 2001 年的 35. 9%上升到 2017 年的 79. 6%。③

在过去 10 年中，各级政府对幼儿教育的投入不断增加，刺激了公办学校附设幼儿园和民办园数量的快速增长。从图 0. 1 可以看出，从 2010 年开始，随着中国农村、县镇和城市以不同的速度扩展，幼儿园数量整体呈现增加趋势。④ 从 2010 年到 2017 年，农村幼儿园从 71588 所增加到 90182 所，增加了 26. 0%；同一时期，在中国的城市地区，幼儿园的普及更为迅速，数量增加了一倍多，从 35845 所增加到 78961 所（见图 0. 1）。

学前教育供给的显著增长主要源于民办园的发展。1997 年，约 75. 3%的幼儿园是教育部门办园或集体办园，它们由中央、各省或地方政府提供拨款，只有 13. 5%的幼儿园是民办园，主要依赖家长交纳的费用支持。到 2017 年，只有 34. 4% 的幼儿园是教育部门办园或集体办园，62. 9%的幼儿园是民办园。⑤ 以下我们将探讨的是，面对公办园和民办园混合而成的学前教育市场，中央政府应该怎样做才能更为合理地提供财政拨款，提升其教育质量。

---

① Carl Corter，Zeenat Janmohammed，Jing Zhang and Jane Bertrand，“Selected Issues Concerning Early Childhood Care and Education in China”（Paris：UNESCO，2006）.

② Kin-Bing Wu，Mary-Eming Young and Jianhua Cai，“Early Childhood Development in China：Breaking the Cycle of Proverty and Improving Future Competitiveness”（Washington，DC：World Bank，2012）.

③ 高丙成，《数说学前教育改革开放四十年》，《学前教育：幼教版》第 12 期（2018），12-17.

④ 参见：https://data. worldbank. org/indicator/SP. DYN. LE00. IN?locations=CN。

⑤ 教育部发展规划司教育统计数据。

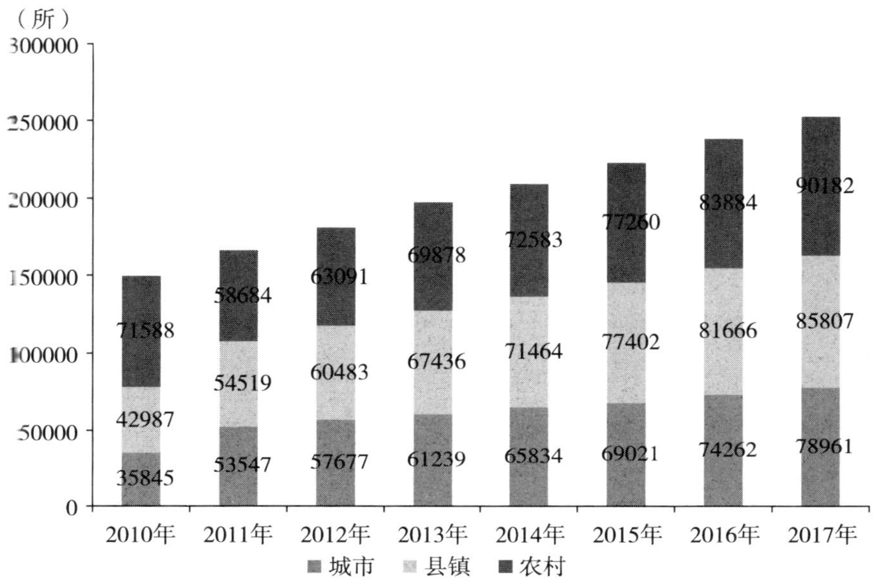

图 0.1　中国幼儿园数量增长情况（2010—2017 年）

来源：宋映泉，《中国学前教育机会与成本——基于 CFPS 和 CIEFR_HS 的证据》（北京：北京大学中国教育财政科学研究所，2018）.

当旧有传统遇上现代变革

许多改革派人士和部分教育部门官员曾经表示，西方的幼儿教育理念应该在 21 世纪的中国学前教育界引起更多的重视。1989 年，中华人民共和国国家教育委员会出台了《幼儿园工作规程（试行）》，敦促教育工作者向以儿童为中心的理念转变，欧美所谓的“发展适宜性教育实践”（developmentally appropriate practices）* 模式体现的正是这一理念。

这些理念起源于西方，如今正影响着中国的家长和教育工作者对养育幼儿的看法。其中蕴含着一种观念，即要通过能够提供认知挑战和社会互

* “发展适宜性教育实践”是一个幼儿教育术语，由美国幼儿教育协会提出，针对美国近几十年来学前教育出现的较为严重的小学化趋势，倡导尊重儿童自身发展规律，对其进行适宜性教育，使儿童在不断进行适宜性实践和完成具有挑战性的目标的过程中获得发展与成长。——译者注

动的活动来培养幼儿，使他们跟随自己的好奇心，通过游戏进行学习，构建自己的理解，以获得最好的学习效果。2001 年，教育部对这一理念表示了赞同，要求幼儿园不再为 3—6 岁儿童开设固定科目、不再模仿小学课堂的教学方式，而是将教学方式转变为参与式教学，允许儿童选择自己喜欢的活动，通过游戏或相关任务促进学习。

如今，各种西方教育理念的倡导者正在中国热忱地传播自己的思想。这些思想包括玛利娅·蒙台梭利（Maria Montessori）的教学方法，意大利的瑞吉欧教学法，以及出自大名鼎鼎的佩里幼儿园（Perry Preschool）的高瞻课程（HighScope classroom routines）。这一场受到西方国家教育理念启发而发生的教育改革，其核心要素与美国教育工作者强调的“发展适宜性教育实践”有关，即课堂活动应当与幼儿的认知和社会能力发展保持同步［与让·皮亚杰（Jean Piaget）关于儿童认知发展阶段的理论也有些许关联］①。

中国的教育部门已经开始推动幼儿园改革，要求幼儿园教师从以学科教学为基础转变为以“尊重儿童”为基础，认识每个儿童的独立人格与整体性，尊重他们的个体差异和发展需要。② “主动学习”这一建构主义的理念开始引发人们的关注，它认为学习来自儿童自身参与的互动和自主选择的活动。而这些互动与活动是通过“玩中学”来实现的——不是没有教师的指导，而是以游戏为基本活动，以培养孩子自己的兴趣和学习的欲望。

然而，对幼儿园课堂状况的研究显示，有许多教师虽然说起发展适宜性教育实践的优点时头头是道，却仍旧依赖直接讲授教学法进行主题教

---

① 关于“发展适宜性教育实践”这一假设和理念发展过程的关键分析，请参阅本书第三章。

② 有关政府规定和引导的相关阐释参阅：Hui Li，X. Wang and Jessie Wong，“Early Childhood Curriculum Reform in China，” *Chinese Education & Society* 44（2011），5-23；Yan Liu and Xiaoxia Feng，“Kindergarten Education Reform During the Past Two Decades in Mainland China，” *International Journal of Early Years Education* 13（2005），93-99.

学。[①] 一项实证性的考察发现，在不同的幼儿园，对时间的利用方式、对游戏区域和玩具的依赖程度、以集体教学的形式教授与全国统考相关的前阅读技能的比例，都存在很大的差异。[②] 尽管政府一再提倡向以儿童为中心的课堂转变，许多教师仍继续采取以学业知识为重点的教学实践，并继续使用小学化的说教式教学法。

例如，另一项观察性研究发现，有的幼儿园既为儿童留出自由活动的时间，也安排他们上数字和拼音课，并且留有家庭作业。艺术或舞蹈课可能会在正常课后以兴趣班的形式开设，而且家长需要为此额外付费。[③] 在大班额、教师职前培训不足及待遇不高等因素的合力作用下，中国的幼儿园教学还保留着所谓的现代化早期的课堂实践方式。当然，我们还需要更多实证研究，通过积累实际经验来理解中国幼儿园课堂实践的多样性，尝试在特定地区寻找在教学法和课堂活动方面所发生的变化。

通过一系列针对政策实施水平开展的实证研究，我们发现幼儿园是一种颇具“惰性”的组织机构，它们会默默地抵制课堂中社会组织和社会关系的潜在变化。教师们已经建立了固定的课堂常规和社会规范，难以做出改变。

儒家传统与启蒙新枝

在围绕提高幼儿园办园质量的政策展开的争论之下，隐藏着更深一层的讨论，即如何培养和教育儿童。儒家的哲学思想仍然渗透在整个中国社会之中，其中就包括家长在养育子女时应该遵循的道德准则。家长履行家庭义务的一个默认前提是，应“树立权威，履行责任，……‘培养’学

---

① 相关定性实证研究结果参阅：Doris Cheng，“Difficulties of Hong Kong Teachers' Understanding and Implementation of ‘Play’ in the Curriculum，” *Teaching and Teacher Education* 17 (2001)，857-869.

② Yuejuan Pan et al.，“Kindergarten Curriculum Reform in Mainland China and Reflections，” in *Early Education in a Global Context*，ed. John Sutterby (New York：Emerald Group Publishing，2012)，1-26.

③ 刘云波，《我国学前教育财政政策——1978 年以来我国学前教育财政制度沿革》（北京：北京大学中国教育财政科学研究所简报，2008）.

业有成的、有出息的孩子”①。

但是，要从西方世界的角度解读儒家思想却是一个棘手的挑战。这些概念（比如仁、关怀、奉献）深深根植于中国的文化传统之中，在不同情境中可能具有非常不同的内涵。② 有关对儿童进行适当训练的观念源自儒家思想，它强调家长应该培养孩子掌握某些特定的技能和知识。哪怕在年幼的儿童当中也强调获得和公开展现技能，这可能使得权威部门所把控、正式机构所固有的某些种类的知识变得具体化。这种理念强调儿童通过表现来展示自己的所学。当然，这些行为规范也影响到了幼儿园的社会组织。

与此同时，儿童的日常培养也体现在核心社会关系和家庭的教育义务之中。儒家思想倡导将自我与家庭成员、邻里、国家有意义地联系起来，这种自我的扩展是在一个不断发展的人际关系圈中进行的。按照儒家传统，儿童须养成几项核心美德（忠、孝、信、智），并维持家庭和谐（齐家）。③ 因此，中国家长或教育工作者认为，儿童培养应该涉及的知识或训练离不开这一内涵丰富的道德传统。

在过去二三十年间，西方的育儿理念和新的儿童社会化目标开始在中国城市和中产阶级家庭扎下根来，比如，尊重孩子的好奇心和欲望，强调个体差异，强调玩耍、个人选择和自主性，等等。④ 这种理念由西方现代心理学在中国的传播而推动，也与中国市场化的转变，以及中国城市兴起的创新和创业热潮不谋而合。

因此，当今中国学前教育界展开了一场激烈的辩论：一些人主张“玩中学”；另一些人则强调发展前阅读技能，让儿童为上正规小学和应对竞

① Karen Guo, “Ideals and Realities in Chinese Immigrant Parenting: Tiger Mother versus Others,” *Journal of Family Studies* 19 (2013), 44-52.

② Ruth Chao, “Beyond Parental Control and Authoritarian Parenting Style: Understanding Chinese Parenting Through the Cultural Notion of Training,” *Child Development* 65 (1994), 1111-1119.

③ Grace Choy, “Chinese Culture in Early Educational Environments,” in *Early Childhood Education in Chinese Societies*, eds. Nirmala Rao, Jing Zhou and Jin Sun (Dordrecht, the Netherlands: Springer, 2017), 31-52.

④ Yudan Chen Wang, “In Search of the Confucian Family: Interviews with Parents and Their Middle School Children in Guangzhou, China,” *Journal of Adolescent Research* 29 (2014), 765-782.

争激烈的全国统考做好准备。受到安吉游戏模式*（Anji Play）或国际蒙台梭利幼儿园模式（International Montessori）的影响，民办园为了吸引相对富裕的家长，或者与西方国家有着工作或文化方面的关联的家长而使出浑身解数。这些模式的设计者们反对传授学业内容和“传统”的集体教学形式。安吉游戏模式的领军人物承诺以“真游戏”（true play）营造学习氛围，培养儿童“投入、冒险、喜悦、反思和爱”的精神。我们能够在精心设计的安吉游戏官方网站看到美国麻省理工学院教授们对安吉游戏的赞誉。①

在中国，强调以游戏为主的转变已经赢得了政府部门的有力支持。例如，2018年初，教育部出台了禁止在幼儿园内使用教科书的规定。这一政策并非意味着幼儿园中不得出现任何汉字或者印刷材料，而是体现了对幼儿园尊重儿童的兴趣、赋予儿童行为自主权的做法的赞同。安吉游戏的开创者程学琴女士认为，从结果出发进行系统设计是一个错误。但目前我们尚未找到严格的研究证据，表明安吉游戏对儿童的认知或社会情感发展带来了比其他教学方式更好的效果。目前也没有确凿、扎实的证据，为出台反对学习口头语言或前阅读技能的政策提供支持。我们在此想要强调的是，这场重要辩论的任何一方都缺乏来自中国情境下的严谨证据。

早些年前，中国的独生子女政策曾引发过一场类似的争论，其焦点是独生子女政策是否会导致儿童娇生惯养。为了回应这一受到广泛关注的争议，上海社会科学院在20世纪90年代进行了一项大规模调查，目的在于揭示独生子女这一代人的特点。这项研究发现，独生子女性情活跃、精力充沛、愿意尝试新想法、无忧无虑、乐意展示自己的能力……，而且渴望

---

* “安吉游戏”是浙江安吉实验幼儿园开创的游戏教育的简称。与以往传统的幼儿教育不同，在安吉游戏的教育过程中，孩子们成了游戏的主宰者，也就是教育的真正主体；相反，老师的角色是游戏的协调者，老师为孩子们尽可能充分地提供游戏的材料、创设游戏的环境、规划游戏的时间，课后带领孩子们进行反思。——译者注

① 有关安吉游戏和安吉幼儿园教学理念的详细信息，访问以下网址可查：http://www.anjiplay.com。

实现自己的计划——一位分析人士这样解释。这一结论是否准确并适用于所有社会阶层或民族群体的儿童，目前仍不清楚。[①] 但是，这家科学研究机构认为有必要让中国家长和社会舆论放心，孩子们只是变得更加活泼、更有个性了，他们不必为此而担心。

自 21 世纪以来，中央再次提倡儒家传统，对西方强调个人主义、以不道德的方式追求物质利益的做法表示担忧，这再次激起了有关培养下一代的争议。新儒家思想再次受到尊崇，这有助于一系列目标的实现，比如中央所推行的反腐运动，以及政府全心全意为人民服务，等等。中央领导还援引儒家德性思想，即将中国与西方世界加以清晰区分的传统规范和社会美德，这为中国人的国家认同给出了鲜活的定义。

习近平总书记在 2017 年赴河北张家口看望慰问基层干部群众时强调，要把发展教育扶贫作为治本之计，确保贫困人口子女都能接受良好的基础教育。[②] 如今，中国第一座国家级别的教师博物馆已经在孔子的故乡曲阜落成开放。

在各种学前教育理念相持不下的情况下，中国家长和学前教育工作者对于儿童培养的方式和信念已然形成了各自的偏好，他们自然会依据各幼儿园提倡的教学形式和课堂流程，从形形色色的公办园和民办园中，做出自己的选择。接下来我们将回到如下这些问题：学前教育机构的多样性如何反映家长在儿童培养和社会规范方面的不同理念，又如何抵御对儿童成长进行标准化的意图？

美国人眼中的中国幼儿教育

早在一个世纪前，前来中国进行巡回演讲的约翰·杜威就曾谈起过中国的幼儿园和小学阶段的教育状况，当时美国学者们关注的问题是：为什么东亚学生在学业方面的表现比美国学生更加出色？通过对中国学校的深

---

① 相关讨论见：Joseph Tobin，Yeh Hsueh and Mayumi Karasawa. *Preschool in Three Cultures Revisited*（Chicago：University of Chicago Press，2009），38.

② “Quote-unquote：Xi’s Views on Education，” *China Daily*，http://www.chinadaily. com. cn/china/2017-02/28/content_28376745_11. htm，accessed July 13，2020.

入观察，他们发现不同类型的幼儿园有着不同的文化模式和教学方法。经过两代西方学者的研究，有关这一问题已经汇集了大量文献和丰富的第一手资料，这些资料通过外国人的视角，对中国教师多样的教学实践进行了记录，并加以阐释。

1992 年出版的《学习的鸿沟》（*The Learning Gap*）* 一书源自美国已故心理学家哈罗德·W. 史蒂文森（Harold W. Stevenson）领导的一个研究项目，直至今日，它也许仍是跨文化研究领域最具影响力的一本专著。书中阐释了日本和中国台湾的学校在促进幼儿学习方面卓有成效的原因。史蒂文森和同事们关注的是小学低年级学生的成绩（数据来自中国台北，而非大陆地区），他们详尽地描述了教师如何认真规划、准备每一节课的教学——教师引导学生参与对话和实践活动，而非采用传统的说教式教学法。①

身为研究儿童发展的心理学家，史蒂文森还发现教师们对一些未经证实的假设深信不疑。例如，他的团队通过细致的量化研究，发现东亚地区的教师普遍认为学生的努力而非天生的能力或智力是学习成就最大的影响因素，而且努力与否是学生自己可以控制的。中国台北和日本的教师还会将学生的错误作为教学契机，来阐明概念或数学计算过程。这些研究人员强调，对不同社会进行跨文化观察，能够帮助我们理解学校的内部运作以及文化传统发挥作用的机制。人们会在不同的文化传统影响之下，对儿童学习和成长的最佳方式做出默认假设，而东亚教师的这些假设通常是与西方的观念迥异的。

在学前教育领域，更具影响力的研究来自美国教授约瑟夫·托宾和他的亚洲同事们。他们的新作《重访处于三种文化中的幼儿园》（*Preschool*

---

* 本书尚无中文译本出版，根据英文译名翻译的中文标题名应该为《学习的鸿沟：我们的教育因何失败以及从日本和中国的教育中应当学习什么?》，但在文中为方便阅读，只截取了部分中文译名。——译者注

① Harold Stevenson and James Stigler, *The Learning gap: Why Our Schools are Failing and What We Can Learn from Japanese and Chinese Education* (Ontario: Summit Books, 1992).

in Three Cultures Revisited）对一所中国幼儿园进行了翔实的民族志*式的描述。① 这所幼儿园位于云南昆明，托宾第一次来到这里是在 20 世纪 80 年代中期，他录下了一段著名的视频，在这个视频中，孩子们背诵诗歌，高喊政治口号，一起在一个没有自来水的小便槽中小便。20 年后，托宾再次回到这里，发现这所幼儿园已经拥有相当现代化的设施，各类玩具应有尽有，教学材料丰富多样，是一所可对儿童进行入园筛选的优质幼儿园，并且向较为富裕的家长收取学费。

约瑟夫·托宾生动地记录了昆明这所幼儿园在 20 世纪 80 年代中期的日常活动。护士每周用压舌板为儿童检查口腔，看是否有细菌感染迹象。每天早晨，4 岁的孩子们艰难地爬上两层楼梯，坐下来享用丰盛的早餐。教师们坐在 35 个坐立不安、百无聊赖的孩子面前，讲述着冗长的德育故事。接下来是户外锻炼时间。200 多名学龄前儿童随着喇叭里播放的音乐，整齐一致地做着动作。

回到教室后，孩子们会上一节简短而欢乐的美术课，然后在教师的安排下开始进行角色扮演：故事里有两只喜欢跳舞的金丝猴，不小心掉进了一条敞着盖儿的水沟里。两个 4 岁的孩子满怀热情地扮演着这两个角色，大声唱着事先规定的歌曲，动作夸张地假装掉进一条想象中的水沟里。回到楼上吃午饭时，教师警告孩子们："专心吃饭，不要说话，否则会影响到别的小朋友。"

约瑟夫·托宾的研究项目为我们留下了精彩的描述，使我们能够身临其境地看到这所幼儿园如何开展活动，又如何随着时间的推移而发生变化。如今，这所幼儿园看上去已相当现代化了，但仍要组织每个班的 35 名儿童进行大班教学活动——从西方国家的角度来看，这已是一个很庞大的群体了。教师们在布置得五颜六色的教室里，指导孩子们开展游戏，给孩子们上绘画

* 民族志是人类学的一种研究方法，也是一种文化展示的过程与结果。人类学家到一个田野点上进行调查，把所观察之处人民的生活方式记录下来，透过对社会的细致刻画，来说明社会整体和文化全貌。——译者注

① Joseph Tobin, Yeh Hsueh and Mayumi Karasawa, *Preschool in Three Cultures Revisited* (Chicago: University of Chicago Press, 2009).

课，同时时刻注意提高孩子们的口头表达能力，培养其数学概念。

西方学者将继续关注中国的幼儿园，以此反映中国的家长、教育者和政策制定者如何从截然不同的文化原则出发，对幼儿园形成各自的理解。像托宾这样与亚洲学者并肩工作的研究人员，总是尽量去理解中国学前教育领域的相关人士如何定义学前教育的质量，又如何对其加以提高，以及他们看重哪些儿童发展目标。但西方世界的其他评估可能会强调那些根植于美国的观念，比如对儿童自尊心的尊重、在玩中学、投入资金以开展小班教学或提高教职员工配比。阅读本书时，您不妨仔细考虑一下美国的情况，问一问自己：这些改革措施是否会在中国多样化的幼儿园中产生同样的结果？

西方分析人士应该尽力避免刻板的假定，这样去思考：应该怎样做，才能使得他们为儿童设计的认知发展或社会性发展目标适用于中国复杂的文化传统，而非仅成为由美国自身特殊经验演化而来的、其适应性并未经过证实的推动力量？反过来，中国的家长和政策制定者也应该意识到，中国种类繁多、数量庞大的学前教育机构一旦投射进西方经验这面镜子里，其映像就难免出现扭曲或是模糊不清的情况。

培养儿童的第三种方式？

目前，关于中国意在以“第三种方式”发展教育的讨论引起了广泛关注。这种关注与政策制定者津津乐道的、对中央政府对社会主义市场经济进行管理的第三种方式的兴趣类似。中国中央政府的这种努力似乎源自这样一种希望，即将西方世界对个人主义和创新的偏好，融入东方国家对家庭和民族的尊崇之中。① 由于幼儿园主要在私营领域进行扩张——无论是非营利性的还是营利性的——这个由经济领域挪用而来的说法显得吸引力十足。重新关注儒家传统，同时向在资本主义扩张中曾经占据主导地位的

① 我们关于“第三种方法”（关于教育的公共和个人目标的一套新理念）更为早期的讨论见：Bruce Fuller，“A Shifting Education Model in China，” *Atlantic Monthly*，December 14，2015. 关于中国正在崛起的全球地位的另一篇相关评论见：Evan Osnos，“Making China Great Again，” *New Yorker*，January 8，2018.

西方世界发起挑战，这表明中国正在寻求对伦理道德和经济活力的新诠释。

从这个意义上看，幼儿园已经成为一个重要的舞台，中国的教育工作者和政策制定者在其中讨论如何培养下一代、如何帮助儿童以某种方式为适应泾渭分明的道德和物质世界做好准备。中央政府对“玩中学”的支持，反映了儿童的好奇心、兴趣和表达能力的重要性，这也是西方发展心理学家们长期以来所强调的。对于有着良好教育背景的英美家庭而言，这些品质和能力的确重要，但是，儿童认知的灵活性、直言不讳的自信和对自我利益的强调，真的能够适应强调群体主导地位的东亚文化和社会吗？

如今，中国出现了一些学者，他们开始各有侧重地对不同的儿童培养方式进行研究。有的侧重于儿童培养方式的城乡差异，有的侧重于少数民族的特殊教育形式。例如，有的研究人员针对中国怒族极少送孩子上幼儿园的原因展开了调查。西南大学的李姗泽教授和云南大理大学的孙亚娟博士发现，云南怒江地区的怒族家长认为，幼儿园的日程安排不适应怒族农业生产的形式，因此他们选择把孩子留在家中抚养。传统的怒族学校仅在周日开课，当地人认为学龄前的怒族儿童上这种学校就够了。①

“第三种方式”或许能够认识到西方国家对个体儿童尊严的呵护，即追求与尊重每个儿童的整体性和能力，并将这一目标视作家庭和社会的首要考虑事项之一。但是，西方社会对每个儿童给予尊重的理念，与中国对集体利益的重视以及对权威的服从是否会产生矛盾，仍有待观察。理念上的折中并非易事。随着西方社会的规范和社会地位的形式以数字化的表现方式逐渐渗入中国社会，中国的社会文化规范也在不断发生变化。这一切已经在中国学前教育工作者和政策制定者的心中引发了困惑和焦虑。对西方学者而言，这可能使得他们对自己所持有的基础观念变得更为敏感，从而促使他们对中国家长和教育工作者所关注的、有关儿童培养的多样性观点进行更为细致的描述。

---

① 李姗泽，孙亚娟，《怒族聚居区学前儿童低入园率的归因分析——基于“文化-生态理论”的本土案例阐释》，《学前教育研究》第 9 期（2016），3-13.

幼儿园能促进中国儿童的成长吗——来自第一线的实证研究

在中国，几乎还没有证据表明幼儿园对儿童的早期成长有多么显著的促进作用。幼儿园在基本质量指标上的表现正在不断提高，尤其是在教师的受教育水平和小班化教学的实施方面，至少在大城市是如此。但是，与不上幼儿园相比，入园孩子的学习和体质是否因幼儿园教育质量的提升而得到了改善呢？

下面列举的一些初步结果的确令人鼓舞，但是在这些研究中，儿童的样本量仍然很小，且往往来自特殊的城市或地区，对更广泛的人口不具代表性。此外，研究方法在过去三十年间已在全球得到了发展，但中国的学前教育研究者却很少利用这些进展。比如，如果未将家庭或幼儿园中儿童的特征（其中可能存在干扰因素）加以仔细考虑，那么研究即便对幼儿园带来的影响做出了估计，这个结论也可能是误导性的或者存在偏差。

我们在中国只找到几项基于随机控制的、针对幼儿园对儿童产生的影响进行细致研究的实验。准实验研究法*（quasi-experimental research）尚未被这一领域的中国学者所广泛采用，也就是说，许多中国学者尚未能将家长选择幼儿园的偏好考虑在内，而这些偏好可能导致家庭对儿童的发展造成直接影响（也就是说，在解释儿童的成长时，家庭背景本身也是一个应该加以考虑的因素）。①不过，一些使用观察性数据的研究确实指出，优

* 准实验研究法是社会科学研究的一种方法。相对于真正的实验研究而言，它采用一定的操控程序，利用自然场景，灵活地控制实验对象。它的严谨性略低，因而所产生的因果结论的效度比真正的实验研究低，但优点在于所要求的条件灵活，在无法控制所有可能影响实验结果的无关变量时，具有广泛的应用性。——译者注

① 关于这些应用于儿童发展研究的方法问题，相关研究参阅：Bruce Fuller, Edward Bein, Margaret Bridges, Yoonjeon Kim and Sophia Rabe-Hesketh, "Do Academic Preschools Yield Stronger Benefits? Cognitive Emphasis, Dosage, and Early Learning," *Journal of Applied Developmental Psychology* 52（2017），1-11；Jennifer Hill, Jane Waldfogel, Jeanne Brooks-Gunn and Wen-Jui Han, "Maternal Employment and Child Development: A Fresh Look Using Newer Methods," *Developmental Psychology* 41（2005），833-850.

质幼儿园可能为儿童的成长带来潜在好处，尤其是对中国农村家庭或城市里的贫困家庭的孩子而言。

香港岭南大学的黄浩伦教授和总部位于斯坦福的农村教育行动计划（REAP）团队进行了一项中等规模的实验。实验经过精心设计，随机从河南某县的20个乡镇抽取了150个家庭，这些家庭各育有一个4岁的孩子，研究人员向其中一半家庭发放可充作幼儿园学费的学前教育券，另一半家庭被设为控制组，未对其发放学前教育券。①

该研究小组发现，与控制组相比，实验组的入园率高出约20个百分点。控制组有超过一半（55%）的儿童上幼儿园，而接受学前教育券的家庭中，这一比例为74%。孩子们的入学准备测试分数没有显著差异。研究人员认为，可能的解释是这些幼儿园的教育质量太过低劣：平均而言，这些幼儿园的班级规模相当于一位教师照看29个儿童；三分之一的幼儿园开办在私人住宅或废弃的村舍内；教室里的课桌不适合4岁儿童，孩子们使用的是小学丢弃的设备和装置。

香港大学教育学院刘丽薇教授的团队在贵州的两个村庄进行了一组研究，获得了令人鼓舞的结果。该团队的研究发现，与从未上过幼儿园的孩子相比，上过幼儿园或学前班的孩子的阅读能力增长曲线更为陡峭。孩子们获得的这些进步似乎得益于幼儿园的教学实践——用传统西方标准来衡量，它符合“发展适宜性教育实践”的要求。②

尽管结果令人鼓舞，表明幼儿园起到了积极的作用，但这一结果也可能由选择或不选择某类幼儿园的家长之间的差异造成。这些差异会直接影响孩子的成长以及家长选择不同类型幼儿园的可能性，但在以上研究中，它们并未被加以观察。在将来的研究中，研究者应该采用更加严格的方法，仔细地将这些因素排除在外，然后再对不同类型幼儿园的影响做出推

① Ho-Lun Wong, Renfu Luo, Linxiu Zhang and Scott Rozelle, “The Impact of Vouchers on Preschool Attendance and Elementary School Readiness: A Randomized Controlled Trial in Rural China,” *Economics of Education Review* 35 (2013), 53-65.

② Nirmala Rao, Jin Sun, Jing Zhou and Li Zhang, “Early Achievement in Rural China: The Role of Preschool Experience,” *Early Childhood Research Quarterly* 27 (2012), 66-76.

论。也就是说，研究者不能忘记将家庭本身的特征或亲子教育等因素纳入考虑范围。

哪些质量指标能够促进幼儿的学习？

由浙江师范大学的李克建教授领导的研究团队评估了幼儿园对幼儿学习的影响，并剔除了教师和课堂的质量等因素带来的影响。这一研究思路与美国和欧洲的研究类似，目的在于考察是否只有当教师的素质和课堂活动的质量达到一定的阈值时，我们才能观察到幼儿园产生的可持续效应。通过对浙江 193 所幼儿园的 428 个班级进行抽样调查，他们得出推论：质量水平达到一定阈值后，幼儿园带来的影响会更为显著。该研究还得出了另一项同样重要的结论：在中国农村，优质幼儿园对儿童的影响更大，而在城市地区，这种影响相对较弱。

李克建教授的团队还采用 1012 名 3—6 岁儿童的学习数据，描述了浙江 178 所幼儿园的质量差异。它们在总体质量指标上处于“中等到低质量”水平。在这些幼儿园中，有五分之二的教师拥有本科学士学位，四分之三的教师已获得教师资格证。平均每个班级有 35 名学生，幼师比将近 18 : 1。与民办园相比，公办园教师和学生的人数更多，为每个孩子投入的成本更高，教学活动的得分也更高。①

研究者还发现，质量较高的集体教学有助于发展儿童的早期语言和数学能力。李克建教授与同事回顾了中国教育部如何敦促幼儿园围绕游戏展开课程、采用以儿童为中心的教学方法。但由于班级规模大和一些固有习惯，教师们仍然会将儿童分成大组进行“教学”。不过，其教学的某些方面，如明确的学习目标、教师用新概念搭建框架、教师对个体差异及时给予反应和情感支持等，的确帮助幼儿获得了更为显著的进步。

同样，这些研究也存在选择性偏差问题，即与信息资源较少或无法支付必要保教费以接受优质教育的儿童家长相比，另一些家长本身就更有可

① Kejian Li, Yi Pan, Biying Hu, Margaret Burchinal, Allison De Marco, Xitao Fan and Jinliang Qin, “Early Childhood Education Quality and Child Outcomes in China: Evidence from Zhejiang Province,” *Early Childhood Research Quarterly* 36 (2016), 427-438.

能倾向于选择优质幼儿园。如果忽略这一先前存在的因素，研究者可能会不自觉地将影响归因于幼儿园类型，而不是儿童本身的家庭背景。中国的研究者正在组织更大的幼儿园和儿童样本，但仍主要依赖横截面数据*进行研究。李克建教授及其研究团队已经证实，在优质幼儿园就读的儿童能够表现出更强的前阅读能力和数学技能，以及更强的社交能力。这些都是非常有价值的研究，但这些差异是否是幼儿园带来的，仍需进一步的实证研究。

由澳门大学的胡碧颖教授带领的研究小组考察了影响幼儿园教育质量的相关因素，以及中国各地的不同条件如何影响幼儿园的质量。例如，他们近期利用中国本土化的幼儿学习环境评量表（Chinese Early Childhood Environment Rating Scale，CECERS），发现通过四项质量指标便可在很大程度上预测幼儿园的整体质量。这四项质量指标是指：家长支付学费的意愿和能力、教师享受的工资、幼师比、教师的职业认同感。①

胡碧颖教授及其同事还发现，幼儿园教师在社会情感方面提供的支持的差异，可以预测幼儿对课堂任务的坚持程度。通过对广东 59 所幼儿园课堂的观察和分析，他们发现，当教师组织小组活动，激发幼儿的学习主动性，并提供稳定的指导和支持时，幼儿的词汇量增长更快。受过更多培训、待遇更好的教师比准备不足的教师在教学上表现出更强的支持能力。但幼儿园设施的质量与幼儿成绩并不相关。② 这项研究有助于凸显教师在与幼儿互动、为幼儿提供支持等方面的关键作用，同时研究还表明，教师

---

* 横截面数据是由同一时间不同统计单位相同统计指标组成的一次性数据列。横截面数据不要求统计对象及其范围相同，但要求统计的时间相同，也就是说它们必须处于同一时间截面上。而面板数据是指对同一批样本不同指标两次及以上的测量数据。——译者注

① Biying Hu, Miranda Kuan Mak, Jennifer Neitzel, Kejian Li and Xitao Fan, “Predictors of Chinese Early Childhood Program Quality: Implications for Policy,” *Children & Youth Services Review* 70 (2016), 152-162.

② 以上发现来自两项研究：Biying Hu, Xitao Fan, Jennifer LoCasale-Crouch, Liang Chen and Ning Yang, “Profiles of Teacher-Child Interactions in Chinese Kindergarten Classrooms and the Associated Teacher and Program Features,” *Early Childhood Research Quarterly* 37 (2016), 58-68; Biying Hu, Yisu Zhou, Liang Chen, Xitao Fan and Adam Winsler, “Preschool Expenditures and Chinese Children's Academic Performance: The Mediating Effect of Teacher-Child Interaction Quality,” *Early Childhood Research Quarterly* 41 (2017), 37-49.

应将幼儿分成小组，组织学习活动，而非组织说教式的集体教学。如此完善的教学实践在农村和贫困地区的幼儿园似乎并不普遍。[①]

质量标准因文化而异

胡碧颖教授和李克建教授研发了一套更适合中国国情的幼儿园教育质量观察量表，而非简单地从西方引进观察量表。因为后者是在美国（不同的文化和制度条件下）制定出来的。正如李克建等研究者在文章中指出的，中国许多幼儿园的课堂仍然反映出这样一种理念："在传统观念中，好的幼儿教育注重教导孩子守规矩、遵守纪律，帮助孩子掌握基本的艺术和学业技能。"[②] 虽然这种教学理念与西方国家倡导的方式——将儿童分成小组，通过游戏和课堂活动来学习——背道而驰，但对于这些在中国幼儿园十分常见的传统教学实践，李克建教授的研究团队并未加以否定，而是构建了一套课堂观察量表来测量集体教学的质量。通过此量表，我们能够估测，如果辅以明确的课程方案和为儿童量身定制、一目了然的活动安排，这种教学方法是否能够促进儿童的学习。

总体而言，学者们详细描述了中国各地幼儿园班级的巨大差异，同时有效地区分了结构性质量要素和过程性质量要素。比如，如前文所见：在资金不足的幼儿园，一个班级的孩子多达 30 甚至 40 名；农村幼儿园的设施可能陈旧或不安全；部分民办园由于收费不高，可能无法足额支付教师工资。这些都是对幼儿园的组织构架和人员配备的潜在的结构性限制。（在美国中产阶级聚居的地区，私立的、靠学费支撑的幼儿园同样存在师资质量不佳的问题。）

与此同时，西方学者开始关注过程性质量要素，比如教师如何在小规模班级中设置教学任务并为其提供支持。研究人员还会评估儿童的监护人

---

① Biying Hu, Xitao Fan, Jennifer LoCasale-Crouch, Liang Chen and Ning Yang, "Profiles of Teacher-Child Interactions in Chinese Kindergarten Classrooms and the Associated Teacher and Program Features," *Early Childhood Research Quarterly* 37 (2016), 58-68.

② Kejian Li, Yi Pan, Biying Hu, Margaret Burchinal, Allison De Marco, Xitao Fan and Jinliang Qin, "Early Childhood Education Quality and Child Outcomes in China: Evidence from Zhejiang Province," *Early Childhood Research Quarterly* 36 (2016), 427-438.

和教师的专业敏感性，比如当孩子出现情绪波动或在人际交往方面有所犹疑时，家长和教师能否有所回应，比如他们能否使用丰富的语言，能否帮助每个孩子提高认知的灵活性。中国学者对未来研究的设计，取决于他们对最佳儿童培养方式所持的观念，他们具备哪些自身所属文化社会所要求的能力，以及他们是否通过幼儿园的教学实践和活动对儿童有了更深层次的了解。选择基于中国本身的文化和制度传统的基本概念和测试量表，会使研究结果更具科学效度。

一直以来，几乎没有中国学者关注师幼互动的质量对儿童社会性技能和情感发展的影响。中国的许多学校长期存在着学生学业压力大、竞争激烈的问题，在此背景之下，教师与儿童的互动归根结底仍然取决于家长（和社会）对培养下一代的偏好。如今，在尚未形成定论的情况下，中国学者开始思考：具备更强的专业敏感性、反应更迅速的教师如何能够帮助儿童发展社会性能力，乃至帮助他们获得更为全面的成长？①

哪些家庭能将孩子送进优质幼儿园？

在中国，有越来越多3—6岁的孩子进入幼儿园。但是，不同家庭的儿童在入园机会、获得优质师资以及支付保育费水平等方面，仍长期存在不平等现象。在此，我们通过研究2010年至2016年中国家庭的全国性年度调查数据，对不同家庭儿童的入园模式进行分析。

从图0.2能够看出，2010—2016年，除3岁儿童之外，中国3—6岁儿童的入园率总体良好。这些数据来自具有全国代表性的调查，包括北京大学中国教育财政科学研究所委托西南财经大学进行的“中国家庭金融调查”（China Household Finance Survey）中的“全国家庭教育支出调查”，以及北京大学社会调查中心进行的“中国家庭动态跟踪调查”

① 有关这一类对社会情感成长的研究，实例之一请见：Zhongling Wu，Biying Hu，Xitao Fan，Xiao Zhang and Juan Zhang，“The Associations Between Social Skills and Teacher-Child Relationships：A Longitudinal Study Among Chinese Preschool Children，” *Children and Youth Services Review* 88（2018），582-590.

(Chinese Family Panel Studies)。[①] 根据"中国家庭动态跟踪调查"2010—2016年的调查数据，3—6岁儿童的毛入园率[*]从2010年的52%升至2016年的65%。我们看到，这一增长是由4—6岁儿童入园人数的增加推动的。3岁儿童的入园率一直较为稳定，保持在这个年龄段儿童的四分之一左右。[②]

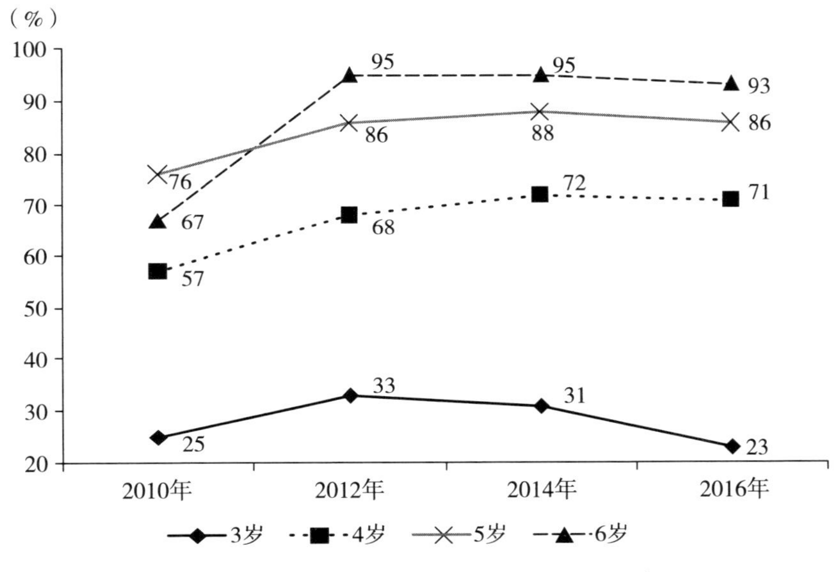

图0.2　3—6岁中国儿童入园率（2010—2016年）

来源：宋映泉，《中国学前教育机会与成本——基于CFPS和CIEFR_HS的证据》（北京：北京大学中国教育财政科学研究所，2018）.

① 有关具体方法，参阅：宋映泉，《中国学前教育机会与成本——基于CFPS和CIEFR_HS的证据》（北京：北京大学中国教育财政科学研究所，2018）.

* 根据国家教育相关规定，3—6周岁适龄儿童都有权利在其监护人监督下进入国家创办或私人创办的学前教育机构，即幼儿园进行培训学习。出于各种原因，部分这个年龄段的中国儿童不能正常进入幼儿园。中国教育部门根据在园学习儿童的总人数（可能包含非正规年龄组，如低龄或超龄的学生）除以户籍上为3—6周岁的适龄儿童的总人数，获得的数据被称为"毛入园率"。而"净入园率"是指在计算公式的分子，即在园儿童人数时，考虑学生的年龄大小，只包括与分母年龄段（3—6岁）相同的儿童的人数，小于3岁或大于6岁的儿童不计算在内。——译者注

② 根据联合国儿童基金会的报告，中国2017年的毛入园率为79%，其中包括了3—6岁年龄段以外的儿童。同时，幼儿园园长可能会报告已报名但未入学的儿童人数，而家长不会报告这部分人数。访问以下网址可查：https://www.unicef.org/china/en/figure-89-gross-enrolment-ratio-pre-primary-education-20002017。

早在20世纪90年代初，在中国的农村和城市，某些类型的幼儿园的入园率就一直在上升。华中师范大学的龚欣副教授和同事在分析“中国健康与营养调查”（China Health and Nutrition Survey）的数据后发现，早在1991年，中国城市地区的入园率就达到了43%，而农村地区的入园率仅为15%。[①] 通过对多子女家庭收入发生变化时的入园趋势进行比较，他们发现经济状况能够明显预测幼儿园的入园率。孩子较少的家庭更有可能送女儿和较年长的孩子（3—6岁）入园。母亲受教育程度越高，孩子上幼儿园的可能性也越大。

从上述两个家庭调查的数据中发现，中国农村地区的入园率在逐渐接近城市地区的数据（见图0.3）。随着中央和地方政府集中向这些地区进行拨款，农村3—6岁儿童入园率从2010年的48%升至2016年的65%。2016年城市儿童的入园率为69%。

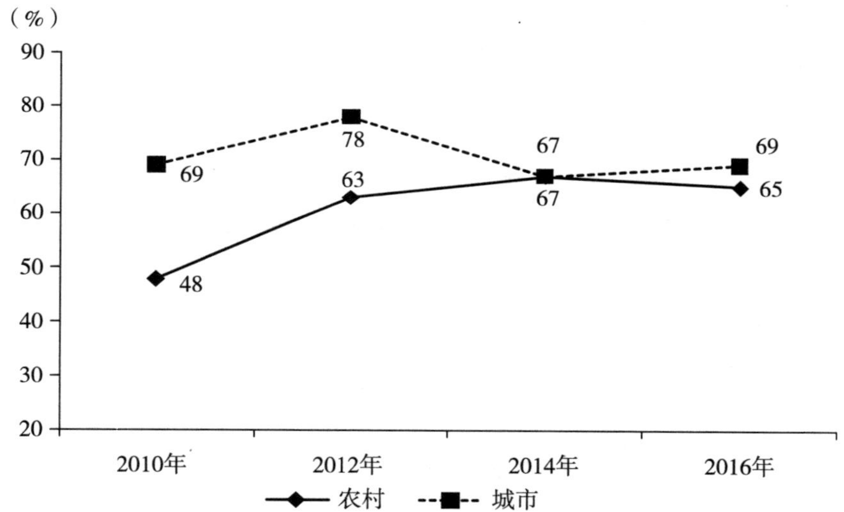

图0.3　分城乡3—6岁中国儿童入园率（2010—2016年）

来源：宋映泉，《中国学前教育机会与成本——基于CFPS和CIEFR_HS的证据》（北京：北京大学中国教育财政科学研究所，2018）.

① Xin Gong, Di Xu and Wen-Jui Han, “Household Income and Preschool Attendance in China,” *Child Development* 86（2015），194-208.

不平等现象依旧存在

历史上，在中国较为贫困的西部地区，入园率一直较低。但根据上述两个家庭调查的结果来看，2010—2016 年，这一地区的入园率从 41%提高到了 76%（见图 0.4）。东部地区的入园率似乎有所下降，这可能是由大量农民工涌入城市，而他们的子女无法正常入园造成的。未来的研究可以考虑分析农村地区儿童实际的入园情况。比如，家长可能已经为孩子报名入园，但孩子每天实际到园的情况并不稳定，因此还需要进行更多的研究来核实农村幼儿园的实际入园率。

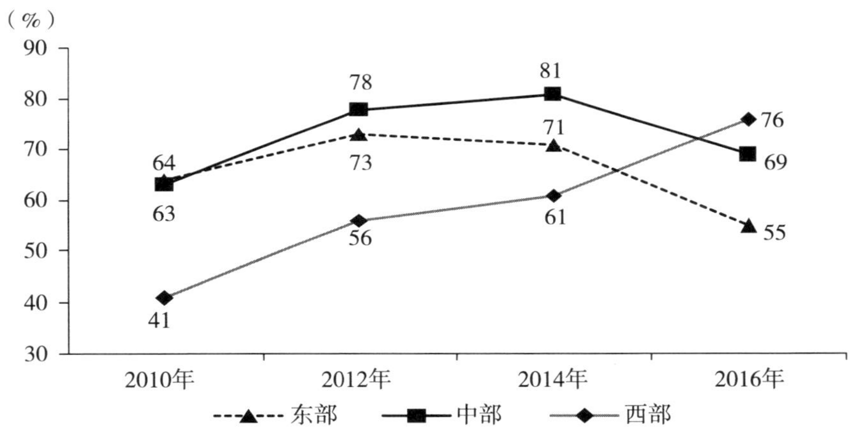

图 0.4　分地区 3—6 岁中国儿童入园率（2010—2016 年）

来源：宋映泉，《中国学前教育机会与成本——基于 CFPS 和 CIEFR_HS 的证据》（北京：北京大学中国教育财政科学研究所，2018）.

一旦根据家庭收入水平对儿童进行分类，更大范围的不平等现象就出现了。家庭的收入水平如今仍旧影响着儿童入园的机会（见图 0.5）。将所有家庭按照收入水平分成 5 个级别，即从最贫困的五分之一家庭到最富裕的五分之一家庭，这时我们确实能够看到入园率总体的提高过程。2010—2016 年，在最贫困的五分之一家庭中，3—6 岁儿童的入园率从 46%升至 56%。而对于最富裕的五分之一家庭，入园率从 65%攀升至 73%。尽管有越来越多儿童进入幼儿园，但这可能是由公共财政的投资和家长的需求有所增加带来的，家庭收入差距造成的入园率差异基本上未能获得改善。

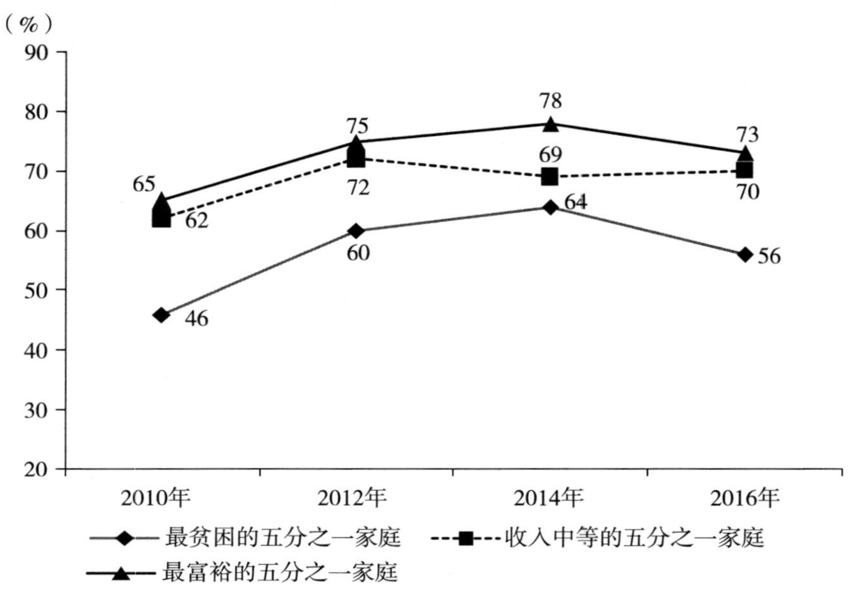

图 0.5　中国 3—6 岁儿童入园率（按家庭收入划分）（2010—2016 年）

来源：宋映泉，《中国学前教育机会与成本——基于 CFPS 和 CIEFR_HS 的证据》（北京：北京大学中国教育财政科学研究所，2018）.

在许多地区，越来越多优质“示范幼儿园”的存在反映了另一种不平等现象。这些示范幼儿园最早创建于 20 世纪 50 年代，典型特征是教师训练有素，而且掌握着现代化的教学技术（对“现代化”的定义是与时俱进的）。然而，这些幼儿园大部分是为来自高收入精英家庭的儿童服务的，比如托宾教授描述过的在昆明和上海的幼儿园。① 美国也创办了类似的示范幼儿园，但它们大都为贫困家庭提供了平等的入园机会，并非只为精英家庭的孩子敞开大门。

① Joseph Tobin，Yeh Hsueh and Mayumi Karasawa. *Preschool in Three Cultures Revisited*（Chicago：University of Chicago Press，2009）.

机构的多样化和机会的失衡

如今，有各种各样的组织在中国经营幼儿园，其中包括大量营利性学前教育机构，以及公立学校、地方政府、集体企业和非营利性机构主办的幼儿园。在本书中，你将看到，中国多种机构办学的局面与19世纪中期美国的情况相当类似。如今，美国联邦政府和各州政府为许多幼儿园提供多种拨款，而在中国，营利性和不能获得政府补贴的机构仍是学前教育领域的服务提供方。

由于中国大多数幼儿园都收取保教费，加之家庭经济水平差异悬殊，因此幼儿园保教费占消费支出的比例在不同家庭间存在着明显的差异。例如，“中国家庭动态跟踪调查”数据显示，2016年，消费支出最低的四分之一家庭缴纳幼儿园费用的支出大约占家庭支出的18%，而对于消费支出最高的四分之一家庭，该比例仅为8%。

我们对不同类型的入园学生构成进行了分析，发现除家长缴纳费用的占比差异外，在入园机会方面也存在不平等现象。图0.6报告了消费支出最低的四分之一家庭、消费支出中等的家庭、消费支出最高的四分之一家庭将孩子送进不同机构开办的幼儿园的百分比。我们看到，在所有家庭中，消费支出最高的四分之一家庭更倾向于把孩子送进政府附设幼儿园（占这类入园儿童总数的37%）、大学附设幼儿园（占这类入园儿童总数的57%）和城市小区幼儿园（占这类入园儿童总数的49%）。对消费支出最低的四分之一家庭而言，相应比例仅为10%、4%和8%。

相较而言，在城市小区幼儿园中，有一半的孩子是在消费支出最高的四分之一家庭中长大的，而在乡镇中心幼儿园中，这一比例仅为15%。与此同时，消费支出最低的四分之一家庭倾向于让孩子就读于乡镇中心幼儿园、小学附设幼儿园和普惠性民办幼儿园。由此可见，幼儿园的制度沿革结构性地决定了具有不同家庭背景的儿童进入不同性质和教育质量的幼儿园的概率。

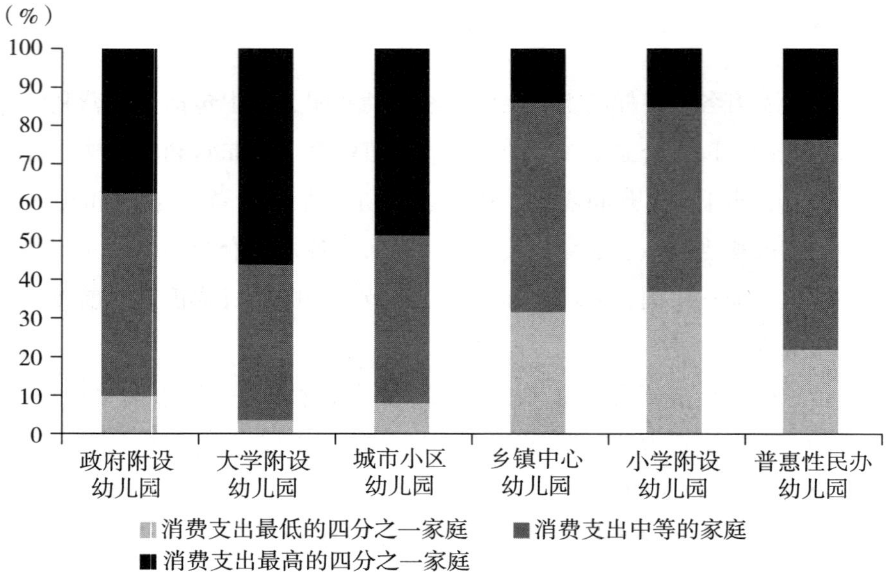

图 0.6　家庭支出水平与幼儿入园类型

来源：宋映泉，《中国学前教育机会与成本——基于 CFPS 和 CIEFR_HS 的证据》（北京：北京大学中国教育财政科学研究所，2018）.

家长支付费用的不平等

将中国城市和农村地区的家长为支付幼儿园费用承担的私人支出进行比较，不平等情况依然存在。值得注意的是，最贫困的农村家庭支付的费用相当于其总支出的 13%，比上文介绍的消费支出最低的四分之一家庭的占比要低。最富裕的农村居民缴纳的幼儿园费用在其总支出中的占比（6%）也高于城市富裕家庭（2%）。[①] 这可能意味着农村幼儿园通过收取家长费用而获得的收入更少，因此依旧无法向高素质教师支付足额工资，导致城乡教育质量产生差距。

中国各级政府有意规范公办园和民办园收取家长费用的水平。世界银行的数据显示，2009 年，广西部分城市公办园和民办园的学费上限分别

① 宋映泉，《中国学前教育机会与成本——基于 CFPS 和 CIEFR_HS 的证据》（北京：北京大学中国教育财政科学研究所，2018）.

为每生每年 4000 元和每生每年 13600 元。在江苏和重庆等地，允许的收费上限要更低一些。①

但在中国许多地方，幼儿园收费仍旧居高不下。广西城市地区的公办园平均学费为每生每年 2120 元，民办园的平均学费为每生每年 7050 元。而广西农村地区的公办和民办幼儿园的相应收费水平分别为每生每年 1313 元和每生每年 2350 元。② 如果农村和县镇家庭的孩子只能上民办园，这些家庭需要支付的费用在收入中的占比会很高，且与富裕的城市家庭相比，他们获得的教师资质往往更差。

制度推行之难

我们已经了解了美国幼儿园班级中的社会组织如何促进幼儿认知成长、给予儿童情感支持（本书后文的章节对此有详细介绍）。在中国，大多数幼儿园很难聘请到具有专业敏感性、训练有素、关切如何培养学龄前儿童的相关专业毕业生。不过，研究人员已经发现，当教师认真聆听幼儿的话语并做出反应时，就会有更好的效果，如果辅以有趣的、结构完善的学习活动，效果更是显著。

但是，如何对影响质量的关键因素进行规划并有效落实，仍然是两国政府都要面临的严峻挑战。香港大学教育学院的李辉教授对深圳几所幼儿园的儿童前阅读活动进行了观察。自 20 世纪 80 年代以来，中国的政府部门曾屡次要求向着以游戏为主的儿童中心式幼儿园的方向进行教学改革，但李辉的研究团队发现，大多数教师每天仍要花一半以上的时间对全班进行说教性教学。教师们通常站在 30—34 名儿童面前，进行词汇、识字和音素的教学。他们以传统的方式向全班授课，几乎从不与

① Kin-Bing Wu, Mary Eming Young and Jianhua Cai, "Early Childhood Development in China: Breaking the Cycle of Proverty and Improving Future Competitiveness" (Washington, DC: World Bank, 2012).

② Kin-Bing Wu, Mary Eming Young and Jianhua Cai, "Early Childhood Development in China: Breaking the Cycle of Proverty and Improving Future Competitiveness" (Washington, DC: World Bank, 2012).

单个孩子互动。

研究团队发现，这些教师很认同杜威式的主动学习法，也认为如果能够敏感地觉察哪些活动适宜儿童发展，孩子们就能更好地学习和成长，但是这些教师无法将自己的信念转化为实际行动。这也许是因为，对集体利益的重视使得这些与之相悖的教学方式失去了用武之地。[①] 制度难以推行的现象在农村贫困地区也普遍存在，比如，尽管中央政府宣布，幼儿园应停止向家长收取费用或减少收取费用的金额，但这类收费行为仍屡禁不止。[②]

本书探索了政策制定者和有志于改革的教育家们在试图对高度体制化的学前教育机构做出变革时面临的两方面问题。首先，在对公办园和民办园并存的学前教育行业进行拓展和优化的过程中，政府应扮演怎样的角色？其次，具体而言，怎样的体制性障碍和经济机制使得中央的政策难以在课堂实践中得到实施？

混合市场的强劲增长和不平等现象

中国的学前教育行业之所以能够在多年的低迷后复苏并获得迅猛的发展，有赖于家庭需求的增加和中央政府的领导。在文化和制度等方面，这与中国对西方世界敞开国门的历史契机相吻合。家长和政府领导都接受了这样一种理念：学前教育不仅有助于减少贫困，而且有助于提高人力资本的水平。中国向社会主义市场经济体制的转变，促进了物质生产的迅猛增长，催生了西方式的精英阶层，他们相信通过良好的教育、努力创新和勤奋工作可以实现下一代向上的社会流动。因此，不断壮大的中产阶级毫不吝惜地为孩子投入巨资，其中就包括为他们寻找优质幼儿园。

① Hui Li, X. Wang and Jessie Wong, "Early Childhood Curriculum Reform in China," *Chinese Education & Society* 44 (2011), 5-23.

② 另一项对中国西部四个县的政策实施情况的定性研究参阅：Hui Li and Dan Wang, "Understanding the 15-Year Free Education Policies in China: An Online Study of Four Cases," *International Journal of Chinese Education* 3 (2014), 250-267.

在上述种种社会制度性力量的作用下，中国大多数地方幼儿园都采用分权的方式进行经费的筹措和运转。尽管有地方政府的财政支持，许多幼儿园在经费方面仍主要依靠家长支付的费用。这两种经费来源都与家庭和地方政府及社区的经济状况息息相关。这种地方分权的财政盈亏方式与混合市场经济的理念是一致的，即允许各种各样的商品或服务提供商并存。与此同时，这种公办园与民办园并存的局面也造成了上文所讨论的，入园机会和质量分布的普遍不平等现象。

图 0.7 显示了 2009 年中国部分省份为每一名入园儿童投入的政府拨款和总支出。我们看到，北京和上海等富裕地区公办园的支出远高于广西等贫困地区。生均学前教育总支出包含幼儿园收取的学费和杂费、其他家长支出以及政府拨款。因此，这一分权式的学前教育财政来源结构加剧了各地区之间学前教育在支出和质量方面的差异。为了缓解这些不平等现象，中央政府在过去 10 年中不断加大扶持力度，增加支持学前教育发展的专项资金投入。

同时，中央政府希望促进公办园与民办园的齐头并进、共同发展。相关行业的决策者可能会对民办园，尤其是那些营利性民办园的高昂价格和参差不齐的质量感到担心。但民办园已经为数千万儿童提供了服务，要将这些幼儿园全然纳入公立系统，恐怕会耗费巨资。不同的市场也许能够更好地适应不同的育儿理念、方言以及中国各地家长所保持的民族习俗（这仍待实证研究检验）。

图 0.8 显示了 1986—2008 年，中国公办园和民办园入园人数的变化情况。前文我们曾讨论过，农村和城市的入园率有过一次急剧下降，但是与我们当前的讨论更为相关的是由教育部和各地其他部门开办的幼儿园入园人数的增加。教育部门办园的在园儿童人数从 1986 年的不足 300 万上升到 2008 年的近 1200 万。2011 年，中国政府再次承诺，对幼儿教育提供财政拨款预算，公办园的数量因此再次增长，到 2017 年，中国公办园的数量从 4.5 万所增加约 1 倍，达到 9 万多所。①

① 根据中华人民共和国教育部发展规划司 2011 年和 2017 年《教育统计数据》整理。

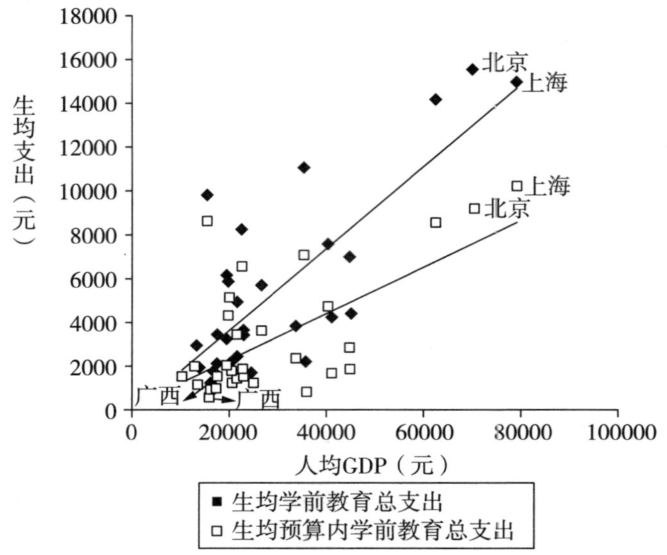

图 0.7　2009 年中国部分省份生均学前教育总支出及生均预算内学前教育总支出与人均 GDP

来源：Kin-Bing Wu, Mary Eming Young and Jianhua Cai, "Early Childhood Development in China: Breaking the Cycle of Proverty and Improving Future Competitiveness" (Washington, DC: World Bank, 2012).

尽管如此，在中国蓬勃发展的幼儿教育混合市场中，民办园——无论是非营利性机构还是营利性机构——的发展仍是最引人注目的。直到 1995 年，就读于民办园的儿童仍占少数（不超过 5%），但是到 2008 年，这个私营领域就招收了近 700 万名儿童。近年来，民办园的数量激增，1997 年全中国仅有 2 万多所民办园，到 2017 年已超过 16 万所。

民办园质量参差不齐，其师资力量、游戏设施和教学材料等方面的质量往往达不到政府规定的标准，但是民办园已约占全中国农村幼儿园总数的一半，占城市幼儿园总数的四分之三以上。①

美国的政策制定者也一直在努力解决幼儿园教育质量参差不齐、财政

① 根据中华人民共和国教育部发展规划司 2017 年《教育统计数据》所提供的幼儿园园所数量计算得出。

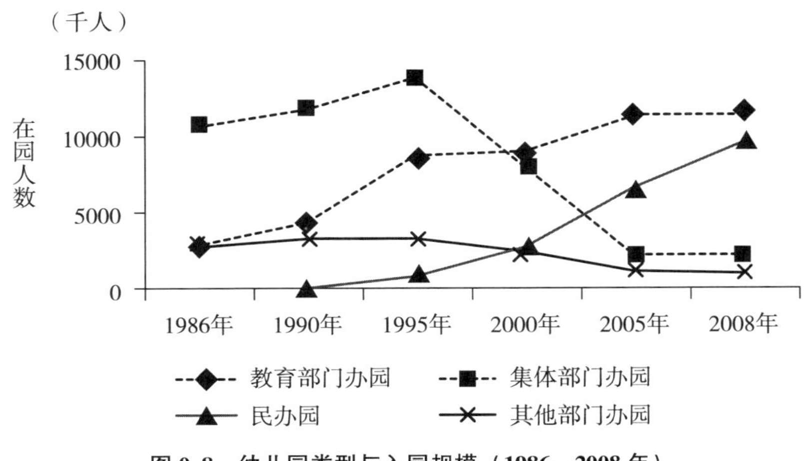

图 0.8　幼儿园类型与入园规模（1986—2008 年）

来源：Kin-Bing Wu，Mary Eming Young and Jianhua Cai，"Early Childhood Development in China：Breaking the Cycle of Proverty and Improving Future Competitiveness"（Washington，DC：World Bank，2012）.

收入不均的问题（有的幼儿园依靠政府拨款，有的依赖学费）。与中国的情况类似，美国学前教育行业依靠小规模的私人投资发展而来，在 19 世纪中期的起步阶段还要依靠学杂费以及当地农村社区的投入。到 20 世纪 70 年代，美国联邦政府和各州政府为了平衡贫困和富裕社区之间的教育质量，开始减少幼儿园成本的私人分担比例。在本书中，你会看到，在美国，黑人儿童比白人儿童上幼儿园的比例更高。在美国一些州，低收入家庭儿童接受的幼儿园教育质量比中等收入家庭儿童更高。在平衡入园机会和教育质量方面取得的这些进步，得益于美国联邦政府和各州政府增加的财政支持。

美国的多数州也有着各种类型的幼儿园，包括各地教育部门和非营利性机构经营的幼儿园，甚至包括获得政府许可的家庭托儿所。家长选择这些幼儿园后，这些民办保育服务的提供者会获得学前教育券。以加利福尼亚州为例，大约有 50 万名 3—4 岁的儿童进入幼儿园，且他们进入私营（大部分是非营利性）机构开办的幼儿园和公立学校附设幼儿园的人数大致相等。美国有三分之一的幼儿园接受州政府资助，同时也接受州政府的质量监管。

中国的民办园已经为越来越多有支付能力的家长提供了服务，从而节省了公共资源，这些资源可用以帮助无法以市场价格偿付费用的贫困家庭。此外，在美国和欧洲，社区幼儿园还具备提升社区凝聚力的功能。具体来说，就是非营利性幼儿园将公共资金投入低收入社区，创造就业机会，以激励社区民众积极为家庭提供服务。中国的现实状况是，即使在贫困的农村地区，强制性收费的现象也仍旧存在，许多家长因此无法将孩子送入幼儿园。

许多西方国家都在努力发展非营利性机构，这些机构能够为保障性住房提供资金、经营医疗诊所、提供教育服务（包括创办非营利性幼儿园）等。这些公共激励政策促进了非营利性机构的健康发展——尽管这些机构的质量可能参差不齐——这就有利于激发创新，为家庭提供除来自政府机构之外的支持。[①] 学前教育领域非营利性机构的发展也促使社区组织更加深入地理解当地社群的多元需求，并据此进行调整。

制度实施和机构的“惰性”

要解答与机构改革相关的第二个问题，就必须厘清这一点：遍布于广阔中华大地上的学前教育机构为何如此难以改变？诚然，幼儿园资金筹措方式的多样化决定了谁来为学前教育买单，以及不同质量水平的幼儿园在不同地区和人群中的分布，但与此同时，学者们也在研究这个问题：虽然在过去半个世纪里，中国的政策制定者和学前教育领域的研究者一再敦促幼儿园依据西方式的、以儿童为中心的、以游戏为主的教学法进行改革，但各类学前教育机构——甚至包括小规模的幼儿园——是如何使得教师将旧有的日常教学方式保留下来的？

在职业生涯的早期，教师的教学行为习惯经由学徒式的训练和学习培养而成，这些习惯往往会成为约定俗成的做法，且不可避免地被制度化，

① 将公共服务分散给各地非营利性机构的益处与风险的相关剖析参阅：Bruce Fuller, *Organizing Locally: How the New Decentralists Improve Education, Health Care, and Trade* (Chicago: University of Chicago Press, 2015).

尤其是在地方改革者缺乏资源或能力来证明新式课堂教学实践能够发挥实际作用的情况下。各级政府和教育部门可以大谈如何在幼儿园开展小组活动、认真聆听每名儿童的心声、从儿童自身的知识和文化形态出发进行教学，可是，幼儿园教师早已习惯了说教式教育，而且这种教学方式曾被公认是天经地义的，因此要改变教师日常的具体操作可能会非常困难。要知道，资深的教师往往会把集体教学或强调学科知识视作增进集体利益或帮助幼儿适应严格的标准化考试的一种方式。

罗格斯大学（Rutgers University）的坦贾·萨金（Tanja Sargent）教授详细阐述了中国的教师和地方政府对学校改革的抵制。她研究了约 20 年前首次制定的新课程标准*（New Curriculum）在中国的具体实施情况。2001 年，中国教育部敦促各地学校校长鼓励教师摒弃死记硬背和机械训练，鼓励学生积极参与，激发他们探索的欲望和动手的热情。这一教学理念不仅包含着杜威的部分思想，也与毛泽东关于教育与生产劳动相结合的观点一脉相承。①

但坦贾·萨金发现，中高考带来的结构性压力，加之教师的教学质量评价对学生学业成绩表现的依赖，种种因素最终导致中小学教师们不愿改变说教式的教学方法。这些重要的上层结构又决定了幼儿园对“真正的学校”所持的看法。萨金发现，就算教师们对新课程改革表示理解和支持，中国学校的课堂仍旧强调学生再现从课本和考试中获得知识的能力。萨金在甘肃对学校进行调研期间，常常听到教师们问学生：“这是正确的吗?”可见学校最重视的是学生对知识的记忆和掌握。

那么，在针对课堂这一社会结构进行变革时，该如何规避体制的惰性？如何放松相关的系统性约束，比如中高考不可撼动的“指挥棒”的地位，以及幼儿园财政收入的不平等现象？这一思考在一定程度上帮助教师

---

* 新课程标准简称“新课标”，是国家课程的基本纲领性文件，是国家对基础教育课程的基本规范和质量要求。新一轮课程改革将我国沿用已久的教学大纲改为课程标准，反映了课程改革所倡导的基本理念。——译者注

① Tanja Sargent, “Revolutionizing Ritual Interaction in the Classroom: Constructing the Chinese Renaissance of the Twenty-First Century,” *Modern China* 35 (2009), 632-661.

们转变了思维模式，用萨金的话说，使他们转而认为“孩子们可以进行探究式的活动，提出自己的问题”①。萨金还发现，即使缺少教学资源，具备创新精神且志趣相投的教师之间也会建立社交网络。通过这种方式，加上地方政府的指导和资助，教师们便会自动发起以活跃课堂为目的的改革。

中国政府正面临着一系列学前教育制度方面的挑战。随着中产阶级的壮大和对优质幼儿园的需求的增加，学前教育的混合市场将获得稳定而持续的发展。党和政府为逐步降低收费、提高低收入社区的教育质量而制定的宏伟目标——向民众承诺的提供普惠性的学前教育——将进一步获得公众的支持。但是，随着学前教育机构规模的扩张和数量的增加，其不平等程度也在逐步加深，因此还需制定更加有效的管理策略。本书提供了一些美国文化背景下的经验，比如，在美国，决策者如何制定策略，在避免为能够负担优质幼儿园保教费的家庭提供补贴的情况下，实现入学机会均等的目标。

童年需要标准化吗——来自美国的经验与教训

在这样的背景之下，我们邀请您阅读本书，认真思考在不同社会环境中如何对儿童的培养进行规范化，或促进其多样化。这是一个复杂的问题。尽管许多国家都有着丰富多样的文化，但各国政府常常不约而同地以标准化的方式对所有儿童进行教育和社会化。此外，我们还需要考虑：一个国家在经济文化上的历史积淀如何塑造甚至不断挑战和调整人们的理念，即如何培养下一代，以促进儿童本身以及他们所属社会群体的发展？美国的政策和经验教训只有与中国自身的历史经验和当代理想相结合，才能对中国产生实际意义。

① Tanja Sargent, “Professional Learning Communities and the Diffusion of Pedagogical Innovation in the Chinese Educational System,” *Comparative Education Review* 59 (2015), 102-132.

中央政府能否为家长提供更丰富的选择?

中国社会和美国社会拥有两个共同的特质：第一，它们都由不同的家庭组成，这些家庭都拥有不同的社会地位，具有各种各样的城市或农村背景，属于不同的民族，说着不同的语言。第二，其中每个人的思维方式都受到自身所属文化的影响，因此对于如何造就一个出色的孩子必然有不同看法，比如应该培养一个乐于助人、性格温顺的孩子，还是一个活跃而独立、爱追根究底、可能会在餐桌上无休止地提出问题、对约定俗成的社会规范提出质疑的孩子？这些差异的根源，就在于文化群体之间的群体差异和家庭之间的个体差异。

在两国社会中，有关儿童培养的各种理念都能在形形色色的幼儿园中得到实现，不论是陈旧的农村幼儿园，还是师资精良、环境优雅的城市幼儿园。两国政府都在努力兼顾接受政府财政资助的公办园和私人运营的民办园，改善机构的办学质量，并对机构内部的教师“教学”和儿童的“学习”进行规范。两国政府也都面临着源源不断的压力——来自家长、教育工作者和社会舆论的压力。为了应对这些压力，两国政府都对幼儿园的外在表现和班级内部教学的组织方式进行了标准化。

然而，政府以统一监管作为管理手段的习惯常常与中美两国家长对童年的多元观点相冲突，这些家庭来自不同的社群，有着各自的文化传统，这又促使政策制定者开办不同类型的幼儿园，以满足公私并存的混合市场的需求。

明确共同目标，尊重地方多样性

政策制定者对幼儿园提出的目标有时是多重的，甚至是矛盾的，这会使各地幼儿园园长和教师感到困惑。我们在美国就曾见过这种现象。在美国，联邦和地方政策制定者有的致力于增强儿童体质，培养快乐的、有好奇心的儿童；有的则重视提高儿童在小学的考试中的成绩。政府有时着力于弥合不同文化和社会阶层儿童成长的差距，有时又转头去帮助中产阶级和富裕家庭的儿童。政府也许看到了将广阔的幼儿园市场纳入公共部门带来的好处，但同时中国和美国又都制定了鼓励民办园进行创新和成本分担的政策。

我们可以从美国的经验中得到的一个教训是：当政府明确自己的政策目标时，幼儿园内部的改革更有可能执行到位。这些政策目标应当准确地辨别哪些因素可以既促进幼儿发展，又使投入的公共资金得到更加有效的利用，并能够推动儿童朝着这些目标迈进。政府若是改变核心目标，或是向儿童或教师推行自相矛盾的目标，幼儿园内部的改革就会毫无头绪，效率低下。一头雾水地追求彼此对立的政策目标，这种事情在中美两国的历史上都曾发生过。美国经验的一个可借鉴之处，是它在过去半个多世纪里，坚定地以促进贫困儿童发展为目标，有效地缩小了儿童进入公立学校后的学业差距。我们已经积累了大量证据，相信中美两国都能够成功地通过制定精准的政策解决提高教育质量这一问题。

从美国的经验中，我们可以得到的另一个教训是，政策的制定者和实施者往往忽略了最基本的问题：一个社会及其形形色色的社会成员对于培养和教育下一代抱有怎样的期望？有关幼儿园办园质量的争论已经被人员配备比例、教师学历和财政拨款方式等方面的讨论淹没了。中国社会需要进行更多的针对学前教育问题的充分且公开的讨论，例如：人们希望如何教育下一代，如何帮助儿童实现社会化，以及不同家庭所持的理想观念之间可能有怎样的差别，等等。幼儿如何学习才能达到最佳效果？是在游戏中学习？还是在35个孩子组成的大班级中学习汉字和算术？或者在小圈子里参与精心组织，且能够激发学习动机的活动？关于在课堂上设定严格的认知挑战是否将不利于儿童的社会情感发展，幼儿教育工作者已经进行了长时间的辩论，但目前尚无定论。换句话说，我们对幼儿园的社会结构争论不休，是因为大家对幼儿成长的目标和方式持有完全不同的观点。

本书所倡导的是，教育者、民众领袖和政策制定者应当与家长围绕这些理念开展讨论。多元化的社会应当相信家长有能力做出自己的选择，追求他们喜欢的幼儿园风格，通过活跃的、有理有据的公开讨论表达自己的观点。而政府则应当着力于提供机会并且鼓励公众对儿童培养的话题进行这样的讨论。

究竟哪一种幼儿教育的形式是最好的？最终对这一问题起决定作用的将会是正规的教育机构，尤其是正规幼儿园。在人们心目中，那些为富裕家庭提供服务的幼儿园或接受政府财政拨款的资源丰富的幼儿园，将成为践行儿童培养的理想目标以及实现儿童个人成长的教育手段的代表。也许中高考会继续决定着孩子们应该学习什么以及如何学习；也许西方浪漫主义对儿童“与生俱来的好奇心”的重视，或是将玩耍作为儿童成长的最佳途径的理念会得到广泛的支持；也许儒家思想对等级制度的尊崇、强调举止合宜、重视书本知识的传统最终会占得上风。请放心，这些理念都将在中国学前教育制度稳步发展的过程中得到讨论和实践。

给家长、幼教工作者、政策制定者和学者的思考题

最后，我们将您在阅读本书时可能提出的问题列在此处。在这一部分中，我们审视了中国家长、幼教工作者和政策制定者在学前教育发展过程中可能面对的一系列重要问题。切记，我们要将美国的经验和教训置于中国自身的文化和体制环境中，三思而后行。您不妨由这些问题展开思考——

给家长朋友的思考题：我的孩子该何时上幼儿园？该怎样选择优质幼儿园？幼儿园教师会赞同我的育儿观点吗？研究显示，上幼儿园的年龄小一些，即3—4岁开始入园对孩子是有好处的。即使只是半日制的课程，也能提升幼儿的语言和社交能力。不过，在经济条件允许的情况下，有的家长更愿意在家中亲自照看孩子，而且早一些上幼儿园对孩子的成长是否真的有利，也要取决于孩子就读的幼儿园的质量。

从美国的经验中，我们能够吸取的重要教训是，不同家庭培养孩子的方式是不同的，比如：要学习不同的语言或方言；为了成为自己所属的群体中受人尊重的一员，要适应不同的社会传统、养成不同的行为习惯；等等。因此，在中国也一样，没有任何“一刀切”的幼儿园模式能够适合所有家庭、社区或地区。家长应该向幼儿园的园长和教师进行咨询，预先了解这所幼儿园在儿童发展和社会化方面的理念。

与孩子们长大后要进入的公立学校类似，幼儿园也会向孩子们展示来

自遥远异乡的图片、想法和人类经验。为了做好准备，以适应流变中的中国社会，我们的孩子需要从家庭当下所属的社群中跳脱出来，无论这个社群是富有还是贫穷。大多数家长必须考虑如何在以下两者之间取得平衡：一方面是由来已久的群体规范和行为方式，另一方面是过去半个世纪以来在中国迅速蔓延的、更为宽广包容的世界性理念与行为方式。

家长不能想当然地认为，收费高的幼儿园教学质量必定会好。中国正在崛起的中产阶级渴望竞争，渴望进一步提升自己的社会地位。对于年幼的孩子们来说，这种竞争更是从上幼儿园时就已经开始。但价格并非衡量质量的可靠标准。当然，幼儿园的财政收入来源的确很重要，尤其是当它可以用来提高幼儿园的师资力量时。

给幼儿园园长和教师的思考题：孩子应该学习什么？他们如何才能更好地成长？如何才能最大幅度地提高教育质量？我如何才能更好地服务于持有不同育儿理念的家长？幼儿园园长应该反思自己的观念，比如：幼儿应当学习什么？通过怎样的教学实践才能让幼儿获得最好的成长？我们已经简要回顾了当前关于这些基本问题的理念之争，各地幼儿园园长要做的是：厘清自己信奉怎样的理念，思考怎样将其付诸实践。

幼儿园是否应该培养和引导幼儿的好奇心、创新能力和良好的情绪？或者，儿童的培养和人的价值是否应该与日后学生在中高考中的成绩挂钩？关于这些问题，政府部门依旧在权衡之中。数百年以来，强调技能和学业知识的传统文化一直影响着中国儿童，这种影响不会在短期内消失。同时，围绕着 3—6 岁这一关键期的“在游戏中学习”、儿童社会情感发展、语言习得和前阅读能力，人们已经展开了热烈的讨论，中国对考试和标准知识的既有观念正在受到挑战。因此，幼儿园园长和教师们也需要对这一重要辩论形成自己的观点。

通过本书，你将会知道，教师的敏感性以及对儿童语言的反应是塑造儿童成长的关键因素；你也会了解到，经验丰富的教师用怎样的方法，能够促进儿童认知能力的发展——比如，用复杂的语言向孩子提问——并进一步促进儿童的整体发展。园长和教师应该就如何提高这些教学技能、如何提升在课堂内与儿童的互动质量等问题展开讨论。

近年来，美国人的思想观念有了一个重要转变，他们认识到，年轻的中学或大学毕业生在工作和生活中，如果能表现出合作能力、坚持完成任务的毅力、尊重并与各种各样的同事共事的能力，那么他们就会表现得更好。近来有许多雇主和学者都提倡要重视这些“软技能”的培养，这对于中国教育工作者思考如何从家庭育儿和幼儿园教育开始，培养更具创造力、思维更灵活的孩子，具有一定的启发意义。

给政策制定者的思考题：哪些证据支持或质疑了你确定的政策优先事项、规章和财政策略？中国在2016年年初公布了修订后的《幼儿园工作规程》，该规程表明政策制定者开始更加重视儿童个体，以及儿童如何对自己的观察和体验构建理解，例如，认为幼儿园教师应该“鼓励和支持幼儿根据自身兴趣、需要和经验水平，自主选择游戏内容、游戏材料和伙伴，使幼儿在游戏过程中获得积极的情绪情感，促进幼儿能力和个性的全面发展”①。这种观点与美国心理学课本上的内容如出一辙。

但是，政策制定者们用什么证据来支持这种理念的转变呢？尊重儿童个体这一观念是否符合中国社会的社会历史特征？是否与某些社会阶层的家庭观念保持一致？我们并不认为向课堂游戏、培养儿童的自主性和个性转变是错误的。但是，政策制定者面临的问题是：制定这些重要规章的依据是什么？在美国，即使是优质的学前教育为儿童带来的益处，往往也会在小学阶段逐渐消失。因此，对政策制定者来说，寻找可靠的证据来证明哪些内容有效——比如哪些质量要素能够促进儿童更好地发展——应该是一项至关重要的工作。

如果缺乏有力的证据，政府出台的规章制度的合理性可能会大打折扣。在美国，我们可以看到，试图对地方性学前教育机构进行改革的先期努力，以及改变幼儿教师的教学实践的设想，到头来往往未能改变教师的教学理念或课堂的结构。在某些情况下，限制儿童过早地学习汉字或培养前阅读技能也许是可取的。但同样需要强调的是，政府应该在制定全国适

① 相关综述见：Jun Cai, “Value Orientation of China’s New Edition *Kindergarten Job Directive Rules* and Analysis of Kindergarten Governance,” *Advances in Computer Science Research* 83 (2018), 596-601.

用的标准化政策之前，对这些政策的影响进行研究。

在改善入园机会的公平性和提高学前教育混合市场的质量方面，美国也有经验可以借鉴。与美国一样，中国政府部门的官员正在优先解决为服务于低收入家庭儿童的幼儿园提供财政支持的问题。在美国，这样的幼儿园为弱势群体的儿童带来的正面影响最为显著。中产阶级和富裕家庭儿童从学前教育中获得的长期影响很小，甚至可以说非常微弱。

2018 年年底，相关政府部门颁布的文件重申，要规范营利性幼儿园，包括其费用水平，通过解决入园贵问题，扩大学前教育阶段的入园机会。但是同样地，对幼儿园的收费水平进行监管，是否会限制城市和农村地区贫困家庭儿童的入园机会呢？关于这一问题的回答还缺少相关的依据，而这些家庭的儿童从优质幼儿园中获益的可能性是最大的。美国的政策制定者也对幼儿园进行监管，但是他们允许相关人士在私人住宅中运营小型幼儿园。这类幼儿园较为舒适，收费较低，为家长提供了另一种选择，回应了部分家长的需求，只是这一做法目前在中国是不被允许的。

给学前教育研究者的思考题：我的研究如何体现各类幼儿园给不同儿童带来的影响？我们在前文中指出，中国的研究者已经开始使用一些复杂而精巧的研究方法，这是可喜的进步。在确定影响教师水平和课堂质量的要素方面，中国已经取得了进展，正是这些要素促进了儿童早期认知技能和社会情感的发展。这些工作突出了师幼关系的重要性，告诉我们如何以引人入胜的方式组织课堂活动，以及如何将幼儿园可能为儿童带来的正面作用扩展到更大的范围。

中国的研究者在寻找科学证据以支持或完善政府政策方面扮演着重要的角色：不能让家长交纳的费用和政府的资金投入到毫无效果的学前教育机构中。中国社会有着多样化的人群，关于如何在这样的社会中培养和教育儿童，存在着深刻的理念分歧。不过，只要确定将儿童的认知和社会技能列为优先的发展目标，研究者便可以与政策制定者一起，对什么是有效的幼儿园课堂展开充分研究。中国的研究者可以帮助政府领导人探索更为有效的教学实践、财政投入策略以及能够同时对教师和儿童起到促进作用的规章制度。如下这些重要政策问题都值得深入研究：一方面是拨款促进学前教育的普及，另一方面是提供专项资金帮助低收入家庭的儿童，政府如何对其政策上的利弊得失进行权衡？如何才能创建真正服务于弱势家庭的儿童，且不会给家长带来经济负担的优质幼儿园？

对于所有儿童教育领域相关者而言，包括家长、教育工作者、政策制定者和研究人员在内，最重要的是表达自己的观点：下一代应该得到怎样的教育？他们应该学习什么？他们如何成长？你希望孩子做好准备后融入怎样的地方性社群或国家共同体？我们可能无法就幼儿园的最终教育目标达成一致，但是，针对培养下一代的话题进行积极而温和的讨论，可能会促进多样化、新颖且高效的幼儿园的开办，为这幅员辽阔的伟大国家，为这片美丽土地上所有的家庭和社群带来福祉。

前言　童年由谁定义？

对人类而言，再没有任何事比养育孩子更重要、更快乐了。由古至今，养育孩子都在家庭这一私人领域内，在亲人或雇佣看护者的帮助下进行着。养育孩子这门艺术仍然主要掌握在父母手中——通常是在自信十足的男性心理学家以及他们编纂的精美手册的指导下。

事实上，孩子们在小小年纪就接触过正规机构了。家长们尽职尽责地把 3 岁大的孩子拉到社区图书馆。为了让孩子开心，家长们带着他们去消防站，或者去邮局朝寄往外埠的邮件寄信口里偷窥。然而，从历史上看，除了短暂接触上述这些公共机构之外，学龄前儿童很少在正规机构度过多少时光。

19 世纪 70 年代，在美国，随着母亲的生活发生了天翻地覆的变化，儿童的日常生活也变得大为不同。自第二次世界大战后高等教育的普及以来，大学毕业的年轻女性人数不断上升。女权主义运动的兴起进而冲击了女性的期望和观念，即如何在对妇女彼此竞争和冲突的社会期望中，构建一个令人满意的身份。

正是社会的巨大转变重塑了母亲乃至她们的配偶在抚养子女和个人职业发展之间权衡利弊的方式。无数女性决心尽力兼顾孩子和工作，于是年幼的儿童越来越需要依靠其他成年人的照料。“preschooler”（学龄前儿童）这个词甚至渗透到了日常语言中，这意味着一旦一个蹒跚学步的儿童（奇迹般地）不再尿裤子，他就可以立即被送进儿童保育中心。1965 年，林登·贝恩斯·约翰逊（Lyndon Baines Johnson）继任美国总统后，开始推行“向贫困宣战”（War on Poverty）运动，这一运动仅持续了四年，但催生了成千上万的提前开端项目（Head Start）幼儿园，引发了公众对儿童的持续关注。进入 21 世纪后，超过 900 万 5 岁以下的美国儿童，无论其家庭是富有还是贫困，他们每天至少都有一部分时间在被称为“儿童保育中心”（child care center）或“幼儿园”（preschool）的正规机构中度过。①

20 世纪 90 年代，各种力量的盘结越发紧密，家庭在看护孩子方面渐渐力不从心。儿童看护人和正式机构是否应该在儿童养育方面发挥更大作用？围绕这个问题出现了一种新的公众舆论。媒体热衷于展示婴儿脑的彩色照片（上面有搏动的突触受到电刺激的情形）、人们对贫困家庭和福利改革的担忧与日俱增、政府决意让公立学校承担儿童养育的更大责任，这些因素都为这场辩论推波助澜。研究人员也开始详细说明，在上学前班（kindergarten）之前，来自贫富家庭的儿童之间就已经存在明显的学业差距。②

在美国，将抚养子女完全视作私人事务的时代已然一去不返。在儿童培养领域的社会活动人士和越来越多的政治领导人的努力下，大众已经广泛认识到儿童具有巨大的发展潜力，也认识到儿童所处的家庭和保育机构的环境会带来怎样的实际影响。即便如此，对于幼儿和家长而言，何为最佳平衡点的争论——儿童在家的时间与在正规机构尤其是幼儿园的时间之间如何取得最佳的平衡——仍在继续。

1988 年，有关学龄前儿童的问题曾在美国政坛掀起一场轩然大波。当时的美国总统候选人乔治·H. W. 布什（George H. W. Bush，即老布

---

① 随着 nursery school（托儿所）一词几乎完全湮灭在历史中，对于各地儿童保育机构的称呼，无论是 child care center（儿童保育中心）还是 preschool（幼儿园），都已经变成了同义词。本部分数据为依据人口普查数据做出的估测。参见：Kristen Smith, *Who's Minding the Kids? Child Care Arrangements*, Report No. P70-70 (Washington, D. C.: U. S. Census Bureau, 2000).

② 在与玛格丽特·布里奇斯（Margaret Bridges）和罗素·朗伯格（Russell Rumberger）共同进行的一项研究中，我们发现在加利福尼亚州观察到的四年级拉美裔儿童和白人儿童之间的阅读成绩差距中，80%以上的差距在学前班的前阅读技能评估上就有明显的体现了。参阅 Margaret Bridges, Bruce Fuller, Russell Rumberger, and Loan Tran, "Preschool for California's Children: Promising Benefits, Unequal Access" (Working Paper Series 05-1, Policy Analysis for California Education, Berkeley, 2005).

什）提出了一项惠及全美的儿童保育计划——他在前总统罗纳德·里根（Ronald Reagan）的任期内担任副总统时，提出了一项极富争议的承诺，两年后他要兑现这一承诺。老布什的计划（从理论上说）是为家长提供保育券，以令他们能够在各类儿童保育服务机构之间做出选择。在老布什的保育券计划和不断扩张的提前开端项目的双重促进下，美国联邦政府自2005年起，每年在儿童保育和教育上的花费超过180亿美元。且各州政府共计投入约40亿美元用于公立学校附设幼儿园的建设。① 如果将家长承担的成本计算在内，2005年美国人在儿童保育服务和幼儿园上的投入大约为480亿美元。②

这些历史潮流，加上美国参差不齐、不成体系的儿童保育市场中存在的巨大空缺——缺乏优质且价廉的学前教育机构可供家长选择——促使各种幼儿教育改革者们加大了赌注。近年来，许多人都聚焦于一个鲁莽而狭
xi 隘的补救措施上：让所有3—4岁的儿童免费上公立幼儿园。是的，又一个缩写词——UPK（普及学前教育）* ——开始在越来越多的活动人士、基金会官员和政府领导人中传播开来。

在美国各州，普及学前教育运动获得了关注，也产生了政治上的摩擦。本书将考察俄克拉何马州的相关情况。1998年，该州立法机构悄然同意将幼儿园入园人数纳入州政府对当地学校资助的常规计算中，这推动了公立学校附设幼儿园的蓬勃发展。到2004年，俄克拉何马州4岁儿童的入园率达到63%。佐治亚州则是更为知名的学前教育先锋，当时的州长泽尔·米勒（Zell Miller）在20世纪90年代初提出要为资源最为稀缺的人群创建一个半日制的幼儿园项目。目前，佐治亚州超过55%的4岁儿童

---

① U. S. Government Accounting Office, *Prekindergarten: Four Selected States Expanded Access by Relying on Schools and Existing Providers of Early Education and Care to Provide Services* (Washington, D. C.: U. S. Government Accounting Office, 2004); Douglas Besharov and Nazanin Samari, "Child Care After Welfare Reform," in *The New World of Welfare*, ed. Rebecca Blank and Ron Haskins (Washington, D. C.: Brookings Institution, 2001), 461-481.

② Marketdata Enterprises, *U. S. Child Day Care Services: An Industry Analysis* (Tampa, Fla.: Marketdata Enterprises, 2005).

* 文中出现的美国的"普及学前教育"，均指"普及针对3—4岁儿童的学前教育"。——译者注

已经上了幼儿园。

在新泽西州，法院对为贫困地区儿童争取平等的教育机会、平衡学业成就的“阿伯特案”做出的裁决，即“阿伯特裁决”（Abbott decision），可谓用心良苦。它规定政府必须为该州最贫困学区的所有儿童提供免费就读幼儿园的机会。如今该州近四分之三的4岁儿童已经入园。在佛罗里达州，选民在2002年以59%的赞成票通过了一项公民表决提案，要求州长杰布·布什（Jeb Bush）令所有家庭都能够享受“优质的公立学校附设幼儿园提供的教育机会”。实际上，这个新的学前教育项目向家长提供低成本、可灵活使用的保育券，同时大力依靠社区机构（community-based organization，CBO）运营的幼儿园，而不仅仅依靠公立机构。①

建立一个最佳学前教育体系?

自20世纪90年代以来，“普及学前教育”的话题愈演愈烈，在州长竞选和教育系统领导的演讲中屡屡被提及。本书将向读者介绍普及学前教育运动的新一代支持者，他们渴望与教育游说团体、教师工会甚至企业集团结成联盟，因为在这个有关童年的华丽新世界里，让那些脱下纸尿裤不久的孩子考出亮眼的分数，是他们最终的目标。

由州政府制定或组织整齐划一的学前教育体系会有怎样的优势和风险？幼儿应该学习什么？他们将如何社会化？说得直白一点，不论政府是在扮演逐步弥合早期教育鸿沟的角色，还是人们心目中高高在上的“保姆政府”的角色，政府真的有权确定养育儿童的最佳方式吗？

在过去，美国的学前教育政策大致如下：如果部分雇主未能为年轻父母提供时间弹性较大的工作，那么政府的最佳角色是提供多种保育服务供

① 州政府数据见：U.S. Government Accounting Office, *Prekindergarten: Four Selected States Expanded Access by Relying on Schools and Existing Providers of Early Education and Care to Provide Services* (Washington, D.C.: U.S. Government Accounting Office, 2004). 加利福尼亚州的估计数据见：Margaret Bridges, Bruce Fuller, Russell Rumberger, and Loan Tran, "Preschool for California's Children: Promising Benefits, Unequal Access" (Working Paper Series 05-1, Policy Analysis for California Education, Berkeley, 2005).

他们选择，也就是说，家长可以依据各自不同的状况选择不同的服务。可是如今，一种新的逐渐趋同的观念兴起，它提倡建立统一的学前教育体系，且这一体系应主要隶属于公立学校。激进的普及学前教育支持者认为，既然公立学校新设立的最终目标是从一、二年级开始着力提高学生的学业分数，那么一套整齐划一的学前教育系统对儿童就是有利的。还有许多支持者认为，如果不敦促孩子们更早地、循序渐进地熟练掌握英文，就无法缩减他们在学业成绩上的差距。还有一些早教工作者在听说自己秉持的自由人文主义教育观跟不上时代时，开始担心丰富的课堂活动和“寓教于乐”的教学方式会被音素朗读和一张张重复的作业纸彻底取代。

对于这样微妙难解的问题，家长们莫衷一是，同时这些问题也越来越频繁地在各州州府礼堂中被提出以讨论。当保守派在电台谈话节目中也开始大谈普及学前教育时，我们就知道，它已经成为文化战争的新战场了。

大概没有父母或儿童教育专家会反对，提高和改善具有可负担性的儿童保育服务是一项非常紧迫的需求这样的说法。在贫困的和蓝领工人聚居的社区尤其如此，这些地区教育资源稀缺，等待入园的儿童名单已经排得很长。引起人们争论的，是建立千篇一律的、一刀切式的、由政府监管的幼儿园的观念。

要建立统一的学前教育系统，方法之一是将公立学校体系下延，设立低幼年级，招收比学前班更小的孩子。在普及学前教育运动的支持者看来，扩大旨在帮助贫困家庭的提前开端项目的范围或为这些家庭增加儿童保育，都是远远不够的，因为这些政府福利无法惠及中产家庭。与一个世纪前的学前教育运动领袖一样，普及学前教育的支持者胸怀大志、所虑甚多。

一方面结合广泛开展的公立中小学绩效问责制运动，另一方面又借着《不让一个孩子掉队法案》（No Child Left Behind Act）的东风，普及学前教育运动的支持者成功扩大了他们的政治影响力。不久前，加利福尼亚州教育局局长杰克·奥康奈尔（Jack O'Connell）便以普及学前教育为题，在新一届立法会上阐述了改革的首要目标。他说：“普及学前教育正当其时。”他同时指出，要提高中小学学生的学业测验分数，还有很长的路要走。①免费的幼儿园已被越来越多的人视作中产阶级开展的一场教育改革，支持者宣称每个孩子都将从中受益。但事实果真如此吗？本书将就这些公开宣传的结论进行辨析。

美国的学前班运动是一段叫人失望的历史。运动的支持者们经过长达一个世纪的奋斗，将社区组织经营的许多保育项目整合进公立学校，赢得了立法权与资源。可是，宣传中提到的浪漫有趣、充满人文主义的“学习乐园”却变了味，只剩下狭隘的认知技巧培训和说教式教学，儿童保育最终成为正规学制中的一个年级*。几乎没有任何证据能够表明学前班有效地缩小了成绩差异，造成这一现象的部分原因在于，优秀教师正在逐渐集中到富有的社区。如今的普及学前教育运动带给人们一种熟悉的怪异感，叫人不由得怀疑：这些运动的支持者从前辈身上借鉴的东西是不是太多了些？

普及学前教育的历程让人联想到新英格兰人贺拉斯·曼（Horace Mann）在19世纪中期进行的教育改革，他最终推动了由政府运营的公立学校（common schools）系统的建立。两相比较便能看出，两次运动都信奉由政府进行标准化统一管理的规则，尊崇资深专家，相信在教室里能够更好地促进儿童发展，而且都渴望建立一套严谨的、运行良好的制度。贺拉斯·曼在参观普鲁士后，对这样的教育系统极度推崇。与贺拉斯·曼的改革一样，今天的普及学前教育运动也唤起了一种加尔文主义（Calvinist）的热情。“午睡时间必须取消，”2004年，马里兰州的学区负责人安德烈·J. 霍恩斯比（Andre J. Hornsby）在一次关注早期教育的立法委员会会议上说，“那些哄孩子的玩意儿全部都要取消。”霍恩斯比宣称要拿掉那些滑溜的乙烯垫子——儿时的我们在午间酣睡醒来时，汗湿的脸颊和胳膊

① 引自 Jennifer Coleman, “Schools' Chief Calls Preschool a Priority,” *Contra Costa Times*, December 30, 2004.

* 即学前班。——译者注

常常粘在那上面，你是否还记得？[①]

普及学前教育的倡导者经常煞有介事地将这项运动与自由人文主义（*liberal-humanist*）的基本教育观相提并论，20 世纪我们对于儿童早期发展的理解正是搭建在这个框架之上的。比如，俄克拉何马州和新泽西州规定，教室活动必须满足“发展适宜性教育实践”的要求，这一要求源自建构主义理论。皮亚杰学派认为主动自发学习是建立在儿童自身的好奇心和共同的认知发展阶段的基础之上的。如果在有趣的学习乐园中获得滋养与帮助（部分支持者认为，这种滋养与帮助应当由州政府来提供），儿童的
xiv 潜能便会自然迸发。在美国中产阶级看来，儿童社会化的最终目标，就是让这些活蹦乱跳的小家伙成长为具有更宏大的自我导向、语言流畅、具有受内在动机驱动的热情和追求的人。一直以来，自由人文主义者想要保护与帮助的是具有个性、敢于思考和为自己的利益发声、行事机敏且有合作精神的孩子。

可是，新时代的改革者一方面仍旧用这样的理念培养自己的孩子，另一方面却担心它对别人的孩子——那些必须“为上学做好准备”的孩子——不起作用。的确，许多来自贫困家庭的孩子上完小学仍学不会阅读，英语水平极差。所以，普及学前教育运动的支持者认为，那些被定义为“基础知识”的学业技能（academic skill）才是应该在当下大力倡导的内容。州政府应该确保幼儿园教师从这一点入手，围绕语言大纲、印刷材料和数学概念来设计架构性更强的课程、作业和教学方法。照他们看来，只要建立这样一个井井有条的系统，只要幼儿园教师真正配合各州的课程目标开展教学，孩子们进入真正的学校后的考分一定会节节攀升。

一位俄克拉何马州塔尔萨市的学校官员告诉我*：“校长们承受着巨大的（提升考试分数的）压力，他们说这个项目落实得越快越好。”普及学前教育的支持者与自上而下的学校问责制支持者找到了行动的共同理

---

① 引自：Nancy Trejos, “Time May Be Up for Naps in Pre-K Class,” *Washington Post*, March 15, 2003, http://www.washpost.com.

* 此处“我”指作者布鲁斯·富勒。——译者注

由。普及学前教育的头号游说团位于华盛顿，起初被称为“早期教育信托基金会”（Trust for Early Education），是在“教育信托基金会”（Education Trust）内部成立的组织，也是乔治·沃克·布什（George Walker Bush，即小布什）总统提出的《不让一个孩子掉队法案》顽强的捍卫者。

一个游说小组表示，该新组织将制定一份帮助孩子适应组织化学习的日程表，因为它承受着巨大的压力，要确保孩子们“在课堂上有更好的表现”，比如能够在课桌前安静地坐好，集中精力完成内容重复的作业，等等。① 我问一位普及学前教育的支持者，是否看到将幼儿园的核心目标缩減为提高考分后可能带来的危害，她说：“看到了，我们一直在推进认知方面的发展，……（让孩子们）学会说英语。直接把 K-12 学段的教育（包括责任制）向下延伸到幼儿园的确有风险。但是帮助孩子们做好幼小衔接能够让我们获得关注和资源。在这之后，我们将考虑更加全局化的目标。”

异议

由高处遥望，推动普及学前教育的意义似乎颇为重大。作为一场教育改革，这场突然爆发的运动是如此及时——十年来，美国政府一直致力于为公立小学制定明确的学习目标、调整并增加对儿童的测试、设置课程体系来引导教师的日常工作，这场运动恰好是这一系列努力必然的延伸。

不过，我们若是下降些，离地面更近些，融入某些具体的人群当中，就会发现人们对于普及学前教育运动的支持并非如此普遍。事实上，领导这场运动的精英——主要受到几个美国基金会及他们的分析师、民意调查专家和公共关系专家的支持——展示了公民社会的精英人士是如何孜孜不倦地努力向美国各式各样的家庭推行抚养儿童的规范方式，甚至建立一个标准化的机构的。美国社会正变得越来越复杂多样，不仅人口结构越来越

① Susanna Cooper and Kara Dukakis, *Kids Can't Wait to Learn: Achieving Voluntary Preschool for All in California* (Oakland: Preschool for All, 2004), 14. 在课桌前安静地坐好等源自全美入学准备评估标准中的要求。

复杂，支持工薪家庭的地方性学前教育机构的种类也越来越丰富，其中包括许许多多的非营利性组织、教堂和付费看护机构，它们构成了儿童保育领域的政治经济体系。我们的社会不似19世纪晚期，那时的“现代机构建设”意味着创建大型医院、大型大学或是邮政网络——发展大体量的组织。

自第二次世界大战以来，儿童看护中心和个人看护者像偶尔被浇灌的杂草一样，在美国这片土地上蓬勃发展起来。妇女们在基督教女青年会（Young Women's Christian Association，YWCA）、教堂地下室，甚至是获得营业执照的家庭托儿所里照顾一群叽叽喳喳的孩子。根据最新统计，全美有11.3万多所非营利性幼儿园正在运营，其中三分之二由家长缴纳的费用和其他各种名目的资金支持。它们创建于20世纪60年代的社区行动运动（community action movement）期间，为低收入家庭服务。这个庞大的分权式非营利性组织网络反映了组织的多样性和质量的不均。同时，从市中心到绿树成荫的郊区，这些社区机构提供了支持家庭的基地，令市民社会变得更为稳固。

部分普及学前教育运动的反对者，包括保守派在内，他们的主张与发展心理学家十分类似，认为市民社会首先应关注的是重要社会关系的质量，
xvi 量，比如家长和孩子之间的关系的质量。位于菲尼克斯（Phoenix）的戈德华特研究院（Goldwater Institute）的负责人达西·奥尔森（Darcy Olsen）说：“更早以前，倡导儿童保育服务的人认为选择多多益善，这是有道理的，因为孩子们的成长方式各不相同。”她担心普及学前教育的支持者会推动政府制定措施阻碍那些依旧希望亲自抚养孩子的家长或其他亲属：“仿佛依恋理论*已经过时了一样。”

在我们的访谈中，达西·奥尔森谈及一位令人敬畏的对手：亚利桑那

* 依恋理论最初由英国精神分析师约翰·鲍尔比（John Bowlby）提出，他试图理解婴儿与父母相分离后所体验到的强烈苦恼。依恋理论认为，早期亲子关系的经验形成了人的“内部工作模式”，这种模式是人的一种对他人的预期，决定了人的处世方式。内部工作模式会在以后的其他关系，特别是成年以后的亲密关系和婚恋关系中起作用。早期亲子依恋的质量会对个体的人格和心理产生重要的影响。——译者注

州民主党州长珍妮特·纳波利塔诺（Janet Napolitano）。纳波利塔诺在2004年发布了一项新的“入学准备行动计划”，最终目标是“将儿童保育和教育设为公立学校的一个组成部分”。[①] 对此，奥尔森表示：“随着时间的推移，政府将要求父母先送4岁的孩子上幼儿园，然后是3岁的孩子。就像阅读《美丽新世界》（*Brave New World*）这本令人毛骨悚然的书一样，对我们的孩子来说，这可不是好兆头。”

进步派活动人士同样提出了异议。他们通常是非营利性机构的领袖，有着种种忧虑，比如：政府自上而下施以控制，幼儿园课堂被整齐划一地加以管理，为涵盖所有课程标准而进行的说教式教学不断渗透。20世纪70年代初，三个孩子的母亲帕蒂·西格尔（Patty Siegel）在旧金山协助创建了一个儿童保育机构，后来她来到加利福尼亚州首府萨克拉门托市，成为加利福尼亚州最具影响力的儿童保育基金倡导者。“有一段历史已被我们忘记，……那就是在旧金山和其他地方，最初那些以社区为基础建立的保育中心。它与普及性一定是有关联的，否则就只能被看作一种福利。（可是）难道家长们不需要明白自己面临哪些选择吗?”正如加利福尼亚州基督教教会理事会（California Council of Churches）的温和派主席利比·肖尔斯（Libby Sholes）所说：“我们在对儿童进行机构化管理方面可谓进展神速。我们正在将孩子们从父母身边带走。政府在替我们决定怎样才是对孩子最好的。”

其他一些州的局势同样紧张：学校附设幼儿园项目的倡导者与少数族裔群体的领袖之间产生了矛盾。新泽西州的一位学者兼社会活动人士将一个运营非营利性幼儿园的重要团体描述为“香蕉共和国”（banana republic）*，从而表达了对项目质量和该团体政治策略的担忧。尽管如此，在新泽西州，72%登记入园的儿童就读于社区幼儿园，而不是公立学校附

---

① Janet Napolitano, “Remarks to Supporters of the National Task Force on Public Education” (Washington, D. C.: Mayflower Hotel, April 22, 2004).

* “香蕉共和国”是一种贬称，指一个经济体系属于单一经济（通常是经济作物如香蕉、可可、咖啡等）、拥有不民主或不稳定的政府，特别指那些拥有大范围贪污和强大外国势力介入的经济体。——译者注

设幼儿园，但所有幼儿园都必须符合州教育厅所制定的质量标准。

xvii 工会领袖们对政府推行统一的幼儿园教育体系的看法也不尽一致。美国教师联合会（American Federation of Teachers，AFT）和美国全国教育协会（National Education Association，NEA）都将幼儿园改革列为游说的三大重点项目之一。[①] 还有一些劳工团体也一直试着将儿童保育工作者组织起来。米歇尔·希尔塞雷兹（Michelle Cerecerez）多年来一直在洛杉矶县（Los Angeles County）* 帮助经营获得政府许可的家庭托儿所的妇女成立工会。她说自己是“提前开端项目的孩子”，曾在东洛杉矶学院（East Los Angeles College）附设幼儿园上学。“我记得我们用法语唱歌。”她高兴地笑着说。但是希尔塞雷兹认为幼儿园不应该对所有儿童进行强制教育：“认为每个孩子都应该在这么小的年纪就进入一个中心或一个机构学习，未免有些傲慢。”

地方的活动人士和学者们也反对这种做法，他们认为儿童的发展是在特定文化背景下进行的。人们曾为自由人文主义传统和近来对学业技能的关注在幼儿教育领域产生的影响而感到不安，如今，儿童社会化的跨文化模式及潜藏的儿童认知结构同样引发了这样的忧虑。人们担心一个由政府机构管理的大型学前教育体系会习惯性地对学习的理念进行简化和规范化，而家庭和儿童的多样性已成为美国社会的特质之一。这样的幼儿园系统该如何应对这样的社会特质？

由跨文化心理学家和学习理论学家在过去的半个多世纪中提出的理论框架十分重视搭建“脚手架”（scaffolding）**，这些“脚手架”由儿童在

---

① 历史学家芭芭拉·贝蒂（Barbara Beatty）讨论了幼儿园问题如何成为主流教育游说团体议程中的重要项目，参阅：Barbara Beatty，“The Politics of Preschool Advocacy：Lessons from Three Pioneering Organizations，” in *Who Speaks for America's Children*?，ed. Carol De Vita and Rachel Mosher-Williams（Washington，D. C.：Urban Institute Press，2001），191-208.

* 如无特殊说明，本书中的“洛杉矶”均指“洛杉矶县”。——译者注

** 指苏联心理学家维果茨基社会文化理论中的“脚手架”。这种教学方式也被称为“支架式教学”，是以维果茨基的最近发展区理论为基础的一种新的建构主义教学模式，它强调通过支架（教师的帮助）把管理学习的任务逐渐由教师转移给学生自己，最后撤去支架。在支架式教学中，教师作为文化的代表引导着教学，使学生掌握、建构、内化那些能使其从事更高认知活动的技能，这种掌握、建构和内化是与其年龄和认知水平相一致的。一旦获得了这种技能，学生便可以更多地对学习进行自我调节。——译者注

家中和各种即时环境中经历的日常活动、语言基础和行为规范组成。这一理论框架的创建者们认为，关于儿童成长不存在一种放之四海而皆准的理念，无论这种理念是自由人文主义的信条（所有儿童都要经历由生物学决定的数个阶段才能走向个人自主），还是统一的学业技能能够随着时间的推移促进儿童成长的观点。

本书还探讨了文化力量是如何统一，并在制度层面上体现出来的。在试图理解普及学前教育运动在各州（以相当“不普及”的方式）开展的不同表现时，我发现幼儿园课堂的特点及其对各种儿童发展理念（更不用说教学语言）的宽容程度，部分是由普及学前教育运动扎根的州或地区的政治文化所决定的。例如，在俄克拉何马州，普及学前教育运动的资金应该通过公立学校流动这一默认的前提几乎从未受到过质疑。而到了洛杉矶，这个地区的多元化和扎根于社群的政治现状使得这种默认的前提从未出现，更不可能被广泛接受或成为一条可靠的路径。 xviii

在推进特定文化的规范和政府看重的技能方面，幼儿园对美国底层民众能起到多大的影响？保守派对此心知肚明。《纽约时报》（*New York Times*）的专栏作家戴维·布鲁克斯（David Brooks）热切期盼着政府在幼儿教育领域做出更大努力，而这可以从提前开端项目的扩张开始：“进步的保守派明白，尽管文化最重要，但政府可以改变文化。例如，政府在设计一些项目以鼓励人们走进婚姻。早期的干预项目并不是保守派的想法，但它们是有效的。”[①] 布鲁克斯以令人耳目一新的坦率阐述了这个基本观点：孩子们在幼儿园受到的培养和教育，是一种受到体制推动的文化产物，这一点是不可避免的。

关于儿童的内在本性以及如何培养儿童的争论也陷入了一个典型的两难境地，这困扰着当代教育者：是否应该建立一个培养儿童的制度，以改变儿童和他们所属的社群，确保他们成为（单一）民族国家的成员、掌握个体技能，令他们能够在竞争激烈的经济体系中获得工作岗位？或者，

① David Brooks, “Reacquaint the Republican Party with Republican Traditions,” *New York Times Magazine*, August 29, 2004, 37-38.

学校是否应该保留建基于特定人群的知识、语言和文化习俗的机构，将其作为建立在家庭和社区社会基础上的民主组织？关于普及学前教育的争论，与关于特许学校、小规模学校、为上私立和宗教学校发放保育券的类似争论相互交织在一起。核心问题在于：一个试图在充满活力、多元化的社会中，建立一个统一的最佳教育系统的官僚体系是否值得信任？谁来决定孩子们应该学习什么、通过什么样的组织形式学？当政府获得做出这些决定的权力时，谁能够从中获取更大的利益？

本书并非要大加宣扬与儿童天性有关的某种单一哲学，也无意推动建立整齐划一的制度来促进儿童的发展。相反，对如何在多元社会中培养和教育儿童、由谁来决定教养儿童的目标和手段等方面，我希望激发必要的讨论，并以实证证据为这场讨论提供信息。我的部分观点是，新一代普及学前教育的倡导者正在推动一种标准化的实践，但是他们对历史沿革知之甚少，不知道自己的行为可能导致家长失去选择。我们会看到，那些普及
xix 学前教育运动的倡导者们痴迷于寻找一个行之有效的政治策略，这一策略可能在无意中导致家长在养育子女时变得小心翼翼，生怕一不小心就铸成大错。

正如理论家让·拉韦（Jean Lave）和艾蒂安·温格（Etienne Wenger）所强调的："所有的学习理论都以对个人、世界以及两者间关系的基本假设为基础。"① 我想补充一点：这些假设已在悄无声息间嵌入了人类为抚养和教育后代而创造的社会组织中。当优秀的自由主义者和坚定的保守主义者都在为美国儿童"普适化"的未来摇旗呐喊之时，本书希望能敦促大众进行思考：现代制度构建的假设是否仍适合家庭和社区的多样性？而这些家庭和社区正在美国充满活力的社会中占据越来越重要的分量。总的来说，新一代普及学前教育的倡导者和一个恢复活力的政府正在倡导人们为儿童建立一个普适的制度——以重新安排人类生命的早期阶段为目的，而我则试图解开这一团由互相冲突的哲学立场和不断增加的实证发现缠结而成的乱麻。

---

① Jean Lave and Etienne Wenger, *Situated Learning*: *Legitimate Peripheral Participation* (New York: Cambridge University Press, 1991), 47.

第一章　普及学前教育运动
因何在当今兴起？ 1

问题的界定

1828 年，威廉·瑟斯顿太太（Mrs. William Thurston）——我们已经无法穿透笼罩在波士顿历史的重重迷雾获知她的本名了——酝酿了一个颠覆性的计划。不过在此之前，有关幼儿天性的新观念早已如一道微弱的彩虹横贯于欧洲与美国那些较为开明地区的天空。这些观念源于卢梭（Jean-Jacques Rousseau）和裴斯泰洛齐（Johan Heinrich Pestalozzi）“静待花开”的主张，即儿童应“自然地”按照自己的节奏成长，通过有趣的活动，并经由母亲或教师的悉心引导来学习。洛克（John Locke）认为，通过教导，儿童能够进行理性思考、成为自己命运的反思者，这一观念与美国年青一代的民主直觉一拍即合。当时，自由人文主义正在形成，并开始超越前现代社会的普遍观点和加尔文主义者对玩耍的质疑，前者认为儿童在生命的早期只是简单地展示他们天生的意志和性格，后者则认为儿童宝贵的时间要用来诵读《圣经》，不可浪费在玩乐上。①

瑟斯顿太太与志同道合者——九十几位信奉公理宗（Congregationa-
list）的女士——共同创建了美国最初的幼儿园网络，即当时被人们称为 2
育婴学堂（infant school）的机构，为来自包括贫困与良好家境的幼儿提供服务。激发这一创举的是罗伯特·欧文（Robert Owen）。欧文致力于工业

① 芭芭拉·贝蒂率先对这一事件进行了研究，参阅：Barbara Beatty，*Preschool Education in America：The Culture of Young Children from the Colonial Era to the Present*（New Haven：Yale University Press，1995）.

改良，也是一位积极的空想社会主义者。欧文的工厂里有许多工人，他认为，除非这些工人的后代提前开始学习，否则在面对未来时他们将无力做出选择。欧文主张，这些孩子应短暂地离开父母，与同龄人一起进入半日制的育婴学堂学习。他在英国创建了几所这样的学校，并将这一模式输出到美国印第安纳州南部：1825 年，欧文在那里创建了“新和谐公社”（New Harmony）*。

欧文认为，“幼儿”，即 5 岁以前的儿童，不该“为书本所打扰”。所有学习形式都应遵循“为了儿童的快乐”的理念而设置。他宣称，蓝领工人家庭需要全心投入工作，无暇照顾自己的孩子。他富有创意地在教室里摆放了许多手工制作的教具，这些教具正是如今的幼儿园教室里那些无处不在的积木、游戏还有木头玩具（除“乐高”以外）的前身。他的教学方针强调引导孩子跟着音乐拍手、跳舞，甚至是有节奏地齐步走。①

瑟斯顿太太和同伴们忙得不可开交。育婴学堂开始出现在美国纽约和费城，且这些地区的育婴学堂大部分由精英家庭们出资建立，专为他们自己的孩子服务。由马萨诸塞州的改革家贺拉斯·曼引领的公立学校运动也在美国东部和中西部蔓延开来。令人吃惊的是，依据历史学家巴巴拉·比蒂（Barbara Beatty）的说法②，1839 年，在美国的 3 岁儿童当中，已有 40%进入公立学校就读。欧文与盟友们担心，6 岁以下的儿童缺乏专为他们量身打造教育方案的机构。欧文认识到，新兴的公立学校也许有意为幼儿开设教学项目，但他希望自己的机构“在性质与偏好上都与当今的公立学校截然不同”。

19 世纪 30 年代末，瑟斯顿太太的团队成立了波士顿育婴学堂协会（Infant School Society of the City of Boston），并创建了五所小型育婴学堂，主要为贫困家庭和工薪家庭的儿童提供服务。这些机构发展了欧文的教学

---

* 新和谐公社是英国著名空想社会主义者欧文建立的理想模型。公社实行生产资料归公共所有、权利平等、民主管理等原则。——译者注

① John Harrison, *Utopianism and Education: Robert Owen and the Twenties* (New York: Teachers College Press, 1968), 145-146.

② Barbara Beatty, *Preschool Education in America: The Culture of Young Children from the Colonial Era to the Present* (New Haven: Yale University Press, 1995).

理念，提醒工薪阶层的家长改善自身行为，比如少喝酒、多去教堂等。协会在一份年度报告上记录了一位母亲的话，称赞育婴学堂“雪中送炭”：“给一天必须工作 12 到 16 个小时才能养家的父母帮了大忙，而这样的家庭有很多。”在育婴学堂协会的建议下，波士顿的富人家庭另外建立了八所育婴学堂，为他们自己的孩子服务。

可是，就在进行得顺风顺水之时，这项运动却突然开始走下坡路，并就此一蹶不振。一些美国知识分子（主要是男性）——包括《美国教育杂志》（*American Journal of Education*）的编辑威廉·伍德布里奇（William Woodbridge）——提醒父母们，卢梭曾经担心人们在教育儿童时揠苗助长。部分学者甚至认为“早熟”是一种病，这一迹象在戴维·埃尔金德（David Elkind）于 20 世纪 80 年代出版的畅销书《还孩子幸福童年：揠苗助长的危机》（*The Hurried Child*：*Growing up too Fast too Soon*）中有所体现。伍德布里奇的杂志批评育婴学堂，说它们“将照顾幼儿的职责交与教师，导致母亲在亲子关系中疏于尽责，给为人父母者提供玩忽职守的机会”。康涅狄格州一位名为阿马赖亚·布里格姆（Amariah Brigham）的医生在 1832 年出版的畅销书中强调：“我们需要对（儿童）身体的健康和成长多加留心，对心智的培养则不需过于在意，特别是在儿童早期。”① 还有一些评论家从裴斯泰洛齐对家庭式教育的理想描述中汲取灵感，刻画了一幅前工业时代生活在地球母亲怀抱中的乡村生活图景。

事实证明，呼唤母亲回归的运动的力量有些势不可当。教会领袖更关心为中产阶级家庭的主日学校，而非为穷人服务的育婴学堂争取资源。面临这样的竞争，瑟斯顿与同伴们建议波士顿公立初等学校委员会（Boston Primary School Committee）接管自己手头这些刚刚起步的项目，但他们的希望落空了。学校官员找来小学教师做调查，发现许多教师抱怨育婴学堂毕业的孩子们是“在其他孩子当中引起躁动和混乱的根源”，教师们认为这些孩子“很麻烦，……因为他们总是寻求刺激，……很难把注意力集中

① Caroline Winterer, “Avoiding a ‘Hothouse System of Education’: Nineteenth-Century Early Childhood Education from the Infant Schools to the Kindergartens,” *History of Education Quarterly* 32 (1992), 289-314.

在学习上”。总之，他们似乎并未为上学而做好准备。

19 世纪中叶，人口结构方面的变化也同时加剧了人们对育婴学堂的反对。根据历史学家史蒂文·明茨（Steven Mintz）的报告①，当时中产阶级日渐壮大，富有的艺匠和商人的妻子生孩子的数量有所减少，抚养孩子的时间相应增加。首个建议中产阶级家长亲自抚养幼儿的指南出现了。凯瑟琳·比彻（Catharine Beecher）所著的《家政经济论》（*A Treatise on Domestic Economy*）出版于 1841 年，该书宣扬道德教育的极端重要性，并认为在品格养成方面所起的作用上，育婴学堂根本无法与家长相媲美。②

提倡实施幼儿教育的人们——至少是那些更倾向于专门为幼儿设立独立机构的人们——必须再等数十年才能等到学前班（kindergarten）的倡导者引起公众关注的那一天。育婴学堂的兴衰历程给我们带来的教训一目了然。首先，育婴学堂与公立学校之间产生冲突，资源竞争难以避免，合法性也受到公众质疑。其次，担心教育机构将抚养幼儿的权威从家长手中夺走，这样的忧虑一直在美国民众心中挥之不去，而育婴学堂加剧了这种忧虑。这一点很危险，特别是当妇女拥有可自由支配的时间，且亲子教育专家强调母亲在家中抚养后代的所谓“第一天职”的情况下。最后，如果学前教育提供的不仅包括认知与技能发展方面的教育，还包括品格养成和社会化方面的指导，那么其他机构（比如教堂）也会认为自己在这一领域具有相应的权力。

普及学前教育运动将解决什么问题?

既然从前尝试建立学前教育机构的先驱们面临种种风险，那么为什么如今普及学前教育的倡导者们却骤然获得了巨大的推动力呢？本章旨在回答这个问题。首先，我将对学前教育倡导者、儿童发展专家和现有机构共

① Steven Mintz, *Huck's Raft: A History of American Childhood* (Cambridge, Mass.: Belknap Press of Harvard University Press, 2004).

② Catharine Beecher, *A Treatise on Domestic Economy* (Boston: Marsh, Capen, Lyon, & Webb, 1841).

同强调的问题的表面进行简单描述。不过，这些问题是如何被界定的，又如何催生出普及学前教育这样一种具有排他性的解决方案，才是理解这项运动在近年来兴起的关键。新一代普及学前教育倡导者一贯的做法是，先对这种体制性、系统化的解决方案及策略进行大肆宣传，然后再回头寻找逻辑自洽的“问题”和支持性证据。

比如，从20世纪50年代开始，美国家庭对幼儿园的需求大增，但对于哪些儿童能够获得优质幼儿园的入园机会，各地一直存在差异。所以，引人注目地界定“这个问题”的方式，便是反复强调美国人已将学前教育当作一个公共议题，这个问题已不是仅通过个体行为就能获得解决的问题。许多普及学前教育的倡导者进而强调，如果不消除幼儿阶段的种种教育不公现象，美国现有的公立教育就不可能弥合不同族裔学生之间的学业成绩差距，或者使考试成绩大幅度提升。

此外，人们的信念也有了质的改变，特别是在那些被我称为体制自由主义者（institutional liberal）的人中间。他们认为，消除幼儿阶段发展不公现象的最佳方式，就是创建一个惠及全民的公立学前教育体系。也就是说，将眼下形形色色的儿童保育服务的提供者和非营利性幼儿园整合为一个整齐划一的、由政府统一管理的体系，正如一个半世纪前的公立学校运动所做的一样。这不免让人联想到，早期的实业家们也曾认为，随着移民家庭的激增，单室学校（one-room school house）在传授知识和主要社会规范（及语言）方面出现了种种弊端，比如效率低下、财力不均、效果不佳。在这样界定问题的背景下，建立整齐划一的学前教育体系就是解决问题的最佳之道。

和其他社会运动的支持者一样——也和他们在一个世纪前倡导学前班运动（kindergarten movement）的前辈一样——新一代支持幼儿园的活跃人士可以被称为体制的建立者（institution builder），他们迫切地寻求政治上的合理性和公共财政资金的支持。他们的言论中总是充满了各种策略、民意调查和旨在赢取公信力的论点（“目前的儿童保育领域鱼龙混杂，乱象丛生”“幼儿园对提升考分有显著作用”“最新的脑科学研究表明……”云云）。这场运动不是由草根阶层发起的，而是由在基金会办公室、政府和大学工作的热忱精英们所领导的。这支新生的先锋队在钻研各种调查结果和浏览公共服务通告上花费大量时间，却疏于与家长沟通，不了解他们在抚养孩子这个问题上有哪些切实的需求。

我在加州大学伯克利分校（University of California，Berkeley）的同事大卫·克尔普（David Kirp）认为：有一群上了年纪的开明人士出资，为这场运动推波助澜，且他们对运动的发展趋势有着自己的偏好。每当谈起幼儿期的重要性，这些人就变成了突然拥有宗教般信仰的父亲或祖父，比如好莱坞导演罗布·赖纳（Rob Reiner）、奥马哈市（Omaha）的大富豪沃伦·巴菲特（Warren Buffett）、俄克拉何马州最大电力公司的前负责人皮特·丘奇韦尔（Pete Churchwell）。他们希望即刻将制度建立到位。该由谁来管理一州的学前教育系统，孩子们在幼儿园该得到怎样的教养，或是由目前为各个群体提供服务的学前教育机构组成的混杂市场具有何种性质，这些都属于细枝末节。讨论这些问题，纯属对朝政治胜利迈进的拖累而已。

而这些讨论——当下普及学前教育的倡导者提出的理念和策略——就是本书论述的重点。可以说，他们的能力决定了他们如何重新界定“这个问题”，如何不断描绘儿童发展的美好图景，并利用实证研究选择性地解释早期在几个州获得的成功经验。从加利福尼亚州到俄克拉何马州，再到新泽西州和华盛顿特区，我聆听了许多关键人物——决策者、学校领导和

幼儿园教师——提出的核心主张、默认的假设和选择性的实证数据。用政治学家理查德·埃尔莫尔（Richard Elmore）的话来说，其中的大部分是“政策对话”，是倡导者之间或州政府大厅里回响的絮絮低语，它们被抛出来的目的是检验当地的政治文化氛围会支持什么样的主张。①

① 有关政策对话的冷酷本质，以及它如何不时推动新政策和制度变革，参阅：David Tyack and Larry Cuban，*Tinkering Toward Utopia*：*A Century of Public School Reform*（Cambridge，Mass.：Harvard University Press，1995）.

莫衷一是的主张：幼儿应当怎样成长？

舆论中充斥着的纷繁芜杂的声音——此处借用了被学术界与文学界滥用的一个词——都在试图为这一问题提供概念框架，提供切合实际的措施。法国哲学家米歇尔·福柯（Michel Foucault）曾经强调，关键人物的言论和其中的逻辑将对聆听者产生潜移默化的影响。福柯认为，强势的“文本”与口头对话会对儿童和家长的行为表现带来权威性的影响。近年来，有关儿童的天性、儿童日常所处环境的公开讨论层见叠出，试图引起幼儿教育工作者和政治家们在感情上的共鸣，并赢得他们理性的支持。

比如，启蒙运动时期的精英思想家对西方社会有关幼儿基本品行和生物本性的主流观点提出了不同意见，他们不承认人生来是任性而有罪、需要严格管教的生物，反而宣扬一种观点，用托马斯·波克维兹（Thomas Popkewitz）的话来说就是：“必须逐渐赋予儿童自主行为的自由。”“（维护）亲子关系是为了（使家长）通过理性、仁爱……和关怀赢得孩子的尊重和爱戴。”[①] 皮亚杰与同时代心理学家强调，儿童的认知发展普遍经历四个阶段，这些阶段与儿童了解物质工具和社会交往的积极渴望相关，且朝着自律和自我引导的方向发展，并建立在自由人文主义这一理想状态的基础之上。[②]

然而，在当代，有一派言论却赞成政府（对教育机构）进行问责，对幼儿进行测试，认为幼儿培养应该侧重于传授一定的认知技能，应当让3—4岁的幼儿遵守课堂纪律，做好“入学准备”。在这种言论的帮助下，普及学前教育的倡导者获得了来自公立学校利益团体的支持也就不足为怪了。强调心智发展正好符合新古典经济学的人力资本理论逻辑：学校分门

---

① Thomas Popkewitz, "Governing the Child and Pedagogicalization of the Parent," in *Governing Children, Families, and Education*, ed. Marianne Bloch, Kerstin Holmlund, Ingeborg Moqvist, and Thomas Popkewitz (New York: Palgrave Macmillan, 2003), 35-61.

② Colin Gordon, ed., *Power/Knowledge: Selected Interviews and Other Writing*, 1972 - 1977 (New York: Pantheon Books, 1980).

别类地传授技能和知识，由此，受教育者最终成为更具效率和有更高产能的劳动者。

最近，美国经济发展委员会（Committee for Economic Development）在纽约举行了支持学前教育的会议，芝加哥大学（University of Chicago）的经济学家詹姆斯·赫克曼（James Heckman）做了一番冗长的介绍，就学前教育实验进行了成本效益分析。来自布鲁金斯学会（Brookings Institution）的伊莎贝尔·索希尔（Isabel Sawhill）甚至宣称，投资普及学前教育这一事业，将在60年内使美国国内生产总值增加9880亿美元。《纽约时报》撰稿人塔马·卢因（Tamar Lewin）总结道："对会议组织者来说，（会议的）目的是改变幼儿教育项目温暖而模糊的形象，将其转变为一个冷静的、可量化的经济和劳动力效率问题。"① 这次会议由普及学前教育运动的重要支持方——费城的皮尤慈善信托基金会（Pew Charitable Trusts of Philadelphia）组织。

第三种主张也逐渐引起了人们的注意，它强调以儿童所属的文化和语言环境为基础，为儿童搭建学习的"脚手架"的重大意义。这种界定问题的方式源自跨文化心理学家和学习理论家们半个世纪以来的工作。幼儿教师与政策制定者逐渐认识到，美国多样化的儿童是带着不同的语言、知识和社会规范来到儿童保育及学前教育机构的，因此这一主张变得越来越具有现实意义。家长对于如何开展学前教育也有各自不同的看法。这种基于族裔文化差异的儿童发展理念受到各种社会群体的推崇，他们认为由公立学校接管学前教育的举措有一种高高在上的优越感，这是不明智的——不仅因为从社区权威的角度看是这样，还因为由政府统一管理的学前教育机构很难做到利用儿童所属的文化群体的知识和规范性行为来教育他们。

从技能学习和跨文化教育这两个角度提出的主张，直接挑战了当代儿童发展领域的一大理念支柱，即自由人文主义。技能派认为幼儿既可以被视为正常的"老手"，也可以被视为多少有些滞后的"生手"，跨文化支持者却认为不存在唯一的、脱离幼儿所属特定群体背景的抚养幼儿的适宜

① Tamar Lewin, "The Need to Invest in Young Children," *New York Times*, January 11, 2006.

方式。自由人文主义者更关注儿童的自然成长，主张将课堂任务进行适当 8
结构化，以培养儿童的内在动机；技能派和跨文化派强调集体利益，无论这一集体是更为宽泛的现代经济体还是儿童所属的群体。除此之外，新一代普及学前教育运动的倡导者还十足乐观地认为，政府——主要指美国各州首府和教育部门——能够对怎样的课堂实践最利于儿童成长给出统一的结论。由此可见，在多元化的美国社会中，这三种主张之间的分歧已经相当明显。

对于这场由政府驱动，对儿童日常生活进行理性化的运动，我们与福柯一样关注着它的利弊。现代机构心照不宣地追求这种理想化的未来，看上去不怀任何不可告人的阴谋；政治领导人也热切地鼓励这种追求，却缺少对此进行的反思。对儿童甚至是父母的行为进行社会化的规范——包括向儿童灌输“权威性”知识和狭隘的认知技能，而非鼓励儿童追求自身内在的好奇心——可能会成为主导风潮。

加利福尼亚州教育部门负责人杰克·奥康奈尔是一名立场大致中立、略偏左翼的民主党人。2005 年，他推动立法，规定所有学前教育机构必须遵守“学习标准”，以鼓励它们“在有明确目标且有趣的学习环境中……进行教学”。在立法机构对此进行审议的过程中，这个提案又加入了“应发展适宜性教育实践”这一点作为补充。不过排在前列的几条教学目标却与前阅读技能和词汇知识有关，甚至要求 3—4 岁的儿童学习“公民身份”（citizenship）和“国家象征”（national symbol）。① 2006 年，罗布·赖纳修改了自己的普及学前教育公民表决议案，准备第二次参与投票。奥康奈尔的团队成员要求在议案中增加有关语言学习的要求，即受到资助的幼儿园必须设立与 K-12 学段的学习标准相符的课程，并且“以探索活动为基础，确保说英语的儿童在英语学习上取得进步”②。加入“探索”一词，使得这一意识形态莫名地合理化了。

无论是在州政府还是在教育机构中，每当与倡导普及学前教育运动的

---

① Amended Bill, *Sacramento California Legislature Assembly Bill 1246* (July 11, 2005).

② 提案措辞见：Attorney General's Office, *Preschool for All Act* (Sacramento, 2005), 17.

关键人物们共处一室时，我常常对这种新言论感到震惊，因为它并未提及美国形形色色的家长希望如何养育和教导自己的孩子，甚至没有对此表现出丝毫的好奇心。幼儿教育是一个重要的人类议题，可是普及学前教育的倡导者对于引导公众进行相关讨论却兴趣寥寥。相反，热心的倡导者和政治领袖已经在几位捐助者的支持下制定了一项措施，获得了强大的教育利益团体的支持，而这些团体所预见的未来，是由更加丰厚的资助、更高的考分和更多的工会成员所构成的。

9 一个半世纪前，瑟斯顿太太和她在波士顿的同伴们如果请得起一位聪明的民意测验家和政治战略家，或许也能吸引到“金主”的支持。

接下来，我们要看一看各方是如何界定“这个问题”的，他们有时用花言巧语，有时则以证据为基础。让我们仔细聆听围绕着这些言论形成的框架，听听谁的声音凌驾于其他的声音之上，也听听新成员是如何跻身加入或从这场争论中抽身离开的。

“剪不断，理还乱”的幼托机构

2002 年 6 月举办的一场电话会议中，罗布·赖纳的表现与他平素在会议室中开会时如出一辙。他全程唠叨不停，焦躁不安，给我留下了很深的印象。他一接通电话，就立刻大发脾气：“我厌倦了人们出于恐惧和惊慌而行事。我渴望受到信任，（可是）我简直没法告诉你在儿童保育领域内有多少人反对发起第 10 号提案。”三年前，在赖纳的坚持下，加利福尼亚州通过了第 10 号提案。该提案通过提高烟草税，为 0—5 岁儿童的保健和健康项目提供资金。洛杉矶县政府一直将大部分收入存入银行，使得它更像是一个基金会，而非政府机构。赖纳当时正与当地领导人和学者商讨，要创建一个普及性的学前教育体系。

起初，赖纳提议拨款建立几所“灯塔中心”（beacon center），为 3—4 岁儿童提供高质量的教育以及全面的健康和育儿服务。位于洛杉矶市*中

* 洛杉矶市是隶属于洛杉矶县的一个城市。——译者注

心的“希望街中心”（Hope Street Center）是试点之一，它风格质朴却令人印象深刻。事与愿违，赖纳和他的政治顾问们所面对的是来自各大团体的强烈反对，而不是他所期望的热切赞赏。从瓦茨（Watts）到东洛杉矶，再到西部富裕的郊区，遍布全县的幼托中心已经形成了由社区机构组成的庞大网络，它们不愿与这个统一的、高成本的模式展开竞争。还有一些普及学前教育的主要倡导者认为，应该优先考虑早期干预，重点关注0—3岁的儿童（赖纳在20世纪90年代也持这一立场，当时早期脑研究是各大媒体报道的热点）。洛杉矶县的监事们则希望将累积的烟草税专用于确保工薪贫困家庭获得医疗保险。

是机构多样化，还是一团乱麻？ 10

赖纳对这个公共问题进行了总结，他特别指出，儿童保育机构鱼龙混杂，为幼儿提供的教育环境自然也良莠不齐，而且它们由不同的群体领导，各自为政，永远无法就如何向前发展达成一致。考虑到近期出台的一系列政策，他的担忧是可以理解的。在20世纪90年代，加利福尼亚州前共和党州长皮特·威尔逊（Pete Wilson）曾大幅扩建供低收入家庭选择的儿童保育机构，将拨款增加近四倍，达到近28亿美元。不过，他之所以能做到这一点，主要功归于给父母的保育券政策，而发放保育券是由老布什在任期间的美国政府推动的。在赖纳看来，这只是加深了混乱的程度而已。与这一情况相反，赖纳认为，加利福尼亚州这些彼此独立的儿童保育团体必须团结起来，支持他提出的解决方案：由政府开办免费的学前教育机构，使中产阶级也能从中受益。

参加这个电话会议的还有即将受邀筹划洛杉矶普及学前教育项目的卡伦·希尔-斯科特（Karen Hill-Scott）、儿童发展心理学家黛博拉·斯蒂佩克（Deborah Stipek）* 和玛琳·泽佩达（Marlene Zepeda）、在加州大学洛杉矶分校做研究的儿科医生尼尔·哈尔丰（Neal Halfon），以及我本人。我们都觉得有必要向赖纳澄清一件事，即目前服务于洛杉矶3—4岁儿童

* 曾任斯坦福大学教育学院院长。——译者注

的各种组织，其范围涵盖成千上万的社区机构、教堂、获得营业执照的家庭托儿所（licensed home）和当地公立学校。一些项目的建立可以追溯到第二次世界大战后，还有许多项目是在民权运动和政府实行提前开端项目之后创建的。我们一致认为，这种由儿童保育组织构成的复杂局面将难以朝任何一个方向发展。因此，形成单一的、一个模子里刻出来的学前教育系统，忽略成千上万早在20世纪70年代就已经步入幼教领域的从业者和女权主义活动人士，可能产生与他的初衷背道而驰的结果。顺便说一句，20世纪70年代，罗布·赖纳正在情景喜剧《全家福》（*All in the Family*）中扮演“肉头”（Meathead）这一角色。

赖纳对这个问题的看法与全美普及学前教育倡导者提出的新观点不谋而合。赖纳的首要主张是，如果家长找得到并付得起优质学前教育项目的费用，他们的孩子将从其中获益无穷。因此，我们应该将学前教育视作与公立学校类似的公共福利，免费提供给所有家庭。

同时，赖纳一直为由各种类型的儿童保育机构——保育中心、获得政府许可的家庭托儿所和个人看护机构——组成的一盘散沙感到担忧。美国
11 人将这些机构拼凑在一起，它们的收费标准和质量参差不齐，且在政治上毫无影响力。① 大部分普及学前教育的主要支持者实际上在贬损庞杂的儿童保育机构，试图将它们与真正的学前教育进行割裂。长期以来，在对幼教项目进行评估时，儿童保育领域内流动性较强、种类多样的机构一直难以达到“行业标准”。这是过度分散化经营模式在管理上的劣势。目前赖纳仍不时强调要清除所有在形式上不像学校课堂的儿童保育机构。他构想的问题是，组织混乱使得“优质项目”难以获得更广泛的政治支持，此处的“优质项目”是指公立学校附设的幼儿园。

---

① 我在书中将“儿童保育中心”（child care center）和“幼儿园”（preschool）两者作为同义词使用。从历史上看，“幼儿园”指的是为期半天的、内容更为丰富的教育项目，类似于早期的托儿所。但是，许多家长通过交纳学费或在公共机构的帮助下，选择了高质量的儿童保育中心项目，一部分“幼儿园”项目的质量反而较差。1990年，美国教育部对儿童保育中心项目进行了一项全美调研，发现“儿童保育中心”和“幼儿园”两个词已不再具备区分幼儿教育机构的功能。

学校改革未竟之事业

赖纳的故事与普及学前教育的主要支持者所描绘的情节相似。以这种方式界定问题，等于强调建立统一整齐的学前教育体系是多么重要。在这个体系中，现有的一系列儿童保育中心将被整合，所有教室将被布置得一模一样，并设立与小学一、二年级学生的课程内容保持一致的儿童社会化进度。就像公立学校运动一样，在这种学前教育体系下实施统一的质量指标、集中管理并聚合高水平的师资力量，只为确保教学以更加统一的方式进行，而非组织能够吸引儿童进行探索的活动。政府向家长们暗示，这是抚养3—4岁儿童的最佳方式。在普及学前教育的倡导者看来，现代化育儿可以与建立统一的学前教育体系画等号——每一天，家长们在报纸、公益广告和学校发布的态度乐观的文章里都能看到这种说法。

我在华盛顿特区与利比·多格特（Libby Doggett）会面时，她阐述了这一逻辑。她是学前教育倡导机构“学前教育刻不容缓”（Preschool Now）的负责人。该组织的总部位于华盛顿，是皮尤慈善信托基金会的全资子公司，教育信托基金会为了使《不让一个孩子掉队法案》通过审议而进行不懈游说时成立了这个组织。多格特说：“我认为我们在儿童保育工作方面犯了一个巨大的错误。（在普及学前教育时）我们不应该牺牲质量。我永远不会以帮助穷人为目标。我会把它（即儿童保育工作）作为学校改革的目标。有人说这是学校改革未竟之事业。”因为急于将自己支持的运动解读为学校改革的一部分，她甚至找到美国主要报纸的编辑委员会，试图说服他们相信，将pre-k（学前班之前的幼儿园教育）这个词更改为preschool*（学前教育）更加妥当。①

多格特自信地讲述着，语气温和，慢条斯理，略带德州口音。她抱怨 12
自从“伟大社会”（Great Society）运动实施以来，政府是如何将儿童保育事业与贫困家庭及其福祉紧紧联系在一起的。相反，“如果将中产阶级家

---

* pre-k和preschool常混用。本文的语境中，preschool指更标准化、学校化的学前教育组织形式。——译者注

① 来自2006年2月10日的匿名人士电子邮件。

庭动员起来，这事一定能成，”多格特说，“我们还有地产经纪人能推广（普及学前教育运动）。”和赖纳一样，她的目标是为新的学前教育机构打造一种截然不同的身份，收拾目前由受到华盛顿和各州政府支持的各种儿童保育项目造成的混乱局面（要知道，最近一次的统计结果显示，政府在这一领域投入的公共资金总额超过了180亿美金）。但这项战略需要将数千个服务于中产阶级和富裕家庭的非营利性机构纳入公立体系之中，换言之，将有三分之二接受学前教育的儿童受到影响。

教育机会分配不公，儿童发展状况参差不齐

一些倡导者和学者更为担心的不是儿童保育机构过于分散的问题，而是儿童如何能够进入并真正受益于优质的学前教育机构的问题。在政府的干预下，儿童有三种获得保育的途径——进入学前教育机构、进入获得政府许可的家庭托儿所和获得为照顾幼儿的家庭成员发放的保育券——教育的机会已平等许多。但是，差距仍然存在，尤其是，来自不同家庭的儿童接受教育的质量可谓天差地别。综合多项估算结果，政府承担了全美四分之一到三分之一的儿童早期护理和教育费用。至少有四分之一的学前教育机构以营利性企业的形式运营，主要集中在蓝领和中产阶级社区，它们的教学质量往往低于非营利性和由公共资金支持的项目。①

许多父母会选择不那么正式的照料者，而不是正式的教育机构。美国人口普查局（Census Bureau）的数据显示，2002年，全美1850万5岁以下儿童中，有63%长期接受保育服务。② 但仅有不到五分之一的儿童进入儿童保育中心或幼儿园。祖父母占所有照料者的23%；大约14%的儿童由非亲属照顾，其中6%的儿童由获得政府许可的家庭托儿所照顾。当然，

① Ellen Kisker, Sandra Hofferth, Deborah Phillips, and Ellen Farquhar, *A Profile of Child Care Settings: Early Education and Care in 1990* (Princeton, N. J.: Mathematica Policy Research, Inc., 1991).

② Julia Johnson, *Who's Minding the Kids? Child Care Arrangements: Winter 2002* (Washington, D. C.: U. S. Census Bureau, 2005), 70-101.

3—4 岁的儿童的入园率会更高一些，详情请见图 1.1。

由于长期依赖非正式照料者，只有 43%的在职母亲表示会自掏腰包照 13
料孩子。公共保育券、税收减免和学前教育名额的增长，有效地降低了许多贫困和蓝领家庭的私人支出。然而，那些年收入超过 5.4 万美元（2000 年全美家庭收入的中位数）的中产阶级家庭的家长，每年的育儿费用支出却约为 5300 美元，是贫困家庭平均支出水平的两倍（不计受益于政府补贴的低收入家庭）。① 所以，虽然政府为美国家庭减轻了育儿方面的负担，但对于许多年轻的家庭而言，儿童保育费用仍旧是支出的重头项目之一。

母亲就业率的上升和学前教育合法性的提高，刺激了这些人性化机构的稳步发展。在美国政府颁发的《兰汉姆法案》（Lanham Act）* 的支持下，第二次世界大战期间美国资助了 3102 所儿童保育中心，其中许多都是由大萧条时期的公共事业振兴署（Works Progress Administration）建立的。联邦政府划拨资金，为在战争中做出贡献的妇女提供更多选择。② 到 1982 年，全美范围内幼儿园的数量已经增加到大约 30800 所，到了 2001 年，数量升至超过 113500 所。此外，2001 年，全美共有 306000 所获得政府许可的家庭托儿所在营业。③

自 20 世纪 90 年代以来，在某些州，这些机构的极速增长似乎有所减缓，因为除去对提前开端项目开办的幼儿园的支持外，联邦的支持方式变

---

① 估测数据来自应美国国家研究理事会家庭和工作政策委员会（National Research Council's Committee on Family and Work Policies）要求开展的“收入和项目参与调查”（Survey of Income and Program Participation），参阅：Eugene Smolensky and Jennifer Gootman, eds., *Working Families and Growing Kids: Caring for Children and Adolescents* (Washington, D. C.: National Academies Press, 2003).

* 第二次世界大战前后，美国大批妇女开始就业，从事军事等产业的工作。于是美国政府于 1940 年出台了《兰汉姆法案》，规定由联邦政府拨款建立儿童保育中心，为参加军工生产的父母解除后顾之忧，同时保障儿童获得相应的发展。——译者注

② Abby Cohen, “A Brief History of Federal Financing for Child Care in the United States,” *Future of Children* 6 (1996): 26-40.

③ 对幼儿园和家庭托儿所的数量估测参阅：Eugene Smolensky and Jennifer Appleton Gootman, eds., *Working Families and Growing Kids: Caring for Children and Adolescents* (Washington, D. C.: National Academies Press, 2003); Bruce Fuller, Susanna Loeb, Annelie Strath, and Bidemi Abioseh Carrol, “State Formation of the Child Care Sector: Family Demand and Policy Action,” *Sociology of Education* 77 (2004): 337-358.

为发放保育券。这正是普及学前教育的支持者争论的主要问题。他们认为，从根本上来说，优质幼儿园要比分散的家庭托儿所更好。几项近来的研究已经表明，与家庭式保育机构相比，正规幼儿园在培养幼儿的认知和语言能力（但不包括社会性发展方面的能力）方面效果确实更好。我们将在第六章中详谈。

同时也有人担心，保育券也许是一种精明的收入转移策略，有利于那些在家中照顾孩子的家长，但是在促进服务幼儿的社区机构的发展方面却收效甚微。我和谢利·沃特斯·布茨（Shelly Waters Boots）等人发现，在加利福尼亚州进行福利改革的 4 年后，幼儿园规模的发展几乎没能跟上儿童人口的增长，每 100 名 5 岁以下的儿童分配到的入园名额仅从 13 人增加到 14 人。①自 20 世纪 90 年代以来，政府在保育券上的投入上涨了 8 倍，
14 但大部分新投入的资金转移到家庭式保育机构中。支持保育券政策的人士反驳说，在全美范围内，约有一半的可流动保育券最终流向了低收入家庭孩子就读的幼儿园。

在过去一代人的时间里，公立学校一直是迅速发展的幼教行业的重要参与者，尽管它们在各州之间的参与程度存在巨大差异。联邦政府最新的一次全国性调查显示，1990 年，所有幼儿园中只有 16%被纳入公立学校系统。② 这个比例略高于提前开端项目管理的幼儿园所占的比例。在那些更为有效地将公共资金投向低收入社区的州，小学附设幼儿园更为普遍。在加利福尼亚州，在由公共资金支持的幼儿园就读的儿童中，只有略高于 40%的儿童就读于由小学附设的幼儿园，其余五分之三就读于社区幼儿园。在新泽西州的阿伯特（Abbott）学区，普及学前教育制度得到了法院授权，近 70%的儿童报名并就读于社区机构管理的幼教项目，这些项目整体由政府教育部门指导。

---

① Bruce Fuller, Shelly Boots, Emiliano Castillo, and Diane Hirshberg, *A Stark Plateau: California Families See Little Growth in Child Care Centers* (Berkeley: University of California, Policy Analysis for California Education, 2002).

② Bruce Fuller, Stephen Raudenbush, Li-Ming Wei, and Susan Holloway, "Can Government Raise Child Care Quality? The Influence of Family Demand, Poverty, and Policy," *Educational Evaluation and Policy Analysis* 15 (1993), 255-278.

自20世纪60年代以来，将公共资金逐步投向低收入家庭的做法成功地扩大了小学附设幼儿园的覆盖面。贫困社区公立学校开设早期教育项目的比例是富裕社区公立学校的两倍（前者为51%，后者为25%）。这一发现对幼教行业的政治经济具有长期的重要意义：非营利性*幼教机构往往在绿树成荫、条件较好的郊区蓬勃发展，在这些地区感受不到来自补贴项目的价格竞争。可是，如果公立学校提供更多免费学前教育的机会，收费的非营利性组织的竞争力就会减弱，甚至可能倒闭。①

上幼儿园的孩子是哪些?

社会阶层和族裔群体之间的极大差异决定了3—4岁儿童选择幼儿园的方式，其间呈现的不平等显而易见，这自然更进一步地促进了人们对于普及学前教育运动的支持。

直至最近我们才获得了一些可利用的数据，能够对全美和各州的学前教育入学率做一番仔细的审视。一项名为“早期儿童发展长期跟踪研究”（Early Childhood Longitudinal Study，ECLS）的全美调查项目针对家长和幼儿教育从业者展开调查，追溯了超过22000名儿童的成长轨迹。② 据此我们了解到，有近三分之二的儿童在上学前班前的某段时间曾上过幼儿园。 15
即将进入学前班的4岁儿童的幼儿园入园率略低。美国大约14%的4岁儿童至少有部分时间就读过由提前开端项目开办的幼儿园，另有57%的儿童在其他幼儿园（社区幼儿园或公立学校附设幼儿园）上过学。简而言之，在不同年龄段接受不同质量的幼儿教育，这种经历对于大多数美国学龄前儿童来说已经很普遍了。③

---

* “非营利性”在此处意味着自负盈亏和不牟取暴利，并非不收取学费。——译者注

① National Center for Educational Statistics, “Survey of Classes that Serve Children Prior to Kindergarten in the Public Schools, 2000-2001” (Report FRSS-78, U.S. Department of Education, Washington D.C., 2001).

② 若需详细审查这部分数据，请参阅以下专著：Lynn Karoly and James Bigelow, *The Economics of Investing in Universal Preschool Education in California* (Santa Monica: RAND Corporation, 2004).

③ 这部分基础数据引自：Margaret Bridges, Bruce Fuller, Russell Rumberger, and Loan Tran, “Preschool for California's Children: Promising Benefits, Unequal Access” (Working Paper Series 05-1, Policy Analysis for California Education, Berkeley, 2005).

自1970年以来，幼儿园入园率的增长非常惊人。1970年，超过四分之一的4岁儿童参与过基于儿童保育中心的幼教项目，到2000年，这一比例增加到三分之二。图1.1显示了3岁和4岁儿童入园率的增长速度。

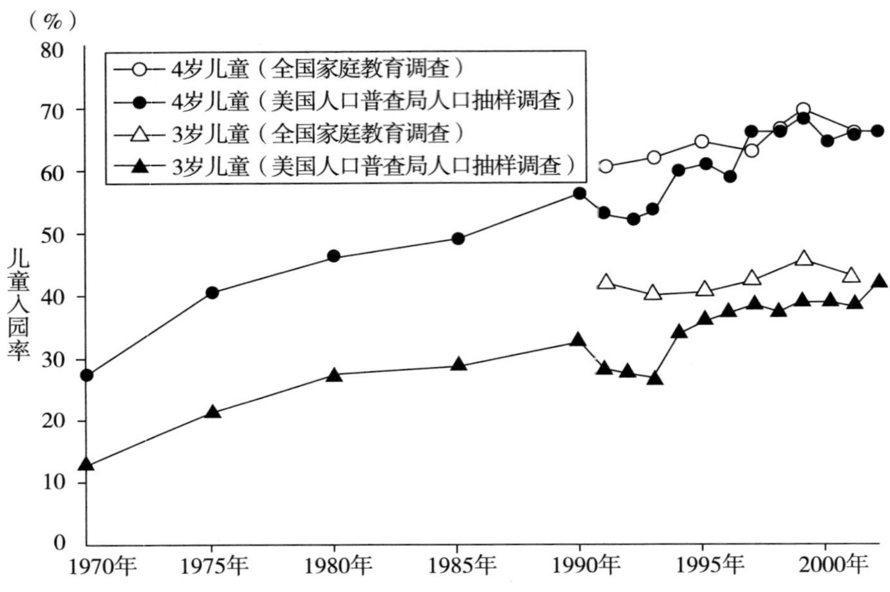

图1.1　美国3岁及4岁儿童的幼儿园入园率：1970—2002年

注：入园率由美国国家教育统计中心（National Center for Educational Statistics）进行的全国家庭教育调查（National Household Education Survey）和美国人口普查局人口抽样调查（Current Population Survey of the U. S. Census Bureau）所得。所有数据均由兰德公司（RAND Corporation）的林恩·卡罗里（Lynn Karoly）和詹姆斯·比奇洛（James Bigelow）整理。

16 对部分儿童而言，入园机会不平等的问题十分严重，但是支持普及学前教育的学者夸大了问题的严重性。美国学前教育年度统计资料汇编中载有大量有价值的州级数据。由罗格斯大学教授、普及学前教育运动的倡导者威廉·巴尼特（William Barnett）领导的研究的报告认为，政府拨款支持的学前教育项目（主要针对低收入家庭）仅为16%的4岁儿童提供了服务。但是这一结论并不包括那些由州政府和联邦保育券资助的、不属于“公立幼儿园”严格预算范畴的幼儿园，更不用说那些由家长出资赞助、为数更多的幼儿园了。[①] 与多格特的东家、总部位于华盛顿的学前教育倡导组织一样，美国国家早期教育研究中心（National Institute for Early Education Research，NIEER）也隶属于皮尤慈善信托基金会。

是不平等，还是不同家庭的偏好?

学前教育入学率在各州、各社会阶层和各族裔群体之间确实存在很大差异。可是，到底哪些儿童因这些差距而处于不利地位呢?问题的答案并不像人们认为的那样容易预测。最近的研究表明，许多拉美裔和亚裔美国父母更喜欢不那么制度化的幼儿保育方式，因为在这些群体当中，有五分之二的在职母亲需要加班，上周末班、倒班或上夜班。我们将在第二章中谈到这个问题：学前教育机构是否足够灵活，以适应蓝领父母多变的工作日程。

虽然部分儿童的入园状况不尽如人意，但也在情理之中。20 世纪 90 年代中期的联邦数据显示，在全美范围内，高收入家庭的 3—4 岁儿童中，近五分之四接受了学前教育，而对于来自贫困家庭的孩子，这一比例仅为 45%。[②] 最近的早期儿童发展长期跟踪研究数据显示，在加利福尼亚州育有年幼子女的最贫困的五分之一的家庭中，有 23%的 4 岁儿童就读于提前开端项目的幼儿园，另外 26%的 4 岁儿童则进入了政府资助或社区组织的幼儿园（二者总计 49%）。相比之下，来自收入最高的五分之一家庭的 4 岁儿童中，有 80%以上上过幼儿园。[③]

事实证明，许多蓝领和中下阶层家庭为孩子上幼儿园深感困扰。他们

① 关于社区机构所扮演角色的讨论，参阅：Rachel Schumacher，Danielle Ewen，Katherine Hart，and Joan Lombardi，“All Together Now：State Experiences in Using Community-Based Child Care to Provide Pre-Kindergarten”（Working Paper，Washington，D. C.：Center for Law and Social Policy，2005）.

② Sandra Hofferth，Kimberlee Shauman，Robert Henke，and Jerry West，*Characteristics of Children's Early Care and Education Programs*（Washington，D. C.：National Center for Educational Statistics，1998）.

③ Margaret Bridges，Bruce Fuller，Russell Rumberger，and Loan Tran，“Preschool for California's Children：Promising Benefits，Unequal Access”（Working Paper Series 05-1，Policy Analysis for California Education，Berkeley，2005）.

的收入往往不足以支付私立或非营利性幼儿园的高昂费用，但要争取公立幼儿园的入园名额时，他们又因为收入又太高而不够资格。我和斯坦福大
17 学的戴弗娜·巴索克（Daphna Bassok）把参加早期儿童发展长期跟踪研究的家庭按收入分成十档：从收入最低的十分之一的家庭，到收入最高的十分之一的家庭。在收入最低的十分之一的家庭中，白人家庭中65%的4岁儿童在进入学前班之前上过幼儿园。在年收入约3.6万美元，即第三档十分之一的白人家庭中，这一比例降至58%。在中等收入水平（年收入约4.2万美元）的白人家庭中，69%的4岁儿童上过幼儿园，而在收入最高的十分之一的白人家庭中，这一比例为87%。①

各族裔群体之间的差异总体上依旧十分明显，近年来我们还发现了一些意想不到的育儿模式。十年前，我和同事苏珊·霍洛韦（Susan Holloway）、梁晓燕*发现，与其他族群的孩子相比，母亲参与工作的黑人美国家庭最倾向于为自己的孩子选择幼儿园，其次是非拉美裔白人家庭。相对而言，拥有在职母亲的拉美裔家庭孩子上幼儿园的比例低于21%。②早期儿童发展长期跟踪研究的调查显示，在20世纪90年代，拉美裔儿童的入园机会并未获得明显改善。再回来看加利福尼亚州的情况，59%的黑人家庭和58%的白人家庭的4岁孩子上了幼儿园，相比之下，拉美裔家庭孩子的这一比例只有37%，这一差别反映了不同族群之间育儿模式的差别。③ 这些差异部分源于拉美裔女性的低就业率，同时也受到其他因素的影响，如母亲的受教育水平，以及家庭成员帮忙看护儿童的可能性。

和拉美裔家庭一样，亚裔美国家庭送4岁儿童上幼儿园的比例也较

---

① 数据来自早期儿童发展长期跟踪研究的原始图表，具体细节参阅：Susanna Loeb, Margaret Bridges, Daphna Bassok, Bruce Fuller, and Russ Rumberger, "How Much Is Too Much? The Effects of Duration and Intensity of Child Care Experiences," *Economics of Education Review* (forthcoming).

* 现任世界银行首席教育专家，曾是本书作者在哈佛大学任教时的博士生。——译者注

② Bruce Fuller, Susan Holloway, and Xiaoyan Liang, "Family Selection of Child Care Centers: The Influence of Household Support, Ethnicity, and Parental Practices," *Child Development* 67 (1996), 3320-3337.

③ Lynn Karoly and James Bigelow, *The Economics of Investing in Universal Preschool Education in California* (Santa Monica: RAND Corporation, 2004).

低。在非贫困的亚裔家庭中，只有 34%的儿童在上学前班之前选择了幼儿园。玛格丽特·布里奇斯分析了亚裔儿童在学前班早期的认知水平和英语水平。他们的整体表现非常出色，例如，他们的前阅读技能比加利福尼亚州 5 岁孩子的平均水平高出 0.38 个标准差，接近于上学前班四个月后观察到的认知发展的增量。即使是来自低收入亚裔家庭的儿童，其前阅读技能的熟练程度——包括英语字母和单词的识别、口语阅读理解和对儿童书籍知识的了解——也与来自中产阶级家庭的白人儿童相当。考虑到亚裔儿童的入园率很低，这说明了不同文化背景下的养育方式和特定家庭环境能够起到多么巨大的作用。①

幼儿园供给不均 18

一项相关研究发现，在中产阶级社区，幼儿园仍然很少，即使与贫困社区相比也是如此。在那些长期将幼儿教育资金投向低收入家庭的州尤其明显。由此产生了一个 U 形模式——贫困社区的幼儿园数量更多，蓝领社区的幼儿园数量下降，而富裕家庭可选择的幼儿园数量急剧上升。这种模式再次反映出许多蓝领家庭由其购买力而遭受到的限制，而他们的收入水平仅仅是略高于公立幼儿园入园资格限制的最高工资水平而已。

我和安妮莉·斯特拉思（Annelie Strath）收集了 20 世纪 90 年代的人口普查数据发现，按邮政编码所代表的地区计算，平均每 1000 名 6 岁以下、所属家庭年收入低于中值 2 万美元的儿童配有 3.6 所幼儿园；在年收入为 3 万至 4.5 万美元之间的家庭中，这一数字下降到每 1000 名儿童 2.9 所；到了富裕地区，这一数字又有所攀升，为 4.5 所（年收入超过 7.5 万美元，全部按 1990 年的美元折算）。② 幼儿园的缺乏反过来又降低了母亲

① Margaret Bridges, Bruce Fuller, Russell Rumberger, and Loan Tran, "Preschool for California's Children: Promising Benefits, Unequal Access" (Working Paper Series 05-1, Policy Analysis for California Education, Berkeley, 2005).

② 如果将平均入学人数纳入考虑，对工薪阶层家庭而言，这一差距并未缩小，参阅：Bruce Fuller and Annelie Strath, "The Child-Care and Preschool Workforce: Demographics, Earnings, and Unequal Distribution," *Educational Evaluation and Policy Analysis* 23 (2001), 37-55.

进入劳动力市场的可能性，从而限制了家庭收入。① 普及学前教育的倡导者提出的一个重要论点是，普及学前教育将缩小这一差距，并使得幼儿园不再作为一项社会福利，这正是蓝领家庭所期望的。

多样化的机构，参差不齐的质量

普及学前教育的倡导者声称，除了基本供给不足之外，幼儿园在质量上的差异对贫困儿童的打击尤为严重。如此看来，分权式管理便成为问题的主要根源。人们担心政府缺乏必要的权威，不能将过去数十年时间里涌现出来的大量且不同种类的幼儿园进行整合，并提高其质量。非营利性幼儿园的服务质量不均衡，反映出了家庭购买力之间存在的巨大差异，因为幼儿园的负责人必须将学费、教师工资和设施质量与家长的支付能力挂钩，人力资源专家马西·怀特布克（Marcy Whitebook）一直强调这一点。

为富裕家庭服务的社区幼儿园可以收取高额费用，进而以合理的工资吸引优秀的教师。但在蓝领和贫困社区的幼儿园中，教师的工资通常较
19 低，工作条件也更差。这一模式在以营利为目的的学前教育机构中体现得非常明显，它们通常为中产阶级家庭服务。据统计，这一类机构中，只有36%的教师拥有超过两年学制的大学学位，相比之下，小学附设的学前教育项目的教师中，这一比例是87%。② 根据各州的情况来看，在占所有幼儿人数四分之一到三分之一的孩子上公立幼儿园的情况下，教师能够获得足够的薪酬，且素质也较理想。但是普及学前教育的支持者有理由担心，如果州政府的学前教育游说团体在政治上处于弱势，那么每个孩子得到的资助就会停滞或减少。

学前教育质量的巨大差距有时会成为引起全美热议的头条新闻。杰

① Rachel Gordon and Lindsay Chase-Lansdale, "Availability of Child Care in the United States: A Description and Analysis of Data Sources," *Demography* 38 (2001), 299–316.

② Bruce Fuller, Stephen Raudenbush, Li-Ming Wei, and Susan Holloway, "Can Government Raise Child Care Quality? The Influence of Family Demand, Poverty, and Policy," *Educational Evaluation and Policy Analysis* 15 (1993), 255–278.

克·格鲁布曼（Jack Grubman）就由于为自家双胞胎争取到纽约曼哈顿92街Y（92 Street Y）一所令人垂涎的幼儿园的入园机会，最终遭到刑事诉讼。作为一名金融分析师，格鲁布曼捏造了一个有利的股票评级，使他的老板斯坦福·韦尔（Stanford Weill）在花旗集团（Citicorp）的财富升值。作为回报，韦尔向曼哈顿的这家幼儿园捐赠了100万美元，这笔钱足够预定两个入园名额。不然的话，格鲁布曼该如何保证他的女儿们以后能进入顶尖的学前班和小学呢？① 92街Y的这所幼儿园的全日制课程收费为每年1.4万美元，这与我从波士顿到塔拉哈西（Tallahassee）再到圣何塞（San Jose）所参观的那些破旧不堪的幼儿园形成鲜明对比。那些幼儿园收费低廉，其目的是确保有足够的生源。那些机构只能雇得起二十多岁的高中毕业生，他们常常只是把负责看护的孩子们圈起来，既不与孩子们进行社会性互动，也几乎不组织任何学习活动。

关于质量——好消息和坏消息

尽管如此，一些政府和学区在平衡学前教育质量、制定更高标准、寻找资金提高教师薪酬水平等方面还是取得了长足的进步。两方面的事实有助于说明质量不均衡的问题。首先是好消息。我们知道，在精心管理的优质学前教育机构中，来自贫困家庭的儿童能够在早期学习和认知发展方面获得明显进步。此外，我们发现在一些州，混合市场中运作的常见学前教育机构，即管理不是那么到位、规模不是那么大的学前教育机构，也能帮助孩子获得认知上的明显提升。坏消息是，当孩子满5岁进入学前班时，学前教育最初带来的益处能够有所体现，但随着他们进入小学，这种影响会逐渐消失。

莎伦·林恩·卡根（Sharon Lynn Kagan）和苏珊娜·洛布（Susanna 20
Loeb）* 进行过一项为期5年的调查，跟进一些贫困家庭的孩子从2岁到7岁的成长变化。她们得出一个令人振奋的发现，即与那些从未接触过学

① Victoria Goldman, "The Baby Ivies: Preschool Pedagogy, for up to $15,000," *New York Times Magazine*, January 12, 2003, 22-25.

* 斯坦福大学教育学院著名教育经济学家，目前为布朗大学教授。——译者注

前教育机构的孩子相比，那些在幼年接受稳定学前教育的孩子，在小学阶段更能够不断从中获得适当的动力。这一研究结果与芝加哥公立学校更早期的研究结果一致：阿瑟·雷诺兹（Arthur Reynolds）等人发现，在全市的亲子中心（Child-Parent Centers）就读的幼儿的成绩普遍有持续增长。这些亲子中心提供优质且适宜的学前教育，家长的参与度很高，中心也会对母亲进行家访。①

坏消息是，我们发现学前教育（以目前的质量水平而言）对来自中产阶级家庭的孩子的正面影响很有限。这一令人失望的发现来自美国国家儿童健康与人类发展研究院（NICHD）在儿童保育方面的长期研究。我本人与布里奇斯、洛布和拉斯·朗伯格（Russ Rumberger）所做的研究已经对此进行了详细说明：中产阶级家庭的儿童在学前教育中获得的认知方面的益处要比贫困家庭的儿童少得多。此外，富裕家庭中接受学前教育时间较长的孩子，与同样来自富裕家庭但每天有部分时间与父母一同待在家中的孩子相比，其社会性发展速度明显较慢（这一点将在第六章中详加讨论）。

如果质量普遍提高，学前教育机构的作用的持续时间是否能够延长，是否能够更好地促进儿童的社会化发展，我们不得而知。幼儿园的哪些质量特征最可能改善儿童的早期学习状况，这一点我们也不甚了解。在一些政策圈子里，讨论重点已从不断扩张项目转向坚定地关注质量改善。正如参议员爱德华·肯尼迪（Edward Kennedy）的教育顾问罗伯托·罗德里格斯（Roberto Rodriguez）在华盛顿接受采访时所说："现在我们（4岁儿童）的入园率已经超过60%，教育质量就成了关键问题。"

一旦我们将教育质量不均视作一个紧迫的问题，接下来，以下问题就可能成为关注的焦点：美国学前教育的总体质量如何？不同质量的幼儿园在各群体中分布不均衡的程度有多么严重？在哪些方面投入资金才能以最经济、最有效的方式提升学前教育的品质：是对教师资格证书提出更高标

① Arthur Reynolds, Suh-Ruu Ou, and James Topitzes, "Paths of Effects of Early Childhood Intervention on Educational Attainment and Delinquency: A Confirmatory Analysis of the Chicago Child-Parent Centers," *Child Development* 75 (2004): 1299–1328.

注、降低班级规模，还是组织更为生动有趣的课堂活动？1995 年，各媒体接连报道了一项针对幼儿园进行的调查，其结果令人沮丧，使得家长心中时时萦绕着的对孩子的担忧变得更为强烈。这项研究由科罗拉多大学（University of Colorado）的经济学家苏珊娜·赫尔本（Suzanne Helburn）领导的小组在四个州展开。在观察了全美大约 400 个幼儿园课堂后，这个研究小组得出结论，大约三分之二的课堂教学质量等级水平处于“中等以下”。[①] 研究小组使用一个统一的测量工具，得出了这一推论。他们同时还发现，教师和保育员的水平参差不齐。

然而，美国国家儿童健康与人类发展研究院的跟踪研究并没有得出如此可怕的结论。除了接受学前教育对儿童认知发展的促进作用外，该研究得出的结论是，教育质量的逐步提高并未对儿童认知发展产生明显的影响，至少对中产阶级家庭的儿童来说是这样的。我的研究小组观察了加利福尼亚州、康涅狄格州和佛罗里达州 166 所面向低收入家庭的幼儿园，发现教师接受培训的水平、儿童与教师的比例以及教室中安排的学习活动存在很大差异。各州之间平均质量的差异也渐渐浮出水面。[②] 但是我们发现，平均而言，幼儿园教育的质量并不像科罗拉多大学的研究所描述的那样令人沮丧。不过，这些巨大的差异有助于解释，为何从总体上看中产阶级家庭的儿童就读幼儿园的效果令人失望，而且可能阻碍儿童的社会性发展。

幼儿园质量分布不均究竟到何种程度，对富人社区儿童的偏向有多么严重，具体情况尚不清楚。不过，由于近年来对幼儿教育的评估结果相当令人失望，在谈及各地的提前开端项目时，幼教机构的质量仍会在华盛顿特区引起激烈的争论。像参议员爱德华·肯尼迪和克里斯托弗·多德

---

① 研究小组主要利用了早期儿童学习环境评价量表（Early Childhood Environment Rating Scale），参阅：Suzanne Helburn，Mary Culkin，John Morris，Naci Mocan，Carollee Howes，Leslie Phillipsen，Donna Bryant，Richard Clifford，Debby Cryer，Ellen Peisner-Feinberg，Margaret Burchinal，Sharon Kagan，and Jean Rustici，*Cost*，*Quality and Child Outcomes in Child Care Centers*：*Technical Report*（Denver：University of Colorado，Department of Economics，1995）.

② Bruce Fuller，Sharon Kagan，Susanna Loeb，and Yueh-Wen Chang，“Child Care Quality：Centers and Home Settings that Serve Poor Families，” *Early Childhood Research Quarterly* 19（2004），505–527.

(Christopher Dodd) 这样的民主党领导人一致认为，必须加强管理和质量评估，这促使立法机构要求各州教育部门制定学习标准，并对所有学龄前儿童进行考核，而非仅仅考核参与提前开端项目的学生。“我参加过一些被誉为‘模范’的提前开端项目，可它们只是为儿童提供看护服务。教室里的‘老师’几乎没有受过教育。我并不是说老师要教孩子们写字。孩子们可以在玩中学，但老师必须知道如何对孩子们进行指导。我曾在（教室的）一个黑暗角落里见到一个写作中心，里面只有几张纸和一些破旧的书。”

22 格雷丝·里夫 (Grace Reef) 还希望“优先考虑表现良好的项目”。“如果我们提高门槛，他们就不得不朝更高的标准努力。”在这一理念的支持下，小布什政府积极推行了一个评估系统，对全美范围加入提前开端项目的儿童进行评估，且测试专门侧重于口语词汇和字母识别（大多是英语）。这是一套高度统一的规范，对幼儿应当学习的内容做出了严格要求，我将在后文对此做详细介绍。还有一位高级助手在国会山 (Capitol Hill) 抱怨，说学前教育游说团体“感到我们在将学前班下延到3—4岁的儿童，……如果不能从游戏中学习，就会带来极大的压力”。的确，自由人文主义的理想正在受到挑战，甚至受到来自开明的民主党人的挑战，他们所看重、所宣扬的是更为单一的前阅读技能。

可是，新一代普及学前教育运动的倡导者在联邦政府获得的支持寥寥无几，部分原因在于，他们只考虑为中产阶级建立由政府资助的幼儿园，并不考虑将资源集中在穷人身上。在过去的半个世纪里，联邦政府一直致力于支持来自低收入家庭儿童的成长，并将儿童保育视为鼓励母亲外出工作必不可少的基础。

国会成员确实在哀叹各州缺乏更有序的学前教育体系，这使得我们再次想到赖纳对这个问题最初的看法。参议员爱德华·肯尼迪的顾问罗伯托·罗德里格斯说：“在大部分州，K-12学段都在不断完善。我的上司认为，我们需要一个与之类似的、适用于所有儿童的学前教育体系。有很多人认为《不让一个孩子掉队法案》的思路能够应用于（学前教育）领域。”这一观点与利比·多格特的主张彼此呼应，她认为普及学前教育应该起到与《不让一个孩子掉队法案》类似的作用，成为问责制建立的基石，帮助儿童提高考试分数。民主党人克里斯托弗·多德和爱德华·肯尼迪希望推动各州规定幼儿园教师必须获得学士学位，并将其作为促使各州幼教项目专业化发展的方式之一。我问格雷丝·里夫这项举措是否能够促进儿童成长，她说："我认为证据并不明确。（但）我的上级认为，人们会自己选择上社区大学*还是四年制大学。"罗伯托·罗德里格斯在被问到这个问题时，对我点点头说："我知道，没有一致的证据可以证明这一点。"

政府的弱干预

23

对这个问题的第三种看法，源于对学前教育机会不公和质量不均的担忧，即认为政府干预不力才会使这些问题长期存在。但是，什么样的组织机制能够促使政府——无论是联邦政府还是各州政府——有效地提供更多优质的服务呢？政府的积极参与可能意味着更有力的资金支持、更高的质量标准和更好的管理，或是对幼儿应该学什么、如何学习给出更明确的规定。目前，这些补救措施大多源自韦伯式**的、与《不让一个孩子掉队法案》类似的集权式管理理念。然而，从根本上说，目前的学前教育领域仍然处于高度分权的状态。而且，一些人认为这种状态正好适应了家长和学前教育从业者各种不同的偏好和需求。

如今，一些备受尊敬的发展论者提倡使用标准化程度更高的"学习指南"或正式的课程标准，并定期对3—4岁的儿童进行测试。乔治城大学（Georgetown University）心理系主任黛博拉·菲利普斯（Deborah Phillips）说：

* 美国的社区大学是美国教育体系的组成部分，提供两年制的初级高等教育。——译者注

** "韦伯式"指的是德国著名政治经济学家和社会学家马克斯·韦伯提出的一种管理理论，又称行政组织理论、科层组织理论，即像政府机关那样层次分明、制度严格、责权明确的组织模式，韦伯认为这是最有效的组织模式。——译者注

> 乔治·米勒（George Miller，民主党议员、《不让一个孩子掉队法案》的联合起草人）让我很受震动。他管理（加利福尼亚州）里士满学区（Richmond school district），为这些学校投入了很多时间。他得出的结论是，有很多孩子在学校一无所获。从某种程度上说，这种（问责制式）语言的意思是幼儿园的孩子需要像小学生那样。我支持让孩子们参加考试。当然，正式课程也有风险。但我不想退回到十年前的样子。①

菲利普斯后来试图澄清她的立场："这是一列开动的火车（指普及学前教育运动），……我们应该上车，确保考核以正确的方式进行，确保课程的设置不会过于狭隘。"

关于州政府干预程度的各种理念

许多好意的自由主义者对美国混杂的学前教育市场失去了耐心，他们指望联邦政府有能力进行统一管理，以促进儿童身心发展。可是，集权化
24 的举措如何平衡受教育机会、优化儿童成长曲线？指导相关行动的理论仍不明确。谈到治理问题，人们可能首先会问：究竟是谁在运营各种学前教育机构？是学校、社区机构、营利性公司，还是获得营业执照的家庭托儿所？那么，各州政府在注入资金、提高师资水平、为促进公平和提升质量提供激励等方面起到了什么作用？

在最初普及学前教育的少数几个州中，做法各不相同。例如：新泽西州着力提高师资力量，为教师提供大量在职培训；佐治亚州规定，各地的学前教育机构必须从经州政府批准的几个课程体系中进行选择，就像各地公立学校必须从几种经政府批准的教科书中进行选择一样。

学前教育领域的组织多元化——多数州的多数幼儿园都由非营利性组织运营——引发了人们的讨论：如何改善分权化的治理和地方策略，以解决入园难问题和质量问题？幼儿教育这一领域起初是在家庭福利项

① 引自2004年1月10对乔治城大学心理系主任黛博拉·菲利普斯做的电话采访。

目的刺激下发展起来的。20 世纪初，最初的联邦政府儿童福利局（Children's Bureau）鼓励各州政府为儿童保育中心设立管理标准，以确保儿童的基本安全，并将稀缺的公共资金划拨给儿童的护理和教育领域。

20 世纪 70 年代，儿童权益倡导者推动国会为所有儿童保育中心或幼儿园制定质量标准，这一立场连美国当时的卡特（Jimmy Carter）政府都无法表示赞同。尽管如此，对教育质量的担忧还是促使联邦政府的提前开端项目管理人员——在克林顿政府和小布什政府的领导下——统一规定了幼儿的学习内容。对于寻求政治意愿以提高质量标准的强势自由主义者来说，他们从中看到了诱人的可能性。

普及学前教育的强势倡导者与学前教育机构分权式变革的支持者之间的争论，体现了长期以来围绕公立学校治理的分歧。《不让一个孩子掉队法案》与政府早期的集权式问责制的意图一致，侧重于制定预期的学习成果（“标准”）、编写经政府批准的教科书、组织更频繁的考试，采用着一套将教师排除在课程开发权力之外的课程体系。同时，斯坦福大学的安东尼·布里克（Anthony Bryk）等学者认为，对各地学校的权力进行分权式控制——他称之为*地方分权制*（democratic localism）——将有助于推动以社区为基础的问责制，进而促进变化的发生。① 例如，在芝加哥，布里克追溯了学校治理方式的根本性转变——允许社区成员选举当地的学校委 25
员会，然后由学校委员会雇用和解雇校长——是如何给教育工作者带来压力，并迫使其提高教学质量的。这种方法类似于直接的*市场问责制*（market accountability），在公立和私营机构同时存在的情况下，家长可以依据自己的育儿理念偏好，以及自认为最重要的质量形式来确定需求并进行付费。

① Anthony Bryk, Penny Sebring, David Kerbow, Sharon Rollow, and John Easton, *Charting Chicago School Reform: Democratic Localism as a Lever for Change* (Boulder, Colo.: Westview Press, 1999).

政府在提升质量方面取得的成绩

新一代普及学前教育的倡导者通常认为，要提高质量，必须有一个集权化管理程度更高的系统。然而，一些州却凭借严格的标准和极少的微观管理*便优化并维持了优质的学前教育。黛博拉·菲利普斯等人在十多年前进行了一项研究，研究发现，如果以所谓的结构性学前教育质量基准进行考核，比如考核平均每间教室中的儿童人数、儿童与成年人的比例、教师与保育员接受的职前训练水平等，与位于中产阶级社区的幼儿园相比，中等及优质幼儿园更多地分布于贫困社区。然而，在教职员工的教学敏感程度及其与儿童进行人际互动的质量等方面（过程性指标），低收入社区的学前教育确实落后。①

我的研究团队也对加利福尼亚州贫困至中产阶级地区的170所幼儿园的园长进行了访谈，发现接受更多公共资金补贴（作为预算的一部分）的幼儿园往往质量更佳，同时也受到更严格的质量监管。② 莎伦·林恩·卡根和苏珊娜·洛布等人进行的第二项研究发现，加利福尼亚州和佛罗里达州的幼儿园在教师受教育水平、课程和儿童与教师互动等方面存在相当显著的质量差异。我们还在加利福尼亚州的圣克拉拉县（Santa Clara County）发现了优质幼儿园——以及儿童发展轨迹线的明显拉升——尽管它们分布在贫困社区。当地政府和地方基金会长期对幼儿教育进行投资，努力提高教育的质量。③ 政府有选择地进行管理，促进公平，提升教育质量，同时促进各种机构的建立，以满足当地家庭的需求。这种状况我称其

---

* 微观管理是商业管理的一种手法，与宏观管理的理念相反。在这种手法里，管理者通过对被管理者（员工）的密切观察及操控，使被管理者完成管理者所指定的工作。——译者注

① Deborah Phillips, Michelle Voran, Ellen Kisker, Carollee Howes, and Marcy Whitebook, "Child Care for Children in Poverty: Opportunity or Inequity?" *Child Development* 65 (1994), 472-492.

② Bruce Fuller, Susan Holloway, Laurie Bozzi, Elizabeth Burr, Nancy Cohen, and Sawako Suzuki, "Explaining Local Variability in Child Care Quality: State Funding and Regulation in California," *Early Education and Development* 14 (2003), 47-66.

③ Bruce Fuller, Sharon Lynn Kagan, Susanna Loeb, and Yueh-Wen Chang, "Child Care Quality: Centers and Home Settings that Serve Poor Families," *Early Childhood Research Quarterly* 19 (2004), 505-527.

为选择性耦合（selective coupling）。

普及学前教育的倡导者指出，有许多中产阶级家庭认为幼儿园的教育质量不佳，但这种情况常发生在小型非营利性或营利性特许经营的学前教 26 育机构中，为了挽留客户，它们收取较低的费用，因此赚取的利润有限，只能聘用素质较差的教师，组织大班教学。州政府能够改善贫困社区的幼儿园质量，但往往无法缓解这种情况。我与苏珊娜·洛布等人分析了全美范围内教师受教育程度和工资水平方面的巨大差异，我们发现，在很大程度上，这种差异主要由家庭在经济和人口特征上的特点导致，这些家庭来自许多不同的社区。只有一小部分质量差异可能与各州的质量监管或支出水平有关。如果州政府真的能够有效而普遍地提高幼儿园的质量，则大部分的差异就应该归因于政府层面的因素，而不是当地的人口和市场因素。① 普及学前教育的倡导者有一点说得很对：若要有效地缩小受教育机会和教育质量方面的差距，州政府还有很长的路要走。

令人不安的是，对幼儿园生活进行集权化管理可能带来风险，这与对医疗卫生领域的官僚控制常常影响医生的工作和医患关系的情况类似。为了吸引那些尚未享受现有幼儿教育项目良好服务的家庭，新的幼儿园必须有足够的吸引力，并且迎合当地的喜好。一个由州政府运营或由联邦法规塑造的、高度集权化的普及学前教育体系，将为当地以儿童为本的幼儿园带来怎样的好处，这一点尚不清楚。正如历史学家芭芭拉·贝蒂所指出的，倡导者已经意识到，促进政府加大对由当地机构灵活运营的幼儿园的公共资金的支持，而非试图规定孩子们必须学习什么，或教师必须遵循某

① Bruce Fuller, Susanna Loeb, Annelie Strath, and Bidemi Carrol, "State Formation of the Child Care Sector: Family Demand and Policy Action," *Sociology of Education* 77 (2004), 337–358. 由数学政策研究所（Mathematica Policy Research）于 1990 年对幼儿园所做调查得到的数据集也可得出类似的结果，参阅：Bruce Fuller, Stephen Raudenbush, Li-Ming Wei, and Susan Holloway, "Can Government Raise Child Care Quality? The Influence of Family Demand, Poverty, and Policy," *Educational Evaluation and Policy Analysis* 15 (1993), 255–278.

种教育方式，才是更大的成功。①

学校问责制的理念已经渗透到佛罗里达州的幼儿园治理模式之中。州长杰布·布什（Jeb Bush）签署了实施普及学前教育的法案，该法案源于2002年的一项公民表决议案，其按照较低的质量标准对教师资格做了统一规定。一位倡导者告诉我：“他们（布什州长的政策顾问们）认为儿童保育用不着多高的质量。”该法案旨在使当地幼儿园与《不让一个孩子掉队法案》的问责要求保持一致，这个法案是杰布在华盛顿的哥哥*提出的。它还强调在幼儿园课堂上发展儿童的前阅读技能，帮助其做好入学准备。幼儿园阶段儿童的学业能力可以在学前班进行评估，也就是说，幼儿
27 园将分担一部分提高5岁儿童考试成绩的责任。如果分数得不到提高，幼儿园将遭到惩罚——这是一种不合理的制度，将会导致学前教育的提供者回避为贫困家庭的儿童服务。

美国幼儿教育协会（National Association for the Education of Young Children，NAEYC）执行理事马克·金斯伯格（Mark Ginsberg）表示：“将对幼儿园的拨款与学前班的教育成果挂钩是一个危险的先例，这种做法很可怕。”人们还担心，高质量的师资会从受罚的幼儿园大量流出，进入位于富裕郊区的幼儿园。

加利福尼亚州的希尔-斯科特是一位能言善辩的普及学前教育倡导者，如她所言，这项运动与曾经推动普及学前班（universal kindergarten）运动的前辈们采取的路线不同。他们也主张建立温暖的、人性化的机构，用有趣的、适宜儿童发展的教学内容来吸引孩子们。然而，真正的学前班教室却不是这样的。加州大学伯克利分校的研究生亚力杭德拉·利瓦斯（Alejandra Livas）在采访洛杉矶的学前班教师时，一位教师告诉她：“他们（孩子们）只能坐着，大部分时间都在用铅笔在纸上写写画画。我们要

① 贝蒂写道：“这样的宣传可能更有成效：既强调公众有机会参与项目（而非直接提供服务），又鼓励公立和私立幼儿园的加入。”参阅：Barbara Beatty，“The Politics of Preschool Advocacy：Lessons from Three Pioneering Organizations，” in *Who Speaks for America's Children?*，ed. Carol De Vita and Rachel Mosher-Williams（Washington，D. C.：Urban Institute Press，2001），165-190.

* 即美国前总统乔治·H. W. 布什。——译者注

遵循一些非常严格的指南，……（这些指南）控制我们的行动。今年年初，……他们（孩子们）咬指甲、哭鼻子、尿裤子，……我觉得压力太大了。这种对学业的关注带来的压力太大了。”①

一往无前的改革家们迟迟没有认识到，一旦政府获得广泛的权力，并按照其习惯进行管理，倡导者、州长和立法者往往会倾向于强化他们的韦伯式教育，对儿童学习的内容以及如何在课堂上形成师幼互动进行简化和标准化。当公共资金匮乏或减少时，即使是进步人士也会要求加强问责制，并且更加频繁地对范围越来越窄的认知技能进行测试。不论政策制定者的目标有多崇高，与政府结构类似的机制都将开始主导孩子们学习的内容，以及师幼互动的方式。

将幼儿教育的问题归结为缺乏国家监管，这样的结果令人惊讶。学前教育的最初理念来自地方改革者的意愿，比如 19 世纪波士顿的瑟斯顿夫人，或者 20 世纪初芝加哥的多萝西·戴（Dorothy Day）。她们的追随者，比如贝蒂·科恩（Betty Cohen）和帕蒂·西格尔在伯克利的起居室里发起了加利福尼亚州的儿童保育运动，并在 20 世纪 70 年代将其作为保育中心对外开放，同时开通热线，就如何选择儿童保育方式向其他家长提供建议。最初的提前开端暑期项目始于美国南方，由一批社区活动人士管理， 28
“伟大社会”经济机会办公室（Great Society's Office of Economic Opportunity）为其提供资金。它在白宫的缔造者理查德·布恩（Richard Boone）和萨金特·施赖弗（Sargent Shriver）等人提出了明确的政治策略，即创建小型企业，激发民主参与，并在贫困社区内部创造就业机会。他们试图尽量减少与官僚化、同质化的中央政府之间的联系。②

然而，今天的普及学前教育倡导者们发现，只要将他们的事业与学校问责制产生的广泛压力加以联系，就能获得政治上的支持。赖纳向一群硅谷商界领袖保证，普及学前教育是“修复 K-12 学段的最佳途径，这才是

① Alejandra Livas, *Analytic Memo from California Kindergarten Teacher Interviews* (Berkeley: University of California, 2005).

② Edward Zigler and Sally Styfco, eds., *The Head Start Debates* (Baltimore, Md.: Brookes Publishing, 2004).

真正的‘不让任何一个孩子掉队’”[①]。普及学前教育的支持者承诺提高考试成绩，于是各州州长也加入了他们的行列。女权主义者和儿童保育运动曾经批判美国“大政府”*（Big Government）干涉过多并向中央政府的官僚主义和文化霸权发起挑战，他们的成果如今也被纳入正规政治机构之中。方便就读的幼儿园为从前无法享受幼儿教育的儿童带来的好处，是否能够抵消付出的代价——社区机构和家长对学前教育的参与程度的降低、对儿童发展的期望的萎缩——仍是一个未知数。

① Dana Hull, "Rob Reiner Pitches Preschool Plan to Leaders," *San Jose Mercury News*, December 14, 2005, B4.

* 大政府指奉行干预主义政策的政府，一般被理解为进行经济管理与社会控制的政府。——译者注

第二章　有关幼儿教育的历史之争 32

普及学前教育运动的推动力量之所以变得越来越强劲，不仅源于困扰当代幼儿教育领域的诸多问题，还有一些彼此冲突的历史力量也在发挥作用。暗潮涌动之下，推动这场运动的是林林总总的富有争议的思想观念及相关各方的现实物质利益。追根溯源，今天关于幼儿教育的争论——与启蒙运动时期出现的尖锐争论类似——源自一些彼此冲突的观点：关于如何认识幼儿的内在本质与潜能以及应当如何培养幼儿，人们的回答莫衷一是。

在本章里，我们将探讨在过去一个世纪中，为儿童权益的倡导者、政府和幼教工作者带来激励和挑战的四股历史性力量。我们首先来探讨西方哲学家和教育家长期以来的分歧所在：自由人文主义精神是否真正发现了幼儿的内在特性？幼儿如何“自然地”成长和学习？政府精心设计的学校真的是儿童社会化的最佳场所吗？在过去的5个世纪里，浪漫的发展主义论者——从夸美纽斯、洛克，到福禄贝尔、格塞尔和维果茨基——都认为幼儿充满了与生俱来的好奇心，或与其周遭环境打交道的各种潜力。然 33
而，自贺拉斯·曼开始的体制自由主义者则更相信像公立学校这样大众化机构的力量，认为它们能够养育和指导幼儿，教化我们的后代，使之成为国家公民。

如今我们看到，对具体学业技能、说教式教学和考试的强调向下渗透到了学前教育中。这种承诺帮助儿童“为上学做好准备”的新理念获得了越来越广泛的认可。与自由人文主义及强调技能的理念形成对比的是，还有一些人强调儿童所属的文化和语言社区以及儿童与家长建立更紧密的亲子关系，而非仅仅让儿童融入美国这个民族大熔炉之中。我们将探讨每一种有关儿童发展的理想化观点的源头。

学前教育的兴起还与第二种历史力量交织在一起：公众对家庭福祉的日益关切，以及母亲的经济角色所经历的变革。女性努力在追求个人事业和养育子女之间寻找恰当的平衡，她们的努力不断影响着政府和民间组织对儿童保育事业的投资，也影响着学前教育的普及。可是普及学前教育运动的突然兴起究竟会拓宽还是缩窄我们对家庭活力的认识呢？

还有第三种历史力量能够解释为什么儿童权益倡导者在普及学前教育的改进措施方面获得大量支持和关注。与面向贫困家庭的提前开端项目或发放给蓝领父母的保育券不同，事实证明，让3—4岁儿童接受公立学校教育的主张对政界人士和教育工作者极具吸引力，不仅因为他们希望学校能够承担更大的责任，还因为教育利益团体在寻求新的资金支持。这种由普及学前教育倡导者自20世纪90年代末以来推动整合的新模式（即以公办学前教育推动普及学前教育），通过使政策制定者置身于学校改革的广泛辩论中心，提高了政府自身的合法性。

这三股力量——富有争议的儿童教育理念、家庭的经济动因和母亲们的愿望，以及政府对幼儿教育日益增长的兴趣——催生了第四股力量，即新近出现的历史驱动力量。这关系到全美范围内的、万花筒式的、社区层
34 面的儿童保育和教育如何以民主化的方式进行组织，其中涉及第一章中介绍过的、由各种社区组织举办的、散布于全美国的11.3万多所幼儿园。这些小型组织当中的社会活动人士和组织组成了一个政治经济体系，在谁来抚养儿童这一问题上，一直作为一种高度分权化的制衡力量，对抗着公立学校利益团体的介入。

争议不断的理念——幼儿本质的构建

美国教育考试服务中心是为美国公立学校开发标准化考试，并为想上大学的孩子提供学术能力评估测试（SAT）的机构。该中心最近发布了一份报告，题为《失衡的起跑线：入学准备中不平等的指标》（An Uneven

Start：Indicators of Inequality in School Readiness）。报告中列举了翔实的数据与细节，讲述了贫困家庭的儿童在进入学前班时，在早期语言和前阅读技能方面如何被远远甩在后面。美国教育考试服务中心的分析人员将“入学准备”定义为儿童在朗读以及与父母共同阅读时认识字母、数字和按音素发音的能力。[①]

美国联邦统计局对数千名学前班儿童进行了评估，但他们认可的是另一套评定入学准备水平的指标，比如“安静坐好，注意听讲”“说出需求和表达想法”“听从引导”[②]。美国政府终于找到一种好办法，用以帮助美国多种多样的儿童实现社会化，这本该是件令人欣慰的事。但我有不同看法。

在美国教育考试服务中心的研究中，最令人不解的部分是其根本的理念，它与启蒙运动关于儿童内在本质的理念以及如何丰富儿童周遭环境的理念大相径庭。美国教育考试服务中心所构造的“美丽新世界”将儿童归为文化程度较低的人群。美国教育考试服务中心的一位副主席在一份报告的序言中写道：“我们在 5 岁儿童当中看到的技能分布，……反映了我们成年人世界技能的分布。”儿童不再是家庭或社区的成员，而是必须为经济发展做好准备的生物。

该报告的作者理查德·科利（Richard Coley）强调小布什政府最近有意“在诸如提前开端项目之类的幼儿教育项目中增加学科知识”，并以此为自己研究的问题找到切入点。他写道：“人们之所以对（儿童的）入学准备感兴趣，是因为多项研究结果表明，入学准备的充分与否关系到儿童 35
上小学后能否表现良好。”然后，他详细列举了“学生在入学准备方面存在风险的具体迹象”，而表现出这些“风险因素”的大部分人正是来自贫困家庭的儿童和家长，仿佛他们是处于文明社会边缘的、可能对公共健康

① Richard Coley, *An Uneven Start: Indicators of Inequality in School Readiness* (Princeton, N. J.: Educational Testing Service, Policy Information Center, 2002).

② 若要了解更广泛的概念，参阅：Huey-Ling Lin, Frank Lawrence, and Jeffrey Gorrell, “Kindergarten Teachers' Views of Children's Readiness for School,” *Early Childhood Research Quarterly* 18 (2003), 225-237.

造成严重威胁的源头。

的确，掌握这些（学业）技能很重要。但值得注意的是，这些分析人员从一开始便怀着这样的理念：儿童对学前教育毫无贡献。他们只对儿童整体复杂发展的某个方面感兴趣。弗里德里希·福禄贝尔——近两个世纪前欧美幼儿园运动之父——和他的同道者们，若是看到自己对儿童和学前教育的坚定的人文主义理念在当今社会只剩下断片残简，一定会感到相当震惊。

儿童发展的哲学根基

德国博物学家和浪漫主义者福禄贝尔认为，只要在适当的条件下进行养育，儿童就能茁壮成长。他追随自由人文主义哲学家让-雅克·卢梭和裴斯泰洛齐关于儿童发展潜力的观点。这些早期的思想家早在比福禄贝尔更早两代人的时间里，就已经写信给崭露头角的欧洲中产阶级。裴斯泰洛齐甚至给他的第一个儿子起名叫让-雅克（Jean-Jacques），并按照卢梭的"顺应自然发展"的训诫来抚养他。（这个男孩在 11 岁时仍不会读也不会写。）

接着，福禄贝尔又对裴斯泰洛齐的"主动学习法"（active-learning technique）进行研究，并曾经与三名学生单独住在一起，进行自然主义教学法（naturalistic pedagogy）的实验。福禄贝尔此前曾学习植物学和园艺学，并于柏林皇家博物馆（Royal Museum of Berlin）学习地质学。最后，他提出在自然界中存在着"一种发展规律"，并将其定义为统一性（unity）。[①] 这一概念建立在启蒙运动思想的基础之上，认为儿童能够在各个发展领域全面地展现自己的特质。

1837 年，福禄贝尔在布兰肯堡（Blankenburg）创建了他的第一个幼

① 若需更为详细地了解福禄贝尔的著作及其创办的学校，参阅：Barbara Beatty, *Preschool Education in America: The Culture of Young Children from the Colonial Era to the Present* (New Haven: Yale University Press, 1995); Henry Barnard, ed., *Kindergarten and Child Culture Papers: Papers on Froebel's Kindergarten* (Hartford, Conn.: Office of Barnard's American Journal of Education, 1890), 21-48.

儿早期学习项目，他称之为“培养幼儿的机构”，随后他提出一个更能引起共鸣的词“幼儿园”（kindergarten*）。他写道：“植物要遵照自然规律来培育，因此在我们的儿童花园——幼儿园中，应当生长着最高贵的生命……”他主张创建一个专为幼儿服务的特别机构。他相信，只要按照他 36
的教学原则，在家中和幼儿园中对儿童加以培养，所有儿童都会以统一的方式成才。

福禄贝尔创造的花园这一比喻在当代发展主义者的信念中有所反映，他们认为应该创造一种社会环境，供儿童在与生俱来的生物发展阶段和探索的内在动力的影响下，充分发挥天生的好奇心和潜能。社会学家雷蒙德·威廉斯（Raymond Williams）强调，与“花园”类似的“培育”（culture）一词源于古拉丁语，意思是对作物或动物的生长起优化作用的媒介或过程。[①] 心理学家迈克尔·科尔（Michael Cole）说：“从一开始，‘培育’一词的核心理念，即‘在成长过程中提供帮助’就蕴含着如何促进生长的一般性理论。”[②] 到了16世纪，“培育”的概念被应用到儿童的培养中，再往后便具有了社会阶层的色彩，如形容一个人“cultured”（有教养）或“cultivated”（举止文雅）。约翰·斯图尔特·穆勒（John Stuart Mill）认为，富有教养的心灵——仿佛脱离人而存在一般——是受到教育后，使“天赋得以训练，……其知识之泉已被打开”的心灵。[③]

福禄贝尔对我们今天所说的“认知发展”很感兴趣。和裴斯泰洛齐一样，福禄贝尔设想，重要的是培养儿童的心智能力和对学习的好奇心，而不是传授碎片化的知识。他利用20种“恩物”（gift）和职业为儿童设计任务，它们都源于民间手工艺和几何概念。他认为自然材料具有统一性和

---

* 这个单词由kinder和garten两个单词合并而来，kinder是“儿童”的意思，garten是“花园”的意思，直译便是“儿童花园”。福禄贝尔所说的kindergarten在学前教育界的通用译法为“幼儿园”，我们在此遵照这种惯例，下同。——译者注

① Raymond Williams, *Keywords* (New York: Oxford University Press, 1976).

② Michael Cole, “Cultural Psychology: Some General Principles and a Concrete Example,” in *Perspectives on Activity Theory*, ed. Yrjö Engeström, Reijo Miettinen, and Raija-Leena Punamäki (New York: Cambridge University Press, 1999), 87-106.

③ 穆勒的话引自：George Sher, ed., *Utilitarianism: John Stuart Mill* (Indianapolis, Ind.: Hackett Publishing, 2001), viii.

对称性，儿童在摆弄球体时，就可以熟悉这些概念，4—5 岁的儿童会开始探究棱镜、正方形、立方体和梯形的性质。所有的探索都是在玩耍中进行的，这一观点同样是建立在福禄贝尔的假设之上的，即儿童天生好奇。母亲和幼儿园教师还可以给儿童一些其他任务，比如缝纫练习，在平面上描画几何图形，甚至是测量棍子和立方体的长度和比例。

儿童大部分时间都应在户外，探索各种材料和形状如何共同构成自然世界，认识到自然界包罗万象、整合为一的特点。在福禄贝尔看来，玩耍是一项很要紧的工作。他写道："若没有理性的、有意识的引导，儿童的活动就会退化为漫无目的的玩耍，而不是为那些（儿童）注定要从事的生活任务做准备。"[①] 为了对抗从 18 世纪后期开始大量涌现的专家和不断细
37 分的科学知识，唯心主义者如康德和费希特鼓励德国教育工作者关注统一性和自然界那些相互依存的力量，而非经过理性安排的、商业化的西欧世界。他们和黑格尔都认为，被统一的自然界要素唤醒的人类精神，将推动社会达到更为理想化的状态。游戏必须针对儿童来设计，才可激活他们对有组织的世界的欣赏。"对人类和所有生物的自然生命而言，……玩耍是人类在这个阶段最纯粹、最具灵性的活动。"福禄贝尔认为，玩耍必须"完全投入，……怀着自发的决心，为着自己和其他人的幸福"[②]。

尽管当时德国社会动荡渐起，福禄贝尔还是于 1848 年与志同道合的教育工作者们一起开办了 44 所新式幼儿园。福禄贝尔的侄子卡尔（Karl Froebel）更为激进，他与妻子约翰娜（Johanna Froebel）通过妇女教育协会（Women's Education Society）在汉堡发起了幼儿园运动。可是，1851 年，由于德国资产阶级革命失败，复辟势力镇压一切进步活动，福禄贝尔的幼儿园也因"在宗教上的无神论和思想观念上的颠覆破坏作用"而遭到关闭。自早期普鲁士政权敦促家长将子女送往政府开办的学校就读至此，

① 与该引语相关的原始资料出自：Barbara Beatty, *Preschool Education in America: The Culture of Young Children from the Colonial Era to the Present* (New Haven: Yale University Press, 1995), 44-45.

② 有关他使用的教学技巧，详见 Joachim Liebschner, *A Child's Work: Freedom and Guidance in Froebel's Educational Theory and Practice* (Cambridge: Lutterworth Press, 1992), ii.

将近一代人的时间已经过去了。

幼儿园与理性化的学校教育

早在福禄贝尔之前，就有哲学家对在正式机构中培养幼儿的主张表达过复杂的感受。17 世纪初，来自捷克摩拉维亚（Moravia）的学者兼主教夸美纽斯曾质疑：一位教师如何能周到地照看满满一教室的 6 岁以下的儿童？洛克也一样，他在 1693 年写道：正规学校的教育“粗暴无礼，缺乏教养”。相反，他认为，美德和坚强的性格“比对这个世界的了解更难以获得”，应该由父母在家中培养。洛克反对体罚儿童，他提倡父母从儿童渴望“尊重”和回避“耻辱”的特点出发，采用说理的方式对儿童进行教育。①

洛克认为，儿童天生富有好奇心，渴望理解社会规范，他对此表示乐观，并反对加尔文主义者的悲观论调，即幼儿，甚至婴儿具有黑暗面，他们的天生意志是根深蒂固、不可改变的。洛克将新古典主义的自由主义理念与自己的假设相结合，认为儿童天生是纯洁、善意的，在适当的条件下自然会健康成长。他强调儿童的推论能力和表达自己兴趣的能力（也许称 38
得上“用自己的语言表达”的早期版本）。

洛克、福禄贝尔和后来的格塞尔都认同这样的观点，即儿童是在一种更宽泛的自由信念中展现自我或被有目的地社会化的。他们都认为，个体从成年人那里学会了如何自主，但同时也受到（一些）体制限制，这些限制可以是一位溺爱孩子的母亲、一条宗教教义或“落后”的乡村传统。事实上，西方世界关于儿童发展的理念早已成为一种投射性的练习，用以想象个人相对于大大小小的社会集体如何进行自我的构建与定位。

现代化政体的建立以对个体自主权益的信奉为基石，推动了自由市场和民主社会关系的发展。这需要个体具有独立思考的能力。威斯康星大学

① 这些段落出自：James Axtell, ed., *The Educational Writings of John Locke*（Cambridge: Cambridge University Press, 1968）.

的玛丽安娜·布洛克（Marianne Block）指出："个体及国家的发展是从不文明走向文明，从不成熟走向成熟，从不发达走向发达的。这些观念逐渐深入到现代对儿童的照料、保育和教育的思考当中。"①

如果你认为这不过是毫无价值的历史，不妨听听当代自由人文主义者康斯坦丝·卡米（Constance Kamii）的观点："建构主义理论深嵌于个体心理学之中。独立思考的价值高于从众以及对文化传统知识的获取，……（它）以获得新的理解和行动为目的。"② 正如美国幼儿教育协会的课堂手册所强调的，"发展适宜性教育实践的必要因素……（是）由儿童发起、儿童指导、教师支持的游戏"③。这种观点深深植根于西方世界的观念之中。发展主义者里塔·德弗里斯（Rheta DeVries）认为："强调游戏的作用，这在幼儿教育中有着悠久的传统，自古希腊的亚里士多德发端，通过福禄贝尔在现代加以发展。"④

幼儿园传入美国

像福禄贝尔这样的来自德国和瑞士的浪漫主义理念很快便在美国扎下根来，不仅传到波士顿，而且扩散到美国中西部。1856 年，一位汉堡移
39 民玛格丽特·梅耶（Margarethe Meyer）在威斯康星州的沃特敦市（Watertown）开办了美国第一所幼儿园，使用德语教学。

1860 年，伊丽莎白·皮博迪（Elizabeth Peabody）在波士顿开设了第一所英语幼儿园。她强调，这间人性化的机构与学校不同：在这里，教师"常常与孩子们一起玩耍"。起初，多数幼儿园为家境富裕的儿童服务，直

---

① Marianne Bloch, "Global/Local Analyses of the Construction of 'Family-Child Welfare'," in *Governing Children, Families, and Education*, ed. Marianne Bloch, Kerstin Holmlund, Ingeborg Moqvist, and Thomas Popkewitz (New York: Palgrave Macmillan, 2003), 195-230.

② 此处引用和转述出自：Deborah Stipek, Sharon Milburn, Darlene Clements, and Denise Daniels, "Parents' Beliefs About Appropriate Education for Young Children," *Journal of Applied Developmental Psychology* 13 (1992), 293-310.

③ Sue Bredekamp and Carol Copple, *Developmentally Appropriate Practice in Early Childhood Programs* (Washington, D.C.: National Association for the Education of Young Children, 1997).

④ Rheta DeVries, "Understanding Constructivist Education," in *Developing Constructivist Early Childhood Curriculum*, ed. Rheta DeVries, Betty Zan, Carolyn Hildebrandt, Rebecca Edmiaston, and Christina Sales (New York: Teachers College Press, 2002), 3.

到20世纪初，镇政府和公立学校开始提供资助，幼儿园才得到较为广泛的扩张。[①] 皮博迪在1877年出版的第二版《幼儿园和中班指南》（*Guide to the Kindergarten and Intermediate Class*）中，反对向儿童教授学术性科目，认为教师要从儿童"自发"和"自然"的行为出发，"亲切地引导这种行为，达到一种比放任自流更美好的效果"。[②] 这种方法预示着一种观念，即以儿童天生的好奇心和学习的欲望为基点搭建"脚手架"，帮助他们理解自己所处的环境。

1876年，在庆祝美国建国一百周年的费城世界博览会（Centennial Exhibition in Philadelphia）上举办了一场幼儿园展览，公司向新兴的幼儿园行业售卖产品，借机为幼儿园向民众做推广和宣传。到1900年，在所有5岁儿童中，上幼儿园的儿童占到7%，1950年这一比例上升到五分之一。1970年，全美只有60%的5岁儿童进入幼儿园，但到2000年，这一比例上升到94%。如今，只有略多于一半的幼儿园提供全天服务，但在美国南部，这个比例是82%，而在西部各州该比例是31%。[③]

随着幼儿园被纳入公立学校体系，它的自由人文主义精神和福禄贝尔及其追随者设计的创造性课堂实践渐渐被丢弃。19世纪80年代，皮博迪公开反对政府接管"慈善幼儿园"（charity kindergarten），这是一项为工业化城市中贫困地区的5岁儿童提供服务的社区项目。她表达了"对体制化生活的极大厌恶"，并认为"督学的业务性质已经脱离了慈善的基准，而慈善应永远掌管着教育"。皮博迪还说，公立学校"在形式上获得改进的同时，其精神内核却已经退化"[④]。

---

① Victoria Getis and Maris Vinovskis, "History of Child Care in the United States Before 1950," in *Child Care in Context*, ed. Michael Lamb, Kathleen Sternberg, Carl-Philip Hwang, and Anders Broberg (Hillsdale, N. J.: Erlbaum, 1992), 185-206.

② Elizabeth Peabody, *Guide to the Kindergarten and Intermediate Class* (New York: Steiger, 1877), quoted in Barbara Beatty, *Preschool Education in America: The Culture of Young Children from the Colonial Era to the Present* (New Haven: Yale University Press, 1995).

③ Jill Walston and Jerry West, *Full-day and Half-day Kindergarten in the United States* (Report 2004-078, National Center for Educational Statistics, Washington, D. C., 2004).

④ Elizabeth Peabody, "Report of the Sixth Meeting of the American Froebel Union," *Kindergarten Messenger and the New Education* 3 (1879), 1.

皮博迪的担心被证明是有根据的。很快，马萨诸塞州的领导人们就开始纠结如何将复杂的福禄贝尔式幼儿园融入理性化的公立学校体系中，而
40 民意领袖和学校的行政管理者也迫切地想要效仿工业模式。[①] 在20世纪上半叶，幼儿园被纳入流程化的公立学校系统，成为其中的一个年级（即学前班），衔接小学课程，配备了高学历的教师。幼儿教师的家访以及与家长之间的温馨互动被教室里的专业人员所取代，变得与真正的小学教师毫无二致。[②]

而且，据历史学家拉里·库班（Larry Cuban）所说，自从20世纪初，一年级教师抱怨学前班毕业的孩子不知如何集中注意力和保持安静，需要教师给予更多的关注，传统的课堂纪律和课程便被强加到学前班课堂中。[③] 儿童学习的主要内容为学科知识，行为心理学家开始强调儿童养成“好习惯”的重要性，而非品质的重要性。智力测试和入学准备测试接踵而来，通过“能力”水平来追踪儿童的做法也在新型的、精干而平庸的学前班中流传开来。

如今，福禄贝尔被气得在坟墓里打转，普及学前教育的支持者们却深感欣喜。名为“学前教育刻不容缓”的游说团体总部设在华盛顿，他们通过电子邮件向全国各地的倡导者和幼教工作者发送精辟的言论和新闻故事。在最近的一封邮件中，亚利桑那州华盛顿学区的一位公共关系专家写道：“现在的学前班更像从前的一年级。从前孩子们来到学前班，只是为了习惯待在教室里的感觉，如今（学前班）制定了严格的学业标准，孩子们非达到不可。”2003年，加州大学伯克利分校的硕士生詹妮弗·罗素（Jennifer Russell）在加利福尼亚州走访各地的学前班，询问教师对学校问责运动（school accountability movement）的感受，一位教师告诉她：“使许多老师、家长和孩子们都觉得有趣的学前班体验消失

---

① Marvin Lazerson, “Urban Reform and the Schools: Kindergartens in Massachusetts, 1870-1915,” *History of Education Quarterly* 11 (1971), 115-142.

② Evelyn Weber, *The Kindergarten: Its Encounter with Educational Thought in America* (New York: Teachers College Press, 1969).

③ Larry Cuban, “Why Some Reforms Last: The Case of the Kindergarten,” *American Journal of Education* 100 (1992), 166-194.

了，……（老师）不能教其他科目。孩子们音乐听得很少，没有时间像以前那样参加艺术活动，（或）有那么多互动、玩‘过家家’，孩子们在一起玩的时间少了。”①

“儿童研究”的自由人文主义界限

历史学家史蒂文·明茨（Steven Mintz）提醒我们，社会历史潮流并非永远沿着旧日的河道，直线向前流动。有时，意想不到的力量会使这些水流改道，甚至汇入与之相冲突的逆流中。幼儿园的正规化是现代化社会的象征之一，这个社会致力于使那些由专家经营、由富有效率意识的官员管理的机构合理化。19世纪晚期，公共卫生的倡导者曾促使政府建造大型医院，这便是一个类似的过程。20世纪，大萧条（Great Depression）和凯恩斯政策（Keynesian policies）导致了美国经济的集权化管理。到了20世纪50年代，教育改革家克拉克·克尔（Clark Kerr）和他的进步主义同僚们建立了庞大的“大型综合性大学”（multiversities）。用史蒂文·明茨的话说，就是“建立新的机构，以确保儿童的培养按照对应其发展能力而精心设计的步骤进行”②。

即便如此，美国的经济和社会生活的正规化还是遇到了意想不到的阻力。在整个19世纪，女性的受教育水平一直在稳步上升。有这样一个历史事实，如今说来仍叫人吃惊：1700年，只有三分之一的美国女性会签自己的名字；到1900年，这一比例上升到三分之二。19世纪末，随着中小工商业者和手工业阶层的扩大以及美国工业转型的加剧，出生率开始下降。

越来越多的母亲既有时间，又有文化，可以阅读由福禄贝尔和洛克的追随者们编写出版的育儿指南，这两位美国育儿领域的先驱十分赞成

① Jennifer Russell, “Changing Conceptions of Kindergarten Teaching: Loss of Control in an Era of Accountability” (manuscript, Graduate School of Education, University of California, Berkeley), 19, 21.

② Steven Mintz, *Huck's Raft: A History of American Childhood* (Cambridge, Mass.: Belknap Press of Harvard University Press, 2004).

对幼儿教育进行精心设计。儿科医生 L. 埃米特·霍尔特（L. Emmett Holt）等人与他们持有相同的理念。霍尔特在 1894 年出版的专著中敦促母亲为婴儿制订喂养计划，以便通过反复实施让婴儿形成有规律的习惯。他甚至建议在婴儿的肘部绑上硬夹板，防止其吮吸拇指。[①] 就这样，一方面，教育部门的负责人开始支持对幼儿园进行更严格的规划；另一方面，专家们则敦促具有接受能力的中产阶级母亲依据普适的指导方针来育儿。

另一股逆流，是人们对儿童的认知和社会技能的发展过程越来越有兴趣。如今，人们普遍认为这些技能比早期专家所设想的更为复杂。从根本上来说，儿童研究（child study）是美国心理学的一个分支，它通过在简单的实验室中对婴幼儿进行密切观察，将各种身体动作、行为和任务表现进行详尽的记录和分类，并且热衷于对儿童个体发展的熟练程度进行评估、做疾病诊断和确定“正常”的成熟速度。自由人文主义思想的这一核心概念已经获得了科学证明，即所有的儿童都具有一些共同的能力并会经历生物发展的固有阶段。专家们认为，许多儿童都有落后于正常发展速度的危险。

42 美国的新一代专家接受了福禄贝尔、裴斯泰洛齐和洛克等人的哲学原则。正如当代哲学家基兰·伊根（Kieran Egan）所言：“进步主义最基本的信条是，为了有效地教育儿童，必须关注儿童的天性，尤其是他们的学习方式和发展阶段。心理学家揭示学生学习的本质，……实践者使用的教学方法和课程必须与科学揭示的结果一致。”[②] 这种对比在 19 世纪末仍然常被提及，它强调婴幼儿的天性以及他们需要习得人格健全的成年人身上体现的习惯和规矩。用现代的进步主义者赫伯特·斯宾塞（Herbert Spencer）的话说，在与“机械学习这一恶性体系”做斗争的过程中，针

---

① 若需回顾有关育儿的家长指南与专家意见，参阅：Ann Hulbert, *Raising America: Experts, Parents, and a Century of Advice About Children* (New York: Knopf, 2003).

② Kieran Egan, *Getting It Wrong from the Beginning: Our Progressivist Inheritance from Herbert Spencer, John Dewey, and Jean Piaget* (New Haven: Yale University Press, 2002), 5-6.

对儿童所做的、进步的且如今已经相当科学的研究能够起到帮助作用。①

1880 年，在约翰·霍普金斯大学（Johns Hopkins University）心理学家 G. 斯坦利·霍尔（G. Stanley Hall）的指导下，波士顿的四位学前班教师对儿童进行了一次大规模评估。霍尔了解到，在四百名即将进入公立学校的受访儿童中，有 65%无法指出自己脚踝的位置，有 93%不知道皮革来自动物的皮毛。他为此感到十分困惑。霍尔和斯坦福大学的厄尔·巴恩斯（Earl Barnes）一起，测量了孩子们的身高、体重、健康状况和知识水平，划定了各年龄段的平均水平。他们为儿童发展的平均速度制定了第一套常模。假设儿童遵循普遍的健康发展阶段这一前提成立，将个体差异定义为滞后或有缺陷便是水到渠成的事了。

克拉克大学（Clark University）成立伊始，G. 斯坦利·霍尔担任校长，在此期间他指导了一名天资聪颖的学生，名叫阿诺德·格塞尔（Arnold Gesell）。1906 年，格塞尔获得了遗传心理学博士学位。早前，格塞尔曾师从标准化考试之父刘易斯·推孟（Lewis Terman）。格塞尔接受的训练首先将他的研究指向了机体内部或生物方面的因素，而非环境因素对成熟速度的影响。就读耶鲁大学医学院后，格塞尔开始了临床实践。其后他加入耶鲁大学新成立的教育系执教，至 1961 年去世。格塞尔在纽黑文市（New Haven）的学前班展开临床研究期间，为 5—6 岁儿童何时做好上学准备设计了量表。在格塞尔看来，做好入学准备的指标之一是儿童的“6 岁左右的臼齿，……（通过它）很容易看出一个人已经发育到某个阶段”②。在格塞尔看来，正常发育的最为科学的迹象显然应该源自生理过程。

格塞尔与耶鲁大学儿童研究中心（Yale Child Study Center）的弗朗西斯·伊尔克（Frances Ilg）和路易丝·贝茨·埃姆斯（Louise Bates Ames）合作，招募婴幼儿进行长期跟踪观察研究，不辞辛苦地记录婴幼儿的基本

① Herbert Spencer, *The Works of Herbert Spencer*, vol. 16 (Osnabrück, Germany: Otto Zeller Publisher, 1966).

② Arnold Gesell, *The Pre-school Child* (New York: Houghton Mifflin, 1923), i.

身体动作或“运动技能”的发展情况。格塞尔的团队首次宣称，2 岁半左右的幼儿，其灵活性和适应性会暂时减弱——育儿专家们后来把这种现象称为“可怕的两岁”（the terrible twos）*。①

同时，格塞尔还仔细研究了位于康涅狄格州和纽约的工业化区域的那些贫困家庭的表现，他认为学前班应当是一种社区机构，是一种“战略性部署”，目的是从根本上解决儿童健康状况不佳和发展滞后的问题。他提倡“重建学前班”，为家长提供“育儿方面的指导和培训”，为残障儿童提供服务，并确保“在学校大门处进行卫生监管”。格塞尔力主采取预防性策略，在当地的社区中帮助儿童：“医疗和教育机构必须携手，共同合作制定出方法。”②

阿诺德·格塞尔的思想以前所未有的方式将儿童发展的哲学与科学进行了融合。“我们之所以使用 guidance-teacher（引导性教师）这个带连字符的词，是为了强调这样一个事实：幼儿教育领域的教师应留意，给儿童以指导，而非指令或训练。”他在 1943 年与弗朗西斯·伊尔克的通信中谈到“儿童发展的科学是一种文化力量”，并敦促这一领域关注“环境调节的基本问题——成熟和文化适应之间的关系”③。“托儿所……是一种文化工具，用以加强一个普通家庭的正常功能，”他写道，“一个家庭和一个州一样，也有管理问题，必须给自由精神以可控的空间，这种自由精神可以激励儿童的成长。”④

---

* 育儿专家认为，幼儿到两岁左右会有一个反抗期，对父母的一切要求都说“不”，经常任性、哭闹，难以调教。英语中有一个词组来形容这个阶段，叫作 the terrible twos，即“可怕的两岁”。这个反抗期的时间不一定局限在两岁。这是一个从一岁半到三岁多的范围，不同孩子“闹”的时间也会有所不同。——译者注

① Steven Mintz, *Huck's Raft: A History of American Childhood* (Cambridge, Mass.: Belknap Press of Harvard University Press, 2004), 219.

② Arnold Gesell, *The Pre-school Child* (New York: Houghton Mifflin, 1923), 84, 185, 189.

③ Arnold Gesell and Frances Ilg, *Infant and Child in the Culture of Today: The Guidance of Development in Home and Nursery School* (New York: Harper & Brothers, 1943), 271-272, 358.

④ Arnold Gesell and Frances Ilg, *Infant and Child in the Culture of Today: The Guidance of Development in Home and Nursery School* (New York: Harper & Brothers, 1943), 10, 258-259.

儿童如何建构意义

让·皮亚杰（1896—1980）比任何幼儿发展观察者都更深刻地影响了美国幼教工作者看待儿童发展问题的方式（尽管他更愿意自己被称为认识论学家）。幼儿教师和心理学家头脑中关于发展这一术语的理解确实来源 44
于皮亚杰提出的原则。其中包括一些基本的概念，如从婴儿期开始，认知能力便经由一些固定的阶段发展，儿童能够逐渐理解更为复杂的物质属性、符号和语言习惯以及社会角色——各阶段可达到的水平也是可预见并得到公认的。皮亚杰证明，婴幼儿无法理解某些行为为何违反常规，或为什么将水从一个粗大的玻璃杯倒入一个又高又细的玻璃杯后体积保持不变。而这一切，要等到某些固定的认知结构在儿童的大脑中逐渐展现并变得愈加复杂后，他们才能理解。

20世纪20年代，皮亚杰观察了幼儿执行各种任务的状态并提出假说，即婴幼儿的思维要经历从掌握简单的材料和社会事件到建构复杂现象的意义的发展过程。皮亚杰认为，"认知结构从起初的无区分，……到可以以一致的方式进行区分和协调，这一现象……主导了整个智力发展过程"①。例如，幼儿从理解具体的操作和对物体的操作，发展到能够理解物体的符号表征或与看护人的言语表达相关的符号。在儿童稚嫩的生命中，这种认知能力将在可预见的时间点自然展露，大自然和社会环境中包含着大量生动而混杂的刺激，婴幼儿会对此给予反应，并试图进行理解，例如，如何把积木块组合在一起搭成一座塔，或成年人指向一把高椅子或浴缸时是什么意思。

皮亚杰注意到，儿童会犯各种各样的错误，比如，若物体换个方式摆放，他们会错误地认为物体的数量发生了变化，或认为某些词语或手势若用在错误的语境中就不具有任何意义。这使得皮亚杰不同于卢梭等早期哲学家，他坚持认为，家长没有教给儿童这种错误的信息，儿童的大脑并非天生就装有关于自然世界的知识。根据皮亚杰的理论，婴幼儿在发展过程

---

① Jean Piaget, *Understanding Causality* (New York: W. W. Norton, 1974), 121.

中会发展出各种各样的认知能力，以理解物体、符号和人的意义。随着儿童的认知器官变得越来越灵活，他们的“学习花园”中的“园丁”——无论是同龄人还是成年人——可能会提出越来越具有挑战性的任务。这些促进学习的因素应该建立在儿童自己的认知和社会化的框架之上。

45 皮亚杰驳斥了与之对立的行为主义者的假设。这些行为主义者在当时美国心理学领域的地位日益突出，他们声称依据情境进行奖励和惩罚才是学习的真正动力。皮亚杰倡导“自我教育，……（让孩子学习那些）自己能学会的、没有人能教给他的、必须自己去发现的东西”①。这与裴斯泰洛齐早先的观点非常相似。裴斯泰洛齐认为儿童天生好奇，渴望弄明白事情的本质。皮亚杰声称，促使儿童由内在动机驱动而学习，比说教式教学更有效。

简而言之，皮亚杰是最初的*建构主义者*，他认为，儿童的发展要经历特定的阶段，儿童在这个过程中建构了对被操纵对象的物理特性，以及对特定形式的语言或社交互动的意义的理解。受到这一观点的鼓励，幼儿教育工作者看重以儿童为中心的幼儿园，如在教室中创建活动区域，让儿童处在挑战和新奇感的引导下，选择具有内在激励作用的任务。公众接受了这样一种观点，即儿童在早期生活阶段便能获得丰富的认知发展，由此公众变得更加热衷于讨论如何对儿童日常所处环境进行干预，这就是新一代发展心理学家所称的*早期干预*（early intervention）。

皮亚杰通过多年对儿童的观察所得出的理论框架与后启蒙时代哲学家的洞见显然一脉相承。这位瑞士认识论学家将 17 世纪捷克摩拉维亚学者夸美纽斯的著作进行了演绎。1957 年，身处索邦大学（Sorbonne University）的皮亚杰转述了夸美纽斯提出的首要原则：“如果儿童的确处于自发发展的过程，那么个体学习、独立练习和能力随年龄发生变化便是可能的。”皮亚杰将儿童如何学习的理论与学校的说教式教学法进行了比较，用他的话说，就是“所有的教育都可以简化为通过教师的话语，将成年人掌握的知识，通过外部的、口头的和有助于记忆的方式传递到学生的

① Jean Piaget, *The Child and Reality*, trans. Arnold Rosin (New York: Grossman, 1973), 2.

头脑中的过程”①。

皮亚杰直接引用夸美纽斯的话，强调应该让儿童参与有趣的活动，而非让他们被动地听大人说话：“工匠不会让学徒只听理论，他们会毫不迟疑地让学徒开始工作，使他们能够通过锻造来学习锻造金属，通过雕刻来学习雕刻……”早在皮亚杰给予发展哲学（developmental philosophy）以科学的尊重之前的3个世纪，夸美纽斯便已提出发展哲学的基本原理，他写道：“经由一定阶段，……每当学生被迫完成一项超出其年龄和能力的 46
任务时，（这些任务）就会对其智力造成暴力伤害。”② 皮亚杰强调儿童如何向同龄人学习，并认为这种学习可能比向成年人学习更有效，夸美纽斯也提出了类似的观点：“在年龄、知识和礼节上处于同一水平的儿童，对彼此的感应更为敏锐，……比其他人更好。”③

除了那些一心强调学业技能或文化差异的人以外，所有人都认识到，幼儿园的学习任务应当与儿童的发展水平挂钩。幼儿教育工作者和倡导者常说要“发展适宜性教育实践”，他们渴望被视为进步人士，而不是倡导“死读书”的负面人物。美国幼儿教育协会根据当代现实状况，对皮亚杰理论的基本构架进行了解读，并为美国教育工作者出版了一本193页的手册，其中详细介绍了适宜儿童发展的各种课堂活动。④

进行早期干预

如果皮亚杰是对的，政府便可以创建有效的环境来提高儿童的认知能力。这个雄心勃勃的观点产生自20世纪50年代的新发现之中，其中包括芝加哥大学的心理学家罗伯特·D. 赫斯（Robert D. Hess）和多萝西·希普曼（Dorothy Shipman）的发现。相关人员开始发表自己的研究结果，详

---

① Jean Piaget, “The Significance of John Amos Comenius at the Present Time,” in *John Amos Comenius on Education* (New York: Teachers College Press, 1967), 1-31.

② Jean Piaget, “The Significance of John Amos Comenius at the Present Time,” in *John Amos Comenius on Education* (New York: Teachers College Press, 1967), 15-16.

③ Jacques Prévot, *L'Utopie Educative de Comenius* (Paris: Belin, 1981), 157.

④ Sue Bredekamp and Carol Copple, *Developmentally Appropriate Practice in Early Childhood Programs* (Washington, D. C.: National Association for the Education of Young Children, 1997).

细解释学前儿童的认知能力之间的差异如何由不同的抚养方法而产生。效果最佳的抚养方法，比如与蹒跚学步的儿童一起阅读、用复杂的语言交谈等，在贫困家庭中并不常见。[①] 很明显，有些家长在自家孩子发展的“花园”里耕耘得更勤劳一些。

研究儿童的先驱们从前提出的观念中早有类似的推论，比如艾奥瓦大学（University of Iowa）的伯德·T. 鲍德温（Bird T. Baldwin）、库尔特·卢因（Kurt Lewin）和贝丝·韦尔曼（Beth Wellman）。他们在 20 世纪 30 年代提出，智商不是一种出生时便已决定的遗传性状，通过给予环境刺激它可以被提高。这一观点又被耶鲁大学的心理学家爱德华·齐格勒（Edward Zigler）等学者加以发扬。当时，肯尼迪政府正想方设法改善贫困家庭和实行种族隔离的质量低劣的学校（许多黑人儿童就被困在这样的学校里）的境况。最终结果是出台了提前开端项目，该计划被纳入 1964
47 年的联邦《民权法案》（Civil Rights Act）中，到次年夏天，在该法案的资助下，美国南部各社区行动机构便开设了小班授课的幼儿园。[②]

与此同时，一群来自美国中西部的年轻研究人员正准备在密歇根州的伊普西兰蒂市（Ypsilanti）做一件大事。戴维·韦卡特（David Weikart）与同事们设计了一个内容丰富的学前教育项目，将自由人文主义者一直以来的构想付诸实践：在教室里提供有趣的游戏和认知活动，如猜谜、数数游戏和前阅读练习等，让儿童在这样的环境里完成学习任务。佩里幼儿园（Perry Preschool）以裴斯泰洛齐、福禄贝尔和皮亚杰等人的理念为基础，拒绝用说教式的教学法教授拼读或词汇。这项实验始于 1962 年，所有受试儿童都来自贫困或工薪阶层的黑人家庭。大多数儿童接受两年多的幼儿园教育，每周上五天，每天上三小时。而且，幼儿园教师对这些儿童每周做一次家访，教给其母亲一些教学技巧和促进儿童社会化发展的方法。

---

① Robert Hess, Susan Holloway, W. Dickson, and Gary Price, “Maternal Variables as Predictors of Children’s School Readiness and Later Achievement in Vocabulary and Mathematics in Sixth Grade,” *Child Development* 55 (1984), 1902–1912.

② Maris Vinovskis, *The Birth of Head Start: Preschool Education Policies in the Kennedy and Johnson Administrations* (Chicago: University of Chicago Press, 2005).

韦卡特又提出了一个开创性的想法：建立一个对照组，由那些未被抽中进入佩里幼儿园的儿童组成。2004 年，哈佛大学教授戴维·埃尔伍德（David Ellwood）说，这 123 个参与实验的家庭“可能是近代社会科学史上最具影响力的群体”[①]。在这群被试 40 岁时所参与的一项后续研究中，那些上过佩里幼儿园的人完成高中学业的概率明显高于对照组（实验组有 37 人高中毕业，对照组有 27 人）。接受过佩里幼儿园教育的人找到工作的可能性更大（43 人 vs 35 人），被逮捕次数超过 5 次的人更少（21 人 vs 31 人）。[②] 关于佩里实验的结论，本书第六章将详细分析。眼下要重点讨论的，是关于这个项目流传颇广的种种传说——那些看似神奇的，在全美许多幼教工作者、倡导者和记者眼中无比神圣的真理。

起初，佩里计划（Perry program）声称每花 1 美元就能节省 7 美元的公共开支，而且能够降低需要特殊教育或被监禁的青少年人数；后来，数字一度上升到每投资 1 美元就能节省 13 美元。然而，帕卡德基金会（David and Lucile Packard Foundation）［该基金会为普及学前教育的倡导者和（持支持态度的）学者提供资助］的官员失望地从兰德公司获悉，优质学前教育的经济收益已降至每投入 1 美元节省 2.62 美元。这一统计数据是根据芝加哥亲子中心（Chicago Child-Parent Center）的影响力效应 48
量计算得出的。20 世纪 80 年代，这些中心招收贫困家庭的黑人儿童，它们和街边的普通店面差不多，并不是精心设计的幼儿园。[③]

功利主义的逻辑逐渐渗入了有关普及学前教育的争议中。诚然，有些普及学前教育的倡导者所宣传的是建立促进儿童发展的温馨且生机勃勃的“花园”，就像一个世纪前的幼儿园倡导者一样。可是，这种人性化的幼儿园存在的理由远不如成本效益分析的结果那般有说服力，那般条理清晰，

① 一次访谈引用了此句，详见：David Kirp，“Life Way After Head Start，” *New York Times Magazine*，November 21，2004，32.

② Lawrence Schweinhart，*The High/Scope Perry Preschool Study Through Age 40*（Ypsilanti，Mich.：High/Scope Educational Research Foundation，2005）.

③ 若需对经济效益做一番回顾，参阅：Robert Lynch，*Exceptional Returns：Economic，Fiscal，and Social Benefits in Early Childhood Development*（Washington，D. C.：Economic Policy Institute，2004）.

而且在政治上没有偏向。讽刺的是，佩里幼儿园和芝加哥亲子中心从未将重点放在狭隘的技能培养上，他们的每个项目都将皮亚杰的建构主义框架融入其中，且与家长开展合作，努力丰富家庭和幼儿园环境。

在美国各地，也有一些普及学前教育的倡导者忠于五个世纪以来的自由人文主义思想，质疑学前教育对技能或人力资本的强调。我问美国幼儿教育协会的执行董事马克·金斯伯格联邦政府的政策制定者现在如何看待学前教育带来的好处。他愤怒地回答："美联储（的分析人士）正主张，对那些不能提高学前班成绩的项目暂缓拨款。（与杰布·布什在佛罗里达州的普及学前教育项目采用的方法如出一辙。）这群经济学家以为自己在制造割草机，却忽视了儿童发展的人文本质。"① 华盛顿的另一名倡导者向我抱怨：支持《不让一个孩子掉队法案》的游说团体，特别是教育信托基金会的艾米·威尔金斯（Amy Wilkins）"希望美国《联邦中小学教育法案》（Federal Elementary and Secondary Education Act）的第一条（Title Ⅰ，以下简称第一条款）能够将提前开端项目包括进去。她喜欢问责机制，这下就有机会对全美国的 4 岁儿童开展考试了"。

关于脑的政治

名为"面向所有家庭的学前教育"（Preschool for All）的倡议团体早先在加利福尼亚州开展宣传时，曾发放过一份引人注目的资料，最上面用醒目的蓝色字体标注着"90%的脑发育发生在 5 岁之前"，下面六行字的字体略小一些，是这样写的："然而，加利福尼亚州每年都有成千上万的儿童在从未上过幼儿园的情况下直接升入小学。"② 他们认为，上幼儿园
49 将在某种程度上促进儿童脑的发育，这一理念源于 1995 年后的几年间关于婴儿脑发育的一项"新"研究，该研究吸引了许多家长和媒体的注意。这一事件一直影响着人们对儿童发展的普遍看法。

---

① 美国幼儿教育协会已经提出过警告，反对将标准化测试加入学前班和幼儿园阶段，参阅：David Hoff, "Made to Measure," *Education Week*, June 16, 1999, 21-28.

② Preschool California, *California Kids Can't Wait to Learn: Preschool Opportunity for All* (Oakland, Calif., Preschool California, 2004), 1.

脑研究（不论是既往的，还是新近的）被普及学前教育倡导者利用，又被几个州用来推动早期教育项目的过程恰好体现了围绕儿童智力发展反复出现的花招。媒体对婴儿脑研究的追捧也为这一领域吸引了举足轻重的支持者，比如希拉里·克林顿（Hillary Clinton）和罗布·赖纳。这些在神经科学领域的所谓新发现引起了媒体的高度关注。尽管事实上，普及学前教育的倡导者们做出的推论并非出自科学家之口，这些推论与学前教育的效用也并无关联。

《芝加哥论坛报》（*Chicago Tribune*）的编辑在1993年初问了一个很基本的问题：为什么有些孩子最后变坏了，有的却没有？脑研究领域是否能够提供新的答案和扣人心弦的新闻线索？这个问题促使该报的特约科学作家罗恩·科特拉克（Ron Kotulak）撰写了一系列文章，介绍他对幼儿脑开展的所谓的神经科学研究。科特拉克认为，了解这些新发现后，家长和政府应该重新思考，如何用更好的方法来刺激婴幼儿的学习。[①] 他所提出的新发现据说是前所未有的，具有重大的新闻价值，与婴儿脑早期发育有关。与之相比，神经科学家们刚刚获得的将小小的婴儿脑中千变万化的波动投射到大屏幕上的能力，都相形见绌了。

这项“新”研究中一个常被引用的例子是神经科学家哈里·舒加尼（Harry Chugani）及其同事的重要工作。他们研究了29名年龄从5天到15岁不等的癫痫病儿童的脑代谢过程。舒加尼的研究小组利用脑成像技术，拍摄了脑受到电刺激的部位产生的精彩图像，捕捉到突触组织的诞生与消亡，而突触在整个神经系统的信息传递过程当中是必不可少的。为了能够与《芝加哥论坛报》一争高下，《洛杉矶时报》（*Los Angeles Times*）很快也推出了自己的系列报道，刊出精彩的婴儿脑图，这些图片犹如在人们眼前赫然绽放的生物学花朵。对新闻编辑而言，磁共振成像（magnetic resonance imaging，MRI）生成的彩色图片称得上魅力非凡。

《芝加哥论坛报》刊登系列报道的4个月后，卡耐基基金会（Carnegie

---

① 出自约翰·布鲁尔（John Bruer）与科特拉克的访谈，详细记录于：John Bruer，*The Myth of the First Three Years：A New Understanding of Early Brain Development and Lifelong Learning*（New York：Free Press，1999），40-42.

Corporation of New York）于 1994 年 4 月发布了一份颇具影响力的报告，题为《起点：满足幼儿的需求》（Starting Points：Meeting the Needs of Our Youngest Children）。卡耐基基金会的特别工作组回顾了有关幼儿发展的实
50 证研究文献，指出了幼儿面临的主要问题，并提出了一项行动方案——不是针对学龄前儿童，而是针对 0—3 岁的幼儿。这份报告的作者们简要讲述了脑研究与改善婴幼儿日常生活环境的公众倡议之间的差距：前者强调生命最初三年的重要性，后者则在这方面较为匮乏。纽约作家里马·肖尔（Rima Shore）撰写了《起点：满足幼儿的需求》一文的大部分内容，她承认自己并未对脑研究领域的发现进行全面的回顾，无论是新发现还是旧发现。但是这篇报告受到《纽约时报》、《华盛顿邮报》（*Washington Post*）和其他各大报纸的广泛报道，一个“显而易见”的事实得以凸显：有关婴儿脑强大潜能的“新发现”需要一项意义重大的公众倡议与之相匹配。

然后，神经科学家们读到了《起点：满足幼儿的需求》，他们当中许多人对报告的作者得出的推论或热心记者编造的新闻故事所渲染的“事实”感到苦恼。发表在《美国医学协会杂志》（*Journal of the American Medical Association*）上的一篇评论称赞了卡耐基基金会特别工作组的努力，认为强调 0—3 岁这一阶段的重要性是毋庸置疑的，但评论补充道：“……该报告断言婴儿时期对脑后期功能的影响具有持久性，这一点并没有得到充分的研究支持。”① 用詹姆斯·S. 麦克唐奈基金会（James S. McDonnell Foundation）主席约翰·布鲁尔的话说，卡耐基基金会特别工作组和州以及全美的倡导者——包括那个年代末支持普及学前教育的人们——在提出以下三项关键主张时，都没有充足的实证证据。詹姆斯·S. 麦克唐奈基金会位于圣路易斯，为神经科学研究提供资助。

研究人员早就知道，婴儿的脑会自然产生数万亿个突触——这种物质连接神经细胞，传递神经化学信息。从感觉到饥饿到解决皮亚杰式的任务，它们都至关重要。《起点：满足幼儿的需求》发表后赢得大批拥趸，

① Daniel Neuspiel, “Starting Points: Meeting the Needs of Our Youngest Children” (book review), *Journal of the American Medical Association* 272 (1994), 1301.

他们认为：第一，突触产生得越多，越有利于儿童认知能力的扩展。第二，生命的前三年是脑发展的"关键时期"。正如赖纳的网站所言："三岁看老。"（The first years last forever.）1996 年 2 月，《新闻周刊》（*Newsweek*）刊登了莎伦·贝格利（Sharon Begley）撰写的封面故事，题为《你家宝宝的大脑》（Your Child's Brain）。其中断言："在进入学前班之前没有受到过（脑神经）刺激的孩子，永远不会成为他们本可以成为的人。"

脑的狂热追捧者提出的第三个主张是，更多的刺激会激发突触更好地生长，从而使婴幼儿变得更加聪明。他们认为，新的研究结果表明，当婴儿所处的环境能够提供更为强烈的刺激时，婴儿天生的脑结构就会进化得 51
更快，或变得更大。佐治亚州当时的州长泽尔·米勒就是其中一位追捧者，他近来在美国创建了第一个普及学前教育的项目。米勒敦促议员提供资助，将录制好的古典音乐分发给孕妇。米勒说："听音乐，尤其是在年幼时听音乐，能够对儿童的数学、工程和国际象棋等时空推理能力产生影响，这一点毋庸置疑。"①

令人不安的是，记者和这些普及学前教育倡导者引用的实证研究既未从发现中得出新的结论，也未能对社会活动人士急切提出的主张加以证实。例如，许多关于突触生长的研究都是 20 世纪 90 年代中期，在老鼠、猴子、小猫甚至鸭子身上进行的。没有神经科学家解剖过人类大脑，形象一些来说，所谓数十亿突触这个数量，顶多也只能算一个不甚精确的科学数据。例如，伊利诺伊大学（University of Illinois）的威廉·格里诺（William Greenough）和同事们发现，与在普通环境中长大的老鼠相比，在有着丰富刺激的环境中长大的老鼠，其脑的某些部分产生了更多的突触（假设我们能够从老鼠的角度去理解什么样的生活比较无聊）。格里诺在学术文章中澄清，说这一发现并不新鲜，不应推广至人类。他否认自己的工作与神经发育的"关键窗"（critical windows）有关。

---

① John Bruer, *The Myth of the First Three Years: A New Understanding of Early Brain Development and Lifelong Learning* (New York: Free Press, 1999), 62.

神经科学家布赖恩·克拉格（Brian Cragg）、詹妮弗·伦德（Jennifer Lund）等人在20世纪90年代就曾记录过人类生命最初八周内突触加速生长的现象。但他们强调“修剪”的重要性，即突触组织死亡过程的重要性。认知处理的关键可能不是年轻强健的脑生长了多少突触，而是它如何有效地修剪突触，以实现更有效的信息传递。脑科学家们对这些重要问题仍未得出确切答案。

1997年4月，白宫召开了一次关于幼儿发展和学习的会议。里马·肖尔在一篇题为《对脑的反思：关于幼儿脑的新研究告诉我们什么》（Rethinking the Brain：What New Research on the Brain Tells Us About Our Youngest Children）的评论文章中写道：“约八个月大时，脑额叶皮质显示出更加剧烈的代谢活动。脑这一区域与调节和表达情感……（以及）思考和计划的能力有关，在婴儿的自我调节能力发生巨大飞跃，并强化他们对
52 主要照顾者的依赖的那一刻，这个区域的活动可谓疯狂。”[①] 这段话以十分戏剧的方式解释了哈里·舒加尼的发现，但是对认知科学家约翰·布鲁尔而言，肖尔的结论“远远超越了所引用的原始的科学报告中提出的证据”[②]。

罗布·赖纳在阅读了《起点：满足幼儿的需求》后，对幼儿发展产生了兴趣。他和妻子米歇尔·辛格·赖纳（Michele Singer Reiner）刚刚为人父母，自认为是“心理疗法的熟练掌握者”[③]。1996年，罗布·赖纳从洛杉矶飞往纽约，邀请美国工作与家庭研究所（Work and Families Institute）所长埃伦·加林斯基（Ellen Galinsky）协助发起一场媒体宣传。这项以关注婴幼儿的需求为重点的宣传，就是赖纳后来所说的“我是你的孩子运动”（I Am Your Child Campaign）。他还说服海因茨家族基金会（Heinz

① Rima Shore, *Rethinking the Brain*: *New Insights into Early Development*（New York: Families and Work Institute, 1997）, 39.

② Charles Nelson and Floyd Bloom, “Child Development and Neuroscience,” *Child Development* 68（1997）, 970-987; William Greenough, “We Can't Just Focus on Ages Zero to Three,” *Monitor* 28（1997）, 19-22.

③ 出自一次面谈，引自：John Bruer, *The Myth of the First Three Years*: *A New Understanding of Early Brain Development and Lifelong Learning*（New York: Free Press, 1999）.

Family Foundation）的主席特雷莎·海因茨（Teresa Heinz）给予这次活动资金上的支持。据报道，就在1996年总统大选之前，赖纳夫妇与克林顿总统进行了15分钟的会谈。克林顿问他们自己能做些什么，他的工作人员正在计划一场与儿童有关的白宫会议。赖纳夫妇请总统将0—3岁儿童的发展列为美国政府优先考虑的事项。

新成立的美国联邦儿童保育局（Child Care Bureau）首任局长琼·隆巴尔迪（Joan Lombardi）认为，《起点：满足幼儿的需求》和赖纳夫妇是将学前教育问题推向美国国内议题前列的关键力量。美国广播公司（American Broadcasting Corporation，ABC）播出了长达一小时的特别节目，名为“我是你的孩子”。1997年2月，《时代周刊》也紧随其后，刊出封面故事。仍是在同一个星期之内，赖纳和卡耐基基金会主席戴维·汉堡（David Hamburg）在丹佛向美国州长协会（National Governors Association）发表讲话，会议的主题是“儿童的脑如何发育，以及这对儿童保育和福利改革意味着什么?”（How a Child’s Brain Develops and What It Means for Childcare and Welfare Reform）。据琼·隆巴尔迪介绍，媒体宣传活动“向全美各地的家长、保育机构和决策者传达了早期脑发育的重要性。尽管有人对这项新研究阐释的内容提出质疑，但它增强了人们对幼儿的了解，在教育和高质量的儿童保育服务之间形成了新的联系”①。

克林顿夫妇最终在白宫主持了两场有关儿童福利问题的会议。讽刺的是，在1997年4月的会议上，只有一位神经科学家到会，即加州大学伯克利分校的卡拉·沙茨（Carla Shatz），他被允许发言八分钟。战略家们认为他们已经收集了大量证据，并认为在大众心目中，科学是站在他们这一边的。可是，有关0—3岁重要性的讨论热度已经开始消退。联邦政府和各州政府都无法找到一个更好地为婴幼儿服务的制度基础。他们评估了选 53
民对将幼儿送到正规机构的支持度，结果认为这种支持至多只能算是不温不火。

① Joan Lombardi, *Time to Care: Redesigning Child Care to Promote Education, Support Families, and Build Communities* (Philadelphia, Pa.: Temple University Press, 2003), 46-47.

数月后，在 1998 年 1 月，克林顿总统宣布了一项空前的、耗资高达 210 亿美元的计划，该计划强调为美国家庭提供更多的育儿选择：它将提供税收减免，以减少中产阶级家庭在育儿和养老方面的支出；提供一项新的课后托管项目，大幅度扩张提前开端项目幼儿园；新增拨款用以提高儿童保育的质量，这主要指的是为学龄前儿童提供的保育服务。在克林顿 2001 年 1 月离任前，国会已经批准了其中数项计划。在执政的八年里，克林顿政府成功地将儿童保育支出金额提高了三倍。这些资金大部分以整笔补助金的形式发放，以保育券的形式流入各州，促进选择的多样化，支持由看护人和儿童保育中心组成的混合市场。一些普及学前教育的倡导者后来声称，尽管这些有力的政策措施确实提供了更多的儿童保育选择，却未能推进真正要做的工作——开办公立学校附设幼儿园。

在之后的十年，随着各州的社会活动家和基金会官员将注意力转移到普及学前教育的事业上，美国人对脑开发的迷恋几近消失。在普及学前教育倡导组织发端之时，脑研究这个不算新鲜的话题曾经受到广泛关注。位于华盛顿的游说团体“学前教育刻不容缓”如今仍在向当地的社会活动人士和幼儿教育工作者发放一套制作精良的幻灯片文件，在第一张幻灯片上展示的是一位画家描绘的新生儿的小脑袋，旁边是一个大得多的 6 岁儿童的脑，看上去就像两个大小不等的卷心菜被放在了蔬菜架上。然而，人们对婴儿脑的狂热褪去，脑研究回归到了神经科学家的模糊领域之中。赖纳、基金会领导人和州长们转身离开，继续前行，把婴儿和幼儿脑抛在了身后。

日益强大的家庭和社区

普及学前教育的话题之所以成为主流话题，不仅因为其中存在种种关于儿童本性的富有争议的理念和科学思潮，还因为母亲在其中扮演着的重要角色——尤其是当她们怀有越来越大的抱负，并具有越来越大的经济影
54 响力时。女性对自己的生活有所构想，为了在工作与家庭之间获得满意的平衡，她们坚持不懈地进行斗争，这一切都使得她们对儿童保育服务的选

泽产生日渐浓厚的兴趣。这一现象可追溯到20世纪60年代，我们在第一章曾经谈及。

紧接着，一个长期存在的问题汇入了这个历史潮流之中：政府和雇主怎样做，才能加强对工薪家庭和社区的支持？任何关于儿童发展的周全的生态理论，都不可避免地要将家庭环境与社区环境纳入考虑范围之内，女权主义思想继续努力在这些不同的领域中寻找平衡。于是各种机构，包括非正式的和制度化的机构应运而生。正是在这些环境之中，儿童渐渐被培养长大。

女权主义思潮与儿童保育的选择

1966年10月29日，美国全国妇女组织（National Organization for Women，NOW）成立大会在华盛顿召开。将近300名与会者推选贝蒂·弗里丹（Betty Friedan）为首任主席，并宣读了一份用民权运动（civil rights movement）的解放式措辞来表述的目标宣言。在美国全国妇女组织的推动下，美国中产阶级家庭和幼儿的日常生活终于发生了改变。宣言中写道，女性“不应被迫在家庭生活、参与工业生产和选择职业之间做出选择”，也不应该被强迫“离开工作岗位或放弃职业，花上10年到15年的时间，全心全意养育后代，结果再以相对较低的水平重返就业市场”。宣言呼吁建立全国性的儿童看护中心网络，并“在男女之间建立真正的伙伴关系，……公平分担家庭责任、儿童抚养责任以及支持前两者的经济负担”。①

参议员沃尔特·蒙代尔（Walter Mondale）走在女权主义阵线的前列，于1971年试图促进国会通过一项提案，以创建一个优先为低收入家庭服务的全美儿童保育项目。尼克松总统否决了这项提案，称它“将使美国政府以不可撼动的道德权威偏向集体培养儿童的立场，……（进而）反对以

① Ruth Rosen, *The World Split Open: How the Modern Women's Movement Changed America* (New York: Viking, 2000).

家庭为中心的抚养方式”①。这集中体现了保守派与女权主义者之间日益扩大的分歧。保守派力图将母亲和年幼的孩子留在家中，而女权主义者则迫切要求创造更多的儿童保育选择。

数百万女性拒绝等待政府采取行动。第二次世界大战结束后，在教育
55 水平的提高和美国全国妇女组织及其他群体的解放精神的感召下，女性的劳动参与率显著提高。1950 年至 2001 年间，育有 0—5 岁幼儿的母亲外出工作的比例从 15%上升至 58%。即使对于那些未能参与工作的母亲而言，使用有组织的保育服务的机会也显著增加。1967 年，在母亲不外出工作的 3—5 岁儿童当中，只有 6%的儿童每周有一部分时间是在非家长的看护下度过的。到了 1997 年，这一群体中略多于一半的儿童至少部分时间处于非家长看护的环境中。②

鼓励受过教育的女性外出工作的经济信号不断增强，超出了人们的预期。1967 年，女性参与工作的已婚夫妇收入比单人工作的家庭多 13%。但 30 年后，与单人工作家庭的平均收入相比，女性参与工作使家庭的实际收入（经通货膨胀调整后的）增加了 39%。③

无论是个体临时看护人、保姆还是收费的幼儿园，保育机构的稳定增长都使这些经济收益成为可能。有多样的机构可供选择至关重要，因为许多女性在低收入或服务行业中工作，她们不得不在周末工作或轮班。如今，许多母亲无法预测自己每周的轮班会如何变化。对这些女性来说，提供三小时课程或仅在工作日上午 8：00 至下午 5：00 上课的传统幼儿园作用不大。据马里兰大学（University of Maryland）的社会学家哈丽雅特·普雷瑟（Harriet Presser）介绍，在外出工作的母亲当中，有大约三分之一在朝九晚五的时间段之外工作。在那些母亲规律轮白班的家庭中，只有不到

---

① Joan Lombardi, *Time to Care: Redesigning Child Care to Promote Education, Support Families, and Build Communities* (Philadelphia, Pa.: Temple University Press, 2003), 37.

② Lynne Casper and Suzanne Bianchi, *Continuity and Change in the American Family* (Thousand Oaks, Calif.: Russell Sage, 2002).

③ Linda Waite and Mark Nielsen, “The Rise of the Dual-Earner Family, 1963 - 1997,” in *Working Families: The Transformation of the American Home*, ed. Rosanna Hertz and Nancy Marshall (Berkeley: University of California Press, 2001), 23-41.

三分之一的儿童以幼儿园作为主要的保育方式。而在母亲下午或夜间轮班的家庭当中，只有13%的儿童依靠这种方式。[①] 这种情况有效地解释了为什么佐治亚州、俄克拉何马州和新泽西州的入园率一直稳定在70%或略低于70%的水平。这几个州在提供学前教育服务方面走得最远。

许多女性开始过上一种糟糕的生活，即拥有所谓的“第二班”（second shift），这是加州大学伯克利分校的社会学家阿莉·霍克柴尔德（Arlie Hochchild）创建的一个术语，指部分女性外出工作赚取薪水，回到家中还要肩负照顾家庭的任务。与20世纪60年代的父亲相比，如今父亲做家务的时间没有多少增加。[②] 持批判观点的理论家甚至对美国全国妇女组织和早期女权主义者采用的自由改革战略颇有微词，他们认为这一战略仅仅是解放了妇女的劳动力，为雇主们提供了一个新的、选择范围更广更深的、低薪的劳动力群体。廉价儿童保育机构的扩张反过来又为这些劳动 56
力带来了新的生产性劳动者。

历史学家索尼娅·米歇尔（Sonya Michel）指出，长期以来，儿童的利益与妇女自身的经济利益交织在一起。[③] 但是，如何抚养儿童、由谁抚养，对这一问题的回答是否应该由美国人的工作结构来主导？经济发展是否应该旨在促进家庭活力？朱迪丝·沃纳（Judith Warner）在她最近出版的畅销书《完美的疯狂：焦虑时代的母亲们》（*Perfect Madness: Motherhood in the Age of Anxiety*）中，重新审视了女性面临的困境：她们雄心勃勃、有很强的事业心，不得不减少对孩子的陪伴。她在书中写道：“我从书上读到，在美国，有70%的母亲说，她们觉得现在做母亲‘压力太大’。据报道，30%育有幼儿的母亲患有抑郁症。如此之多能干且具有

① Harriet Presser, *Working in a 24/7 Economy: Challenges for American Families* (New York: Russell Sage, 2003).

② Liana Sayer, Suzanne Bianchi, and John Robinson, “Are Parents Investing Less in Children? Trends in Mothers' and Fathers' Time with Children,” *American Journal of Sociology* 110 (2004), 1-43.

③ Sonya Michel, *Children's Interests/Mothers' Rights: The Shaping of America's Child Care Policy* (New Haven: Yale University Press, 1999).

自我意识的女性在成为母亲后会迷失自我，这是为什么？”[①] 她认为，若要在工作和家庭之间取得更好的平衡，不仅应该提供更多的儿童保育选择，也需要为女性提供更为人性化的工作选择，比如收入水平适宜的兼职工作、休产假后能够重返工作岗位且不会被雇主施以处罚，这正是三十年前的女权主义先驱们所主张的。

母亲就业和儿童发展

根据马里兰大学的人口学家苏珊娜·比安基（Suzanne Bianchi）的研究，尽管母亲就业率大幅度上升，但在过去的两代人中，参加工作的母亲陪伴孩子的时间一直保持不变。她发现，许多母亲在孩子年幼时开始从事兼职工作或完全退出劳动力市场，导致家庭收入骤然降低。同时，许多母亲——以及少数的父亲——正在重新安排事情的优先次序，以确保花在孩子身上的时间不会减少。[②]

人们已经发现，若是母亲在工作上投入太多时间，或儿童在幼儿园中待的时间过长，会带来一定的负面影响。简·瓦尔德福格（Jane Waldfogel）和她在哥伦比亚大学的同事们，通过对 1872 名参加美国全国青少年长期跟踪研究（National Longitudinal Survey of Youth）的儿童样本进行分析发现，母亲在孩子出生后的前三年若是参与全职工作，将减缓孩子早期认知发展的速度。这些负面影响看似并不太大，后果却很严重，对（非拉美裔的）白人儿童的影响尤其严重。[③]

57 另一项类似的发现是，年龄略大的幼儿和学龄前儿童若是在幼儿园待的时间较长，更容易产生暴躁情绪，发生攻击性行为的概率也更高。美国国家儿童健康与人类发展研究院对儿童保育所做的长期研究首次揭示了这

① Judith Warner, *Perfect Madness: Motherhood in the Age of Anxiety* (New York: Riverhead Books, 2005).

② Suzanne Bianchi, “Maternal Employment and Time with Children: Dramatic Change or Surprising Continuity?” *Demography* 37 (2000), 401-414.

③ Jane Waldfogel, Wen-Jui Han, and Jeanne Brooks-Gunn, “The Effects of Early Maternal Employment on Child Cognitive Development,” *Demography* 39 (2002), 369-392.

种令人担忧的现象，即那些在园时间较长的儿童，其社会性发展会受到负面影响。这一发现也在另一项研究中得到了验证，且这种影响在白人儿童身上体现得尤为明显。这项研究是我和玛格丽特·布里奇斯以及斯坦福大学的同事苏珊娜·洛布、戴弗娜·巴索克（Daphna Bassok）使用在全美范围内有代表性的5岁儿童样本的数据进行的。我们对在贫困中成长项目（Growing Up in Poverty Project）的分析也同样揭示了这一负面影响：如教师们所报告的那样，长时间待在幼儿园反而会影响儿童的社会性技能发展，详情请见第六章。

还有一个事实至关重要，家长——无论其是否工作——对儿童发展的影响要远远大于任何形式的、非家长育儿的保育机构，哪怕是优质幼儿园。这也许不足为怪，尤其是对大多数家长来说。但在有关普及学前教育政策的狭隘争论中，人们往往忽略了这个事实。美国国家儿童健康与人类发展研究院的团队主要追踪中产阶级家庭，他们发现，即使将儿童保育中心的质量考虑在内，学前教育也只能带来明显却短暂的好处。与此形成鲜明对比的是，他们发现母亲的敏感程度、教育水平和对儿童前阅读活动的参与（如陪伴儿童阅读）明显促进了孩子的早期发展。① 回溯20世纪50年代罗伯特·赫斯和多萝西·希普曼对芝加哥家庭所做的研究，许多结果都可以证明，家长在塑造幼儿的学习能力方面发挥的作用最大。倾心培养孩子的家长更有可能找到并将3—4岁的儿童送入一所优质幼儿园。

关爱和技能，孰重孰轻？

女权主义者的思想还引发了一场旷日持久的争论，其焦点是成年人，无论是父母、付费看护人还是幼儿教师，在看护儿童时应当表现出怎样的品质。许多普及学前教育的倡导者认为，幼儿教师必须获得四年制大学学位，才能成为真正的专业人士。但是，这些技能——假设大学课程真的能够指导教师为幼儿提供其在学前教育课堂上需要的一些技能——是否应该

① NICHD Early Child Care Research Network and Greg Duncan, "Modeling the Impacts of Child Care Quality on Children's Preschool Cognitive Development," *Child Development* 74 (2003), 1454–1475.

用以指导幼儿的发展？我们又该如何看待“专业看护人”所需的能力？

58 她们强调，对女性的劳动力进行理性化分析和归纳，有助于厘清养育幼儿必须具有哪些品质。这些品质，不仅是女性应该加以保持和珍视的，对男性也是不可或缺的。不过，根本问题还在于，如果仅对学历提出要求，便等于否定了许多看护者所具有的关爱、耐心和富有教养等品质的重要性，这些品质对幼儿的健康成长和内在发展动力也有着巨大的影响。

卡罗尔·吉利根（Carol Gilligan）和内尔·诺丁斯（Nel Noddings）等女权主义作家也表达过类似的观点。在诺丁斯看来，男性通过进入“另一扇门”来审视道德问题，这扇门强调的是诸如公正或公平等抽象原则，而女性则强调“人类的关爱，关爱他人和被他人关爱的记忆”。女权主义学者罗斯玛丽·帕特南·唐（Rosemarie Putnam Tong）对此表示赞同：“女性对联结和关系的强调，导致她们形成了某种风格的道德推断，……强调特定对象的想法、需求和兴趣。”[①] 仅用寥寥数语对女性的天性进行总结，并不见得全面。不过，看护幼儿的社会历史确实与当代对技能的功利主义式关注相冲突。

普及学前教育的倡导者回应说，目前这种情况，即许多学前教育教师的薪资水平比底层劳动者还要低，是不公平的，是美国社会本末倒置的表现之一。他们同样关注教师队伍的质量，认为幼儿园教师应该获得与公立学校教师同等的地位和工资。向公众推广普及学前教育的途径之一便是提高教师的资历——不管这种代价高昂的举措是否真的能够有效提高儿童的学习效率。这个问题事关公平。但一些女权主义者反驳说，儿童保育和公共生活的其他领域一样，在逐渐变得商业化，甚至亲属的照料也涉及金钱交换。对此政府则通过发放保育券予以支持——克莱尔·昂格森（Clare Ungerson）称之为“育儿现金”（cash in care）。[②] 这些女权主义者认为，如何做到在为儿童保育争取更多投入的同时，不扼杀其中有助于儿童发展

---

① Rosemarie Tong, *Feminist Thought: A More Comprehensive Introduction* (Boulder, Colo.: Westview Press, 1998), 154-160.

② Clare Ungerson, "Cash in Care," in *Care Work: Gender, Labor, and the Welfare State*, ed. Madonna Meyer (New York: Routledge, 2000), 68-88.

的关爱品质和人性化的动力，才是更加难以解决的两难问题。

社区力量为儿童发展而崛起

在20世纪60年代的美国，民权在各方力量的联合推动下获得了极大的增强，女权主义运动也贡献了自己的一分力量。当女性重新思考自己的身份，思考如何从日常生活中汲取意义（同时也获得公平的收入）时，遍 59
布全美处于次等地位的民族和文化族群也在做着同样的事情。纵观整个近代，资本主义国家建立在倡导自主个体的新古典主义思想基础之上，作为对民族国家忠诚的回报，个体的权利受到保护。可是在当代社会，我们同样见到，（所谓的）公共机构无法保护这些权利或是无法为特殊群体提供支持。

随着民权组织的兴起，对文化或性别认同的追求上升到社群的层面，他们需要更多的公共资源和分权化的管理方式。中央机构和企业并未对女性或少数族裔的要求或经济利益做出回应。提前开端项目的幼儿园便提供了一个很好的例子：它们最初由联邦政府刚刚起步的社区行动机构资助，如今虽然已经有公立学校的大力参与，但仍不时接受这个机构的资助。事实上，提前开端项目、公共卫生和法律援助办公室——肯尼迪·约翰逊政府用以改善黑人社区的机构——意在避开实行种族隔离主义的地方政府、反应迟钝的地方学校系统和官僚机构（政府），并对它们发起挑战。①

提前开端项目建立在这样一种儿童发展理论基础之上，即格塞尔在耶鲁大学儿童研究中心所强调的，当地的政治经济体系对许多贫困儿童的成长环境起到决定性的作用。对个别儿童实施帮助，虽然是必要的，但仅仅这样做不足以打破家庭贫困的代际循环。今天，提前开端项目为儿童提供全方位的帮助，促进儿童的发展，包括为儿童提供适当的营养、健康和心理服务，以及对家长进行家访。提前开端项目甚至为（不具常规学历的）女性创造了担任保育员的工作机会。在某些情况下，社区对学前教育机构

① Daniel Moynihan, *Maximum Feasible Misunderstanding: Community Action in the War on Poverty* (New York: Free Press, 1969).

的广泛参与是有回报的，就像我们在佩里幼儿园和芝加哥亲子中心所见到的情形一样。

与此同时，非营利性机构在中产阶级社区也得到了极大的发展，儿童保育机构是其中最主要的组成部分。根据伯顿·韦斯布罗德（Burton Weisbrod）的数据，自1967年以来，社区机构的数量在全美范围内增长了两倍，到1999年已经超过了100万个，其中包括像美国红十字会这样的大型机构、社区卫生诊所、芝加哥亲子中心和课后项目。总体而言，非
60 营利性机构的收入占美国国民收入的6%，提供了全美将近10%的工作岗位。①

有时候，有些普及学前教育的支持者谈起社区机构时，似乎把它们当作一个学前教育的问题，而非解决方案。“学前教育刻不容缓”的负责人利比·多格特告诉我：“我们想把它（普及学前教育）并入公立学校体系，让这个领域变得更加专业。在有些州，家长更喜欢小学附设的（学前教育机构）。”言下之意，社区机构运营的学前教育机构很难变得“专业”且合法。

存在种族隔离的学前教育

学前教育机构分散且无序的扩张，导致学前教育的效益在族群和阶级层面产生差异和分歧。政府将公共资金投向低收入家庭，使得学前教育的益处得以充分发挥，但同时也导致了分层的学前教育体系的出现。在这个体系中，儿童在班级里体验到的社会关系各不相同，这取决于他们所属社区的社会阶层特征，以及在那里工作的教师是哪一种类型。

在这样的背景下，一个当代特有的问题日渐凸显，即中央政府加强管控是否能够弥补这些地方性的差异？哪些差异是不好的，可能导致儿童发展速度的差异？哪些差异只是反映了父母不同的社会化偏好？

---

① Burton Weisbrod, “Institutional Form and Organizational Behavior,” in *Private Action and the Public Good*, ed. Walter Powell and Elisabeth Clemens (New Haven, Conn.: Yale University Press, 1998), 69-84; Paul DiMaggio and Helmut Anheir, “The Sociology of Nonprofit Organizations and Sectors,” *Annual Review of Sociology* 16 (1990), 137-159.

密歇根大学已故社会学家莎莉·卢贝克（Sally Lubeck）部分解决了这些问题。20 世纪 80 年代中期，她在提前开端项目设在贫困地区和富裕郊区的两个学前教育机构里分别待了一年。她发现，在富裕郊区的幼儿园里，寓教于乐的理念——让孩子们在活动区域探索、玩装扮游戏并设想一个场景、坐在图书角看书、组队搭建乐高积木——执行得十分充分，孩子们玩得兴致勃勃。教师关心每一名 4 岁儿童的需求。“儿童被认为是在‘发展中的’，……儿童按年龄区分，以便（教师）向他们提供‘适于年龄’的活动。”莎莉·卢贝克写道，“教师们总是根据学生的兴趣和能力来判断他们处于什么阶段。”① 若能读到她的实地考察笔记，皮亚杰想必会感到很欣慰吧。

与之形成鲜明对比的是，在主要服务于低收入黑人家庭的提前开端项目幼儿园里，教师管理孩子的方式更像是发号施令。“你不是来这里玩的，是来这里学习的。”卢贝克听到一位教师这样对一个孩子说。教师每天清 61
晨的第一件事是点名。看着 3—4 岁的孩子们大声喊“到”的情景，不禁让人联想到高中的体育课。这里的教师教孩子们背诵家庭地址、电话号码和出生日期。若是在治安状况不佳的社区，这倒未见得是个坏主意。可是，一位教师给出了另一个理由：“如果他们不知道自己的名字、家庭地址和电话号码，学前班的教师会认为他们很笨，以为我什么也没教。”当然，并非所有的班级都如此专注于具体知识的操练。在塔尔萨市，许多课堂采用种族融合制，我在那儿见到过一次持续 30 分钟左右的混龄活动，十分有趣：三年级的学生与 4 岁儿童合作，用索引卡搭建大胆而富有创意的结构。

从莎莉·卢贝克的著作和其他的民族志研究结果当中，我们可以得到一个重要的教训：美国幼教领域的政治经济体系已经按照社会阶层进行了组织，就像公立学校的品质通常可以通过其邮政编码所代表地区的人口统计数据进行预测一样。我们早前讨论过一些州如何成功地平衡了所谓的结

---

① Sally Lubeck, *Sandbox Society*: *Early Education in Black and White America*: *A Comparative Ethnography* (Philadelphia, Pa.: Falmer Press, 1985), 74-78.

构性质量指标，比如，规定每间教室最多可以容纳的儿童人数的上限、师生比和教师的培训水平。但事实却是，位于富裕郊区的幼儿园每年收取1.2万美元的全日制学费，因此能够配备用五颜六色的材料装饰的教室，以及心情愉悦、富有教养的教师。学前教育领域的分权性质以及主要由家庭购买力决定的市场，削弱了旨在减少这种差距的政策产生的效果。

提升政府的兴趣

自从1988年老布什总统在竞选中承诺实行全美范围内的新举措以来，儿童保育在政界一直被视为一个温暖而乐观的话题。比尔·克林顿在女性选民中的支持率不平衡，部分原因是他支持学校改革和对年轻家庭资助的增加。小布什在2000年的竞选中承诺扩建提前开端项目幼儿园，他的对手，副总统戈尔（Albert Arnold Gore Jr.）提议为中产阶级建立一个耗资十亿美元的国家学前教育系统。25年前，随着“伟大社会”运动的兴起，
62 多数州开始建设学前教育项目，重点帮助贫困家庭。政治家们努力回应家长的要求，应对经济压力，从而点燃了政府对儿童日常保育和福祉的兴趣，这是普及学前教育运动成为全国性议题的第三个主要原因。

有效地传递信息

身处自由民主社会之中，社会活动人士面临的首要问题是：如何让民众和政治领袖相信，他们投身的事业与广大民众的公共利益是一致的。由于美国人的政治和文化本能地偏向个人主义，采取集体行动并非明智之举。2004年春天的一个早晨，利比·多格特和同事艾米·威尔金斯在华盛顿特区的一张桌子旁坐定，进行了这样的一次尝试。

多格特和威尔金斯都是“教育信托基金会”的工作人员，她们召集了华盛顿教育领域的主要游说团体和儿童事业活动人士，对大量的民调结果进行了评估。他们从中既得到了好消息，也得到了坏消息。一方面，他们在起草的一份会议简报中这样写道：“在民意调查专家看来，公众支持度高，说明学前教育已成为一种公共价值观，而不仅是一个引发争议的政策

问题。”[①] 但是，在州政府连续几年削减预算，联邦政府两次大幅度减税之后，美国多数选民更担心的是公立学校和大学开支遭到削减，而不是学前教育经费的缺乏。

包括民主党民意调查专家彼得·D. 哈特（Peter D. Hart）在内的民意专家发现，人们对服务于 4 岁儿童的幼儿园（许多受访者将其与学前班混为一谈）抱有好感。然而，在各州的调查中，至少有三分之一的受访者表示反对普及学前教育，“因为人们认为，对年幼的孩子来说，在家与父母待在一起是最好的”。对数据进行一番解读后，多格特和威尔金斯提出：“这种从责任出发看待问题的观点，使得人们无法清晰了解幼儿园为所有社会经济群体带来的益处。”根据哈特的民调公司的发现，另一个问题是，“尽管没有受访者否认学前教育在学业发展方面的价值，但是他们仍然认为儿童的社会情感成长是最重要的”[②]。

多格特说，其中的诀窍在于将宣传语进行微调：“将学前教育作为提高 K-12 学业成绩战略的必要组成部分。一方面，因《不让一个孩子掉队
法案》引发的争论使得公众更为关注学生的成绩，……（而）在 K-12 学 63
段，那些准备不够充分的儿童所带来的困扰被认为是有效课堂的主要障碍。只要找到能够将两个因素结合起来的方法，就能增强对优质学前教育项目的支持。”

一些宣传语确实引发了民众的共鸣。在一项调查中，有四分之三的受访者“非常肯定”或“相当肯定”地认为“90%的脑发育发生在 5 岁之前”。71%的受访者认为“学前班要学习学术课程，孩子们需要为此做好准备”。但是 54%的人认为“做好入学准备是家长的责任，而不是政府的

① Peter D. Hart Associates, “Public Opinion Research on Pre-kindergarten: Summary of Findings, March 2004,” in *Kids Can't Wait to Learn: Public Opinion/Communication Tools* (Washington, D. C.: The Trust for Early Education, 2004).

② Peter D. Hart Associates, “Making the Case for Quality Pre-K: A Report of Findings from Opinion Research Conducted for the Trust for Early Education,” in *Kids Can't Wait to Learn: Public Opinion/Communication Tools* (Washington, D. C.: The Trust for Early Education, 2004).

责任”。①

对宣传语进行精心设计，这个方法在佛罗里运州行之有效。2002 年进行全州民意调查之后，哈特建议把普及学前教育的公民表决提案用特别的方式进行表述，如“自愿参与，将选择权留给父母”、入园机会“将是普及性的，将面向所有家庭，而非专为低收入家庭提供”、将建立“高质量标准”，还有一条叫人过耳不忘的宣传语是“现在花钱是为了将来省钱”。在这些口号中，学前教育可以作为一种预防策略来销售。佛罗里达州的这份提案轻松获得了通过，但是这个年轻的项目是否能够切实履行这些承诺，还需要拭目以待。

另一条信息在民意调查中浮出水面：“普及学前教育”这个说法不妥。“普及”这个词在选民心中暗示着强制性，就像“义务教育”或“全民医保”一样。在事事讲求民主的美国，整齐划一的组织显然不太容易让人接受。在几个月之内，主要的倡导团体和资助者（主要是帕卡德基金会和皮尤慈善信托基金会）修改了这项运动的名称，至少在他们东西海岸的领导人圈子内部是这样的。现在他们打算将这项提案宣传为“面向所有家庭的学前教育”。2005 年，当赖纳第二次提出他的公民表决提案时，“普及”一词从头到尾也没有出现。

这些经过美化的宣传语随后被传送给几位热心的记者。在加利福尼亚州首府发行的《萨克拉门托蜜蜂报》（*Sacramento Bee*）的专栏文章中，马尔杰·伦德斯特龙（Marjie Lundstrom）总结了统计结果：“虽然仍有很多遗憾，但是加利福尼亚州对于学前教育的态度正在发生巨大的转变。……他们（民意调查对象）认为儿童在进入学前班之前上幼儿园很重要。”赖
64 纳负责进一步渲染：“大多数教育工作者认为它是公立教育的一部分。”②他的州委员会播放了耗资 1.6 亿美元制作的公益广告，邀请葛洛丽亚·伊斯特芬（Gloria Estefan）和玛丽亚·施莱弗（Maria Shriver）等社会名流

① Peter D. Hart Associates, *Kids Can't Wait to Learn: Public Opinion/Communicativn Tools* (Washington, D. C.: The Trust for Early Educafion, 2004).

② Marjie Lundstrom, “Preschool Becomes Universally Popular with Californians,” *Sacramento Bee*, February 12, 2004.

大谈幼儿发展的重要性。马尔杰·伦德斯特龙声称，拉美裔选民的支持率在短短两年内从30%飙升至76%（当然，民意调查时询问的问题已经和从前不同了）。

找到政治上的关切点——学前教育，提升考分的利器

我们已经看到，自2000年比尔·克林顿离任后不久，受到媒体对儿童早期发展问题的持续关注和在几个小州取得关键胜利的鼓舞，一小群善意的精英人士已经开始联合起来。新一代为促进儿童发展而奔走的活动人士和主要捐助人对分散、难以进行组织的儿童保育机构感到失望，决心将正式的学前教育作为补救措施。看看俄克拉何马州和加利福尼亚州就会发现，对问题统一口径的界定以及广告语是如何从华盛顿特区的会议桌旁传播开来，又是如何从运动领袖们的核心圈子里发散出来的。

但是，为什么这群雄心勃勃的倡导者却提出如此偏狭的政策措施，而对围绕着工作、家庭和儿童培养所进行的公共讨论，又总是要缩小其范围呢？为什么重要政府官员都认为普及学前教育既有利于民众，又可以帮助自己获取重要的政治利益呢？

有一种解释是，普及学前教育的倡导者和盟友们提供的这项事业在州政府内部广受欢迎，成为政治核心，同时引起了州长的兴趣，不论他是温和派共和党人，还是自由派民主党人。这种观点让人想起克劳斯·奥费（Claus Offe）的政治社会学观点，他认为一个州在其公共事业不断受到保守派的攻击时，会通过在彼此竞争的政治理想和利益之间进行调和，提高自身的制度合理性。① 在美国教育史上，每当论及儿童（人力资本）技能培养的理念，尤其是在对能够用英语进行阅读和写作，或者在举办多年的标准化考试中提高百分比分数进行讨论时，这一情景便会反复出现。

在这种讲求实用的环境之下，将学前教育作为帮助儿童在小学阶段抢
得先机的办法进行推广，并着眼于提高低年级儿童的考试成绩，成为这个 65
州的中心利益所在。在保守派总统小布什签署法律，通过联邦政府有史以

① Claus Offe, *Construction of the Welfare State* (Cambridge, Mass.: MIT Press, 1984).

来集权化程度最高、微观管理最为严格的教育提案，即《不让一个孩子掉队法案》之时，你就该知道，提高学校质量和儿童的识字水平，对选民而言是最为重要的事，但对于想要利用它表功的政客们而言，它仅排在第二位。早在2002年《不让一个孩子掉队法案》这根引火烧身的“避雷针”获得批准之前，在20世纪90年代中期，州政府就已深陷于学校问责运动的中心了。20世纪90年代，许多州的学生考试成绩确实有所提高。如果普及学前教育能够帮助各州重获动力，政策制定者能够凭借获得的进步自吹自擂一番，那这对他们来说就不啻为一个政治良机。

俄克拉何马州议员乔·埃丁斯（Joe Eddins）在接受采访时强调了这一点。他参与了提案的撰写，主张将学校经费下发到各学区，为4岁儿童服务。应皮尤慈善信托基金会所托，他参加了一个美国国家记者俱乐部（National Press Club）的情况介绍会。他补充道：“你或许想成为亨特州长（Governor Hunt）那样的人，登上美国的头条新闻（因为他支持北卡罗来纳州提前开端项目的学前教育计划），但我不具备成为州长的条件。”在交谈的过程中，埃丁斯表现得极其坦率，幽默又谦逊，让我感到似曾相识。我的母亲是在俄克拉何马州长大的，我曾在庞卡城（Ponca City）郊区干旱的草原上追逐蜥蜴，度过了许多个夏天。

很显然，民主社会的政客希望置身于公共议题之中，比如乔·埃丁斯，他就想要带头推动改革，为家庭提供支持。对许多选区而言，建立一个新的机构，创造更多与教学有关的工作机会，永远具有吸引力。因此，在许多州，学前教育机构的扩张顺理成章地成为学校改革的核心内容。

问题是，政府表现出了韦伯式的习惯，即将组织变革的复杂策略简化为简单的、常规化的解决方案。在某种程度上，标准明确的政治要求和中央政府的监管心态，挤跑了人们的自主权。小布什于2002年1月签署了《不让一个孩子掉队法案》，从此各州在学校问责制、财政改革、师资升级和改进教学实践等方面，开始了长达十年的实验。联邦政府鼓励创新教学和学习方法以更好地激励学生。准确地说，《不让一个孩子掉队法案》的实施一直是为了提高“基础技能”，甚至是发展照本宣科的课程体系。联
66 邦政府提出进行标准化考试的要求，并为全美各地的学校制定实现“增长

目标”的规则。联邦政府还设定了针对达不到这些标准的学校的逐步升级的惩罚措施。对于保守派和许多温和派人士而言，承担责任的方式就是专注于提高基本的读写能力和数学技能。

在联邦政府，《不让一个孩子掉队法案》最坚定的捍卫者来自由凯蒂·海科克（Kati Haycock）领导的教育信托基金会。她一直坚定地支持这一美国历史上管控最严的教育改革，这也是一项存在着争议的改革。皮尤慈善信托基金会的官员第一次接触海科克，是为了请她管理早期教育信托基金会。该基金会一直由海科克的同事艾米·威尔金斯负责管理，直至她2004年自立门户，成立“学前教育刻不容缓”这一组织，该组织现由多格特领导。

小布什的第二届政府采取行动，将基本的前阅读技能纳入联邦提前开端项目和政府资助的幼儿教育项目之内。小布什提议将提前开端项目从美国卫生与公众服务部（Department of Health and Human Services，HHS）迁至教育部（Department of Education）。来自保守的福特汉姆基金会（Fordham Foundation）的切斯特·芬恩（Chester Finn）、布鲁诺·曼诺（Bruno Manno）和黛安娜·拉维奇（Diane Ravitch）在2000年年末的一份报告中促成了此事，报告提出将学前教育的重点放在认知和前阅读技能上，同时淡化提前开端项目为儿童及社区发展进行全盘考虑的色彩。[1] 2003年，小布什政府的卫生与公众服务部助理部长韦德·霍恩（Wade Horn）开始实行一项认知技能测试，对象是3—4岁的学龄前儿童。这项测试得到了一些国会民主党人的支持，他们一直担心许多地方性的学前教育项目成效不佳。

借由普及学前教育事业，政界人士还希望推进更广泛的有关意识形态的议程，他们有时候会将一些格格不入的社会或文化信号拼凑在一起，显得自相矛盾。2005年年初，杰布·布什（佛罗里达州州长）不情愿地签署了一项法案，实施选民通过的普及学前教育项目。他声称，该项目将提

① Josh Kagan, “Empowerment and Education: Civil Rights, Expert-Advocates, and Parent Politics in Head Start, 1964-1980,” *Teachers College Record* 104 (2002), 516-562.

供“全方位的育儿选择”，但他又煞费苦心地说，这一项目将统一强调“以识字为基础的课程和问责制，以不断提升项目的成效”[①]。杰布·布什坚持低价政策，且教师只需接受一年左右的大学课程训练，因此针对每个儿童只需花费2500美元。

对普及学前教育运动而言，最重要的是，学校问责制的理念已经渗入一些主要的基金会和学术智库的思想中。将学前教育的课堂实践与一、二
67 年级的标准化测试相结合，已成为一项重要的政策目标。来自总部位于纽约的美国儿童发展基金会（Foundation for Child Development）的金伯·博加德（Kimber Bogard）和鲁比·塔卡尼希（Ruby Takanishi）建议，政府应该为3—8岁的儿童设计“协调一致的方式”，并补充说，“这意味着要为幼儿园至三年级的儿童制定一系列标准、课程和评估项目”，以及“通过对学校机构……工具和课堂实践的立法，以及对教师进行培训，来实现这种协调和一致”。[②] 这相当于将政府制定的《不让一个孩子掉队法案》的思路强行应用于学前幼儿身上。

这样做是有风险的。随着《不让一个孩子掉队法案》受欢迎程度的下降，普及学前教育运动的可信度也可能随之下降。2006年的一项民意调查显示，在对由小布什政府发起的学校改革有所了解的美国人当中，有三分之一的人认为，改革对公立学校造成了伤害。另有五分之二的人则认为《不让一个孩子掉队法案》并未带来任何变化。[③]

并非所有州的领导人都同意将学前教育与公立学校问责制机械地融为一体。例如，俄克拉何马州的法规十分强调“发展适宜性教育实践”，监管新泽西州普及学前教育项目的官员们也是如此。赖纳在加利福尼亚州的注定会遭遇失败的公民表决提案没有在两种立场之间做出选择：这个法案

① Report on Preschool Programs, “Bush Signs Florida Pre-K Bill, Begins Implementation Plan” (January 19, 2005), 15.

② Kimber Bogard and Ruby Takanishi, “PK-3: An Aligned and Coordinated Approach to Education for Children 3 to 8 Years Old,” *Social Policy Report* 19 (2005), 1-23.《社会政策报告》(*Social Policy Report*) 由美国儿童发展研究学会 (Society for Research in Child Development) 出版。

③ Lowell Rose and Alec Gallup, *Gallup Poll of the Public Attitudes Toward the Public Schools* (Bloomington, Ind.: Phi Delta Kappa, 2006).

不应该既强调学前教育，又强调公立学校的问责制。因此，当地的幼儿园本可以通过将教学计划与小学考试相结合，同时证明他们的教学活动适宜儿童发展阶段，从而争取到新的资金，但是实际却没有。可是在许多学区，占主导地位的言论却与如何将学前教育项目纳入公立学校的轨道，以满足提高考试分数的政治需要有关。而且，如果幼儿教师尽职工作，他们就更容易被教育利益团体和政治领导人所接受，许多普及学前教育的倡导者已经与他们结为盟友。

合理化童年——善意和官僚体制

当然，围绕普及学前教育运动汇集在一起的教育利益团体，在尝试为童年制定规范时表达了善意的动机。历史学家迈克尔·卡茨（Michael Katz）称之为“帮扶穷人”的愿望，这是许多进步人士默认的动机之一。[①] 要促进公平，政府必须挑起改革的重任。可是，在怎样的情况下，自上而下的策略会变成强制性的，而不是为家庭提供帮助的政策呢？

关于公共机构在塑造家庭生活中产生的作用，其争论可以追溯到19世纪，埃米尔·涂尔干（Emile Durkheim）相信强大的中央政府能够产生 68
文化霸权。这就是社会学家约翰·博历（John Boli）和约翰·梅耶（John Meyer）所称的“伟大的合理化工程，……（它）从体制层面推进政府对儿童教育的管理”[②]。这是一种相当善意的管理理论，但它依赖于政府这一官僚机器，联邦政府和各州政府日渐热衷于规定3—4岁儿童应该学习什么、使用哪种语言和学习哪些现成的课程，以及为特定的考试项目做好什么样的准备，这正是最好的证明。每当政府和普及学前教育运动的倡导者在社会或经济生活中发现一个问题时，他们总是沿着官僚主义和监管的思路进行补救，这一点德国著名政治经济学家、社会学家马克斯·韦伯

① Michael Katz, *Improving Poor People: The Welfare State, the "Underclass," and Urban Schools as History* (Princeton: Princeton University Press, 1997).

② John Boli and John Meyer, "The Ideology of Childhood and the State," in *Organizations and Environments: Ritual and Rationality*, ed. John Meyer and W. Scott (Beverly Hills, Calif.: Sage, 1983), 217-241.

（Max Weber）和他的追随者们一直看得非常清楚。[①] 在许多普及学前教育的倡导者看来，如果不对资金、质量观念和培养儿童的具体方式施加更多中央控制，就意味着要听任市场驱动力的驱使，尽管这些中央控制可能十分粗暴。这就是问题所在。

从涂尔干到韦伯，再到梅耶等制度主义理论家，他们一直强调，对社会生活不断进行合理化改革并非党派问题——其中体现的是现代人对制度体系的信仰。我们喜欢将复杂的公共任务分解为零散的组成部分，使之成为能够从上至下进行规范和监管的元素。先确定可测量的结果，然后将能够有效产出这种结果的输入、规则和生产流程加以组合——无论是经营邮局、改善交通，还是开办幼儿园都遵循这一思路。美国州长协会在2005年敦促其成员州“将幼儿教育（学前教育机构）与学前班至三年级（K-3）学段的标准相结合”，并将其作为入学准备工作的重点。密歇根州州长、共和党人詹妮弗·格兰霍姆（Jennifer Granholm）说：“从出生到3岁，孩子们学到的东西比他们一生中其他时候都多。”[②] 当下的政策急于对儿童应该学习的内容进行规范，甚至规定了具体的教学实践方法。我们已经远远偏离了后启蒙时代的理想以及裴斯泰洛齐、皮亚杰和福禄贝尔等人的发展科学。

历史教训

本章中所回顾的力量——富有争议的关于幼儿本质的理念、母亲角色的变化，以及政府对幼教领域日益增长的兴趣——将继续推动普及学前教育运动并塑造学前教育机构的形式。很快，我们将看到社会活动人士和教

① Max Weber, *The Theory of Social and Economic Organization*, trans. Talcott Parsons (London: Collier Macmillan, 1942); Emile Durkheim, *Education and Sociology*, trans. Paul Fauconnet (New York: Free Press, 1956).

② National Governors Association, *Building the Foundation for Bright Futures: Final Report of the*
69 *National Governors Association Task Force* (Washington, D. C.: National Governors Association Center for Best Practices, 2005).

师们如何在各地迥异的条件下为这些历史力量赋予生命。任何有关学校改革为何兴起以及政策如何制定的理论解释，在考虑这些社会潮流的同时，都必须将当地实际情况，以及有说服力的个体所扮演的角色等纳入考虑范畴。

尽管如此，对政治活动人士和学前教育工作者而言，通过这一番对历史的分析，依旧能够得到几点值得借鉴的教训。第一，尽管人们都在谈论“发展科学”和“研究结果表明了什么”，但在养育儿童的问题上，关键的问题和困境在本质上却是哲学性的，无法仅凭证据来解决。儿童生来具有怎样的成长和学习潜力？成年人应该如何设计社会环境——包括在家中和幼儿园中——以帮助儿童培养我们所看重的品质？家长和越来越多的幼教工作者所考虑的理念和哲学主张将为这些问题提供源源不断的信息。

在过去的一个世纪里，关于儿童潜能的自由人文主义观念以及社会环境对他们产生影响的方式主导了（中产阶级的）讨论。但与此同时，家长们也明白，孩子们必须掌握识字技能并且达到一定的学业水平，才能顺利完成小学学业。即使在工作的深层结构和工资水平如此不公平的现状下，我们也相信，公立学校教育是经济增长的重要均衡器和引擎，因而我们也更加相信，学前教育应该成为解决方案的一部分。儿童发展的科学既无法在这些有关意识形态的立场之间做出仲裁，也不一定能够与官僚政府的管制特性和政府建立并扩大各种公共机构的惯性相抗衡。

第二，在美国，工作的性质，尤其是数百万蓝领和中产阶级母亲所从事的工作的性质意味着，对许多人来说，提供多样化的儿童保育选择仍然是必要且至关重要的，而普及学前教育运动的改革者所青睐的单一化举措无法担此大任。在（正规的）幼儿园开放的时间段之外，多达五分之二育有幼儿的女性还在工作。结合历史背景来看，当前将所有 3—4 岁儿童都送进统一的学前教育机构，且视其为最佳教育环境的做法，是对过往历史的一个莽撞的背离。作为一个精英人士组成的团体，这些倡导者们倡导的不是多样的选择，而是整齐划一的标准场所和社会形式，所有儿童都将在其中被抚养长大。

第三，尽管将普及学前教育运动与学校问责制相结合的策略可能很聪

70 明，但它却为年幼的儿童带来了令人担忧的风险。倡导者承诺该运动将同时提高所有低年级儿童的考试分数，缩小学业成绩差距，并帮助儿童养成那些为小学教师所欣赏的行为。这些承诺的确获得了广泛的公众支持。教师工会和幼教工作者承担着提高考试分数和为公立学校吸引新的资金支持的政治压力，他们对任何能够减轻这种压力的改革都充满热情。可是，就在一个世纪前，学前班的支持者也做出过类似的承诺，今天很少有人会认为，学前班——被纳入公立学校系统，而公立学校系统已经漏洞百出，比如财政资助不均、许多城市地区教学效果低劣等——真的缩小了低年级学生的学业成绩差距。

第四，在过去的半个世纪里，各种各样的儿童保育机构应运而生，分布在各种各样的非营利性机构、教堂、营利性公司和各地公立学校中。普及学前教育的倡导者认识不到由这些机构组成的混合市场的优势，这一混合市场还包括在参与其中的普罗大众中逐渐积累起来优势的社区机构。儿童保育机构的政治经济体系仍主要由父母的购买力驱动，这导致了质量上的不均衡，以及中产阶级与贫困地区之间的明显不平等。尽管如此，一些率先扩大学前教育覆盖面的州，特别是佐治亚州和新泽西州，实际上是在优化混合市场，而非支持公立学校形成垄断。

第五，善意的普及学前教育倡导者们怀有雄心和理想，但它们与经由证据表明或未能表明的真实情况之间存在区别。鼓吹婴儿脑发育的所谓“新”发现就是一个很好的例子。类似的例子还有很多，比如公立学校附设幼儿园比社区幼儿园更有效，或是在拥有本科学历的教师的教导下儿童进步更快（见第六章）之类神乎其神的传说。在学校改革这一更为宏大的领域中，对研究采取反复无常的态度并非新鲜事，而且一定会继续下去。但失败的教育改革将引发民众的反弹，导致倡导者付出高昂的政治代价，这一点已经得到了证明。

第六，也是最后，在一个市民社会*中，该如何维护并提升教育机构

* 市民社会是指围绕共同的利益、目的和价值的非强制性的行为集体。它不属于政府的一部分，也不属于营利的私营经济的一部分。换而言之，它是处于“公”与“私”之间的一个领域。——译者注

的质量？这是一场更大规模的斗争，历史已经给出了清晰的提示。在个人主义和资本主义扩张等思想被广泛接受和认同时期的美国，贺拉斯·曼创办的公立学校是有意义的。被公立学校取代的乡村学校有着分布太广、资金分配不均等缺陷，因此有必要集中资金，加强质量控制。

可是，快进到一个半世纪后的今天，美国人民和社区机构呈现出多元 71
化的趋势，如彩虹一般五颜六色。大规模的机构曾是现代化的代表，其名声却在最近几十年严重下滑。在过去的一个世纪里，社区从家长和政府那里赢得了资源，建立了一整套保育和幼儿园机构。那么，在学前教育领域如此分散且充斥着形形色色的本地化机构的情况下，中央政府该如何改进对这一领域的资助呢？同样的困境也存在于那些急于建立特许学校，却发现许多学校质量非常低下，且社区服务很不均衡的州。

在一场重要的社会运动的推动下，学前教育成为一项公共福利。然而，在推动公共儿童保育事业发展的漫长过程中，人们也开始就如何划分公私责任展开了辩论。抚养幼儿是人类的基本任务，也一直是由个体负担的责任。但仅靠个体抚养是不够的，这样，家境较好的儿童将占尽优势，而许许多多其他的孩子则会遭受折磨。如此说来，可能需要整个村子一起抚养儿童。可是，该在谁家的屋檐下抚养孩子呢？又该由谁来决定孩子应该学习什么，以及如何学习呢？

72

第三章　欢迎来到彩虹屋[①]

这是格雷琴·多德（Gretchen Dodd）的班级“晨圈时间”（circle time）。她的脸上绽放着灿烂的笑容，双手举在空中，跟随晨读本的内容做动作，表达情绪。她像一位管弦乐队的指挥，带领班级里 24 个孩子唱着歌，将故事段落穿插其中。这所幼儿园位于一个蓝领家庭聚居的郊区，这些 4 岁的孩子们说着十种不同的语言，他们围坐成一圈，就像一个热情洋溢的合唱团。[②] 格雷琴手指着晨读课本封面上的作者和插画家的名字。最后一首歌曲主要用英语演唱，名为《窗外的世界五彩缤纷》（*There's a World of Color Outside My Window*）。格雷琴要求每个孩子“想一想外面都有哪些不同的东西”，并请这群叽叽喳喳的孩子将自己的想法融入副歌之中。她对一个小男孩大加赞扬：“哇，很棒！奥恩·桑（Aun San）说有一本蓝色的书。真是一个特别的主意！”

格雷琴自己也有一个还没上小学的孩子，后来她告诉我，她不喜欢“让孩子们做好准备”以适应班级例行教学活动的理念。相反，她更喜欢
73 关注学习的过程。她顶住压力，没有用直接说教的方式让孩子们认读字母或为入学做准备。她认为这“不是我们需要强加给他们的东西，……他们自然而然就会了”。

贝拉（Bella）则恰好相反。几个街区之外，在里韦拉小学（Rivera Elementary School）的幼儿园教室里，她正在以截然不同的方式组织“晨

① 西塔·帕伊（Seeta Pai）参与了本章的写作。

② 本案例中的人名和机构名均为化名。

圈时间”的活动。贝拉叫一个名为纳塔利娅（Natalia）的拉美裔女孩走到白板前。贝拉调出字母 K 显示在白板上，开始教纳塔利娅认识这个字母，而后者则费力地写下大写字母 K。白板的周围有一张字母表的海报，还有一张展示各种颜色的图表，每一种颜色都用英语和西班牙语进行标注，还有一个显示几何形状的面板。这些图表大杂烩有一个共同的标题：“我们正在做准备。”贝拉说的是英语，围坐成圈的孩子中，有的孩子只能听懂一部分。当孩子跟身旁的伙伴聊天时，贝拉会大声说：“请停止说话，我不喜欢这样。”有一次，她用夸张的语气问这些 4 岁的孩子：“难道你们不想为上学前班做好准备吗？等你们去学前班，他们会问你一些问题，我希望你们都能答出来。我不希望你们说不知道。”

在这一章里，我用“彩虹屋”比喻幼儿园教室，我将带你们走进这样的教室，去了解两所不同类型的幼儿园中教师和孩子们截然不同的日常活动。这两所幼儿园都位于美国西海岸，属同一地区。当地的教育工作者和社区活动人士携手合作，确保孩子们获得普及化的高质量学前教育。这两所幼儿园分别设在两所小学里，由一个广受好评的社区机构“学前关怀”（PreKare）管理，这个机构多年来一直为这个名为中城（Midtown）的蓝领郊区提供服务。

我们将看到在第二章中提及的多种社会力量如何在中城塑造幼儿园的日常。在这里，有人致力于推动一种植根于自由人文主义理想的统一教学法，但不得不面对当地学区提高考试分数的压力。在这个多样化的地区（根据 2000 年的美国人口普查数据来看，这一地区居民使用的语言多达 65 种），家长对孩子的期望也有很大的差异。

首先，我们将描述当地环境，简单介绍我们如何开展实地考察，本章内容的主要依据便是这些考察的结果。其次，我们将介绍“学前关怀”的管理人员对儿童发展怀有怎样的理念，他们的目标与教育官员和学前班教师对技能的强调产生了怎样的冲突。然后，我们将走进教室，观察有着不同成长背景的幼儿教师如何组织不同的活动，以符合不同的认知要求和行 74
为规范。最后，在家长参访或提供志愿服务的日子里，事情变得愈加复杂，这一部分内容将阐述教师与家长各自的管教方式、他们在实现儿童的社会化目标时所体现出来的不同文化模式，以及学科知识和技能培养如何蕴藏在儿童的社会性发展过程中。

所谓的文化模式，具体到本文的案例中，仅仅指家长或教师对幼儿园课堂中事务运作方式的约定俗成的理解。我们借鉴了在现象学方面有着深厚根基的人类学家和社会心理学家的研究成果，他们已经阐明，一个团体中的成员是如何对特定的社会事实和形成日常秩序的因果序列深信不疑的，比如在对幼儿的本性、成年人应如何引导儿童“正确地”完成社会化等问题有了约定俗成的理解之后，团体成员在成年人应如何培养幼儿方面也就形成了一种模式。这些认知模式代表着一个特定群体的“常识”，描述并规定了人们的社会生活、目标和实现目标的方法。① 在早期的研究中，我们运用这一框架来分析家长如何看待自己在养育或指导幼儿方面所扮演的角色，以及他们如何看待社区提供的保育机构的作用和质量。②

不同肤色族裔杂居的郊区中整齐划一的幼儿园

谈起学前教育，普及学前教育的倡导者和政策制定者们总会提到从前那些粗糙的城市景观，或是贫瘠而荒凉的南方。从一定程度上说，发源于南方民权运动的提前开端项目所造成的历史遗留问题能够解释这种印象。另一个原因就是以城市为主的各州给予儿童保育项目大量的投入，而这些项目主要服务于贫困家庭。实际上，自 20 世纪 70 年代以来，随着母亲就业率的攀升，学前教育机构数量出现了大幅增长，这种增长发生在较为富

① 文化模式，又被称为认知脚本，具有描述性、因果性和规范性，规定什么是正常的、可接受的，什么是正确的、好的。这些模式有文化属性，因为它们逐渐被一个群体的多数成员所默认，受到习俗、语言或种族特征的约束。参阅：Roy D'Andrade and Claudia Strauss, eds., *Human Motives and Cultural Models* (Cambridge: Cambridge University Press, 1992); Clifford Geertz, *Local Knowledge: Further Essays in Interpretive Anthropology* (New York: Basic Books, 1983), 7-93.

② Susan Holloway, Bruce Fuller, Marylee Rambaud, and Costanza Eggers-Piérola, *Through My Own Eyes: Single Mothers and the Cultures of Poverty* (Cambridge, Mass.: Harvard University Press, 2001); Bruce Fuller, Susan Holloway, Marylee Rambaud, and Costanza Eggers-Piérola, "How Do Mothers Choose Child Care? Alternative Cultural Models in Poor Neighborhoods," *Sociology of Education* 69 (1996), 83-104.

裕的郊区，那里的家长能够支付每年数千美元的学费。住在中城的家庭则介于这两者之间。

的确，在美国的新郊区，各种各样新建的幼儿园如雨后春笋般涌现，这些地方曾经是纯白人居住的社区，如今却住满了不同肤色的少数族裔第二代家庭和从老龄化城市核心地带搬来的蓝领家庭。自 20 世纪 80 年代以
来，集中居住在全美贫困地区的家庭数量急剧下降，部分原因是中等收入 75
家庭能够在仅限于蓝领或中产阶级居住的郊区找到安居之所。①

中城的幼儿园就坐落在这样的地方。中城过去以农业区为主，第二次世界大战后成为新兴的白人聚居区，建起了一幢幢朴素的别墅。20 世纪 90 年代，日渐繁荣的经济刺激了精致的公寓楼和公寓套间的发展，一些公寓坐落在修剪整齐的小草坪和树篱之间。这个地区如今已经变得拥挤，到处是宽阔大街组成的纵横交错的路网，其间零星分布着一些商场。在通往附近高速公路的路上，隔离带中生长着落满尘土、毫无特色的灌木丛，这些植物在混凝土的缝隙间挣扎求生。除此之外，几乎没有其他绿色空间。当时的地产开发商偏爱仿牧场风格的建筑外观，且楼层平面图总是千篇一律。你若是有一双敏锐的眼睛，凭着这两点就能分辨出哪些地方是住宅区。自 20 世纪 80 年代以来，这座城市的人口构成发生了巨大变化，年轻的拉美裔家庭大量涌入，南亚裔中产阶级家庭逐渐增加，还有一些曾在汽车厂工作的黑人家庭也搬到此处。中城的家长们希望在一个安全的社区里抚养孩子长大，他们当中许多人在轻工业、建筑业或服务业等行业工作，每天花在高速公路上的通勤时间大约为 25 分钟。

这两所幼儿园分别位于 2000 年中城两个不同的人口普查区域内，它们所服务的家庭的收入中位数为 6. 16 万美元。“学前关怀”幼儿园服务的儿童来自低收入家庭，他们从这些公立幼儿园获得了益处。西塔・帕伊在这两所幼儿园共花了一年时间。这两所幼儿园将孩子们送到与其分别对口的两所小学，即里韦拉小学和诺曼小学。并且，这两所幼儿园的教室就在

---

① Douglas Besharov and Nanzanin Samari, “Child Care After Welfare Reform,” in *The New World of Welfare*, ed. Rebecca Blank and Ron Haskins (Washington, D. C.: Brookings Institution, 2001), 451–481.

对应的小学中。这种模式在其他州也很常见：学前教育经费通过当地的教育委员会下拨，通过合同外包给社区机构，但教室仍旧由当地公立学校提供。

2003—2004 学年，在里韦拉小学登记入学的学生中，拉美裔学生的比例略低于 56%，亚裔（以南亚裔为主）学生占到六分之一，黑人学生的比例略低于 10%。几乎一半的学生有享受午餐补贴的资格，校方将 39%的学生界定为英语非母语需要学习英语者。在幼儿园的新生中，拉美裔所占比例更大，超过 80%，其中大多数是以西班牙语为母语的儿童。里韦拉小学服务的社区的居民以蓝领工人为主，许多家长有资格送孩子上免费的幼儿园，这意味着他们一年的收入不到 3. 2 万美元。

76 相较之下，诺曼小学服务的社区中穷人较少，中产阶级家庭较多。不过，仍有超过三分之一（37%）的学生有资格获得联邦政府提供的午餐补贴。该校的学生中有 32%是菲律宾裔，28%是南亚裔，15%是拉美裔。然而，就中产阶级家庭的孩子而言，在“学前关怀”管理的诺曼幼儿园就读的概率要低于在诺曼小学就读的概率，诺曼幼儿园的大多数孩子都有资格享受由政府全额补贴的学前教育。西塔·帕伊在这里认识了一些南亚裔幼儿园教师。

田野调查包括对这两所幼儿园为期数月的参与式观察。帕伊的研究基本在教室里进行：观察每天的流程、学习活动和发生的事件。她认识了 7 位教职员工，包括主班老师、配班老师和保育员。她还观察定期进班做志愿者的家长，经常与他们交谈，这些家长大多是第一代移民。最初几周过去后，帕伊开始参与教室的课堂常规活动，帮忙组织用餐，安排课堂活动使用的材料，跟随孩子们外出，甚至参加教职员工会议。

她还花时间对家长（共 30 位）和“学前关怀”的管理人员进行了访谈，参加机构会议和职业培训，同时观察同一学区的另外四所由“学前关怀”管理的幼儿园，以便更好地了解这家非营利性机构的政策和课程设置偏好。多年来，“学前关怀”一直管理着由州政府资助的社区学前教育机构，直至与学区教育局局长展开合作，为所有家庭提供普及的学前教育。依据州政府制定的质量标准，每一所幼儿园都鼓励家长参与课堂活动。帕伊在多次实地调查时都曾见过教室里有一到两位家长。①

在每一间幼儿园教室里，“活动区”都是最重要的组成部分，其中包括积木区、“过家家”区、由低矮的书架围成的图书区，还有摆放着桌椅、供儿童以建构主义方式使用教具和艺术材料的区域。积木区一般铺着厚厚的地毯，“晨圈时间”就在这样的地毯上进行。每间教室的一侧都有一个小厨房、装有两个小马桶和一个小洗手池的开放式卫生间、摆放着书桌和电脑的教师角，当然，还有供孩子们放外套和零食的小柜子。

自 20 世纪 70 年代末以来，“学前关怀”管理着 40 多所公立幼儿园和家庭托儿所。2001 年，“学前关怀”的负责人与中城的学区教育局局长联合承诺，保证每一名 3—4 岁的儿童都能进入一家免费（或享受大额补贴） 77
的幼儿园就读。善于创新的“学前关怀”负责人制定了一个协调分散资金流的方案，兑现了普及学前教育的承诺。只有一小部分家庭需要支付为数不多的学费，金额根据家长的收入有所浮动，这也是该地区长期以来为学前教育做出努力的成果。

传统的儿童发展观

“学前关怀”的高层管理人员本质上都是开明的浪漫主义者。在儿童应该如何学习、课堂应该如何组织等问题上，这个非营利性组织的创始人和管理人员都是自由人文主义或“发展”理念的拥护者。他们的目标以每个孩子天生的好奇心和评估后的发展水平为出发点。“学前关怀”坚持的教学方法在一份机构文件中被描述为“适合儿童的发展阶段、以儿童为中心、考虑每个儿童需求的个性化教学”。

尽管他们有自己的理念，但是作为学校幼儿园项目的承包方，“学前关怀”的管理人员和教师培训人员还是感到了来自公立学校方面日渐

① 为了评估这些民族志数据的有效性以及我们对这些数据的解释，帕伊对多位研究对象的反馈、观察结果和访谈材料进行了三角互证，并定期向我的研究小组提交研究结果，以获得意见反馈。她与幼儿园工作人员和“学前关怀”的管理人员讨论了初步的调查结果。感谢布里奇特·奥布赖恩（Bridget O'Brien）在整个过程中提供的帮助。

增大的压力，他们不得不解决该地区各族裔儿童的早期语言和读写能力问题——而且是用英语。强调狭隘的学业技能带来的日益增长的压力，与“学前关怀”负责人所称的“生成式课程”（emergent curriculum）产生了冲突。“生成式课程”是一种灵活的教学策略，强调教师应该以每个孩子的能力水平和内在兴趣为基础（遵循皮亚杰的假设），让每个孩子参与到特定的任务中去。课程应该是在探索和与同伴互动的情境下生成的，教师应仔细观察哪些任务和内容对孩子最有吸引力。“学前关怀”的负责人说，只有照顾到孩子的社会情感成长，才能形成培养认知技能和学习学科知识的条件。他们的理念来自福禄贝尔和裴斯泰洛齐的思想。

以好奇心和自信心为出发点

“学前关怀”的理念不仅仅指向一种新古典自由主义，以每个孩子的成长和逐渐增强的自主性为核心，其源头还体现出人文主义的风格，（该理念）浪漫地假设（如果）让孩子天生的好奇心得到充分满足，就能够激发其早期的学习，帮助其建立自信。该机构的管理人员强调，“最重要
78 的是社会情感发展”。正如“学前关怀”的一位管理人员对我们说的：“孩子们……（若是）过于专注于学习认知和学业方面的知识，而无法与他人相处，日子会很难过。所以说，与他人相处并培养强烈的自我意识是非常重要的。”

为了推进自由人文主义的教学方法，“学前关怀”的管理人员和教师培训人员组织教师和保育员参加集体学习，提供培训课程，邀请顾问和客座讲师，引入旨在提升儿童“学习乐趣”的特别的课堂实践。表现突出的幼儿园被称为“模范点”，这里的教师领悟了机构秉持的理念，安排各种“开放式活动”来组织课堂，让每个孩子都能以自己的方式完成某一项任务。与之对应的是“问题点”，这些幼儿园的教师采用说教式教学，强调前阅读技能、音素认读和行为习惯，这种情况让“学前关怀”的管理人员深感忧虑。

一天下午，一位“学前关怀”的管理人员［我们称她为朱迪

（Judy）]，也是一位儿童心理学家，对诺曼幼儿园的家长和教师们发表了讲话。诺曼幼儿园服务于亚裔、拉美裔和黑人美国家庭。在演讲中，朱迪努力地减少家长们日益加剧的焦虑，他们担心幼儿园是否以有助于孩子们进入学前班学习的方式教育他们。

> 我们会为年幼的孩子们感到担心，原因之一是媒体灌输了一种观念，好像如果不让孩子们学习知识，使他们在很小的时候就表现得出类拔萃，长大后他们就会变成杀人犯一样。学业成绩目标给学校和教师带来越来越大的压力。我们让孩子们参加考试，考试结果能够透露的不过是他们对某些事情或事实了解了多少，但是……无法预示他们在十年级时表现如何。
>
> 所谓入学准备，不应该是认识字母、颜色、数字或它们的名字。对这个年龄的孩子来说，最重要的是学会与人相处和参加集体活动。不识字没关系。在学校里表现好的那些孩子，并不是做好了学业准备的孩子，而是……有着较好的社会情感发展的孩子。

接下来，朱迪强调了社会情感因素的影响，尤其是“一个稳定、有教
养、合理的家庭和学校环境……建立起来的日常规范”的影响，这是这个 79
年龄段孩子成长的关键。她说她不喜欢《爱上拼读》（*Hooked on Phonics*）或类似的提前学习课程材料。她鼓励在场的家长去孩子所在的班级做志愿者，因为“家长随时都在，而且感兴趣”是很重要的。朱迪以“好奇”“自信”“沟通”“自我控制”等主题来阐述自由人文主义的观点。“让他们解决自己的问题，……看到他们做事费劲也不用担心，……支持他们的兴趣，跟随他们的步伐，……任由他们做他们感兴趣的事情，……问他们问题，……永远不要让你的孩子气馁，……允许他们表达自己的想法。”她干脆利落地补充道，在几乎每个表示孩子们的代词上都加重了语气。

由上而下强加的学业技能

可是，“学前关怀”的管理人员已经发现，想要坚持自己的立场，抵制强调技能学习的狭隘观念的入侵很不容易。几个月后，在仅仅几个街区之外，里韦拉幼儿园请来一位小学教师为学生家长做了一场演讲，主题与学前班的要求有多么严格有关，并对孩子们从“学前关怀”幼儿园毕业时的状态做出预测。这位名为安杰拉（Angela）的学前班教师在英语和西班牙语之间转换自如，似乎在暗示她能够“用另一种语言教学”。（这一点与许多“学前关怀”的教师不同。）

“我想与大家分享自己作为一名学前班教师的期望。”她自信地说出开场白，“在座的家长，你们的孩子现在在上幼儿园，但下一学年就将进入学前班，所以你们需要知道，我们对孩子有着怎样的期望。如今（学校）对孩子们的要求很高，如果跟自己上学时的情况对比，你们可能会感到惊讶。那时候，你们整天就是玩耍，但现在，孩子们要会写句子，认识所有的字母，会发音，并且要在 30 秒之内完成。”安杰拉说话的时候，几位家长扬起眉头，开始交换眼神。

然后安杰拉发放了一份表格，上面列出了 5 岁儿童应该了解的知识。表格的标题是“学前班，我准备好了”（I Am Ready for Kindergarten），上面列举的技能彻底背离了“学前关怀”总部所倡导的理念。表格中列出了 17 条技能，大部分彼此毫无关联。表格是用第一人称写的：“我会画圆圈和直线”“我会写自己的名字”“我会数到 5”“我会使用胶棒”“我知道
80 怎样翻到书的某一页”。这份表格的第 17 条写着：“我喜欢快乐学习。”然后，安杰拉带领家长们对每一条内容进行解读，她用说教的方式，详细阐释了这些“官方”的要求：“教孩子写自己名字的时候，一定要告诉他，第一个字母大写，其他字母小写。一些家长也教孩子写名字，但所有字母都大写。孩子们必须知道，每个单词中的第一个字母是大写，其他小写。幼儿园老师也会教，但家长在家不妨也教。我们希望所有孩子达到同样的水平。”

安杰拉强调，家长应该清晰告知孩子他们的“大名”。她抱怨有些孩

子只有听到小名的时候才有反应，而不是登记入学时用的名字，但那个名字“才是我们唯一知道的名字”。她强调安静坐好和认真听讲的重要性。“他们刚来的时候，必须安静地坐上 15 到 20 分钟，但是到了三月份，我们会要求他们安静地坐够 40 分钟。我们必须让他们为上一年级做好准备。这很难，但是如果从现在开始努力，他们是能做到的。”

对于学前班教师、学校行政管理者和忧心忡忡的家长们对技能教学的强调，“学前关怀”的一些教师也做出了同样的回应。由于贝拉和一些同事使用说教式教学，拉美裔学生占多数的里韦拉幼儿园被“学前关怀”的管理人员列为“问题点”，但是贝拉仍然受到在她课堂上做志愿者的家长的欢迎。甚至在诺曼幼儿园（那里的多数教师要么热衷于发展主义的模式，要么只是习惯了这种模式），西塔·帕伊也看到教师们悄悄布置抄写和练习，让孩子们对照英语字母表中的字母进行描红。事实上，一些家长担心，如果缺乏向学业技能的转变，他们的孩子会落在同龄人后面。一位家长说：“所有的孩子都会唱 ABC 歌，我的（孩子）却不认识 A，也不认识 B。”

教师对自己课堂理念的建构

随着技能模式在中城各小学的推广，“学前关怀”的教师们受到触动，开始反思怎样做才能将儿童培养得更好、如何组织更好的课堂实践。“学前关怀”的管理人员组织教师参加在职培训，为教师提供参加专业会议的 81
机会，邀请幼教工作者举办讲座，为教师创造大量的空间供他们讨论组织课堂活动的方式。这些内部讨论使得教师们能够采用丰富多彩的课堂教学方法，但反过来，又给“学前关怀”的管理人员带来了麻烦，因为他们所追求的是安排更为精心的、生成式的教学策略。

生成式课程

大多数“学前关怀”的教师都在认真地尝试实行“生成式课程”这种新的课堂实践理念。多年来，“学前关怀”一直遵循高瞻教育研究基金会（High/Scope Education Research Foundation）的普遍发展原则，这个基金会位于密歇根州伊普西兰蒂市，曾为佩里学前教育研究项目提供指导。我们的实地调查开始时，正逢“学前关怀”教师推行这一理念的头一年，管理人员认为我们见到的反复状况是过渡阶段造成的。“生成式课程”一词来自意大利瑞吉欧幼儿园在北美的追随者。“学前关怀”的方针强调，“理想的课程”应由温和、有教养的成年人帮助儿童培养“积极的自我概念、乐于学习的态度以及与他人合作和玩耍的能力”。其标志性的课堂实践是围绕课题展开教学，这不由得叫人联想到福禄贝尔和杜威的建构主义理论，即为孩子们提供丰富的活动选择，而不是照本宣科。教师根据儿童的“发展阶段”，将学习活动设计成难度不断升级的课程，并将儿童的进步记录在案，与同事进行讨论。

由于“学前关怀”的管理人员和教师培训人员希望忠实地实施“生成式课程”，所以起步的过程十分艰难。在一次培训会议中，教师培训人员分发了详细记录儿童发展的册子，那是一些如同相册一般五彩缤纷的册子，展示了孩子们写的字和绘画作品，甚至还有他们自己选择的活动照片。可是这些手工制作的册子和评估材料发下去后，一些“学前关怀”教师小声嘀咕，说这将使他们的案头工作量翻倍。为了与政府官僚机构打交道、应付政府新制定的儿童评估标准，他们已经投入了相当多的时间和精力。

一些教师谈到课堂活动所面临的两难境地，用他们的话来说，就是“游戏还是学习”或“开放式还是结构化”。“生成式课程”教学法要求教师组织灵活多变且彼此关联的课堂活动，教师必须关注每个孩子的动机和
82 能力水平。因为有的班级超过一半的孩子说西班牙语、塔加洛语或旁遮普语*，那些只会说英语的教师无法与这些孩子顺畅地进行交流，所以对这些教师而言，面临的挑战就变得更加棘手了。

格雷琴指出，“学前关怀”的管理层以如此坚定的方式推广这种建构主义的理念，其中具有一定的讽刺意味。她很欣赏这些新方法的实用性，

---

* 印度西北部地区的一种语言。——译者注

跟随孩子的引领、做好每日记录、用解决问题的方式为孩子创造挑战，这些都是优点，但是她补充说："我认为有很多方法可以让'生成式课程'实行起来不那么麻烦。我们每天有三个小时和孩子们在一起，你知道，（在这个过程中）我们也是可以跟随他们的引领的，而不用……提出我们接下来的重点是什么。……（这个机构）总是一想到些新东西，就马上过于投入其中。"

优先考虑社会情感成长

教育官员对考试成绩和技能的持续关注加剧了"学前关怀"内部关于课堂组织方式的争论。诺曼幼儿园和里韦拉幼儿园都有一部分教师并不绝对反对在日常教学中引入一些语言技能，只是担心这样做会取代他们（以及"学前关怀"的管理人员）心目中更根本的东西。"在我看来，让孩子们表达自己的想法是很重要的事。"诺曼幼儿园的教师格雷琴说。她鼓励孩子们自己的事自己做，去做自己感兴趣的事，追随自己的好奇心。

一天早上，格雷琴希望帮助一个"不善于表达自己的需求"的女孩凯莎（Keisha）"提高解决问题的能力"。凯莎和另一个孩子因为争夺一个玩具奶瓶发生了争吵，之后格雷琴向凯莎保证，说她"没有惹事"，然后让她说一说"刚才发生了什么事"，也就是"用自己的语言表达"。可那孩子只是哭个不停。

> 格雷琴：凯莎，没事了。（奶瓶）本来是在地上，是吗？是不是你把它捡起来了？如果你用自己的语言表达，我就能知道发生了什么事。
>
> 凯莎（依然在哭）：它是在地上。
>
> 格雷琴：别哭，凯莎，我只是想让你说一说刚才发生的事。如果你用自己的语言表达，我就能帮助你。你没惹事。你把经过告诉我，我就能帮助你。我来猜一猜，事情是不是这样的——是 83
> 他先玩那个玩具，然后他把它放下，走了，然后你才捡起来玩。但是你得告诉我，我才能知道。

那个月格雷琴见到了凯莎的母亲，并对她讲述了这件事，以此说明凯莎在“解决问题方面有进步，但是……在表达自己的需求上（还有些困难）”。

格雷琴关注培养孩子们的自我表达能力和自主性，在她看来，这不仅体现着一种社会行为理论，更是一种培养孩子内在学习动机的方法。这种方法强调让儿童通过各种不同的、亲社会的方式进行探索，追求自己的兴趣。它符合洛克的传统核心理念，即帮助孩子利用个体的自主性进行社会化。

格雷琴不断地提及自己对“晨圈时间”的喜爱。在这个时段里，她鼓励孩子们表达自己的想法和感受、富有新意地使用语言。格雷琴只会说英语，她发现，在那些仍需要学习英语技能的孩子身上，她设想的一些复杂的教学安排难以产生效果。“这（读书和用绒布板讲故事）有些困难，我觉得……让孩子们尽量不要忘记自己的母语是很重要的。”她一直反对以任何形式直接训练语言技能。她鼓励自己班上的孩子们畅所欲言，“表达他们的需求”“用自己的语言表达”，并试图“与他们交谈，而不是只是做出回应”。

格雷琴在“学前关怀”的教师当中并不是特例。几个街区之外，新来的教师纳迪娅（Nadia）正在帮助里韦拉幼儿园的工作人员摆脱“问题点”的帽子。她开始在自己的班级开展“生成式课程”，还为孩子们设定了最重要的发展目标，那就是“使孩子们对学习产生兴趣，把学习当作日常活动，在生活中的每一分钟享受学习”。纳迪娅继续说：“我很喜欢鼓励他们保持好奇心、多提问、自己找到解决办法、对书产生兴趣、多读书。”在参加一次教师培训之后，纳迪娅更是热情高涨，她在教室里创设了植物角、添置了服装，以丰富教室里的活动区的材料，并延长了“晨圈时间”，挤出更多的时间组织朗读、唱歌和练习歌谣。

84

中间立场？

西塔·帕伊在这两所幼儿园结识的其他五位教师和保育员则采用不同的方法，他们对儿童语言技能和学科知识的学习更为关注，这几乎是在

“学前关怀”发展框架边缘的审慎试探。其中一位教师说：“孩子们将来又不能整天坐着玩积木。”这些教师认为，引导儿童的注意力、发展前阅读技能，这十分重要。这种想法源于他们自己的亲身经历，因为其中有三位教师是南亚裔的第一代移民，他们虽然以不同的方式融入了当地文化，但南亚裔是非常看重学业成就的。另外两位教师是黑人，他们认为基础教育三要素（读、写、算）和社会性发展同样重要。其中一位教师说，她努力“培养孩子们的社会技能。达到某个阶段后，就可以开始教他们一些学科知识了”。

“学前关怀”的教室位于小学校园里，因此幼儿园教师与公立学校的教师和行政管理人员有所接触，比如可以请里韦拉小学的学前班教师来做讲座。对于幼儿园纳入公立学校带来的影响，从幼儿园教师宾杜（Bindu）的评论中可见一斑，她对技能与“生成式课程”之争持温和态度。“学前班的老师告诉我们，孩子们必须知道这些事情：……会写自己的名字，知道家庭住址……（和）家人的电话号码，认识1到20，认识字母表。我们一整年都在做这些事情。我告诉过你，我们得跟他们（孩子们）坐在一起。这样他们才能学会这些内容。仅仅读字母表（是不够的），……我们得教他们这些东西。”

另一位名叫唐娜（Donna）的温和派教师认为，这些争论有损于“学前关怀”在家长和其他人群当中的声誉。“有些事情孩子们需要知道，比如自己的名字、数字、字母、形状、颜色……”她说。

> 这就是为什么我们把这些内容呈现在白板上，因为我们不希望这些孩子进不了学前班，不然我们在这里做什么？到时候学校会说：“天哪，瞧他们教的孩子！所有‘学前关怀’幼儿园的孩子都参加了考试，但没有一个为上学前班做好了准备。”所以我们要强调这些内容，不过是用一种有趣的方式来教，让孩子们喜欢并且享受它，此外还会有活动时间，……他们可以想做什么就做什么。

85 贝拉谈到，将时间花在技能训练上和花在开放式活动上分别包含着不同的认知需求："我们的工作是为孩子们进入下一阶段，也就是上学前班做准备，所以这是我的目标，让孩子们顺利……前进。"她很清楚，4 岁的孩子得听得懂自己的任务是什么，听得懂老师的要求。"他们将来在学前班必须做到（这些），……老师会叫他们到教室的各个区域去，学习不同的东西，所以当我对他们说'好了，孩子们，我们必须为学前班做好准备，这些都是你们将来要做的事'时，我的意思是希望他们现在就习惯课堂纪律，好让他们在进入下一学段的班级时，对将要发生的事心里有数。"贝拉强调。

在诺曼幼儿园，一部分教师虽然信奉"发展式"理念，但碰上那些几乎完全不会说英语的孩子，他们还是感到左右为难。他们将学习碎片化的学科知识与更常见的开放式活动和游戏穿插进行。一位教师说："（如果）这里由我说了算，我会教孩子们至少坐上 15 到 20 分钟，这又不会杀死他们，不会造成伤害，也不会难受。我觉得他们至少应该做点什么，才能为上学前班多做些准备。但'学前关怀'不喜欢它，我就不能这么做。"当被问到"它"指的是什么时，这位教师答道"坐下来写字"，也就是让孩子们练习写字和认识字母。还有一些教师也有同感。这些教师会时不时"破坏规矩"，挤出时间让孩子们在磁性写字板上练习，相当于现代版的重复抄写练习，或是让孩子们描红、朗读字母或数字。

关于发展理念的争论也影响着课堂内外的社会规则，包括教师的课堂管理或行为管理策略。在一段时间的"户外玩耍"（曾经被称为"课间休息"）后，一位教师正努力把 4 岁的孩子们带回教室，她提醒孩子们："上学前班之后，你们得排成一行。你们必须学会排队等候。"她后来表示，她不赞成"学前关怀"那条"不应让孩子等待"的"原则"，即在活动开始和变换场地，比如返回教室时，不该让孩子们等待。她认为排队等待是一种重要的"生活技能"。"你必须学着忍耐，对吧？"

家长对儿童发展的定义 86

家长们在教室里做志愿者，或是前来参加晚间家长会议时，常常会表示出对一些问题的担忧。许多家长担心自己的孩子在说英语和阅读英语文字方面不够熟练。他们在课堂上见到孩子们玩很多“游戏”，但更希望看到他们“学习”。

英语语言技能

在里韦拉小学和诺曼小学这两所小学就读的学生中，被认定为英语熟练水平不高的只有不到40%。然而，在对应的幼儿园中，对英语的理解或英语口语能力欠缺的人数比例超过了75%。这些孩子都能说流利的母语，比如西班牙语、汉语、波斯语、印地语、旁遮普语、塔加洛语和越南语。

在诺曼幼儿园的一次家长会上，一位家长站起来，用不甚流利的英语询问，能否为她的孩子提供英语磁带，因为家里人都不说英语。“学前关怀”的心理学家回答：“我觉得你的英语说得很好。我说过，我不喜欢自然拼读和反复练习。孩子们到时候自然就会了。你英语说得很好，多跟孩子分享你的想法，和他聊天。注意保护他的自尊心。”在里韦拉幼儿园的家长会上，一位家长问到会的学前班教师，孩子是只需要会写自己的名，还是连名带姓都要会写。另一位父亲想知道女儿应该学会所有的英文字母，还是只学元音，或只学她名字中的字母。

诺曼幼儿园会议的一场演讲结束后，一小群家长对演讲做出了反应。他们用旁遮普语和印地语轻声交谈，质疑“跟随他们的（孩子的）引领”这种模式在大家庭中是否有意义。在他们的大家庭中，对孩子过多的关注可能被视作一种难以接受的粗鲁行为。“怎么才能向他们解释我们的家庭状况呢？他们不会明白，”一位母亲轻声说，“对我们而言，这不仅仅是母亲、父亲与孩子之间的关系，大家庭的生活状况怎么说得清呢？我们不能当着所有家庭成员的面，只顾着和孩子聊天、玩耍。”

一些拉美裔家长认为，幼儿园有责任教孩子们正确地说英语，因为很

87 显然，“学前关怀”幼儿园附设于公立学校，且由专业教师任教。一位名叫皮拉尔（Pilar）的母亲表示，花在学习语言技能上的时间和在教室里“玩耍”的时间的比例令她忧心。她用西班牙语说：“他们这里教孩子们做些小东西（艺术和手工），但我希望能让他多学些东西，比如字母表，认自己的名字，或者写自己的名字。基本上我每一次来，都看到他们要么在做活动，要么在玩，其实应该花些时间来学习。”另一位母亲进一步强调了这个意思：“他们应该多写，少玩。得要求他们学习字母，反正就是，得有压力，少玩一点。”

从到会的小学教师的发言中，一些家长清楚地听出来，中城的教育官员传递出的信号表明，政府对回归基础教育感兴趣。一位拉美裔家长志愿者说：“现在全是玩游戏，比如眼下他们就在外面玩。作为一名母亲，我希望能多教他们一些知识，认识颜色，认识名字，不仅仅是父母的名字，因为他们是要上学前班的。我儿子已经在这里一年了，但我觉得他应该再多学一点，……这样他才能为上学前班做更多准备。”

另一位母亲觉得自己没有能力指导孩子，她担心自己有限的英语水平会让孩子糊涂，也担心“学前关怀”的官方课程与她过去自己国家的课程内容有所不同。

> 我觉得很难，……嗯，也许辅导他并不难，……但是这里的学习体系和那边（墨西哥）的完全不同。所以我觉得，如果是一样的，我会说，听着，你得这样学习读和写，学习数字……和英语字母。但是我好像把我儿子搞得更糊涂了，所以我还是不亲自教他了。

另一位来自东亚的移民家庭的母亲也表达了类似的观点，她说自己感觉“很糟糕”，因为“如果你没有受过多少教育，就无法在课业方面给孩子们提供帮助”。她希望“学前关怀”的幼儿园带着孩子们“开始写”字母表，因为她的孩子“已经准备好……问我要家庭作业来做了”。

“儿童在游戏中学得最好” 88

“儿童在游戏中学得最好”是“学前关怀”教学理念的核心，却在家长和教师中引发了分歧。如今被定义为“基础知识”的内容，包括认识音素、词汇、数学概念，以及在儿童读物中找到标题页。“学前关怀”管理层关心的不是这些知识的实质内容（也不关心它的重要性），而是教授“基础知识”意味着教师要采用说教的教学方式，他们认为这种活动纯粹由教师指导，得不到儿童自身好奇心和自主性的支撑。

可是，在那些希望孩子在小学取得好成绩的文化族群眼中，有些学业技能是非常重要的。从某种意义上说，如今自由人文主义传统及其“发展主义”信徒必须面对的，除了那些对政府认可的知识表示支持的人之外，还有许多认为自我表达和个人自主与他们自身的文化背景毫无关联的家长。

然而，“学前关怀”的浪漫主义者仍在艰难地坚持着。对他们来说，有两条信念密不可分：其一是幼儿的天性通过玩耍显现，其二是某些社会环境比其他环境更能够促进儿童成长。用一位深思熟虑的管理人员的话来说就是：

> 我们的理念是，儿童在游戏中学得最好，……学科知识也应该通过游戏来学习。我们也想让孩子们接触字母表，大多数孩子离开“学前关怀”时都会拼写自己的名字，而且是在没有被要求重复练习的情况下。……在教他们怎么做到这一点的时候，……再次强调，教他们热爱学习才是最重要的。
>
> 我们不要求孩子反复练习字母b——大写字母B、小写字母b，不反复对孩子说“这是b，b，b，b”，而是将注意力集中在字母b上，比如，作为我们教学活动之一的郊游就是一个成功的例子。首先，教师们让教室里布满字母b的元素，有字母b的模板，有目录以b开头的书籍，有海绵画，还有b的韵文：你认识字母b，吹呀吹泡泡（blowing bubbles），他们在给小娃娃们洗澡

> 澡（they are washing babies in a bath）*。然后我们带领孩子们郊游，他们仍是通过玩耍来学习。孩子们跳上一辆公共汽车（公共汽车的英文是bus，以字母b开头）。想一想，有多少孩子曾经接触过公共汽车，观察车门打开，看着钱进了一个售票小箱。这也
> 89 是一个在实际场景中通过游戏学习的过程。我们坐在一起谈论我们的体验，非常开心，这样能促进孩子们的社会性发展和语言发展。

家长们对这种方法褒贬不一，包括那些在课堂上做志愿者的家长。中产阶级家长最欣赏这种教育理念。一位父亲说："在我看来，上幼儿园主要是为了和其他孩子互动，……和其他孩子交流，因为拼读、阅读和讲故事，你知道，我们在家里都会做。"还有一些家长也赞同发展主义者的做法，包括一位拉美裔母亲，她认为现在玩耍和有组织的学业学习搭配得很好，因为"这样孩子们就不会因为总是学习而感到厌烦"。

西塔·帕伊在课堂上和采访中认识的其他家长则持相反观点，他们要求"多给些压力，少一些游戏"。一位母亲看到"电视广告"说，幼儿园会帮助儿童为上学前班做好准备——这是由罗布·赖纳所在州的儿童委员会投放的——她想知道"学前关怀"幼儿园的教师如何应对入学准备这项工作。来自其他群体或当地社区的家长，他们熟悉的学前教育方式不像"学前关怀"那样注重开放式的、有趣的活动。一位拉美裔母亲将自己孩子上的幼儿园和附近的幼儿园进行比较，她说："（在附近的幼儿园）他们学习有目标，老师让他们学习，……而在'学前关怀'，这里应有尽有，所有的教学材料都不缺，孩子们可以学习，但老师不逼着他们学。"

在里韦拉幼儿园的一次校内会议之后，一位家长要求一位教师展示学前班教师在演讲中提到的《动物园拼读》（*Zoophonics*）活页练习册。该练习册是某个课程系统的组成部分，此外该课程系统还包括互动歌曲和歌

* 吹（blowing）、泡泡（bubbles）、洗澡（bath）和娃娃（babies）的英文单词都以字母b开头。——译者注

谣，目的在于培养儿童的英语音素意识（比如“A，Allie，B-B-B-Bear”），并配有图案，还为教师提供如何组织活动的说明。可是那位教师回答说她不能使用这些资料，因为这违反了机构的原则。家长认为这些练习册很实用，教师则表示，这个问题应该向“学前关怀”管理层反映，她没有权力做与课程相关的决定。

很多教师确实认可包括“生成式课程”在内的发展教学法，并以此指导自己的教学实践和课堂活动的安排。但也有相当一部分教师认为“学前关怀”的管理人员有时过于教条，他们恨不得直接消灭那些专注于英语语 90
言发展和读写能力发展的做法或课堂时间。就连诺曼幼儿园坚定的建构主义者格雷琴也会拿“学前关怀”的管理开玩笑，她语带讥讽地模仿道：“哦，不，布告栏不能用那种颜色。不能用蓝色，得用棕色，……椅子不能放在这里，得放在那里。”

另一位教师说，她认为“孩子们在黑板跟前学得最好”，因为在教师和同伴们的注视之下，孩子们愿意好好表现。她说出了自己的观察：“如果他们（把书写练习）带回座位上，最后不是撕纸，就是涂色，还可能为了抢记号笔而打架。”这位教师指出，为了减少这样的教学实践（让孩子们在黑板跟前学），管理层派出了新的教职人员。她补充道，虽然她在自己的家乡接受的是说教式教学，但她会遵守“新规矩”，即使心里不赞同。

如何组织课堂活动与该由谁做出教学决策，这本来是两个问题，如今却纠缠在了一起。尽管“学前关怀”是一个非营利性组织，在经营上非常平民化，但它还是形成了一个管理和课堂监督群体。正如格雷琴所说：“我认为（这个组织）变得太大了，……最终会（变得）一刀切，……因为它是一个如此庞大的组织。”

连热忱的发展主义者格雷琴也曾因为组织过一次被管理人员认为说教成分过重的数学教学活动而受到警告。“他们说那个活动不是开放式的。”格雷琴说。那次所谓违规的活动是这样的：为了引出估算物体数量的概念，同时画一份简单的图表，格雷琴把班上的4岁孩子进行分组，给每个孩子分发等量的彩色软糖豆。她请每个孩子把自己那一份软糖豆藏起来，然后，同组的孩子们互相报告，估计有多少彩色软糖豆被藏了起来。这与她之前在“晨圈时间”组织的一项活动有关，在那项活动中，每个孩子都在教师的引导下，说出了自己上学的交通方式，然后教师在画架上标出了他们的答案出现的频率。

然而，“学前关怀”的管理人员不鼓励这样的小组活动，因为它过于趋同化。格雷琴认为“这像照着食谱做蛋糕，（但）你总不会做一个开放式的食谱，……（来）看看谁做的蛋糕是对的”。她解释道，没有孩子被迫参加那项活动：“如果有孩子坐在那儿吃软糖豆，那就让他吃好了。”

91 一些教师并未感受到家长对“学前关怀”的发展教学法过多的担忧。“多数讲西班牙语的家长，”里韦拉幼儿园的一位教师说，“真的很尊重我们的工作，没有质疑我们，……他们就是高高兴兴地送孩子上学。他们不问我们任何问题，也不会质疑。”

育儿的文化模式

“我不喜欢！”一天早上，里韦拉幼儿园某个教室的活动区里，一个本来说西班牙语的孩子用清晰的英语大声宣布。很快，大家又继续平静地玩起想象游戏来。多数教师很高兴听到自己照顾的孩子直接表达好恶，他们认为这是孩子们的自我导向性和自主性萌芽的好迹象。当孩子们面对潜在的身体伤害或迫在眉睫的危险时，教师会迅速地介入。而其他时候，他们提倡以不加干涉的方式来管理和解决冲突。

“学前关怀”的管理层强调“发展性指导”（developmental guidance）这个当代术语，其中包括教师向孩子们示范怎样做到“用自己的语言表达”。一天早上，里韦拉幼儿园的贝拉在教室里进行演示：“好了，宝贝，你要让他们知道，你不喜欢他们那样做。”她继续和那位孩子讲道理：“如果他们打你，你要告诉他们。你告诉过他们你不喜欢那样了吗？告诉他们你不喜欢那样。”那孩子回答说：“我不喜欢那样。”然后她听到孩子又用西班牙语说了一遍“我不喜欢”。贝拉推断“（肇事者）不会再这样做了”。为了确保研究人员能理解，贝拉总结道：“这就是我们的文化，你必须为自己发声，否则就会被欺负。”

然而，鼓励孩子们通过分析和交谈解决人际冲突的“学前关怀”模式
（“纪律”这个词几乎从未被提起过）并非总能与家长的社会化文化模式
相匹配。一位拉美裔母亲把教师的方法概括为“我不喜欢”法，说它
“听起来太弱了”，她还将拉美裔家庭中更为常见的“不要那样做”法与
之相比较。另一位母亲则谈到在家中用“铁腕政策”（mano dura）管教孩 92
子的方法。有一次，在里韦拉幼儿园，一个孩子拒绝参加“晨圈时间”的
活动。这位孩子的母亲问老师，这是公然反抗，为什么坐视不管？她之后
又接着说，可是“老师们说这不是问题，……如果孩子不想坐，我们不能
非要他坐。在我的国家，人们可不会任由孩子为所欲为”。

两位教师表示，有的父母或祖父母说如果孩子不守规矩，“可以打一顿”，他们认为这很叫人担心。然而，家长们普遍担心的是，用两种不同的社会规范来管教孩子，对他们是否有好处？正如一位说西班牙语的母亲所说：“（老师）对待孩子的方式是给他们充分的自由。……他们让孩子做自己，自由地发展。在家的时候，……有时候他们做了错事，我们会立刻注意到他们犯的错误。”当被问及她是否赞同幼儿园这套不同的规范时，这位母亲说：“在学校是一套规矩，在家里又是另一套规矩，能好到哪里去呢？这样甚至可能把孩子弄糊涂。他们可能会说：‘我在学校都能这么做，在家为什么不能？’”

自尊，自主，选择

在“学前关怀”幼儿园中，“发展性指导”的理念深深植根于培养自信心、口头表达能力和通过推论解决人际冲突的能力等诸多方面。这种模式的核心理念是关心每个孩子的个性和“需求”，而不是把他们当成准备接受标准信息的一模一样的容器。

通过观察一位教师如何将这种以儿童为中心的方法付诸实践，“学前关怀”的管理人员能够判断其素质的高低。“语言的发展很关键，”一位经理告诉西塔·帕伊，“能够明确自己的需求是非常重要的，能够对他人的需求产生同理心是与人相处的关键。同时也要注意培养自信，知道（孩子们）想要什么，尊重他们的需求。”另一位“学前关怀”的管理人员

说：“我们首先要注意的是自尊问题，孩子需要安全感，需要对自己感到满意。”

适宜儿童发展阶段的指导还意味着教师在任何时候都不应表现出消极的态度，要时刻保持乐观且具有权威。在“学前关怀”的体系中，对儿童的不良行为不能用“面壁思过”的方式进行惩罚，因为这种方式对儿童而
93 言太过严厉，会使他们感到非常难堪（而打击自尊心）。相反，表扬正确的行为或用巧妙的方式重新引导儿童的注意力，这样的做法会得到“学前关怀”管理人员的认可。教师们常常鼓励孩子通过自己行为的后果进行推论：“你觉得自己这么做，他会有什么感觉？”或是：“如果你今天不收拾积木，那我就知道了，你明天不想玩积木。”为了不被孩子们视作最高权威，一些教师还会鼓励儿童谈论他们自己的问题、感受和行为选择，比如：“那么，你打算怎么做呢？”

我们观察到，一些教师把孩子们选择课堂活动的能力视为一种自然权利：“你现在要是不想和她玩也没关系。”这种社会化策略的主要目的是让孩子们对自己的行为和兴趣负责，而非依靠教师来控制、定义知识的形式或哪些活动更有价值。这类似于一种将自身利益与合作技能相结合的带个人主义色彩的人文主义观点。

这种自由人文主义模式深深植根于一些美国幼儿园当中，甚至可能将嫁接其上的新课程模式摧毁。举个例子，诺曼幼儿园的教师就如何对待马库斯（Marcus）展开了一场辩论。马库斯是一个4岁大的孩子，比同龄人个子大，常常欺负别的孩子、挑衅教师。有一天，工作人员口中“非常有攻击性”的马库斯一会儿参加这个活动，一会儿参加那个活动，还把活动材料扔在地上。午餐时，他直接吃光了所有的肉丸，没有给围坐在桌旁的同伴留一点儿。在自由活动时，他想要一个玩具却够不着，他的玩伴不愿意去拿，马库斯就爬到架子上去拿，结果撞倒了好几件别的东西。两位教师打算介入处理，他则对他们和身边的孩子连打带踢。工作人员担心，如果马库斯的社会行为无法及时得到改善，来年他在学前班的生活一定会充满冲突和挫败。

这个棘手的案例为新来的教师宾杜提供了机会，她可以运用“学前关

怀”提倡的方法来纠正孩子的问题行为。尽管，宾杜觉得在自己的祖国，成年人在遇到这种孩子的时候绝不会采用这样的策略。“每个人都有自己的文化背景，”这位来自南亚的新教师说，“但我们生活在美国，所以我们必须遵循他们的理念去做。马库斯，你知道的，他很任性，我已经知道要 94
观察他，观察孩子们，看看他想要什么，他的感觉如何。（在另一所幼儿园）我也见过一个类似的孩子，……他打了我好多次了。我觉得这是一种文化差异。他们表现不同，可你是老师，……你必须观察他们。”

提供选择、鼓励儿童根据自己内心的好奇心做出选择，进一步例证了“学前关怀”的发展理念。机构的管理人员认为一间精心布置的教室可供儿童进行大量开放式活动、使用各种教具材料，且可支持通常以学习为中心开展的活动。在非全日制或全日制幼儿园的大部分活动中，他们鼓励儿童根据自己的喜好做出选择。孩子们吃饭时就跟在家里一样，碗和碟子放在桌子中央，方便他们随意选择自己喜欢的食物。一般不会有人告诉他们该吃什么，也不会有人要求他们清理自己的盘子——过去我们当中有人常常受到这方面的管束。除了卫生方面的问题［比如“如果碰过了（食物），就要盛走”］和偶尔的合作信号（“要确保有足够的食物与大家分享”），这些孩子们完全是“自我导向”的。一次吃午餐的时候，趁着教师们没注意，两名志愿者家长为了确保自己的孩子能吃饱，偷偷拿勺子喂给他们吃。

孩子们可以自由地在活动区活动，研究各种玩具、材料、书籍和积木，或者去装扮区，而教师很少指导他们使用哪些材料，或要求他们必须达到某个具体目的。如果一个孩子屡次失败，比如搭乐高积木时总是倒塌，且孩子对这个结果感到不满，这时候教师就会充分运用由维果茨基或皮亚杰的理念衍生的“脚手架”教学法，提出换个方法来搭。忙碌的教师们还会在附近走动，提出问题或鼓励孩子们用语言表达他们的策略或新发现。根据这一策略，这种自我导向式的投入和探索过程激发了新的语言和推论，产生了新颖的人际互动和轻松的日常活动。

这些与课本无关的适宜儿童发展的教学实践，在家长志愿者试图用自己的方法管教孩子时，反而更加生动地展现出来。一位印度旁遮普的母亲

与儿子有一次长达十分钟的互动，母亲不断用动作指导孩子的活动，整个
95 过程几乎没有出声。这项活动是由诺曼幼儿园的格雷琴设计的，任务是将一些珠子粘在工艺纸上。她在桌子中央放了一大桶珠子，并在桌面各处分别放了碗、纸和胶水。

虽然格雷琴没有发出任何口头指示，但兰吉特（Ranjeet）的母亲坐在了兰吉特的旁边，拿起几颗珠子放在碗里。然后她从中仔细挑选了一些，作为兰吉特首先要处理的珠子，并把它们放在他面前的纸上。兰吉特自己伸手去拿碗时，母亲抓住他的手，把他的手引到自己为他选好的珠子处。她（用旁遮普语）说：“先用这些。”兰吉特开始抹胶水了，一小滴胶水刚刚落下来，她就把他手中的胶水瓶拿走了。过了一会儿，兰吉特开始大声唱歌，没有清晰的歌词，而是一连串活泼的声音。坐在他旁边的胡安（Juan）模仿他“唱歌”，他们哄然大笑，笑得歇斯底里。兰吉特的母亲用手捂住兰吉特的嘴，他立即安静下来。她指着那张纸，示意他继续完成规定的活动。在整个过程里，兰吉特的母亲只说了 4 个字。

兰吉特完成任务后，另一个（白人）男孩本（Ben）走到桌旁，和他的母亲利兹（Liz）一起开始做同样的活动。与兰吉特的母亲不同，利兹几乎一直在和儿子说话。“哇，本，真漂亮。看这，你已经挤了一大滴，不用就浪费了。你为什么不把它装饰一下呢？你想要这些闪闪发光的珠子吗？”口头指导还在继续，“你得分享，亲爱的，把碗给他”，等等。利兹直截了当地说了几句话，敦促本与同桌的其他孩子合作。但在大部分时间里，她都在扩展或详述儿子的话，问了他几个问题，请他表达自己的想法并对手头的任务进行分析。

98 自由人文主义幼儿园需要标准化吗？

几年前，我们采访了一位著名的发展主义者，他认为，在提高学前教育质量方面，家庭之间的文化差异真的没那么重要。回到酒店后，我草草记下了他说的一句话：“我不明白这有什么关系，我真的没看出来。”倡导普及学前教育的人们也用类似的方式回避问题，他们竭力避免讨论自己推

行的浸入式英语教学是一项令人尊重的政策还是一种有效的政策，避免讨论要求提高考试分数的政策是否会使适应儿童发展阶段的教学法黯然失色。

当“学前关怀”的管理人员认真尝试将他们的发展教学法进行标准化时，我们发现文化的影响无处不在。各方的行动者都对儿童如何“自然”成长、儿童应该学习什么、儿童应该通过什么样的活动和社会关系来学习等问题有着约定俗成的观念。不止一位社会人类学家说过，如果要描述水的性质，最不该问的就是鱼。这些有关儿童和他们如何茁壮成长的隐性假设，塑造了课堂活动的组织方式，以及家庭中对话的展开方式。与此同时，通过结构化的游戏进行学习的理念不再被认为是理所当然的。它面临着挑战，这些挑战一方面来自热衷于推广前阅读技能的教育官员，另一方面来自那些认为“生成式课程”十分古怪且过于自由的家长。

当“学前关怀”的心理学家主张培养孩子们探索的好奇心和自主性时——无论是装扮成蝙蝠侠还是搭建复杂的乐高结构——他们是在提出一 99
种特定的儿童发展模式。同样地，当那位认真的学前班教师，遵照教育官员划定的标准，注重培养音素意识，坚持使用孩子的大名，或指导一个 4 岁的孩子静坐 20 分钟时，她也是在实践和推进一种促进儿童发展的特定模式。

在“学前关怀”的案例中，最有趣之处在于，管理人员和培训人员是如何一丝不苟地将发展模式付诸实施的，这种发展模式由类似于杜威、福禄贝尔、洛克和皮亚杰等人制定的教学实践活动混合而成：孩子们可以在各种开放的活动中进行选择；完成学习任务不是为了获得已知的信息，而是以建立自信为最高目标；杜绝说教。如果孩子不懂英语，也不会说英语，父母也不用担心，因为就像一位教师培训人员所说的那样，他们“到时候自然就会了”。

“学前关怀”的教师服务于形形色色的儿童和家庭，他们要面对教育官员，这些官员承受着来自州政府的压力：考分还是太一般，必须提高。即便如此，“学前关怀”的管理人员仍旧坚持自己的立场，践行着一种目前在幼教领域日渐变得黯然的教育模式。相比之下，强调技能学习的模式引起了一些家长的共鸣，其中有许多是第一代或第二代移民，他们理所当然地将英语的熟练程度与向上流动的希望联系在一起。这个模式强调培养语言技能和数学能力，于是一种理念应运而生，即知识应该由教师通过说教的方式传授给孩子。“做好入学准备”还意味着鼓励与他人一致的学习行为，比如好好排队、安静在桌前坐好等等。

仿佛这两种学习模式之间的冲突还不够激烈似的，家长们也把各自文化蕴含的独特的儿童发展模式带到了幼儿园。自然，多数中产阶级和适应了这种文化的父母对“学前关怀”幼儿园很满意，他们称赞“学前关怀”对孩子的社会情感发展的关注。正如一位父亲所说：“拼读、阅读和讲故事，你知道，我们在家里都会做。”但也有一些家长希望幼儿园看起来更像学校，更多地关注孩子的认知发展，多开展类似于小学的学习活动，而不是游戏。他们认为“自由玩耍”过于泛滥，鼓励探索毫无意义，因为它们无法为上小学的孩子带来亮眼的成绩。

“学前关怀”的案例中另一个引人注目之处是，不同的发展模式不仅
100 源于家长们迥异的文化背景，美国新郊区*的教师们也是多种多样的。有些教师容易与父母产生共鸣，因为他们有着共同的族群或语言背景，都有作为第一代或第二代移民的共同经历。在某种程度上，教师与家长，而不是与试图自上而下管理他们的专业人士，在文化上有更多的共通之处。

在预测（或者斗胆说，推论）学前教育将如何得到普及这一问题时，我们发现：“学前关怀”试图将自由人文主义模式进行标准化，即它希望为教师制定一套常规，让教师鼓励儿童的自主和玩耍。格雷琴捕捉到了这种矛盾，并开玩笑说，假如“学前关怀”总部发布一份备忘录的话，上面会规定只允许某种颜色出现在公告板上。随着一个组织变得越来越大，随着最初那个十分人性化的构想被运用于数千名学龄前儿童身上，系统的构建者便不得不将其进行常规化和行政化。

正如马克斯·韦伯数十年前所指出的，这种合理化的习惯本身就是关

---

* 即前文提到过的，曾经是纯白人居住，如今居民多为不同肤色的少数族裔第二代家庭和从老龄化城市核心地带搬来的蓝领家庭的郊区。——译者注

于现代机构运作的一种默认模式。幼教领域日益增长的政治利益导致各州和公立学校系统将特定技能的传授常规化，导致人们对儿童发展潜力的看法变得单一。可是，幼教领域的行政化看上去又非常现代：策划教科书的公司能够将学习缩减为数个课程单元，政府能够划定可衡量的发展领域，考试分数也能得到提升，至少在短期内如此。即使对于那些将实现自由人文主义理想当作目标的人而言，行政化的学习形式也是难以抗拒的。

此刻必须说一句，千万不要误解我的观点。我的意思并不是说学前教育体系的正规化必然是一种消极的发展。例如，“学前关怀”的管理人员深信，儿童的社会情感成长是基础的基础。对缺乏自信、无法与同龄人顺利合作或玩耍、不喜欢学习的孩子而言，提出认知或语言方面的要求可能是短视的。例如马库斯的破坏性行为就是最典型的例子。从技术层面上来说，身上存在如此严重的社会行为问题的儿童，要想获得认知上的发展，非常困难。“学前关怀”的管理人员还行使自己的权利，对面临着压力、为提升考分而苦恼的教育官员进行了反击。

“学前关怀”的案例还给那些渴望推进某一种特定发展模式或对课堂
实践进行标准化的人上了一课。自由人文主义模式可能对那些享受到启蒙 101
时代文化遗产的儿童有效。这样的儿童能理解人们所期望的社会行为，至于政府要求的、必不可少的前阅读技能，他们已经在家中得到了培养。但这种模式可能会受到其他家长和教师的质疑——他们受到了另一种发展模式潜移默化的影响或相当明确的指导，并据此培养自己族群的儿童。如今，所有的教育模式都不再是理所当然的，争议也越来越多，一场关于如何在多元化社会中培养儿童的争论已经拉开了序幕。然而，我们发现，体制构建者总是自信满满，认为自己创建的模式一定能够形成普遍有效的实践，他们不希望进行这样的辩论。他们认为这一争论不过在减缓他们将童年进行标准化、统一制定最佳（学前教育）教育体系的脚步。

102

第四章　俄克拉何马州——勇敢新世界

正如新一代普及学前教育倡导者那句言简意赅的宣传语所说的：如果你想一睹“明日之国”（Tomorrow Land）的风采，就去塔尔萨（Tulsa）吧。未来——应该说，普及学前教育运动与公立学校相结合后呈现的未来——已经在俄克拉何马州初现端倪。自 1998 年议会规定 4 岁儿童有资格定期获得学校拨款以来，俄克拉何马州的免费教育项目提供的入园机会几乎增加了一倍，2004 年的入园率已经高达 67%，号称全美最高。①

普及学前教育支持者的庆贺之词大都从外界传来，而在俄克拉何马州内部，这场变革进行得相当平静，也相当文明。塔尔萨县“社区行动计划”（Community Action Program，CAP）的主任史蒂文·道（Steven Dow）说：“与其他地方相比，俄克拉何马州的这场运动的不同之处在于，我们根本就没有发起过任何运动。”②“社区行动计划”这一机构与当地学区签订了协议，负责运营幼儿园。州议员乔·埃丁斯（Joe Eddins）是 1998 年财政改革议案的合著者之一，他也强调了这一点，他说：“有些州动静很大，州长和议会说‘我们来大干一场吧’，可是我们在俄克拉何马州不是这样做的。”③

---

① 据俄克拉何马州官方估算，4 岁儿童的入学率为 74%，参阅：Sandy Garrett and Ramona Paul，“Implementing Quality Pre-Kindergarten with High Standards of Learning”（paper，National Association for the Education of Young Children，November 2004）. 鲍勃·哈比森（Bob Harbison）的计算结果显示，2004 年，进入学前班就读的 5 岁儿童中，有 67% 的儿童曾经上过幼儿园（根据 2005 年 10 月 7 日的采访）。

② 引自我于 2005 年 3 月 4 日对史蒂文·道的电话采访。

③ 引自我于 2005 年 2 月 16 日对乔·埃丁斯的电话采访。

那么，他们是怎么做的呢？ 103

我在俄克拉何马州探访一年之后，安迪·麦肯齐（Andy McKenzie）向我透露了部分答案。他的办公室简朴而整洁，就设在塔尔萨梅奥示范小学（Mayo Demonstration School）的入口处。梅奥示范小学活动十分丰富，是一所开放式小学，附设一所优质幼儿园。学校没有围墙，孩子和教师可以自由走动，这使我回想起自己在20世纪60年代体验过的那种“没有围墙的学校”。在我们谈话时，一通电话被转到了他的办公室。

当时是下午，距离父母和祖父母们到学校自助餐厅接孩子回家的时间已经过去了大约半小时。接到电话的麦肯齐突然皱起眉头，声音中也透出了关切。一个有些羞怯的学前班孩子特雷亚（Trea）在公共汽车站等家长，但一直没有等到。麦肯齐向秘书做了简短指示后，重新拾起我们的谈话，但显得有些心事重重。

第二天早上，我与麦肯齐一起边走边开展访谈。他曾是塔尔萨公立学校（Tulsa Public Schools，TPS）的行政管理者，参与拟定该地区最早的学前教育发展议案。特雷亚刚刚吃完早餐，正开心地往学校走，麦肯齐赶上这个5岁的孩子，问道：“嘿，昨天在公共汽车站是怎么回事？”那孩子解释说，他没和祖母说清楚，实际上他只在周三才会乘公共汽车回家。弄清原委后，麦肯齐继续在餐厅里走来走去，叫着别人的名字，和许多孩子拥抱，与他们开玩笑。他还不时地被教师拦住，问一些紧急的、或大或小的问题。

麦肯齐对孩子们和人际关系的关心、梅奥示范小学内部的充分信任，都透着亲密和温暖，这正是塔尔萨大部分公共生活的缩影。这是一个很小却很文明的地方，至少在努力帮助城里大多数工薪阶层家庭的教育工作者和民间活动人士的圈子里是这样。人们很少在谈话中公开表露分歧，“政治组织动员”或意识形态上的差异通常不存在。即使有，人们也是在私下里谈论。若有人大老远专程从美国东海岸或西海岸乘飞机跑到这儿对一些问题盘根究底，只会令人们感到奇怪。这种做法与当地日常文化格格不入。

俄克拉何马州在很多方面都保守得毫不掩饰：乔治·H. W. 布什在

2004 年的连任竞选中获得了该州所有县的支持，击败了约翰·克里（John Kerry）*。州府塔尔萨是奥罗尔罗伯茨大学（Oral Roberts University）的所在地。著名的卡伦·希尔克伍德（Karen Silkwood）案**就发生在这个州，人们都认为案件的受害者卡伦是在赶去在向《纽约时报》记者爆料新月镇
104 （Crescent）南部一家生产钚燃料的工厂发生泄漏情况的路上，驾车冲下公路，遭到杀害的。普及学前教育的活动人士在这里行动时小心翼翼，他们担心会引发右翼活动人士（有些是从华盛顿特区飞来的）的指责，指责他们支持一个“保姆州”。这些右翼活动人士强烈反对政府插手学前教育事务。

但是自 20 世纪 70 年代末开始，塔尔萨就有一小部分市民领袖和幼教工作者开始组建联合阵营，其中包括：当地电力公司的负责人，同时也是一名共和党人；一位试图重振当地提前开端项目、毕业自哈佛大学法学院的律师；麦肯齐，一位不可阻挡的州教育官员，以及他的妻子珍妮特（Janet McKenzie），她在幼儿园任教时曾为一些具有影响力的委员会工作。他们的努力最终促成了美国最大胆的学前教育实验之一。这个似乎不起眼的主角阵容以及协助他们的配角们满怀热情，却随时保持温文有礼。

在这一章里，我们将首先看一个“创业故事”，故事的主角们将解释在何种力量的推动之下，俄克拉何马州在 20 世纪 90 年代末率先向普及学前教育事业迈进。然后，我们将探讨学前教育在公立学校、提前开端项目以及联合的社区机构内扩展的情况。这场讨论将带领我们走进教室，了解幼儿园教师的心声和想法。此后，我们将倾听在塔尔萨和俄克拉何马州的边远地区，仍处于主流社会边缘的家长和社区活动人士的意见。塔尔萨的拉美裔人口不断增加，有人为此感到苦恼，却极少有人为理解这个群体、服务他们而付出持久的努力。切罗基族人（Cherokee Nation）生活在俄克

---

* 乔治·H. W. 布什属共和党温和保守派，以“富有同情心的保守主义”为竞选口号，担任美国总统期间，在内外政策上基本走保守偏中间路线。——译者注

** 卡伦·希尔克伍德是俄克拉何马州著名能源公司科尔-麦克基公司（Kerr-McGee）的一名实验技师，当时 28 岁。卡伦在工作中受到了核放射污染的侵害，而公司对造成侵害的一系列事故不做任何解释。卡伦在去见原子能委员会负责人和《纽约时报》记者的途中被车撞死。她的惨死引起了公众的怀疑，许多人认为是科尔-麦克基公司杀人灭口。——译者注

拉何马州东部，他们的领袖认为公立学校系统反应迟缓，族人为此大失所望，决定另起炉灶，在自己土生土长的地方开设完全浸入式课堂。

在俄克拉何马州，仅仅一小群社会活动人士就引发了一场延续至今的学前教育革命，这不啻为一个振奋人心的故事。与此同时，某些文化族群，如新兴的拉美裔和传统的切罗基族人，仍属于边缘群体，无法融入主流社会之中。即使在俄克拉何马州，统一的最佳学前教育体系也感受到了越来越严峻的挑战。

一场慢动作的革命

在俄克拉何马州社会活动人士高涨的热情背后，是日渐衰落的经济和凋敝的城市。白人纷纷从城市逃离，农村人口也大量缩减，在这些变化之 105
下，将政府对学校的拨款对象扩大至 4 岁儿童，显得极其有吸引力。

民意调查专家询问俄克拉何马州民众最迫切的担忧是什么，只有不到2%的人表示贫困是个严重的问题，这也许是因为他们和身边的人一样深陷贫困之中。2003 年，在塔尔萨的学校就读的学生中，有 61%的人符合美国联邦贫困标准，能够获得免费的午餐，而这一比例在 1985 年仅为36%。在这个城市里所有育有 5 岁以下儿童的家庭中，通过联邦医疗保险补助制度（Medicaid）享受全民医疗保险的比例为 38%。① 自大萧条以来，许多农村地区的家庭为了逃避一蹶不振的经济而离开家乡，孩子们也不得不离开公立学校。②

自称已退休的皮特·丘奇韦尔（Pete Churchwell）看上去像一个健康而自信的都市牛仔。他轻捷地从一辆同样“肌肉发达”的运动型多功能车上下来，用美国中西部的握手方式与我握手，几分钟之后我的手仍感到隐隐作痛。作为俄克拉何马州头号能源公司俄克拉何马州公共服务公司

① Phil Dessauer, Jr., “Tulsa Area Community Profile, 2005” (Tulsa: Community Service Council of Greater Tulsa, 2005).

② Terri Schwartzbeck and Mary Kusler, “Declining Enrollments Impact Teaching in the Great Plains States,” *Wingspread Journal*, 2005, 27-31.

（Public Service Company of Oklahoma）的前总裁，他对改善儿童的生活充满热情。

丘奇韦尔先是谈到普及学前教育如此诱人的原因："我们是一个穷州，自 20 世纪 30 年代以来，我们的人口就没有增长过。我们也是落基山脉以东唯一一个（因为人口减少）失去国会代表团的州。"这一切简直与《愤怒的葡萄》（*Grapes of Wrath*）中刻画的凄凉场景如出一辙：亨利·方达（Henry Fonda）饰演的汤姆·乔德（Tom Joad）回到家中，发现家人已经从经营不善的农场中被赶了出来。大家都对乔德说，应该离开这个州，到有着青翠草场的加利福尼亚州去。[①]"俄克拉何马州的辍学率很高，女性在押犯人比例高居全美第三。"丘奇韦尔对我说，"你想要吸引的雇主首先看的就是员工的受教育水平。"[②]

鲍勃·哈比森（Bob Harbison）也是一位温和派企业家，他谈到塔尔萨不断变化的人口结构："塔尔萨市（学校）的孩子从七到八万名锐减到四万三千名。这个城市（在 20 世纪 80 年代）的变化真是清晰可见，白人外迁，年轻的专业人士搬到城市的边缘。"威廉姆斯公司（Williams Company）（"就在市中心那栋很大很大的建筑里"）前副总裁哈比森在 51 岁退休，成为塔尔萨商会（Chamber of Commerce）的一名志愿者。

塔尔萨商会当时由俄克拉何马州公共服务公司的负责人小马丁·费特（Martin Fate, Jr.）领导。商会组建了一个关于学前教育问题的特别工作
106 组。哈比森负责制定策略。"我四处咨询校长，得知入学准备是最大的影响因素之一，用商业术语来说，就是原材料（指的是进入塔尔萨公立学校就读的贫困儿童）的状况。"[③]

事实上，2000 年，拥有 39.3 万居民的塔尔萨市是一个典型的经济衰退型城市，贫困的黑人和拉美裔家庭不断增加，激进的（旨在减少种族隔

---

① 俄克拉何马州的一位社会学家对家庭贫困的问题做了详细阐述，参阅：Robert Maril, *Waltzing with the Ghost of Tom Joad: Poverty, Myth, and Low-Wage Labor in Oklahoma* (Norman: University of Oklahoma Press, 2000).

② 引自我于 2005 年 1 月 27 日对皮特·丘奇韦尔的采访。

③ 引自我于 2005 年 3 月 3 日对鲍勃·哈比森的电话采访。

离）强制性校车制度 * 一直执行到 20 世纪 80 年代，随后白人逃离。从 1970 年到 2000 年，单亲家庭的比例翻了一番。1999 年，塔尔萨市近三分之一的家庭年收入低于 3 万美元。[①] 塔尔萨县 6 岁以下的儿童中近 40%是黑人、拉美裔或印第安原住民。现在每 6 个新生儿之中就有 1 个新生儿的母亲是拉美裔。黑人家庭的平均收入只有白人家庭平均收入的一半。

有讽刺意味的是，普及学前教育的倡导者反而得益于俄克拉何马州农村地区的衰落。我问议员埃丁斯最初是如何对学前教育产生兴趣的，他说："一位学区教育主管提醒了我，……4 岁的孩子不该上学前班。"他继续说："那是来自普赖尔（Pryor）的拉里·伯迪克博士（Larry Burdick）。我们各有一个爱打篮球的儿子，……韦尼塔村（Venita）和普赖尔之间每年都举办篮球赛。"埃丁斯代表着环绕着韦尼塔村的北部草场的一部分人。到 20 世纪 90 年代初，农村各学区的入学人数不断下降，管理人员担心教室里坐不满学生。1993 年，州司法局授权各学区在学前班教室里安置 4 岁的儿童。正如埃丁斯所说："如果你有一间学前班教室，里面人数太少，比如说只有 16 个孩子，不让这些座位坐满是愚蠢的。"

"起初的几年花费并不大，且正好能弥补因为学生人数减少引起的教育财政收入下降的损失。"埃丁斯说。但事实证明，这项举措给农村学区带来了不可抗拒的财政激励。"伙计，如果我们能招到 4 岁的孩子，就能获得很多财政补贴。"在埃丁斯看来，这是农村学区教育主管们的想法。"出去招些 4 岁的孩子来，你得到的财政拨款就是全日制班级的两倍（相当于每天开办两次半日制学前班）。""对于最初招收的 4 岁儿童，他们的费用是通过州政府内部人士所说的'稀释原则'** 来支持的。"埃丁斯说，

---

* 自美国国会终于在 20 世纪 60 年代先后从法律上彻底结束了种族隔离和种族歧视制度后，一些联邦地方法院为了更快、更彻底地推行黑白混校，下令采取强制措施，用校车长距离地接送黑人学生，这就是 20 世纪 70 年代至 80 年代美国社会上争议极大的"强制性校车制度"。——译者注

① U. S. Census Bureau，"Tulsa：State and County Quick Facts（2006）." http://quickfacts.census. gov/qfd/states/40/4075000. html.

** 4 岁儿童不能像小学生那样获得全日制的政府财政拨款，只能获得半天拨款，相当于每一名流失的小学生本应获得的拨款被用于两名 4 岁儿童，这就是所谓的"稀释原则"。所以他们希望将 4 岁儿童纳入公立小学，获得和小学生同样的财政拨款。——译者注

“如果我们再招收1000名（4岁儿童），每个孩子得到的就会少一点。”如果不将4岁儿童纳入学校财政计划之中，政府早已开始削减教育财政支出了。埃丁斯说：“这是在俄克拉何马州的农村，没人在乎……发生在俄克拉何马州农村的事情。”

107

普及学前教育的历史根源

人们往往只对轰轰烈烈的大事津津乐道，却把先决条件和导致重大变革的小细节忘在脑后。俄克拉何马州的历史为我们提供了几条教训：地方力量如何影响幼儿教育改革的时机和制度设计变迁，如何让那些随着时间推移推动政治机构运转的个人和理想变得鲜活。

为了了解俄克拉何马州的学前教育革命如何发生，运动领袖们回想起20世纪80年代初，当时有一位名叫克莱塔·米切尔（Cleta Mitchell）的年轻议员，他26岁时当选为俄克拉何马州众议院议员，并与州教育局一位精力充沛的初级官员雷莫娜·保罗（Ramona Paul）展开了合作。

20世纪60年代，提前开端项目开始在俄克拉何马州开展，它是遥远的联邦政府构想的“伟大社会”运动的公共政策之一。为提前开端项目提供的财政拨款被拨给新成立的社区行动机构。一些城市学区也开始根据《初等及中等教育法案》（Elementary and Secondary Education Act），将联邦第一条款的拨款分配给“模范幼儿园”（model preschool），其中最著名的例子是邦奇幼儿发展中心（Bunche Early Childhood Development Center），这家幼儿园创建于1973年，位于黑人聚居的塔尔萨市北部边缘地带。

1981年，俄克拉何马州学校主管走进一位年轻的理想主义官员的办公室，问道：“雷莫娜，你想要什么样的学前教育？”同样年轻的议员克莱塔·米切尔，诺曼地区的代表，也在考虑为儿童保育领域做些什么。25年后，我在华盛顿与米切尔取得了联系。如果你在网上输入“查找一位共和党律师”，她的名字准会出现在搜索列表的最前面。

“我代表包括俄克拉何马大学（University of Oklahoma）在内的那一片城郊学区，”在华盛顿的一个冬天的早晨，米切尔这样对我说，“该学区以教育机构为中心发展开来。”[①] 米切尔和保罗共同发起了一个耗资 12 万美元的试点项目，该项目鼓励学校和社区机构创办面向中产阶级家庭和贫困家庭的幼儿园项目。“如果这仅仅是对提前开端项目的又一次模仿，我是不会支持的，”米切尔对州学校主管说，“我抨击某些教育体制。1968 年的强制性校车制度产生了很大的影响，……所有学区都因为校车制度深受打击。”米切尔的声音中透出明显的焦虑。

她还谈到，俄克拉何马州的“老男孩”领导层当时对幼儿和家庭福利漠不关心。在 20 世纪 60 年代，州长乔治·奈（George Nigh）否决了一项 108 资助学前班的法案。米切尔转述乔治·奈的观点道：“他说：‘我不知道我们是否需要学前班。’”米切尔说自己曾经“读到了有关提前开端项目益处的材料，……希望所有的孩子都能享受（类似的政策）”。克莱塔·米切尔和雷莫娜·保罗低调而高效地行动着。“我们通过秘密途径做到了。那是一份议案，有那么厚。”米切尔笑着说，双手分开约一英尺*宽。保罗在俄克拉何马城（Oklahoma City）告诉我，这些项目已经成为“面向所有儿童的模范试点项目”。

1992 年，在塔尔萨的幼儿福利活动人士和雷莫娜·保罗的游说下，俄克拉何马州的议会通过了一项更为野心勃勃的学前教育法案。这项法案根据该州新兴的、蓬勃发展的学前教育系统的要求，为幼儿园和学前班教师颁发幼儿教育证书［early childhood education（ECE）credential］。鲍勃·哈比森在塔尔萨商会积极推进这项法案，他说该法案为每一个在公立学校参加半日课程的孩子拨款约 1100 美元。这笔资金主要用于帮扶低收入家庭的儿童，特别是那些符合提前开端项目资格标准的儿童。保罗说部分资金来自“对那些没有资格参加提前开端项目的儿童的梯度收费收入”。她再一次表露出，她始终愿意对为更广泛人群的家庭提供服务。此前一年，即 1991 年，议会还批准开办强制性半日制学前班。根据众议院第 1017 号法案（House Bill 1017）规定，每个 5 岁的孩子入学后，即使只参

① 引自我于 2005 年 1 月 24 日对克莱塔·米切尔的采访。

* 一英尺约为 0.3 米。——译者注

加半天的课程，也将产生和一年级学生相同的拨款分配额，该款项由州政府提供。这些鼓励幼儿招生的举措的出现，吸引了一些学区，尤其是那些因为位于农村且失去生源的学区的注意。

悄无声息的学校财政变革

1998年春天，在大量暗中的敌意和共和党人的抵制有所缓解之后，众议员乔·埃丁斯和州参议员彭妮·威廉斯（Penny Williams）获得批准，对公立学校的财政分配方案进行了修正，将4岁儿童纳入公立小学的正规招生范围。① 事实上，各学区在计算从州政府接受的拨款金额时，可以给4岁儿童更大的权重，这个重要的激励因素我必须一提再提。只有少数人理解依法产生这一变化的意义。起初，城区的学区负责人并未对此给予足够的重视，农村地区的学区负责人对20世纪90年代早期立法通过的小规
109 模激励措施了如指掌，因此更迅速地抓住了这一新的财政补贴来源。但是，这场不流血的革命是如何悄无声息取得胜利的呢？

鲍勃·哈比森在深入研究儿童问题之后，创建了塔尔萨儿童联盟（Tulsa Children's Coalition）。他赞扬塔尔萨县的卡拉·盖伊·威尔逊（Kara Gaye Wilson），是她率先争取了几位重要商业领袖的支持。“这位学区负责人可不是一位简单的老太太，她充满活力。早在幼儿教育的话题扩散到全美国之前，她已经意识到了它的重要性。”在鲍勃·哈比森出任首席战略官前夕，塔尔萨商会组织了15位塔尔萨的教育工作者和商界领袖前往耶鲁大学访问。他在那里说：“我们‘碰巧找到了21世纪的学校，……我们和艾德·齐格勒（Ed Zigler）谈过’。”他们的代表团了解到，“学校可以成为社区的中心”。

鲍勃·哈比森采取了和解决学校内部问题一样的方式，默默地把问题和解决办法放在了一起。校长们“觉得随着塔尔萨人口结构的变化，……情况越来越糟。（1994年）塔尔萨的儿童在上小学之前和之后几乎没有获得任何

① 1998年5月13日，俄克拉何马州立法机构通过了对州教育法案中第70条的修订，即在第70-1-114条和第70-11-103.7条（质量要求）中，将4岁儿童纳入半日制或全日制学前班招生范围。

保育服务”。哈比森便利用联邦政府新发放的一笔儿童保育资金，着手创建幼儿园和课后托管项目。这些资金来自老布什总统新批准的整笔补助金项目，同时还有数额较小的美国联邦第一条款拨款和公立学校的资金。

“乔·埃丁斯有一位前辈，……参议院教育委员会主席埃德·朗（Ed Long）。埃德·朗曾经数次努力，想要提高对这个为 4 岁儿童提供教育的项目的（家庭）收入（资格）限制，但他们失败了。”哈比森告诉我。1991 年后，这项州立幼儿园项目不断扩张，但服务对象仅限于低收入家庭。“政治力量在其中发挥作用，……我们尽量悄悄地进行。”

乔·埃丁斯于 1995 年入选议会。“乔打电话给我，我们就互相认识了。我们很谈得来。”鲍勃·哈比森说。当地学区的一位负责人也找到了埃丁斯。埃丁斯带着一种谦逊的幽默感回忆道：“他（那位学区负责人）找不到一位有魄力的议员来执行这项法案，所以他要找一个白痴新手来。”据哈比森说：“在（埃丁斯任期的）第一年，我们拟了一项议案。在那个时候，我们并没有想到全民普及。”到 1997 年，该州 4 岁儿童的幼儿园在园人数已增至 10558 名，大约相当于 2003 年幼儿园在园人数的四分之一。这一增长早于 1998 年实施的大规模财政改革，得益于该州早前在立法方面所做的努力。①

在俄克拉何马州的城市地区，公立学校以外的儿童保育机构也在不断 110
发展。到 1998 年，仅在塔尔萨，就有 4638 个为 5 岁以下儿童提供的入园名额，这些名额分别由 271 家社区机构运营的儿童保育中心（不包括提前开端项目在内）提供。事实上，塔尔萨的儿童保育运动可以追溯到“日托之友”（Friends of Day care），这是一个由儿童保育机构和志愿者组成的团体。它按照塔尔萨教会（Tulsa Metropolitan Ministry）的规定，于 20 世纪 70 年代在教堂内组织形成。② 这些项目并未立即受到免费幼儿园的威胁。

① 该数字由鲍勃·哈比森提供，与雷莫娜·保罗在 1997—1998 学年提供的数字相比，减少了大约 1000 名学生。

② 关于儿童保育领域相关的详尽历史，请参阅：Phil Dessauer，Jr.，“Tulsa Community Conference on Early Childhood Development Partners，Special Report”（Tulsa：Community Service Council of Greater Tulsa，2002）.

由于福利救济人员名册上人数的下降（紧随1996年的联邦改革之后），该县得以为儿童保育事业投入更多的财政拨款。俄克拉何马州还建立了分层保育费报销制度，通过该制度，更优质的儿童保育中心能够获得更多公共资金。哈比森说：“（政治）生活因此变得轻松多了。”

如此一来，乔·埃丁斯、鲍勃·哈比森与农村地区的盟友们面临的战略问题，就变成如何面对一届谨慎对待财政问题的州司法局，进而推动幼儿园拨款议案的通过。头两年他们一无所获，但是在1998年年初，一系列力量开始结盟，形成了一个星光熠熠的团体，而雷莫娜·保罗就是其中的一颗星星。

我第一次见到保罗时，是在一天下午的晚些时候，我们约定的地点是她在俄克拉何马城的办公室。她的办公室离矗立在州政府大厦圆顶高处的废弃油井架不远。她当时正忙得不可开交，处理一件类似于灌木起火之类的事情。保罗冲进自己的办公室，接了电话，然后立刻在书桌上翻找，找到能够为我提出的问题提供答案的幻灯片。她穿着一件合身的皮夹克，戴着银圈耳环，时髦的眼镜边缘闪着金光。冬日残阳落下山去，她却没有表现出丝毫疲倦。她回忆起一年级时，有人告诫她和她的同学，男生和女生得分开玩儿，但她补充道：“我妈妈说‘那不对’，而且挺身而出，改了这条规矩。”

事实证明，保罗和她母亲一样充满魄力。到了20世纪90年代中期，“议员们纷纷说，‘啊，我有个孙子……也应该去上（幼儿园）’”。另一个“大问题是入学准备的问题，从《不让一个孩子掉队法案》（于2002年）开始实施以来该问题就出现了”。在谈到鲍勃·哈比森及与其结盟的塔尔萨社会活动家们在政治上获得的成果时，雷莫娜·保罗说：“20世纪90年代，我们有一些魄力非凡的领导人。塔尔萨商会从经济的角度做出了一个决定（以支持创办幼儿园的事业）。”

保罗极力希望在埃丁斯–威廉斯议案（Eddins-Williams bill）中加入两
111 个关键条款。首先，她坚持要求学区只有达到一定的质量标准才能获得财政拨款。幼儿园教师必须接受过学前教育相关训练，具有本科学历。“本科学历可以用来……证明你很聪明。”保罗说。其次，该议案还规定了严格的师幼比，限制每一位教师与保育员能够为几名 4 岁儿童服务。

保罗、埃丁斯和威廉斯都同意，社区学前教育机构只要达到质量标准，就有资格获得学前教育拨款。埃丁斯解释道：“俄克拉何马州的法律并未要求你必须在公立学校的大楼里拥有一间教室。所以，我修改了法律，（以确保）在儿童保育中心的项目也可以（获得支持），……教师在教学楼里怎么做，在这里还怎么做就行。一方面，孩子能参与发展适宜性教育实践；另一方面，也用不着从头盖一栋楼。”事实证明，这一修正在允许提前开端项目与公立学校建立伙伴关系方面发挥了至关重要的作用，比如开设幼儿园班级，或是为在小学上半日幼儿园的孩子提供综合服务。提前开端项目还可以提供全方位的服务，比如健康筛查、心理健康援助，以及向家长提供一些超出学校官员服务范畴的服务。

史蒂文·道是一位社区行动机构的主管，负责管理塔尔萨部分地区的提前开端项目，他告诉我：“乔、彭妮和雷莫娜知道有些 4 岁的孩子在社区机构的项目点上学。他们知道，如果把这些孩子带走，一定会引起反对。允许学校与现有供应商签订合同，真是天才之举。”埃丁斯认识道许多年，并且很尊敬他。“他的岳父和我是好朋友，”埃丁斯说，“他找到很多石油，我说的可是相当多的石油哦。”

1998 年春天，乔·埃丁斯与彭妮·威廉斯这两位议员提炼了自己的论点，试图说服共和党的主要议员“简化”政府对 4 岁儿童的支持在财政和教育方面都是有意义的。农村和城市的学区都在（依法）充分发挥各自的能力，让 4 岁的孩子进入学前班教室上课。“4 岁的孩子越来越多，……可以再开几间学前班教室了。”埃丁斯说。各学区可以通过在上午和下午分别开设半天的学前班班级，增加根据权重调整过的学生人数。埃丁斯说：“共和党人有一个选择——他们可以否决这项议案，继续执行我们已有的项目；或者通过这项议案，让州政府少花钱，提供更加优质的项目。”他说的“少花钱”，指的是减少花费在每个孩子身上的分层报销 112
的保育费。精明的埃丁斯没有提到入学人数可能会激增。

在俄克拉何马州的参众两院赢得了足够的选票后，埃丁斯和威廉斯将议案提交给州长。“州长弗兰克·基廷（Frank Keating）签了字，……出于同样的原因。”埃丁斯说，也就是说“签也不对，不签也不对”。如果没有埃丁斯在法案中提出的解决方案，各学区会继续利用资助4岁儿童和半日制学前班儿童的财政补贴，而且以一种令人不安的方式把两者混为一谈。第二天早上，哈比森接起电话。电话另一端是兴高采烈的乔·埃丁斯。“州长签字了。”埃丁斯说，“我们现在要做什么？”哈比森毫不犹豫地回答：“那好，只管坐下来，看着报名人数增加吧。”

埃丁斯甚至不曾试图在预算议案中争取更多的拨款。为应对4岁儿童报名人数的增加，他打算再一次依靠稀释原则。埃丁斯说，各学区能够为之争取州政府拨款的第一批4岁儿童人数刚刚超过13000人，他们“被高年级学生（在读人数的下降）抵消了”。“所以，只要今年拨款的数额和去年一样多，那就不是问题。”在一些人看来，许多议员并不理解财政的复杂性，只是不愿意“把4岁的孩子送进学前班，……因为各个学区发现自己可以趁机挣一笔”，道说。

巩固政治上的支持

州长弗兰克·基廷也参与了这场低调的革命，他签署了一项法案，而这项法案极大地鼓舞了在全美范围内刚刚兴起的普及学前教育运动。但是，共和党人基廷渐渐在电视广播和议会大厦里听到自己被极右翼保守派人士称为“保姆州政府官员”，用皮特·丘奇韦尔的话说，“对这些自由主义者而言，……这简直是共产主义者的阴谋，意图接管他们的孩子，向他们的孩子灌输某种思想”。

一位当地的新闻专栏作家认为，弗兰克·基廷不可能做到两全其美，一方面支持雄心勃勃的学前教育议案，另一方面又对那些正在实施学前教育项目的教育工作者大加指责。州长还将学前教育事业与民主党的支持联系在一起，他认为民主党只要求增加学校经费，却不采取严格的问责措
113 施。“在俄克拉何马城，嘲笑塔尔萨是种时尚，因为塔尔萨人和塔尔萨商会认为儿童早期发展对于在中小学和大学的优异表现至为重要，因此对于经济发展也很重要，州长对他们一再嘲笑。”《塔尔萨世界》（*Tulsa World*）

的记者肯·尼尔（Ken Neal）于2000年年初写道。[1]

基廷州长从俄克拉何马城来到塔尔萨记者俱乐部发表演讲。菲尔·德绍尔（Phil Dessauer）是一位颇受尊敬的社区机构负责人，他想了个主意。他请传奇人物罗伯特·拉福琼（Robert LaFortune）就儿童发展问题向这位州长施压。拉福琼担任过四届塔尔萨市市长（也是一名共和党人）。基廷的演讲结束后，拉福琼从椅子上站起来问道："州长，您现在为学前教育做了些什么？""这个问题，我们至今仍讨论不休。"一天晚上，珍妮特·麦肯齐一边用餐一边带着讽刺的笑容这样对我说。在当时，基廷机敏地做出了回应，他表示，或许是时候在全州范围内成立一个特别工作组，将近几年来创建的几项倡议整合一番了。

在此后的五个星期内，州长办公室与菲尔·德绍尔和鲍勃·哈比森密切合作，任命了一个著名的早期教育特别工作组（Task Force on Early Childhood Education），承认"让每一个进入学校的孩子都做好学习的准备，是很重要的。……要使孩子们具备学习的热情和能力，还有很多工作要做"[2]。由州长宣布成立的这个特别工作组强调儿童学习的动机——与自由人文主义的基调相符——而非单纯关注前阅读技能。皮特·丘奇韦尔被任命为特别工作组的负责人，塔尔萨现任市长、前市长的侄子鲍勃·拉福琼（Bob LaFortune）也加入了这个特别工作组。安迪·麦肯齐的妹妹卡米尔（Camille McKenzie）多年前曾为拉福琼家族担任保姆，帮助抚养年幼的鲍勃。塔尔萨的公众圈子总是显得很小，但很团结。

在这个塔尔萨联盟的领导下，俄克拉何马州的儿童发展团体最终动摇了共和党的阵营。特别工作组于2001年3月报告了调查结果，敦促成立一个新的州办公机构来监管所有的学前教育项目。[3] 正如哈比森所说：

① Ken Neal, "La Fortune's Question, Plus," *Tulsa World*, February 20, 2000.

② "Draft of the Executive Order" (Tulsa: February 28, 2000) (courtesy of the Community Services Council of Greater Tulsa).

③ Governor's Task Force on Early Childhood Education, *Final Report: Executive Summary* (Oklahoma City: Oklahoma Institute for Child Advocacy, 2001). 在2005年5月31日的一份名为"参议员费希尔——谈话要点"（Senator Fisher - Talking Points）的个人邮件中，立法机构工作人员基姆·布朗（Kim Brown）在一份简报中报告了这些进展。

“我们曾为一些大事而努力。其中一件大事就是开展为4岁儿童服务的全面普及教育项目。但学前教育是全社会的事情。”特别工作组还敦促州政府提供财政支持，为家长提供教育，并不断扩建“优质保育机构”为所有家庭服务。

正如哈比森所说，俄克拉何马州的学前教育运动一直在“低调进行”，
114 但如今普及学前教育运动使得俄克拉何马州在美国政坛出了名，并成为保守团体高度关注的目标。卡托研究所（Cato Institute）的达西·奥尔森在位于华盛顿的办公桌前写了一篇言辞激烈的批评文章，称“州长的早期教育特别工作组除了一份涵盖从娘胎到5岁的个体，……集公立儿童保育、医疗保健和教育体系……为一体的蓝图之外，没有任何成果”①。奥尔森还写道：“究竟为什么有人会煞有介事地提议，要美国家庭掏出数百万美元来帮助孩子，好叫官员们去筹办没有几位家长想要或需要的项目呢?”哈比森等进步人士对右翼的反击感到错愕。他在俄克拉何马州议会上说道：“有个家伙站起来说：‘如果你们这么做，会让孩子过早开始阅读，这会损害他们的视力。’”

接下来，保守的卢瑟福研究所（Rutherford Institute）披露，在家长不知情，或尚未获得家长同意的情况下，提前开端项目的工作人员对儿童进行了包括“生殖器检查”在内的医学检查，这使得塔尔萨在一夜之间成为全美讨论的头条新闻。塔尔萨的一位卫生官员告诉记者：“没有发生孩子们光着屁股不穿衣服排队这种事。”② 美国第十巡回上诉法庭（The Tenth Circuit of the U.S. Court of Appeals）最终做出了对卢瑟福研究所有利的裁决。

即便如此，州议会依旧支持加强州政府的动议权。参议院以42票对0票通过了一项跨部门特别工作组的议案，该工作组名为俄克拉何马州入学

① Darcy Olsen, *Blueprint for a Nanny State* (Oklahoma City: Oklahoma Council of Public Affairs, 2001).

② Kelly O'Meara, "Medical Abuse of Children? Parents File Law Suit Against Head Start Program," *Insight on the News*, September 11, 2000, www.findarticles.com/p/articles/mi_m1571/is_34_16/ai_65133101, accessed February 28, 2006.

准备合作工作组（Oklahoma Partnership for School Readiness）。众议院版本的议案则以 73 票对 23 票通过。[①] 丘奇韦尔说："那才是保姆州的政府官员真正发挥作用的时候呢。"

在同意成立这个特别工作组之前，基廷州长早在 2000 年就否决过一项类似的议案。现在，州长自己的特别工作组制定了雄心勃勃的议程，他却可能要对其进行否决。基廷找到正在纽约参加会议的皮特·丘奇韦尔。"对于特别工作组（俄克拉何马州入学准备合作工作组），既有支持的声音，也有反对的声音，"丘奇韦尔说，而州长感受到了来自保守派的压力。"他（州长）说：'议案将会通过，但我希望你要求立法机构将它撤消。'"丘奇韦尔答道："弗兰克，我个人不能那么做。让议案按程序走吧。"议案通过了。基廷第二次否决了它。

这次事件的结果出乎人们的意料。在 2002 年的州长竞选中，民主党人布拉德·亨利（Brad Henry）出人意料地击败了国会议员、塔尔萨大学（University of Tulsa）橄榄球队前外接球手史蒂夫·拉根特（Steve Largent），成为州长竞选的胜出者。布拉德·亨利告诉丘奇韦尔，成立俄克拉何马州入学准备合作工作组似乎是一项不错的政府措施，按照这项议 115
案的规划，这个合作工作组主要依靠私人资金支持。"天哪，这听起来确实像是共和党的议案。"亨利这样对丘奇韦尔说。新上任的州长于 2003 年初批准了有关建议，并签署了实施法例。

变革之后——俄克拉何马州的学前教育现状

俄克拉何马州的学前教育革命似乎已大功告成。在政治上得到了坚定的支持，全州各地的学区都在为幼儿园班级申请新的拨款。严格的质量标准渐渐成形，并开始对提前开端项目和其他社区机构的幼儿园产生影响，比如如何创办自己的项目、聘用获得本科学历的教师、为教师支付有一定

---

① 立法过程概述请参阅：Ginnie Graham，"Bills Seek Establishment of State Early Childhood Advisory Board，" *Tulsa World*，March 16，2001.

竞争力的薪水等。1998 年的财政立法和州一级的学前教育合作项目都在有力地推行自由人文主义的理念，至少在言辞上敦促幼儿园在教室里采用发展主义的教学法。

然而，在塔尔萨公立学区内部的讨论中，却出现了越来越多关于前阅读技能和基础学科知识的声音。塔尔萨的学区负责人和校长们感受到了提高考试分数的压力，尤其是《不让一个孩子掉队法案》带来的新压力，于是制定了更为具体、与标准化考试结合更紧密的课程标准。一批新鲜血液，即热切的幼儿教师也需要进入我们的观察视野。

俄克拉何马州上演的故事不仅是一群同床异梦者以不可思议的方式悄然引发了一场学校财政革命，它同时也讲述了学前教育牢固地嵌入公立学校内部之后将会如何发展。

学前教育的悄然兴起

到 2004 年秋季，俄克拉何马州 4 岁儿童的入园人数几乎翻了一番，达到 31712 人。[①] 其中 59%的儿童参加半日制课程，其余儿童参加全日制课程。在俄克拉何马州的 540 个学区中，有 509 个学区从政府获得了给幼儿园的财政拨款。这种增长是在一定的激励下发生的，各学区从中获得好处，进而受到鼓励并将提供学前教育的项目外包给提前开端项目或其他社区机构。

在该州最大的学区——塔尔萨公立学区，共有约 41000 名学生入园。
116 2004 年秋季，4 岁儿童入园人数达到 2498 人，占总入学人数的 6%。4 岁儿童入园人数从 1998 年秋季的 1615 名上升到这样的水平，表明塔尔萨在开办学前教育项目方面取得了卓有成效的成绩。另一个很能说明问题的事实是，塔尔萨 36%的学龄前儿童都加入了提前开端项目开设的幼儿园，这些幼儿园有的由史蒂文·道管理的社区行动办公室运营，有的位于塔尔萨的基督教女青年会或其他几家社区机构内。

① Sandy Garrett and Ramona Paul, "Implementing Quality Pre-Kindergarten with High Standards of Learning" (paper, National Association for the Education of Young Children, November 2004).

为了了解财政激励在当地是如何发挥作用的，我与塔尔萨教育局局长期财务负责人查尔斯·斯蒂德姆（Charles Stidham）进行了交流。斯蒂德姆身材敦实，说话开诚布公，他转过身去对着电脑屏幕，打印机很快便吐出资料，对我的问题一一进行解答。“他表现得像是每一美元都是从自己口袋里掏出来似的。”一位当地员工这样对我说。但我很快就发现，斯蒂德姆其实非常关心新兴的学前教育事业。

俄克拉何马州为每一个参加全日制幼儿园的 4 岁儿童分配 1.3 的权重。查尔斯·斯蒂德姆对我解释：“在此基础上，对于经济上处于不利条件的孩子，分配 1.25 的权重*，对具有特殊天赋的儿童，权重是 1.05。”[①]如此分配权重，提高了学区的收入，使之超过了俄克拉何马城普通学生的生均拨款额。2004 年，州政府从收入中拨款 740 万美元，供塔尔萨教育局开办幼儿园，相当于为每个参加半日制幼儿园的孩子资助 1856 美元，给参加全日制幼儿园孩子的资助则为 3444 美元（不包括固定运营成本）。据查尔斯·斯蒂德姆透露，如果算上设施和能源方面的支出，全日制幼儿园每新增一名 4 岁儿童，实际成本增量要略高于 5000 美元。[②]

与社区机构之间的伙伴关系

在塔尔萨县，以社区为基础的儿童保育机构与公立学校运营的机构相比，前者占比更大。2002 年，在全县范围内，除塔尔萨公立学区之外，其他学区为 4193 名 4 岁儿童提供了学前教育服务，约占所有 4 岁儿童的 48%。相比之下，提前开端项目幼儿园招收了 1246 名 3—4 岁的儿童，分散的儿童保育中心招收了 7100 名 0—5 岁的儿童。[③] 发生重复计数的情况

* 此处的权重是指政府为儿童提供拨款的经费分配权重，权重越大，则分配给儿童的人均经费越多。——译者注

① 引自我于 2005 年 1 月 26 日对查尔斯·斯蒂德姆的采访。

② 在 2005 年 4 月 14 日的个人邮件中，查尔斯·斯蒂德姆引用了一份名为“幼儿教育人均财政投入”（Early Childhood Membership Funding）的支出工作表。据州教育部门报告，2003—2004 学年，州政府为普及学前教育拨款 7270 万美元，相当于为每个孩子拨款 2409 美元，学区的固定成本未被包括在内。

③ Melanie Poulter, *Young Children in Tulsa County: Facts at Your Fingertips* (Tulsa: Community Service Council of Greater Tulsa, 2003).

在所难免，因为一个 4 岁的孩子可能上午参加公立学校的项目，下午去另一个中心上课。这样的组织态势能创造条件，促使各方共同出资建立保育项目，但偶尔也可能引发竞争。查尔斯·斯蒂德姆强调塔尔萨公立学区是如何通过与社区机构合作获得收益的：“因校外机构之故，我们有更多 4 岁的孩子登记入园。”

117 随着学前教育的发展，设施的匮乏成为雷莫娜·保罗和各地教育工作者心中的一大隐忧。保罗说，她希望尽量避免与成熟的非营利性机构发生竞争。“我担心儿童保育机构的人会说：‘你们要把我们这儿的人带走。’”于是，保罗主动做出反应。“每个街角都有一座教堂，……现在正有些孩子走进教堂。如果我是一名牧师，我就会招募这些 4 岁的孩子。”保罗说，“跟我们一起干吧，不过得遵守我们的规矩，也就是说，你们的教师必须具有资格证书。”

塔尔萨学区负责人戴维·索耶（David Sawyer）说：“那些儿童保育机构……认为我们的项目会和他们产生竞争，他们非常坚定地认为自己不光是哄孩子们玩儿而已。”对于塔尔萨公立学区创办的课后托管项目扩张的情况，索耶说：“那些儿童保育机构对此也感到不满。但我们不仅仅是照看孩子，……还要教育他们。我们可以把课后托管项目与日间项目挂钩，帮助孩子为入学做准备或者辅导孩子做家庭作业。”公立学校提供的服务更注重紧密结合学区的课程目标，这种情况带来的竞争压力可能迫使社区幼儿园改变它们的理念和做法。

不过，已经受任命*的传道者史蒂文·道并不这样。他的最高学历来自哈佛大学法学院，可是从某种程度上来说，他却是一位福音派传道者。在塔尔萨公立学区招收的 4 岁儿童中，有整整四分之一就读于由史蒂文·道的社区团体管理的提前开端项目幼儿园。在提前开端项目就读的儿童及其家长能够获得全面的健康和营养方面的服务，这些服务向来由提前开端项目提供，而不是当地的学校。史蒂文·道创造性地将普及学前教育获得的拨款、社区的整笔补助金与乔治·凯泽家庭基金会（George Kaiser

---

* 任命是指基督教会中信徒正式被确立为教会圣职的仪式。——译者注

Family Foundation）的捐赠聚齐起来，为幼儿园配置了优质的新设施，有时幼儿园就建在公立学校的后面。在史蒂文·道为4岁儿童创办的幼儿园中，教师的部分薪资是由塔尔萨公立学区提供的，因此而节省下来的联邦政府拨款则用于改善儿童健康和家庭服务，或增加婴幼儿入园名额。

在设计课堂活动、教授塔尔萨公立学区强加的课程时，史蒂文·道与他的幼儿园教师们尽力坚持自己的立场，反对在安排儿童的活动时，将技能学习作为核心。“人们必须要明白，当我们说起……那些来自低收入社区的孩子时，教育他们所面临的挑战不仅是帮助他们在学业上做好准备。”道说。 118
学区负责人戴维·索耶似乎明白这一点：“我们在改善服务方面变得越来越有经验了。……医疗保险、精神医疗服务等，都由社区行动计划负责提供，道是社区行动计划的负责人。”接着索耶的话锋一转，回到自己的重点上来：“我希望他们使用我们的课程，希望他们与我们步调一致。”

“行政费用”是个听来十分枯燥的词，但对于推动各个学区将学前教育名额外包给社区机构来说，却是一种莫大的激励。例如，财务负责人查尔斯·斯蒂德姆在2004年收取了史蒂文·道超过39万美元的费用，用于为提前开端项目的员工提供在职培训和买书，（该费用）占塔尔萨公立学区拨给道的项目资金总额的15%。“（这）和特许学校不同，特许学校的费用我们只被允许保留5%。”斯蒂德姆说。这种做法并未让史蒂文·道感到烦恼，他认为这是一桩公平的买卖。但事实证明，这种做法在俄克拉何马州的其他地区引发了争议。莱斯利·波特（Leslie Porter）管理的马斯科吉地区（Muskogee area）的三个乡村县的提前开端项目幼儿园，常与14个学区当中的1个合作。他告诉我：“他们有时候派教师来，有时候派保育员来，有时帮助教师达到本科学历（的要求）。”波特说，其中1个合作的学区获得（每个孩子）4063美元的拨款，“我们只得到了一半”①。正如态度更为积极的查尔斯·斯蒂德姆所说，有“两种方式去看待这件事：要么从中赚钱，要么不挣钱而去运营一个高质量的项目”。

① 引自2005年1月28日我与提前开端项目负责人在塔尔萨原住民联合体（Native American Coalition of Tulsa）进行的面谈。

在塔尔萨西南地区举行的一次会议上，梅尔瓦·道格拉斯（Melva Douglas）与其他提前开端项目负责人对各自与学校的合作关系表达了复杂的感受。他们担心，各学区可能在富裕的社区开设新的幼儿园，而贫困地区的儿童则留给他们服务。他们担心，向提前开端项目收取更高的行政费用会产生“劫贫济富”的效应：学区负责人会保留与他们合作的提前开端项目的收入，用于补贴那些服务于中产阶级的项目。对这种说法我们很难提出反驳，因为俄克拉何马州并未保存普及学前教育项目、提前开端项目或独立的儿童保育中心所服务的儿童人口统计学数据。

这些社区机构的负责人还提出，公立学校对前阅读技能过于关注，对此他们表示反对，这也与史蒂文·道的担忧彼此呼应。史蒂文·道担心的是，面对考试和学校问责制的压力，儿童发展的概念将会萎缩。道格拉斯在坦帕原住民联合体（Tampa's Native American Coalition）的发言称：“尽
119 管学科知识很重要，但还有一些别的事，我们必须关注。我们担心（学区会提出）很多项绩效考核标准，……我们还担心低收入家庭的孩子会失去那些（向来由提前开端项目提供的）特殊服务。那些好的项目已经在教字母表了。做什么并不重要，重要的是怎么做。”

争议不断的儿童发展模式

对俄克拉何马州幼儿园里的孩子们稍做观察，便会发现他们的日常生活存在一些矛盾之处。校长和学区官员们承受着巨大的压力：要提高考试分数，减少《不让一个孩子掉队法案》所定义的“失败学校”的数量。如今，塔尔萨和整个俄克拉何马州的报纸每年都会刊登一份学校名单，将排名有所下降的学校全部公之于众。出于这个原因，校方自然试图将幼儿园新入职的教师拉入伙，对4岁儿童应该学习的内容进行统一规定，这些内容相当于小学一年级和二年级的标准化考试所测试的内容——尽管雷莫娜·保罗和传统幼儿教育工作者们秉持自由人文主义的理念，一直对发展适宜性教育实践心怀热情。

例如，当塔尔萨市市长拉福琼大谈学前教育的好处时，围绕技能和“入学准备”而展开的话题颇受欢迎。他引用了已经毫无价值的报告《起

点：满足幼儿的需求》和《商业周刊》（*Business Week*）中的一篇文章，这篇文章强调技能的重要性："儿童在幼儿时期需培养基本认知能力，那些无法在家中接触字母、数字和社会技能的儿童很快便会落后于那些接触过的儿童。"[①] 这些对立的儿童发展观念本身并非一定相互排斥，却在俄克拉何马州引发了激烈的意识形态冲突。

学区负责人已经开始动用控制手段和工具来推行技能培养的理念了，其中包括制定详细的学习标准，以及设计一些塔尔萨教师所称的"固定课程包"。塔尔萨公立学区的核心工作人员为幼儿园教师设计了一种"步骤日历"[②] ——这些幼儿园的教师有些像巴黎幼儿园的教师，他们确切地知道每天要教授哪些技能，这一切已经由法国教育部部长指定妥当。在塔尔萨，第一个课程单元要求幼儿园教师"通过正确地拿书并指出从哪儿开始，来展示正确的书本方向"，并教孩子们"识别口头词汇的尾音（例如，单词 bat 中的 t）"。我与几位教师有过交流，对于课程中涵盖的知识点的学习顺序，她们表示赞赏，因为它们大部分是以适合儿童发展的方式 120
编排而成的。同时也有人担心，这种引导儿童发展的方式会使得更为严格的组织化、说教意味更浓的教学模式，以及自上而下的压力，使得教师被彻底隔离于教材的编写过程之外，无法运用专业知识进行判断。

塔尔萨的幼儿园教师要为每个孩子填写一份标准化的"成长量表"。这是一份长达四页的表格，首先是 4 个有关"社会情感"的条目，比如"与照顾者分开"（送孩子时）和"注意力持续时间足够长"。接下来是 78 个与词汇、颜色、音素、朗读数字和算数相关的指标。[③] 与此同时，俄克拉何马州和学区的官员们纷纷表示，希望能够促进学前教育和学前教育

① Bill LaFortune, "Welcome from the Mayor of Tulsa," in *Special Report: Tulsa Community Conference on Early Childhood Development*, ed. Phil Dessauer, Jr.（Tulsa: Community Service Council of Greater Tulsa, 2002）, ii.

② Tulsa Public Schools, "Language Arts Pacing Calendar: Kindergarten"（Tulsa, 2005）. 塔尔萨公立学区的帕姆·布鲁克斯（Pam Brooks）认为"步骤日历"设计了"非常适合儿童发展阶段的流程"，她试图在使用的同时结合自己的专业判断。引自 2005 年 9 月 13 日的私人邮件。

③ Tulsa Public Schools, "Pre-kindergarten Growth Inventory"（Tulsa, revised July 2002）. 给幼儿园儿童家长的"学生进步报告"更为客观，包括 14 项社会行为发展标准，如"辨认方向""尊重权威""遵守学区、学校和班级规程""独立操作""选择任务并完成操作"等等。

专业化。

雷莫娜·保罗等人对 1998 年出台的政策深以为傲，该政策要求所有幼儿园教师必须具有四年制的学前教育本科学历。讽刺的是，满怀热忱的毕业生们逐渐进入公立学校工作，那里却不鼓励她们讨论儿童该如何发展以及如何以不同的方式组织幼儿园课堂。塔尔萨的一位负责培训幼儿园教师的人士告诉我，新一代幼儿园教师感到“过去所学的知识和走进教室时所面对的情况叫自己感到左右为难”。珍妮特·麦肯齐也表达了同样的忧虑，认为教师们在已经将“皮亚杰的理论和发展适宜性教育实践的观点深深根植于心”的同时，背负着学区官员对于培养儿童技能的期望。

不过，如果你担心自由人文主义的理想面临灭顶之灾，不妨到提前开端项目位于塔尔萨的总部去，与卡萝尔·罗兰（Carol Rowland）见上一面。罗兰的父亲曾就读于圣安东尼奥（San Antonio）的一所军事学校。“他不是一个建构主义者，”罗兰满面笑容地说，“19 世纪 50 年代，他常常被我的祖父塞进垃圾桶里。”①

罗兰管理着史蒂文·道开办的 13 个提前开端项目儿童保育中心，具体负责教师的督导与课程开发，并与分布在 79 间教室里的员工合作。现年 53 岁的罗兰行动起来比大多数 20 岁的年轻人还要敏捷，她脚步匆匆地从朴素的行政办公室旁走过，一头扎进教室，五颜六色的围巾随风飘拂。“我们专注于幼儿教育，以美国幼儿教育协会的要求为主。一个 3—4 岁的孩子真的很有必要发展社会情感技能。一个孩子需要学会安静地坐着，和别人好好玩，和别人分享……。这种技能不是教给孩子的，而是示范给孩子的。可是他们现在不得不学习字母，画愚蠢的日历。”

121 罗兰必须适应不止一套，而是两套学习目标，因为在她管理的教师中，有越来越多的人从州政府开办的普及学前教育项目下的塔尔萨公立学校领取薪水。此外，联邦政府还出台了新的课程规定。罗兰仍旧喜欢提前开端项目的模式，因为它关注儿童多方面的发展，并要求教师定期家访。“公立学校无法带给家长亲切温暖的感觉。它们可能会邀请你去看科学实

① 引自我于 2005 年 1 月 29 日对卡萝尔·罗兰的采访。

验，……（但是）家长的参与对我们来说至关重要。”

罗兰与塔尔萨公立学区的幼教专家帕姆·布鲁克斯关系很融洽。事实上，布鲁克斯是唯一一位专注于幼儿园和学前班项目的学区级别员工。这一学区的幼儿学习领域“契合紧密，（而且）没有采用强制性的、固定的课程”。罗兰的教师们顶住了塔尔萨公立学区官员们提出的提高前阅读技能的压力。“几年前，当我们培训读写辅导教师的时候，他们（教师们）很难把握其中的平衡。我们想教字母和单词，但又不希望孩子们死记硬背。教师们左右为难，……承受着来自提前开端项目、政府和学区的巨大压力。”就在罗兰的教师们接受了更多培训、变得更加“专业”的同时，小布什政府开始减缩 3—4 岁儿童学习内容的范围。“我们的教师水平很高，”罗兰表示不满，“但现在只能教‘ba，ba，ba，bee，bee，bee……’。”

在一所以拉美裔儿童为主的塔尔萨公立学区的小学里，一位刚刚获得本科学历的教师告诉我：“我们有必须达到的标准和必须完成的指标，但我们是用一种妥当的方式做到的。我们没有让孩子们做作业纸、练习写字。”如麦肯齐所说：“如果不关注词汇学习，受害的将是全体美国人。”在培养技能与照顾儿童的好奇心之间寻求平衡，是塔尔萨许多幼儿教育人士关注的问题。许多 4 岁大的孩子第一次身处说英语的环境时，也面临着同样的困境。这位新手教师说：“很多时候，我们会叫另一个孩子，对他说：‘去告诉他要这么做。’”这所学校唯一一名会说双语的保育员刚刚被提升到前厅服务台工作。

学校负责人本身也在儿童发展的自由人文主义理念和关注学业技能之
间摇摆不定。安迪·麦肯齐于 1976 年开始担任幼儿教师。“作为幼教工作 122
者，我们知道社会情感这一方面，要促进儿童社会情感的发展……，使之成为完整的儿童。”他说，“（可是）因为《不让一个孩子掉队法案》的强调，重点已经转移。……孩子们的在校表现如何并不重要，阅读和数学考试成绩才重要。这会给他们（孩子们）带来压力，有时压力还不小。”

排成排的课桌

“校长们承受的压力也不小，”帕姆·布鲁克斯告诉我，“那些被归入

‘需改善学校’名单的校长说‘这件事越早开始’（越好），……所以他们在实施一些不适合儿童发展阶段的项目。”① 布鲁克斯诉说着对麦格劳-希尔（McGraw Hill）公司出版的《语言学习》（*Language for Learning*）课程包的不满，在她看来，这套教材“死抠语音，强调照本宣科式教学”，可她不得不用。她补充道：“孩子们本来不需要死记硬背，……我们会有许多新颖的方法。许多新来的教师，（在获得本科学历的过程中）学习了四年发展适宜性教育实践，……她们不喜欢（学区的）理念。她们真的在怀疑自己的职业生涯。”

帕姆·布鲁克斯不时将话题转回校长们身上。“领导能力可以带来巨大的改变。如果校长怀有（恰当的）学前教育理念，或曾经做过幼儿教师，……（他手下的教师就能）把孩子们当成‘完整儿童’* 来教育，这是适合所有孩子学习的方式。”布鲁克斯已经形成一套快速的“诊断”程序，在巡视幼儿园教室时，她能迅速判断出每位教师秉持的理念和采取的做法。“我一走进来，看到桌子是如何摆放的，看到桌上孩子们的名牌，就知道他们是不是在同一时间做着同样的事情。”该学区最近规定，孩子们每天最多只能有一个小时来使用和探索教室里的学习中心——搭积木，一边任由想象驰骋，一边打扮自己，或是在阅读区闲逛。正如一位资深的业内人士所说：“归根结底，这是因为管理者对幼儿教育知之甚少。”

儿童发展的唯一最佳模式

幼儿教育工作者得到的另一个教训与政府对 4 岁儿童的学习内容提出的单一观点有关。2003 年 6 月，提前开端项目位于华盛顿的管理人员向其
123 管理的幼儿园负责人下发了一份“信息备忘录”，对美国新发布的国家报告系统（National Reporting System，NRS）进行了阐释：“（这是）以布什总统的《良好开端、聪明成长幼儿发展倡议》（Good Start，Grow Smart Early Childhood Initiative）和《提前开端法案》（Head Start Act）为基础而

① 引自我于 2005 年 11 月 4 日对帕姆·布鲁克斯的采访。

* 强调儿童的社会、情感、身体、智力和道德的发展是相互联系、不可分割的，不能片面追求儿童的特长和技能。——译者注

设计，……针对儿童在具体项目上所取得的进展而建立的新的国家数据库。”它要求提前开端项目的教师们使用五个“学习指标”：“用语言交流”“使用……复杂而多样的词汇”“习得英语语言”“至少识别字母表中的 10 个字母”“数学思维”。这份引人入胜的文件还指出，若有人质疑联邦政府没有权力实施这套新的测试系统，可自行参考联邦法律 641A.(a)(Ⅰ)(B)、641A.(b)(4)、641A.(c)(2)(D)、648.(c)(Ⅰ)(B)、649.(b)(4) 等条款。①

精简学习目标的做法始于克林顿政府时期，当时人们对提前开端项目开办的幼儿园参差不齐的质量感到担忧。令人失望的证据显示，该项目带来的好处并不多。② 人们都认为应该对提前开端项目进行严格的评估，但是，该如何评估项目的效果、该使用哪些儿童发展基准得出的结论才有意义，这些问题击中了提前开端项目理念的核心。

2000 年是克林顿执政的最后一年，这一年的夏天，联邦政府发出了一份较为开明的备忘录，规定了提前开端项目开办的幼儿园应当涵盖的八个领域，③ 其中包括与读写和算术有关的四个均衡的领域，此外还有创造性艺术、社会情感发展、身体健康发展等其他四个领域。“我对这八个领域非常感兴趣。”卡萝尔·罗兰说。

与之相比，小布什政府发布的指标却只涉及前阅读技能和少量学科知识。“他们怎么想的?”罗兰说，“接受国家报告系统测试程序培训的时候，我真的惊呆了。”小布什执政时期负责儿童问题的心理学家韦德·霍恩急于在 2003 年之前将评估落实到位，因此对评估结果有效性的担忧就这样被搁置下来。一项词汇测试要求塔尔萨的 4 岁儿童指出“沼泽地”

① Administration for Children and Families, Head Start Bureau, "Information Memorandum: Description of the NRS Child Assessment" (Washington, D. C.: U. S. Department of Health and Human Services, June 26, 2003).

② 自提前开端项目全面启动以来，民众一直期待该项目展现成果，这形成了一定的压力。第六章对最新的相关发现进行了概述。有关该项目的历史概述，参阅：Maris Vinovskis, *The Birth of Head Start: Preschool Education Policies in the Kennedy and Johnson Administrations* (Chicago: University of Chicago Press, 2005).

③ Helen Taylor and Head Start Bureau, *Using Child Outcomes in Program Self-Assessment* (Washington, D. C.: U. S. Department of Health and Human Services, August 10, 2000).

（swamp）这个词对应的图片。“住在阿肯色州才能答得出来。”罗兰说。另一个需要让孩子们找到对应图片的单词是“农场”（farm），对那些几乎从未离开市区的学龄前儿童来说，使用这个词的机会寥寥无几。

124 从家庭着手

有关如何更好地促进儿童发展这一问题，还有一套理念也已在塔尔萨萌芽。这套方法着眼于家长，而非仅仅针对 4 岁的孩子进行训练。塔尔萨有一部分学校加入了平等提前开端项目（Even Start program），真正地将这一理念执行到位。

肯达尔-惠蒂尔学校（Kendall-Whittier school）加入了一个平等提前开端项目。项目设在几间破旧的房子里，距离塔尔萨市同样陈旧不堪的中心区只有 10 分钟的路程。一个冬天的早晨，我来到这所学校附近，先是经过一栋污糟的棕色房子，房子的前廊耷拉着，一张绽破了线的旧沙发更是增添了几分压抑的气息。一辆小货车停在隔壁那栋房子枯萎的草坪上。肯达尔-惠蒂尔学校曾经为贫穷的白人和黑人家庭服务，如今招收的 1100 多名儿童以拉美裔为主。这所学校设有 10 个学前班，该地区大约一半的 4 岁儿童都在上幼儿园。一天上午，肯达尔-惠蒂尔学校在一尘不染的体育馆里举办了一场拼写比赛，我溜了进去，看见看台上坐满了兴高采烈的家长。

育有婴幼儿的家长可以报名参加由辛迪·兰斯（Cindy Lance）管理的平等提前开端项目，以获得入园名额。谈到平等提前开端项目的教学方法时，兰斯说：“孩子们主要在校外……了解自己的族裔和身份。”其中的关键之处是“打破文盲的恶性代际循环”。[①] 2005 年，这个项目只能为 34 个家庭提供服务，其中包括 26 个婴儿家庭。家长与孩子们一同上学，工作人员每月家访一次。“家长们很喜欢，……我们的家长觉得对学校有归属感，……消息已经传开了，说我们是一所社区学校。”项目工作人员玛丽

① 引自 2005 年 1 月 27 日，与辛迪·兰斯、安娜·巴纽埃洛斯（Ana Bañuelos）、达琳·马蒂内（Darlene Martinez）、莉萨·莫尔（Lisa Moore）、德布拉·奈菲（Debra Naifeh）、玛丽拉·奥尔蒂斯（Mariela Ortiz）召开的圆桌会议。

拉·奥尔蒂斯回想自己在墨西哥度过的童年时说："我们尊重教师，把他们当成唯一的知识传授者来尊重。从前我们不读书，是听着爷爷奶奶讲故事长大的。"这些参与平等提前开端项目的家庭已经在美国生活了将近4年，家庭平均年收入为15601美元。①

平等提前开端项目的教师和外展服务工作人员提出，要"教导家长成为孩子人生的第一位老师"。一位员工说："他们不会趴在地板上，也不会和孩子们一起玩耍。"另一位说："令人惊讶的是，她们（母亲们）竟然从孩子身上学到很多语言，……她们（现在带来了）更有挑战性的任务。"

辛迪·兰斯的工作人员有时也会向家长们学习。米歇尔（Michele）的年龄还很小，她的母亲不希望孩子玩水，可玩水是学前教育项目非常重要的一个组成部分。原来，米歇尔在3岁生日之前曾三次感染肺炎。玛丽 125
拉·奥尔蒂斯说："这可能跟人们的信念有关，我们认为身上被淋湿就会生病。"他们认为儿童发展是根植于家庭内部的实践活动的，而非仅仅与幼儿园的课堂有关。如此一来，平等提前开端项目的团队开始更加深刻地理解到，在不同文化背景下有着不同的育儿方式，而母亲们也有着各不相同的幼儿教育实践和信念。

塔尔萨成为普及学前教育运动的典范

"毫不夸张地说，全美国的目光都在关注着你们。"小威廉·戈姆利（William Gormley，Jr.）教授在塔尔萨对一百多位民意领袖说。② 此时恰逢2004年年底，史蒂文·道开办了里德提前开端项目幼儿园（Reed Head Start center）。戈姆利是乔治城大学的政治学家，他与黛博拉·菲利普斯一

① 资料来源于有关平等提前开端项目的资料单，出自辛迪·兰斯2005年6月2日的私人邮件。若需了解平等提前开端项目的历史，参阅：Maris Vinovskis, *History and Educational Policymaking* (New Haven: Yale University Press, 1999).

② Maris Vinovskis, *The Birth of Head Start: Preschool Education Policies in the Kennedy and Johnson Administrations* (Chicago: University of Chicago Press, 2005).

同对参与塔尔萨学前教育项目的儿童进行了跟踪调查，并受邀报告在这一过程中获得的发现。在幼儿园中，如何帮助儿童实现社会化，如何教育他们，都是存在争议的问题，而戈姆利的团队则专注于儿童的认知技能，包括字母识别、掌握单词发音和数学概念。道对我说，他“对比尔*的研究没有考虑除传统认知之外的内容（比如社会情绪发展和健康状况）感到失望，这些对我们来说都很重要”。

乔治城大学的评估还发现，在塔尔萨的学前教育项目学习一年的儿童，他们的认知能力有相当显著的提高。这些发现对学前教育工作者而言十分振奋人心，在政治上也是有用的。雷莫娜·保罗告诉我：“自乔治城大学的研究发布以来，（在政治支持方面）发生了巨大而迅速的变化。”全美国的普及学前教育倡导者和捐助者——这次的评估是由费城皮尤慈善信托基金会资助的——开始广泛传播这些乐观的结果。小威廉·戈姆利认为：“学前教育项目的优势在于，如果你能证明其能帮助儿童在认知方面取得巨大进步——儿童保育和家庭育儿方面的研究尚未显示出这一点——就会对民主党人和共和党人都有吸引力。”① 我们再次看到，在“有问题”的保育机构与更加“正当”的组织形式（即幼儿园）之间，被画出了一条黑线。

塔尔萨有很多值得夸耀的地方。戈姆利在2003年发布的第一轮分析确实涵盖了一份教师对儿童社会技能和情感发展的评估结果，依据的是该
126 学区自行开发的评估项目。但分析结果显示，在这些方面（指儿童社会技能和情感发展）儿童并未取得明显的提升。因此，乔治城大学的研究小组将研究范围缩小到认知技能上来，结果发现贫困家庭的儿童在这一方面获益显著。②

戈姆利的团队进行了第二轮数据收集，这一次数据收集建立在更为严

---

* 小威廉·戈姆利的昵称。——译者注

① 引自2005年1月25与小威廉·戈姆利的面谈。

② Linda Jacobson, “Oklahoma Pre-K Program Found Effective,” *Education Week* 19 (October 29, 2003); William Gormley, Jr., and Deborah Phillips, *The Effecis of Universal Pre-K in Oklahoma: Research Highlights and Policy Implications*” (Washington, D. C.: Center for Research on Children in the United States, Georgetown University, 2003).

格的评估设计基础之上。[①] 2003 年秋季，他们培训教师如何使用伍德科克-约翰逊成就测验（Woodcock-Johnson Achievement Test）的三个子量表：字母和单词识别、简单的字母和单词书写要素、简单的数学问题和推理。这项适用于全美的标准化测试避免了天花板效应，即不会有许多白人家庭和中产阶级家庭儿童的得分接近最高水平，进而导致很难检测到学前教育带来的影响。在第一轮研究中他们使用的是该学区自行开发的评估工具，该轮研究中便存在这种效应。

在参与第二轮研究的儿童中，近三分之二为黑人、拉美裔或印第安原住民，有资格享受午餐补贴的儿童比例为三分之二。教师在 1567 名进入幼儿园的 4 岁儿童和 3149 名学前班儿童中使用了这些子量表。学前班儿童中有 54%在前一年没有进入过塔尔萨公立学校的附设幼儿园，于是没有上过幼儿园的这部分儿童便成为对照组，与上过幼儿园的儿童进行比较。戈姆利的研究小组还将家庭与儿童的一些人口学方面的特征纳入考虑范畴，以便控制那些可能先前决定了哪些孩子上幼儿园的因素。

为了进一步解决选择性偏差的可能性，戈姆利采用了一种被称为断点回归（regression-discontinuity technique）的方法来观察在幼儿园学习一年的儿童，察看其年龄与学业发展成就之间的关系（回归斜率）。这个研究是通过分析特定年龄段的儿童的发展差异完成的。当采用这种严格的方法来比较有或没有接受过学前教育的儿童的表现时，认知发展量表的结果出现了明显的差异。字母-单词识别得分的差异为 0.64 个标准差，相当于儿童在幼儿园学习六个月的平均所得。上过幼儿园与未上过幼儿园的儿童在应用问题解决上的差异为 0.38 个标准差。这些都是显著的影响，这一结果令人们的精神为之一振。

戈姆利的研究小组将这些成绩与教师的素质联系起来，并将这些益处归因于教师必须具有本科学历的硬性规定。但研究小组并未直接观察教师的课堂实践，也未将教师的培训水平与儿童的成绩相关联。另一种假设 127

① William Gormley, Jr., Ted Gayer, Deborah Phillips, and Brittany Dawson, "The Effects of Universal Pre-K on Cognitive Development," *Developmental Psychology* 41 (2005), 872-884.

是，塔尔萨采用了非常具体的课程目标和严格的教学实践，这可能是提高儿童认知得分的原因，而与教师的文凭水平无关。这项研究中儿童成绩的增长与美国四年级学生近年来数学成绩的中度提升水平相当，后者源于各州主导的问责制措施，与教师的职前培训水平无关。尽管如此，这些充满希望的发现确实吸引我们进行更加仔细的观察，探索课堂层面的机制如何对塔尔萨的幼儿园项目带来的显著进步进行解释。

不论研究结果如何，小威廉·戈姆利在口头上是支持普及学前教育的。戈姆利在与黛博拉·菲利普斯合著的一篇论文中表示："处境不利儿童*在课堂上获得的益处，有可能在一定程度上归因于同一间教室里有更多优势儿童的存在。"① 不过，他的团队尚未发表任何相关结论来证实这一说法。佐治亚州的加里·亨利（Gary Henry）进行了一项有趣的研究，结果表明来自贫困家庭的儿童确实因与中产阶级家庭的孩子一起上幼儿园而获益。② 戈姆利还表示——这违背了他受到过的政治科学训练——"普及学前教育项目很有可能从公务员和普通大众处得到强有力且持续不断的支持，从而确保其质量"③。这种论调回避了一个问题：是否所有儿童都能像塔尔萨的蓝领家庭儿童一样，从学前教育中获得持久的好处？

公众圈子之外——肤色与文化

在塔尔萨，普及学前教育事业之所以发展得如火如荼，得益于一个致力于幼儿成长的小型公众圈子的努力，这一点已经十分清楚。比如，帕姆·布鲁克斯、安迪·麦肯齐、珍妮特·麦肯齐、学区负责人戴维·索耶

---

* 处境不利儿童一般是指在家庭社会经济地位、权益保护及发展机会等方面与社会其他群体横向比较处于相对困难与不利境地的儿童。——译者注

① William Gormley, Jr., and Deborah Phillips, *The Effects of Universal Pre-K in Oklahoma: Research Highlights and Policy Implications*" (Washington, D. C.: Center for Research on Children in the United States, Georgetown University, 2003).

② Gary Henry and Dana Rickman, "Effects of Peers on Early Education Outcomes," *Economics of Education Review* (forthcoming).

③ 引自2004年11月11日与小威廉·戈姆利的私人邮件往来。

在学校系统内部付出了大量努力，受人尊敬的商界领袖皮特·丘奇韦尔和鲍勃·哈比森在更大范围的选民群体中推动这项事业，史蒂文·道和卡萝尔·罗兰这样在贫困社区有着深厚根基的社会活动人士推进了有关儿童如何才能更好成长和学习的意识形态辩论。这些谦逊低调的民间活动人士已经取得了很大的成就。

这个小小的公众圈子属于俄克拉何马州普通民众中的政治左派，但他
们的阶层和文化背景远不如整个社会的人群那样多样而丰富，认识到这一 128
点非常重要。而塔尔萨的家长们发出的声音，由于实在过于微弱，鲜有人留意。

进入幼儿园，失去一门语言

阿尔玛·考尔德伦（Alma Calderon）[①] 在与其他三位拉美裔家长举行圆桌讨论会时潸然泪下。“这对他来说很难，我觉得真的很难。”她说的是她4岁的儿子。我问是否有教师或保育员会说西班牙语时，拉美裔母亲们不约而同地摇了摇头。

其中一位名叫何塞法·伊斯基耶多（Josefa Izquierdo）的家长对这种情况感到很沮丧，她说她“下午给幼儿园的孩子们上了一堂西班牙语课”。但是她认为，因为缺少校长的支持，这还不够。“我想教我女儿（4岁）学西班牙语，……但是我跟她说西班牙语，她却不理我。她说：‘这里每个人都说英语。’”伊斯基耶多对讨论小组说。“真是个噩梦，”第三位母亲埃娃·利瓦斯（Eva Livas）插话道，“我儿子除了在幼儿园上课之外，还上了一个（用西班牙语授课的）班，但是他依旧很沮丧，因为他无法和祖父母沟通，而他们更喜欢说西班牙语。”

总体而言，这些家长对自己选择的幼儿园感到满意。用利瓦斯的话说，她们认为自己的孩子应该在“4岁上学”的时候开始学英语。但是这些家长也看到孩子与自己的文化和语言渐行渐远。“学会两种语言真的很重要。”考尔德伦希望女儿能够进入艾森豪威尔国际学校（Eisenhower

① 本部分中家长使用的是化名。

International School）的浸入式西班牙语学前班，这是塔尔萨公立学校系统中的一所选择性学校。

家长们还聊起社会规范方面的差异。“这里（幼儿园）的每个人都很开放，但我不希望她对陌生人太热情。”另一位家长说，“我女儿不习惯总是被人问问题。”不过，他们的焦虑主要集中在语言上，他们认为在家庭和幼儿园之间缺乏一座语言的桥梁，而幼儿园是 4 岁儿童第一个融入其中的正式机构。

拉美裔家庭的问题被提出之后，民间活动人士对这些家长和孩子普遍表现出了关切和善意。但是从某种意义上说，拉美裔美国人被视为学前教育改革的对象。拉美裔家长很少有机会在公众对话中吐露心声。一天晚
129 上，安迪·麦肯齐在市中心的一家汉堡店谈到了塔尔萨人口结构的变化，他以自身特有的坦率说道：“与拉美裔共事很愉快。他们的家庭很团结，希望把最好的东西给孩子。……（可是）我们不太擅长和这些家长交流。我们的公立学校体系庞大而古老，所以我们只能说‘难办’。”一天早晨，我在一所小学的走廊上询问一位教师，是否有一家幼儿园或学前班采用双语教学时，她摇了摇头说：“民权人士说：‘要在结构化英语的浸入式教学中学习单词。’”

未来十年内，在进入塔尔萨的幼儿园就读的儿童中，将会有几乎五分之一的儿童是拉美裔。我问肯达尔-惠蒂尔小学校长朱迪·费里（Judy Feary），在语言学习方面，他们使用什么样的教学方法。“完全浸入式。”她回答道，“这个学区尚未（为拉美裔儿童的成长）做好准备。我们有一位‘以英语为第二语言’（English as a Second Language，ESL）的专家，他现在管理着新来者学校（Newcomer School）。”[1] 她说的是塔基·罗杰斯（Tucky Rogers），一位长期致力于帮助移民社区的热心校长。这所学校创办于 1981 年，起初为迁移到塔尔萨的柬埔寨、中国苗族[*]和越南难民服务，如今大部分学生来自拉美裔家庭。罗杰斯好不容易才招到一位会说两

---

[1] 引自我于 2005 年 1 月 27 日对朱迪·费里的采访。

[*] 出于逃避战乱或天灾等原因，一部分苗族人从中国迁徙到东南亚，后由东南亚迁往美国并定居。——译者注

种语言的保育员，而这位保育员要为三位学前班教师提供协助。

当我问到学校官员如何应对日渐增多的拉美裔儿童时，社区服务委员会（Community Service Council）的玛丽亚·卡洛塔·帕拉西奥斯（Maria Carlota Palacios）同样直言不讳：“他们对这些家庭一无所知。塔尔萨公立学区多年前就该有所反应，但没有。”她说：“现在他们开始装腔作势，……仅仅因为（家长们）有了一本小册子，他们就觉得自己成功了。”① 她还认为拉美裔的组织仍处于起步阶段。“我们（拉美裔女性）不是个人主义者，……我们属于团体，”帕拉西奥斯说，“但我们不知道这个过程是如何运作的，当你看不见全局的时候，根本不知道自己要去哪里。”

塔尔萨的教育工作者也对拉美裔家庭表达了由衷的欣赏，但其中偶尔也掺杂着刻板印象。一位校长告诉我：“大多数拉美裔家长听从学校的安排，期待我们的指导。如果他们不来（参加学校的活动），我们会请他们来。”一位教师督导告诉我：“因为家长不懂，所以孩子们会有些缺点。……我们需要不断地教育家长，帮助家长建立如何培养这些小脑袋的意识。”塔尔萨有一所学校，其中有一半以上的孩子是拉美裔，但学前班的教职员工中没有一位会说西班牙语。一位教师告诉我：“我们没有请多 130
少家长参与。太难了，因为大多数家长是说西班牙语的。”另一位校长问：“为了请到一个会讲双语的文职员工，你愿意付出多少？”新来者学校的罗杰斯校长在近乎绝望的情况下开始雇佣有经验的家长，最近还雇了一位秘鲁裔的母亲负责课后托管项目。安迪·麦肯齐说：“我们有的教师袖手旁观，说：‘这个孩子不应该在我的班级里，他不会说英语。’”

哈丽特·帕特森（Harriet Patterson）追随安迪·麦肯齐的脚步，在监管幼儿园项目的塔尔萨公立学区办公室工作，她告诉我：“现在急缺能够与家长们沟通的双语教师，……我们在和得克萨斯州竞争，看哪个州付的工资更高。”② 她还说，对学历要求的提高进一步限制了双语教师的数量。“我们本来有一位来自危地马拉的教师，可是因为她学历不够，所以不能

① 引自我于2005年4月20日对玛丽亚·卡洛塔·帕拉西奥斯的采访。

② 引自我于2005年1月29日对哈丽特·帕特森的采访。

请。”这是《不让一个孩子掉队法案》的规定。按照这个法案的要求，保育员也必须完成相当于两年制大学的课程。帕特森说，在塔尔萨公立学区内，为更多希望参加学区择校计划的家庭提供交通补贴的建议遭到了政治上的反对。她说：“所以我们将需要更多会说两种语言的员工。”[①]

新来者学校的罗杰斯校长因为自己的学校能有一位“以英语为第二语言”的专家而心怀感激。可是，“学区将提高考试成绩的所有压力都集中在三、四、五年级”，因此这位专家几乎没有时间辅导幼儿园的教师。罗杰斯还为失去一对说西班牙语的职员夫妇表示遗憾：“他们曾经是学校的保育员……，（因为）后来出台了《不让一个孩子掉队法案》，他们无法达到合格教师的要求。”

塔尔萨与社区组织之间的伙伴关系，包括与提前开端项目等的关系，确实能够帮助学校官员分担谨慎处理拉美裔家庭问题的压力。对于如何应对人口的不断增长，社区机构有着更丰富、更深刻的经验，更不必说服务于黑人美国人和印第安原住民家庭的经验了。

一些社区领袖，如迪克西·雷普（Dixie Reppe），对（公立学校这样的）大型系统应对非主流家庭的能力表示了合理的质疑。雷普是塔尔萨基督教女青年会的执行理事，她告诉我：“我们对 4 岁儿童教育的实际了解比学区要多。他们倾向于把这件事当成为上学前班做准备。我们已经搞清
131 楚了，幼儿园并不仅仅是幼儿的‘学校’。学校的规矩在幼儿园不适用。”[②] 由于迪克西·雷普与塔尔萨公立学校签订的合同，加上富有的石油大亨乔治·凯泽（George Kaiser）的私人支持，基督教女青年会已经在塔尔萨县的三个机构中开办了学前教育项目。乔治·凯泽近来将注意力转向了学前教育事业，还出资在塔尔萨大学建了一个婴幼儿中心。

雷普密切关注着塔尔萨拉美裔社区的发展。“拉美裔使用儿童保育中

① 在 2004—2005 学年，共有 500 名 4 岁儿童的家长和 786 名学前班儿童的家长向塔尔萨公立学区申请离开所属学区，进入另一所小学就读。感谢塔尔萨公立学区的加里·莱特尔（Gary Lytle）和琳达·瓦德（Linda Wade）提供了这份数据。引自琳达·瓦德 2005 年 1 月 27 日的私人邮件。

② 引自我于 2004 年 11 月 5 日对迪克西·雷普的采访。

心是最近才出现的现象。他们一般不会把孩子送出去，但现在真的变了，因为他们希望自己的孩子在学校里能有好的表现。”雷普认为，社区机构，正如她自己所属的这家机构一样，更有能力为这个新群体服务。“校长们说：‘语言和文化方面障碍重重，我们没有足够的时间。’”雷普的学前教育团队反对学区对学业技能的过分强调，她认为“（幼儿园）越不像学校，孩子们能学到的东西就越多，这件事很有趣”。一位持支持态度的塔尔萨公立学区官员告诉我：“提前开端项目正在加大力度，积极推动教师的多元化。”

教训——俄克拉何马州的幼儿教育 133

作为普及学前教育运动的先锋，俄克拉何马州自然被运动倡导者作为一个成功的典范加以传扬。这个故事非比寻常，尤其是考虑到它发生于一个在许多问题上如此保守的州。然而，倘若你认为学前教育工作者应该是具有一定的反思能力的实践者，或者认为在幼儿教育机构帮助儿童进行社会化时，家庭也应施加一定影响，那么从俄克拉何马州得到的教训便更为复杂一些，有的甚至令人不安。

从俄克拉何马州的案例中，我们能看出普及学前教育的时间安排和组织形式如何与当地的条件相适应。地方政治确实很重要，因为制度和经济上的制约会打开或关闭政策或融资方面的机会。到 20 世纪 90 年代中期，塔尔萨和州政府内的活动人士以及幼儿教育者的圈子开始提出一套共同的理念和制度设想。1998 年，俄克拉何马州进行学前教育财政改革之后，新一代普及学前教育倡导者在全美范围内真正团结起来了。普及学前教育的理念框架和合理性证据越来越清晰，先是媒体一窝蜂式地热衷于新的脑研究，然后他们将政治地位授予俄克拉何马州议员乔·埃丁斯和彭妮·威廉斯等人，并给予他们更广泛的支持。这些政策制定者将幼儿教育与提高 134
考试分数和劳动力素质紧密联系在一起。古老的自由人文主义思想渐渐变得模糊。

鲍勃·哈比森和雷莫娜·保罗等普及学前教育运动的早期支持者认

为，儿童保育和学前教育应当为所有家庭提供支持，这是一项公共责任。他们尽力将问题和采取的制度性措施划定在公立学校内部。这些民间活动人士宣称，要将儿童保育与学前教育分离开来，因而将自己的运动定义为一场教育改革。这几乎是一次无心之举，因为他们并没有举行任何战略会议来做出这样的决定。既然鼓励地方学区为幼儿开办混龄班级的动机是扭曲的，那么便有可能通过一项法案，来解决这一“先天不足”，以推动普及学前教育运动。

斯坦福大学的 W. 理查德·斯科特（W. Richard Scott）和约翰·W. 梅耶（John W. Meyer）等新制度理论学家强调了一个新兴领域的社会活动人士如何不出所料地进入邻近的领域（比如公立学校），从既定的行动逻辑以及合理的组织应该具有的象征出发，办成他们想要办成的事。[①] 尽管如此，几乎没有人预料到，学校问责制、提高考分的压力以及 2002 年颁布的《不让一个孩子掉队法案》这一高潮事件，共同推动了强调技能的意识形态的逐渐高涨，促使幼儿园最后顺理成章地成为小学的附设机构。将部分项目外包给社区机构的做法充当着压力阀门的角色。学前教育拨款议案所积累的政治上的反对意见，都通过这个阀门进行疏解。外包的做法还为学区与非营利性机构之间的合作创造了财政激励。

在学前教育领域之外，经济力量一如既往地发挥着决定性的作用。塔尔萨中心地区的经济衰退、强制性校车制度导致的白人外逃，以及新族群的到来，在两代人的时间里改变了这座城市的面貌。这些变化也为进步活动人士、教育工作者和温和派共和党人创造了一个机会，（促使他们）共同为低收入家庭提供帮助。在农村社区，许多家庭衰落并外迁，这为可能遭遇拨款缩减的学校创造了一个政治契机，从而弥补了可能的财政缩减——只需将 4 岁的孩子加入学校的财政计算公式中即可。

20 世纪 70 年代以来，中产阶级女性涌入塔尔萨县的劳动力大军之中，刺激了对儿童保育的普遍性需求。即使在这片民风保守的美国腹地，女权

---

① W. Scott and John Meyer, “The Organization of Societal Sectors: Propositions and Early Evidence,” in *The New Institutionalism in Organizational Analysis*, ed. Walter Powell and Paul DiMaggio (Chicago: University of Chicago Press, 1991), 108-142.

主义思想也影响着母亲们的觉醒和专业化的工作。像雷莫娜·保罗这样的普及学前教育事业的领军人物，在谈到学前教育机构的扩张时，把它称作 135
“一个女性问题”。经验丰富的基督教女青年会执行理事迪克西·雷普的名片背面印着“赋予女性权力，终结种族歧视”的字样。

俄克拉何马州政府的自身利益也继续推动着这一场学前教育革命。显而易见，州议员乔·埃丁斯和彭妮·威廉斯拯救了农村地区的学校，帮助他们争取到了足够的拨款。州政府内部人士告诉我，前州长弗兰克·基廷从将普及学前教育视为文化战争新战线的保守派那里筹集了大量竞选资金。基廷还登上了国家舞台，当时华盛顿的保守派，如卡托研究所等机构也加入了这场争论。当俄克拉何马州的提案被定义为针对中产阶级的教育改革，而不仅是为穷人提供儿童保育服务时，公共领域的许多部门都从中受益了，从地方学校理事会到师范学院，再到教师工会，都获得了新的支持者。那些承诺提高考试成绩的政治领导人也做出保证，他们认为学前教育将是解决这个问题的重要组成部分。

政治行动者的动机不仅仅是自身利益。在公众圈子，像乔·埃丁斯、雷莫娜·保罗和史蒂文·道这样雷厉风行的参与者不断为改善幼儿日常生活和学习的理想而努力着。他们希望保持福禄贝尔和皮亚杰提出的自由人文主义理念。在这一方面，用 E. M. 福斯特（E. M. Forster）的话说：“21 世纪尚未超越 18 世纪。”① 然而，在俄克拉何马州，在这些人文主义者所处的政治环境中，似乎在有关认知技能和入学准备的舆论与提高考试分数的政治承诺的影响下，人们支持开办更多的“课堂型”幼儿园。试想一下，如果在推广这项事业时，宣扬的是令幼儿通过（适宜儿童发展的）游戏来学习，像皮特·丘奇韦尔、鲍勃·哈比森和乔治·凯泽这样的企业领袖是否会对这项事业如此投入，就很难说了。

实际上，普及学前教育的支持者学到的关键一课是，推广说辞可能成为现实。“有效地传递信息”可能导致我们对儿童发展方式的认识变得简单化。据帕姆·布鲁克斯称，塔尔萨的校长们感受到了提高考试成绩的压

① E. Forster, *A Passage to India* (San Diego: Harcourt Brace, 1984), 178.

力，因此他们推行权宜的教学方式，对音素、词汇和算数进行训练。只有提前开端项目和在社区机构工作的幼儿教师仍然与这种偏狭的教学理念保持着一定的距离，他们将普及学前教育这节“车厢”搭到学校问责制这匹“马儿”身上，推动了俄克拉何马州的制度建设。可是如今，一些幼儿教
136 师正不得不按照指导部门制定的进度安排进行教学，他们的专业判断失去了用武之地，激情也渐渐消磨殆尽。这些年轻的教师拥有本科学历，受到专业的教育，立志成为具有辨别力且敏感的专业人士，实际的工作环境却类似汽车装配流水线一般。

像帕姆·布鲁克斯、卡萝尔·罗兰和麦肯齐夫妇这样意志坚定的发展主义者们仍然不懈地努力着，竭力在强调狭隘的学业技能和相信儿童好奇天性的自由人文主义之间取得平衡。他们不否认促进幼儿早期语言和认知发展的重要性。他们是富有爱心的教育者，也希望儿童在小学阶段的考试成绩能有所提高。塔尔萨的进步人士正在努力追求的目标是，既培养儿童的社会技能和自信心，又训练他们掌握更复杂的认知能力，他们认为在课堂上这两方面内容应当取得一个平衡。“（这）很难平衡，……如果你对儿童发展有着自己的价值判断。”罗兰说，“说起（晨圈时间），我认为那不是（用来）学习字母、形状的时间，而是（月来）提出开放式问题，或学习如何合作的时间。”

俄克拉何马州的故事还告诉我们，一个州的政治文化是如何决定什么样的改革可以合法进行，什么样的改革理念可能会被搁置一边的。比如，支持者们提出普及学前教育，将其作为提高和平衡幼儿教育质量的一种方式。但是，由于塔尔萨的精英阶层缺乏对多样性和文化的理解，他们为儿童制定的社会化日程采用了占主导地位的语言和社会规范。让这个城市的亚裔、拉美裔和印第安原住民家长参与进来，探索不同形式的教学方法、知识或双语教学的可能性，这样的理念，在这个人人都彬彬有礼的公众领导圈子里几乎是闻所未闻的。

提前开端项目的领导者越来越担心俄克拉何马州可能形成一个双重学前教育系统。这是一个令人苦恼的困境。学区的负责人面对的问题是课室不足，他们意识到社区机构对当地有着充分的了解。将幼儿园外包给社区

机构，不仅为中产阶级社区腾出了学区资源，还将责任转移给这些社区机构，由它们来提供医疗服务、吸引家长的参与、为双语教师的短缺而操心。我在华盛顿认识的最聪明的自由派人士之一马克·格林伯格（Mark Greenberg）曾说过：“我要是有一块白板，绝不会设计一个专为穷人服务的（幼儿园）系统。”① 但是，随着公立学校系统不断偏向中产阶级，我 137
们是否能够期望学校附设的幼儿园将有所不同呢？一旦将幼儿园如学前班一样纳入公立学校系统，幼儿的命运是否可能因为公共教育中不平等的政治经济而受到影响呢？

俄克拉何马州的故事还在继续，我们也会保持关注。有一个好消息是，幼儿园的入园人数正在趋于平稳。“我无法确定我们的入园人数是否在继续增加。几乎每一个街角都有一所幼儿园。”塔尔萨学区负责人戴维·索耶这样告诉我。他已经将注意力转移到如何“改善”为儿童和家庭提供的服务上。或许，一旦俄克拉何马州普及学前教育制度完全合法化并完成组建，各式各样的家长希望如何抚养和教育孩子的关键问题自然会受到更大的关注。基础学业技能很可能仍是学前教育的核心，但是，当塔尔萨的民间活动人士意识到这个城市的人口正变得越来越多样化，甚至更为组织化时，一场更为敏感的讨论，即家长希望如何培养自己的后代的讨论，便可能同时对技能培养的支持者和自由人文主义者的意识形态立场发起挑战。

---

① 引自我于 2005 年 1 月 25 日对华盛顿法律与社会政策研究中心（the Center for Law and Social Policy in Washington）马克·格林伯格的采访。

138 # 第五章　多元化的学前教育

特丽·鲁宾逊（Terri Robison）是加利福尼亚州长滩西岸蓝领阶层居住区的一位幼儿园教师，她对自己选择的儿童保育机构赞不绝口。鲁宾逊说她3岁的孙女布里安娜（Brianna）“喜欢上学”。“周末她也想去。那儿真的很像家。……罗萨里奥（Rosario Gutierrez）的爱直率而深沉。”[①] 布里安娜上的“学校”实际上是一个家庭托儿所，由罗萨里奥·古铁雷斯经营，距离加菲尔德小学（Garfield Elementary）只有一英里远。说话轻声细语的鲁宾逊在加菲尔德小学工作，校舍周围是一圈建于20世纪50年代、仿庄园风格外墙的农舍。

第二次世界大战后，这片社区——按照洛杉矶人的说法是“710号高速公路旁边的社区”——的人口结构发生了变化。战争结束后，像鲁宾逊这样的黑人家庭至少有两代人陆续来到这里，航空航天行业的高速发展为这里的人们提供了充足的工作机会。相邻的莱克伍德（Lakewood）也有类似情况，不过那里的居民以白人为主。学校几乎没有树，我前去参观的那天，灿烂的阳光正在将从港口飘向内陆的潮湿雾气驱散。数百名学童，其中主要是拉美裔的孩子，他们的热情并未受到天气影响。孩子们在操场上
139 飞奔，那操场活脱脱像一个墨西哥广场，不过四周环绕的是方方正正的教学楼，而不是宏伟的教堂。

“对孩子们的事，我喜欢亲力亲为，……我的生活以孩子为主。”鲁宾逊对我说。她从18岁当上保育员开始进入学前教育领域，24年后，她在

---

① 引自我于2004年12月14日对特丽·鲁宾逊的采访。

长滩的一所小学的幼儿园担任主班教师。在鲁宾逊四十岁出头时，她的女儿查妮尔（Chanell）参军去了科威特，并将自己的孩子布里安娜交给鲁宾逊照顾，这让鲁宾逊重温了当母亲的感觉。鲁宾逊说："我要为布里安娜寻找一个像家一样的地方。我不希望她生活在与学校相仿的环境里，就像这里的这 40 个孩子一样。""那儿（罗萨里奥·古铁雷斯经营的获得营业执照的家庭托儿所）只有四个孩子。她喜欢听别人读书给她听，她总是对我说：'该读书了。'但是在中心幼儿园的话，规模就要大得多。我知道，总有一天她要与更多孩子和大人打交道，……她快准备好了。"

界定儿童发展问题

当鲁宾逊为布里安娜权衡选择时，加利福尼亚州最大的教师工会和罗布·赖纳正在舔舐自己的伤口。他们共同起草了一份 45 亿美元的公民表决提案，目的是创建一个由当地学区管理的普及学前教育系统。这个系统本来想把非营利性幼儿园及其教师纳入公立学校和工会，与俄克拉何马州的做法类似。但在 2004 年年初，在温和派教会、少数族裔领袖和新上任的州长阿诺德·施瓦辛格（Arnold Schwarzenegger）的反对下，赖纳失败了。

与此同时，洛杉矶和加利福尼亚州北部的三个县正忙于创建地区性的普及学前教育项目，该项目是由多个中心幼儿园和大量获得营业执照的家庭托儿所组成的混合市场，为家长提供更加丰富的幼儿教育选择。西奈山香柏树医院（Cedars Sinai Hospital）当时的儿科主任尼尔·考夫曼（Neal Kaufman）说："有人持'孩子应从 5 岁开始进入学校'的观点，我的工作是确保孩子在学校的围墙之内学习。"他口才了得，同时也是洛杉矶儿童与家庭委员会（L. A. Children and Families Commission）的成员，该委员会为普及学前教育预留了 6 亿美元。"还有人持'从 0—5 岁开始进入学校'的观点，（认为孩子应该）从胎儿期就开始（学习），但孩子需要在家中成长。……你知道这在很大程度上就是把幼儿园作为社区发展的中心来建设吗?”①

140 尼尔·考夫曼旗帜鲜明地赞同改善应当从儿童周遭的社会环境——家庭和社区——开始，还应该询问幼儿园与相关的儿童保育机构如何改善儿童的日常生活环境。他对这一问题的看法不仅来自自由人文主义的观念(若不顾及儿童所处的环境，每个儿童就只能掌握一些零乱的技能)，而且可能在不知不觉中呼应了阿诺德·格塞尔的观点。格塞尔认为，在家庭和社区环境得到显著改善之前，儿童不可能获得大的发展。但赖纳的盟友和一些公共教育工作者仍然在关注婴儿的脑和技能嵌入，仿佛幼儿园教育是一种离散的专项措施，只适用于待在与外界隔离的教室里的某个孤零零的孩子（而无须顾及外界环境)。

一些普及学前教育的倡导者在佐治亚州或俄克拉何马州找到了救星，这些州的学前教育体制建设开展起来相对容易。可是，只要对加利福尼亚州多样化的人口结构和政治状况稍加关注，我们便能看出，一场新的文化战争即将打响。这是一场强强之争，对于如何培养、由谁来培养儿童等问题，双方各执一词。是否有一种普适的机构能够应对美国家庭的多样性?他们对此怀有疑问。本章将聚焦美国人口最多的大都会地区洛杉矶，在那里，每五个孩子当中就有两个在进入学前班时英语水平极低或不熟练。2002 年，加利福尼亚州的儿童中有 29%居住在洛杉矶。②

与俄克拉何马州一样，在号称“金州”的加利福尼亚也有一群民间活动人士——包括开明派儿童权益倡导者和温和派共和党人——尝试在学前教育体制建设中进行协调。像洛杉矶和旧金山这样的地区，它们拥有自己的政治文化，在儿童保育方面有着不同的制度历史，以及来自不同职业和族群的经验丰富的倡导者。在各自独有的社会背景之下，各地以不同的方式对学前教育进行界定，进行学前教育改革的时间也各有不同。

本章将主要参与者以一种类似于地缘政治地图的方式进行定位，以展示出他们在这个公众圈子当中的地位。他们有的处于中心，有的则较为边

① 引自我于 2005 年 2 月对尼尔·考夫曼的采访。

② UCLA Center for Health Policy Research, “Ask CHIS: The California Health Interview Survey” (Los Angeles: University of California, 2004).

缘。正如我们在俄克拉何马州看到的，这些人物在支配着深层次社会经济潮流的同时，也试图对它们做出改变。我们首先回看历史，简单回顾自20世纪40年代以来，有关儿童发展的理念、导致加利福尼亚州社会分裂的经济差异以及政府对学前教育的兴趣是如何共同作用于进而激发起广泛的儿童保育运动的。

多样的儿童，多元的政治

在俄克拉何马州逗留期间，我从来没有遇到过约列·弗洛里斯·阿圭勒（Yolie Flores Aguilar）这样的人。但是如果想要找人了解洛杉矶的文化力量、地域认同以及有时较为粗放的政治是如何密切地缠结为一体的，没有哪位老师比她更合适了。

迁往加利福尼亚州南部之前，阿圭勒一家生活在埃尔帕索（El Paso），父亲靠挤牛奶养活他的妻子和年幼的孩子们。20世纪60年代，他在莱克伍德附近觅得一份工作：打磨组成喷气式飞机闪亮外壳的金属薄片。阿圭勒的母亲的工作则是将维生素药丸分装到塑料瓶中。“房东的儿子是我认识的人里面唯一上过大学的，”阿圭勒对我说，“我记得自己那时候甚至不敢与他说话。”有一次，阿圭勒在一位高中生物老师的带领下，参观了离家不到一小时路程的洛杉矶西方学院（Occidental College），之后她成功地赢得了这所大学的奖学金。因为阿圭勒在家中排行老大，父母反对她离家去上大学。“事实上，我没有得到他们的允许就走了。那段经历很痛苦。”

阿圭勒对我说：“我也不明白那种一往无前的劲儿是从何而来的。”然而，洛杉矶的圈内人从不会因为她身材娇小、笑容迷人就错误地将她视为一个循规蹈矩、温柔顺从的人。“我们不希望建立一个没人爱用的（普及学前教育）系统，一个纯粹为中产阶级服务的系统。”阿圭勒说。[①] 她是洛杉矶县儿童计划委员会（Los Angeles County Children's Planning Council，

① 引自我于2004年12月16日对约列·弗洛里斯·阿圭勒的采访。

CPC）的负责人。顺便提醒一句，请勿将这个机构与“洛杉矶儿童与家庭委员会”弄混，后者是通过提出使用烟草税收入，促使洛杉矶学前教育发展提案通过的那个机构。

在过去的十年中，阿圭勒巧妙地在八个所谓的“服务规划区”（英文为 service planning areas，缩写为“SPAs”，这一缩写颇具讽刺意味，因它同时也有“水疗中心”的意思）的每一个中都组织起了社区理事会，目的是将社区活动人士和族群领袖团结在一起。她提起指导洛杉矶普及学前教育运动筹备的公众小圈子当中的一员，一本正经地说他“可能被儿童计划委员会安排 3000 名家长到场的能力吓到了”。

普及学前教育核心筹备小组提出的学前教育质量标准使得某些社区学
142 前教育机构望而生畏，因为它们没有可用以提高师资水平的资源。阿圭勒想方设法确保在 6 亿美元的预算中加入新的扶持资金。对于筹备小组讨论的是否要将符合某些质量标准的家庭托儿所纳入整个系统（其他推行普及学前教育运动的州都不曾制定过这一政策），她也极力推动并使这项措施获得成功。筹备小组的副主席南希·戴利·赖尔登（Nancy Daly Riordan）［前市长、共和党人理查德·赖尔登（Richard Riordan）的妻子］拒绝让家长加入理事会，阿圭勒在这方面有所妥协，但仍为家长争取到了 11 个席位中的 2 个。在卡森会议中心（Carson Convention Center），她一方面与洛杉矶的高官讨论儿童保育问题，一方面面对 900 多名亚裔、拉美裔和黑人活动人士发表演讲，仍显得游刃有余。这些活动人士聚集的目的是为学前教育和公立学校改革制定议程。

与俄克拉何马州等地的拉美裔群体不同，洛杉矶的拉美裔群体在政治上充满活力，办事高效。安东尼奥·维利亚赖戈（Antonio Villaraigosa）于 2005 年当选洛杉矶市市长，他是自 1872 年以来该市的首位拉美裔市长。在选举日前两周进行的竞选运动中，他为一群天真的 4 岁儿童读了《彩虹鱼》（*Rainbow Fish*），南希·戴利·赖尔登和赖纳在一旁观看。维利亚赖戈承诺扩大学前教育规模，这与他的对手、当时的在任市长詹姆斯·哈恩

（James Hahn）形成对比，据称后者在学校改革方面毫无作为。①

除了为社区机构和家长在新的学前教育提案中扮演的角色而忧心之外，像阿圭勒这样身居高职的拉美裔领导人还担心，普及学前教育会被当作提高考试成绩的手段而大肆鼓吹。这可能导致人们开始评估3—4岁儿童的英语水平（提前开端项目幼儿园已经这样做了）或推广浸入式英语（在公立学校附设幼儿园已初现端倪）。人们普遍对洛杉矶联合学区（Los Angeles Unified School District）的笨拙和低效持怀疑态度。一名参加卡森政治集会的活动人士对我说："我们怎么会想把自家年幼的孩子提前一年*交给那个系统（上幼儿园）呢？"

理想与现实

洛杉矶的阿圭勒等人身上集中体现出了当代政治的文化多元性和组织多样性，并为政治注入了活力。加利福尼亚州放任而混乱的政治文化——我能想到的另一个形容词是"民主的"——反映了"金州"特有的乐观 143 主义和跌宕起伏的经济状况。事实上，加利福尼亚州这个由不同的文化和语言群体构建的"大熔炉"与其他州不同：加利福尼亚人理应走在最前沿，更应勇敢地为自己的孩子构建一个系统。

长期以来，这个州一直以贫富差异显著而闻名，但近年来，居民收入水平开始呈现沙漏状结构，贫富之间也出现了与种族隔离类似的断层。民间活动人士努力争取在学前教育领域实现各群体之间的机会均等，虽然这些群体在现实生活中有着天壤之别。2005年秋天，新任市长安东尼奥·维利亚赖戈在参加庆祝接受洛杉矶市普及学前教育项目资助的第一百所幼儿园落成的仪式上发表演讲："毫无疑问，这项事业将为孩子们创造一个

---

① Michael Finnegan and Jessica Garrison, "Villaraigosa TV Ad Hits Hahn on Ethics Question," *Los Angeles Times*, May 3, 2005.

* "提前一年"是指4岁上幼儿园，这是加利福尼亚州普及学前教育运动的重点目标，因为5岁儿童已经进入学前班，学前班也算是义务教育的一部分。——译者注

公平的竞争环境，一个为在这座梦想之城取得成功的奋斗机会。”①

加利福尼亚州的梦想之一，是与受旧世界影响更深的东海岸各州相比，能够以更为公平的方式为人们提供机会。* 在 19 世纪 70 年代末期，加利福尼亚州的先驱哲学家乔赛亚·罗伊斯（Josiah Royce）从旧金山向东方眺望，问顺从的美国人是否“读同样的每日新闻，有着相似的思想，臣服于同样一些具有决策能力的社会力量，追求相同的外表时尚，抵制个性发展”②。后来，他抱怨加利福尼亚州缺乏社会凝聚力，于是去了（波士顿的）剑桥（Cambridge），在那里，威廉·詹姆斯（William James）聘请他为哈佛大学教授。罗伊斯早已得出结论：“从金门（Golden Gate）直到锯齿山（Sierras）的山顶……都不存在哲学。”

加利福尼亚人为自己强烈反对美国东部保留的社会等级制度和古老文化形式而倍感自豪，他们更加珍视开拓精神，希冀平等的社会关系。作家琼·迪迪翁（Joan Didion）回忆了她 1948 年在加利福尼亚州首府萨克拉门托郊外的雅顿学校（Arden School）发表的八年级毕业演讲，其中最妙的一句话是：“我们必将继承历史的遗产，继续为加利福尼亚州做更杰出、更伟大的事情。”迪迪翁在书中描写了人们如何背井离乡，冒着疾病和死亡的危险，踏上通往加利福尼亚的前途未卜的征途，以及他们如何接受这种创新的精神。第一批移民乘船或大篷马车来到这个承诺给他们黄金和廉价土地的地方，期待一个崭新的开始，建立一个没有森严等级的社会。按哲学家罗伊斯的话说：“如此匆忙地为一大群陌生人临时拼凑一个政府，是前所未有之事。”③

---

① Carla Rivera, “Universal Preschool Provider Celebrates Funding the 100th Facility in Los Angeles,” *Los Angeles Times*, October 7, 2005.

* 在美国，居住在西海岸和东海岸的人们之间存在一定的文化分歧。西海岸文化更鼓励个人主义和自由的生活，东海岸文化对人们的行为有更严格的预期。这样的文化分歧可以追溯到美国建国初期。16 世纪，第一批殖民者来到东海岸，他们的行为举止就像那些有深厚传统文化的欧洲人。然而，随着一代又一代人移居到西部内陆，他们的文化观点变得更个人主义、思想变得更前卫，也越来越不能容忍受欧洲影响的等级制度和文化。——译者注

② Kevin Starr, *Americans and the California Dream, 1850-1915* (New York: Oxford University Press, 1973), 167.

③ Joan Didion, *Where I Was From* (New York: Random House, 2003), 16-17, 189.

少数族裔的融合与隔离

进入20世纪之初，记者兼剧作家约翰·史蒂文·麦格罗蒂（John 144
Steven McGroarty）为洛杉矶打造了一个新的身份。当时洛杉矶在世人眼中仍是一个破败的城市，与北部的旧金山相比黯然失色。他这样写道：“古老而崭新的希望之地，……命运之城（City of Destiny）。”然而，有一个问题阻挡了进步的步伐：如何使越来越多的墨西哥裔和华裔家庭融入当地社会中？“加利福尼亚州不再仅属于美国人，洛杉矶也不再是一个墨西哥裔小村落。”历史学家詹姆斯·米勒·吉恩（James Miller Guinn）在1901年写道。但是，他补充说：“这些人被美国同化并不是一个轻松的过程。”①

19世纪50年代，拉美裔居民约占洛杉矶人口的五分之四，到19世纪末，这一比例降至五分之一。但在社会精英看来，“墨西哥问题”变得越来越严重，有损于这个城市宣传的新形象。一位评论员描述，在市区的边缘地带，亚里索（Aliso）和洛杉矶等城市的街道周围“没有铺设路面的街道坑洼不平，歪斜着的、摇摇欲坠的低矮土坯房立在街道两边，……到处都是懒洋洋的当地人，他们或紧紧地裹在毯子里，或把头埋在一个巨大的西瓜里，这便是曾经的墨西哥小镇最显著的特点”②。在19世纪90年代，包括越来越多房地产经纪人在内的民意领袖提出举办“洛杉矶嘉年华”（La Fiesta de Los Angeles），即每年举行一次游行，各族群都可以制作自己的花车，并驾车在市区游行。开发商利用游行的照片展现洛杉矶表面的社会和谐，以吸引投资。

这些组织“洛杉矶嘉年华”的城市推广者做梦也想不到自己最终的成就有多么辉煌。到2000年，洛杉矶和长滩大都会区的人口已经超过950万，其中45%是拉美裔。从2001年开始，加利福尼亚州大多数新生儿的

① 引自：William Deverell, *Whitewashed Adobe: The Rise of Los Angeles and the Remaking of Its Mexican Past* (Berkeley: University of California Press, 2004), 2-3, 13.

② 引自：William Deverell, *Whitewashed Adobe: The Rise of Los Angeles and the Remaking of Its Mexican Past* (Berkeley: University of California Press, 2004), 27.

双亲中至少有一位是拉美裔。① 从1980年到2000年，洛杉矶的拉美裔人口翻了一番，超过420万。

拉美裔中产阶级人口在过去的两代人时间里也有大幅增长。几乎三分之一的拉美裔居住在郊区，而非内城区。② 文图拉县（Ventura County）曾是西北部一个白人居住的地区，如今有三分之一的居民是拉美裔。所有生
145 活在郊区的居民中，24%并非出生于美国。③ 加利福尼亚南部的盆地幅员辽阔，足足有4100平方英里，是纽约市及其周边六个县面积之和的两倍。④

尽管如此，族群社区的离心式扩散已导致许多洛杉矶人之间变得疏远。⑤ 在洛杉矶西部的上层社区，比如比弗利山庄（Beverly Hills）、马里布（Malibu）和圣莫尼卡（Santa Monica），其中有63%是白人，16%是拉美裔，上过大学的成年人的比例为58%。在长滩和莱克伍德地区，405号公路以南半小时车程的地方，只有三分之一的居民是白人，35%是拉美裔，16%是黑人。在605号和710号公路之间那片平坦而萧条的地带，居住着许多不同肤色的家庭，他们至少说39种不同的语言。人们比较熟悉的中南部贫困地区——康普顿（Compton）和沃茨（Watts）——在20世

---

① 2000年及2001年人口普查数据的相关报告见：Robert Suro and Audrey Singer, "Latino Growth in Metropolitan America: Changing Patterns, New Locations" (Washington, D. C.: Brookings Institution, July 2002).

② Robert Suro and Audrey Singer, "Latino Growth in Metropolitan America: Changing Patterns, New Locations" (Washington, D. C.: Brookings Institution, July 2002), 15.

③ 在出生于美国境外的洛杉矶居民当中，略多于45%来自墨西哥，2000年这部分人群的数量达到210万；其次是除墨西哥外的中美洲人，占比15%；再次是来自亚洲和太平洋岛国的人群，总占比21%。Georges Sabagh and Mehdi Bozorgmehr, "From 'Give Me Your Poor' to 'Save Our State': New York and Los Angeles as Immigrant Cities and Regions," in *New York and Los Angeles: Politics, Society, and Culture*, ed. David Halle (Chicago: University of Chicago Press, 2003), 99-123.

④ David Halle, ed., *New York and Los Angeles: Politics, Society, and Culture* (Chicago: University of Chicago Press, 2003).

⑤ "空间不平等"概念的提出见：Andrew Beveridge and Susan Weber, "Race and Class in the Developing New York and Los Angeles Metropolises: 1940-2000," in *New York and Los Angeles: Politics, Society, and Culture*, ed. David Halle (Chicago: University of Chicago Press, 2003), 49-78.

纪 60 年代经历过严重的骚乱，且在罗德尼·金事件（Rodney King）* 之后又发生了动荡，如今其中生活着的人口中 60%是拉美裔，三分之一是黑人。[①] 在洛杉矶，每五个邮政区号代表的地区中，就有四个地区的居民讲 20 多种语言。[②]

居住在加利福尼亚州南部的作家 T. C. 博伊尔（T. C. Boyle）捕捉到了洛杉矶人在日常生活中的疏离。在博伊尔的小说《玉米饼帘》（*The Tortilla Curtain*）中，富裕的白人主人公德莱尼（Delaney）说道："他们（拉美裔美国人）无处不在，这些人无所不在，默默地做着自己的事情，不管是在麦当劳拖地，还是在小巷里倒垃圾，……或者目标明确地走到扫过阿罗约·布兰科（Arroyo Blanco）家那片清新草坪的耙子和鼓风机后面。"[③] 在奥兰治县（Orange County），十年前建造的住宅区中有三分之一都被设计成（高档的）封闭式社区。[④]

加利福尼亚州的郊区化，以及贫富差距的不断扩大，为其社会融合的理想形象蒙上了阴影。当然，郊区的概念并不是洛杉矶提出的，但是在第二次世界大战后的快速发展期，洛杉矶的开发商将这个概念发挥到了极致。1950 年 4 月，约有 2.5 万人在莱克伍德的一处房地产办公室前排队，竞拍每套价值 7575 美元的两居室住宅。一家开发商卖出 17500 多套住宅，在当时世界上最大的购物中心建造了可容纳 10000 辆汽车的停车场。[⑤] 在一张莱克伍德的照片中可以看到，一排排数不清的方形别墅点缀在网格

---

* 1991 年 3 月 3 日的洛杉矶，4 名白人警察殴打黑人青年罗德尼·金的过程被人偶然摄入录象镜头，4 名警察遂因刑事罪遭到加利福尼亚州地方法院起诉。一年后，以白人为主的陪审团判决"被告无罪"。判决一出，当地黑人群情激愤，聚众闹事，烧杀抢劫，引发了一场震惊世界的大暴乱。——译者注

① Children's Planning Council, "SPA Council Demographic Profiles," County of Los Angeles, http://www.lapublichealth.org/childpc/data/ddata.asp, accessed February, 28, 2006.

② 2000 年人口普查数据的相关报告见：Geoffrey Mohan and Ann Simmons, "Diversity Spoken in 39 Languages," *Los Angeles Times*, June 16, 2004, 1.

③ T. Boyle, *The Tortilla Curtain* (New York: Penguin Books, 1996), 12.

④ Edward Blakely and Mary Snyder, *Fortress America: Gated Communities in the United States* (Washington, D.C.: Brookings Institution, 1999).

⑤ 莱克伍德轶闻的相关讨论见：Kevin Starr, *Coast of Dreams: California on the Edge, 1990-2003* (New York: Knopf, 2004), 308-31[illegible].

状、没有栽种树木的街道旁。直到今天，莱克伍德城界标志上还印着这样的文字：“今天的明日之城。”

不稳定的经济状况对学前教育政策的影响

146 加利福尼亚人享受郊区天堂至多也只有两代人的时间。20 世纪 80 年代重创美国“铁锈地带”的经济结构调整，很快就扩散到了加利福尼亚州，使该州的汽车、钢铁和轮胎行业——长滩和东湾（East Bay）等地区遵照工会规定的工资水平发放薪资的那些企业——陷入困境。航空业经历了起起落落，最终在 20 世纪 90 年代初期彻底衰落，大量中产阶级工人失业。

与此同时，高科技产业、娱乐公司和国际贸易正在蓬勃发展，重塑半熟练工人的就业结构。服装行业继续扩张，出现了一种崭新的生产模式，无数小公司开始在其中捕捉特定的市场商机，它们提供的工作通常工资较低，且几乎不提供医疗保险，对此工会毫无置喙的余地。目前，洛杉矶非法留居的拉美裔中有四分之一在这些工厂工作，其中雇佣的工人共计 14 万名。[①] 只要到繁华的韦斯特伍德（Westwood）去喝杯咖啡，就能感受到加州大学洛杉矶分校那些目不斜视盯着笔记本电脑的科学家们和卖给他们拿铁咖啡、讲西班牙语的店员之间的巨大差异。在洛杉矶，未能完成高中学业的成年人比例（24%）高于美国其他的大都市，有 11%的成年人没能读完六年级。[②]

然而，在加利福尼亚州的大部分地区，向上流动仍在继续。在该州，育有年幼子女的中产阶级家庭，和那些徘徊在州收入中值附近的家庭当

① Kristine Zentgraf, “Through Economic Restructuring, Recession, and Rebound: The Continuing Importance of Latina Immigrant Labor in the Los Angeles Economy,” in *Asian and Latino Immigrants in a Restructuring Economy: The Metamorphosis of Southern California*, ed. Marta López-Garza and David Diaz (Stanford: Stanford University Press, 2002), 46-68.

② 对美国人口普查局人口抽样调查数据的相关分析见：Jennifer Cheng, “At Home and School: Racial and Ethnic Gaps in Educational Preparedness,” *California Counts Population Trends and Profiles* 3, no. 2 (November 2001).

中，有 47%是拉美裔。[①] 然而，从儿童日常生活环境的巨大差异中，我们还是能够看出加利福尼亚人工作和家庭收入的沙漏状结构的。

这些差异促使人们一再呼吁在儿童问题上采取更大胆的政策行动。洛杉矶的贫困人口比例已经从 1970 年的 11%上升到 2000 年的 18%，家庭贫困不再局限于内城区，而是向城外扩散。[②] 从 1970 年到 2000 年，该地区经历过极度贫困的郊区人口比例翻了两番。族裔、语言和社会阶层导致家庭之间逐渐形成隔离。1999 年，洛杉矶西部只有六分之一的儿童家庭贫困，而在中南部（沃茨）则有一半的儿童家庭贫困，在长滩，这个比例为四分之一（长滩的儿童中，只有一半会说流利的英语）。[③]

可是，借用资深记者彼得·施拉格（Peter Schrag）的话来说，在 20 147
世纪 90 年代，天堂乐园尚未消失。互联网产业在北部的硅谷蓬勃发展，加利福尼亚州南部的经济也在进行自我更迭，努力地适应劳动力和资本的全球流动以及层出不穷的新科技。2000 年，在电子行业巨头疯狂的股票期权交易推动下，州政府的财政收入增加了 210 亿美元，激增的政府预算有五分之一有了着落。这使得共和党州长皮特·威尔逊（Pete Wilson）和他的下一任民主党州长格雷·戴维斯（Gray Davis）有资本将对儿童保育机构和中心幼儿园的财政投入提高近三倍。到 1999 年，这两方面的拨款达到年均 31 亿美元。州立法机构中的女性和拉美裔立法委员组成的核心小组发挥的作用越来越强大［前一任主席为德博拉·奥尔蒂斯（Deborah Ortiz）］。女性立法委员们曾经在戴维斯州长的办公室静坐示威，直到他同意再次大幅增加儿童保育方面的经费后方才离开。

---

① Margaret Bridges, Bruce Fuller, Russell Rumberger, and Loan Tran, "Preschool for California's Children: Promising Benefits, Unequal Access" (Working Paper Series 05－1, Policy Analysis for California Education, Berkeley, 2005).

② Shannon McConville and Paul Ong, "The Trajectory of Poor Neighborhoods in Southern California: 1970–2000" (Washington, D. C.: Brookings Institution, 2003).

③ Children's Planning Council, "SPA Council Demographic Profiles," County of Los Angeles, http://www.lapublichealth.org/childpc/data/ddata.asp, accessed February, 28, 2006.

学前教育的时代

加利福尼亚州既有理想主义，又有如此悬殊的贫富差距，两者混在一起很可能造成一触即爆的局面。“金州”已经燃起熊熊的“文化战火”，争论的焦点常常是“学校应该为儿童提供怎样的教育”。20 世纪 90 年代，
148 选民们通过了一系列公民表决提案，目的是使得学童们“浸泡”在纯英语教室中，限制平权行动，削减为移民家庭提供的社会服务（这一条被州最高法院驳回）。加利福尼亚州已经进入没有任何一个单一族群构成多数人口的时代，本土主义的冲动，即以白人选民为主的许多选民所希望的、只保留一种语言和一种生活方式的梦想可能渐渐暗淡褪色。

尽管如此，从推动学校改革的温和派商业领袖，到开办幼儿园的少数族裔社区领袖等众多民间活动人士都面临着一个艰巨的挑战：如何在该由谁来开办以及以何种方式管理幼儿教育机构方面达成共识。部分问题出在制度上：仅洛杉矶就有 88 个市、82 个学区和 1100 多家非营利性机构，每年在为儿童提供服务方面花费的成本共计超过 180 亿美元。[①] 到了 20 世纪 90 年代中期，儿童保育已成为洛杉矶乃至萨克拉门托的重大公共政策问题，州长皮特·威尔逊提出制定“预防性政策”，包括扩大公立幼儿园的规模，以及提供新的保育选择，并进行立法，规定将其视为一种“工作福利”。后者导致人们对儿童保育的需求一时激增。

儿童保育成为公共议题

1972 年，加利福尼亚州史上第一位黑人教育局局长威尔逊·赖尔斯（Wilson Riles）首次将学前教育置于学校改革的核心位置。州立法机构批准了赖尔斯提出的他所称的“学前教育”（early childhood education, ECE）提案。这项提案巩固了现有的学前教育资金，同时还注入了新的拨

① Jacquelyn McCroskey, *Walking the Collaboration Talk: Ten Lessons Learned from the Los Angeles County Children's Planning Council* (Los Angeles: Los Angeles County Children's Planning Council, 2003).

款，用于各种儿童保育工作的开展，包括大幅扩大公立半日制幼儿园项目。这一项目以提前开端项目为蓝本，创建于 1965 年。儿童权利倡导人士还说服立法机构指定由州教育部，而非福利机构来监督这项学前教育议案的实施，并将它的重点放在提高教育质量和对蓝领工人家庭的帮助上，而不仅仅是迅速安排儿童进入保育机构，促使原本享受福利的母亲走上工作岗位。

自 1943 年以来，加利福尼亚州教育部一直监管着在联邦《兰汉姆法案》背景下设立的幼儿园。为满足战争所需，当时有成千上万的妇女在工厂和军事基地工作。每一所幼儿园都制定了与家庭收入挂钩的浮动收费计划，并为“丈夫在战争中牺牲或致残的妇女……提供特殊照顾”①。[“铆 149
工罗茜”（Rosie The Riveter）* 的形象最初出现在伯克利北部的里士满（Richmond）的造船厂，后来逐渐广为人知。]

早在 1927 年，州议会就开始对“日间托儿所”发放执照，当时联邦儿童福利局成立刚好 10 年。加利福尼亚州率先获得执照的两所学前教育机构分别是萨克拉门托的“恩典日间儿童之家”[Grace Day Home，它由方济各会（Franciscan）管理]，以及奥克兰市（Oakland）的“少数族裔儿童之家及日间托儿所”（Colored Children's Home and Day Nursery）。早在 20 世纪 70 年代，在自由主义活动人士的倡导下，加利福尼亚州就开始尝试使用保育券。这项尝试为家长提供了当地的“资源及转介机构”，帮助他们明了自己面临的选择，目的是让家长在面对各种类型的保育服务中做出更明智的决定。到 2002 年，州教育部已经与 1300 多家地方机构签订了

① “A History of Major Legislation Affecting Child Care and Preschool Funding,” *On the Capitol Doorstep* (2003), 1.

* “铆工罗茜”是第二次世界大战时美国女工的统称。第二次世界大战时期，男性去前线参战，政府就鼓励女性走进工厂，为抗战事业贡献力量。“铆工罗茜”这样的海报就应运而生了。她头戴鲜艳的红色头巾，身穿工作服，亮出有力的手臂，告诉所有女性“我们能做到”，明确地表达了女性坚强、有力的形象。它不但激励了百万美国女性投入工厂工作，同时也成为鲜明的时代符号。——译者注

合同——其中一半以上是社区机构，将公立幼儿园和幼托中心交给它们经营。①

加州大学伯克利分校自然是20世纪60年代学生反抗运动的大本营，它激发年轻的女权主义者采取了各种富有创意的政治行动。例如，1969年，有一个团体要求行政当局用一个女性主导的研究部门取代（美国在校学生的）预备役军官训练团办公室（Reserve Officers Training Corps office，ROTC office）。历史学家露丝·罗森（Ruth Rosen）回忆说，她与同志们一道在伯克利接管左派人士的KPFA电台，鼓励电台对与女性有关的新闻、文学和诗歌进行更多的报道。② 同时，伯克利年轻的母亲们，如贝蒂·科恩和帕蒂·西格尔开始关注儿童保育问题。由于当时无机构可选择，她们把自家客厅变成了日托合作社，并为其他寻求帮助的母亲开通了热线电话。

1973年，贝蒂·科恩创办了香蕉公司（Bananas），这是第一批为家长与儿童保育服务提供者提供资源和转介服务的机构之一，它们引发了一场席卷美国的热潮。西格尔在20世纪80年代早期将这些地方机构进行扩展，形成了一个遍布全州的网络，在倡导政府为儿童保育事业提供财政拨款方面做出了杰出的贡献。③ 如果你问州政府内部人士，为什么加利福尼亚州为儿童保育和幼儿园的拨款预算在20世纪90年代末几乎增加了三倍，那么西格尔是一个不得不提的名字。在洛杉矶南部，两位黑人领

① 估测结果所依据的数据参阅 Child Development Division，“Child Care and Preschool Programs：Local Assistance，All Funds”（Sacramento：Department of Education，2001），以及州教育部分管儿童发展的部门的琳达·帕菲特（Linda Parfitt）2003年12月发给我的个人邮件。对州政府与学校和社区机构签订合同的方式的相关考察见：Rachel Schumacher，Danielle Ewen，Katherine Hart，and Joan Lombardi，“All Together Now：State Experiences in Using Community-Based Child Care to Provide Pre-Kindergarten”（Working Paper，Washington，D. C.：Center for Law and Social Policy，2005）.

② Ruth Rosen，*The World Split Open*：*How the Modern Women's Movement Changed America*（New York：Viking，2000）.

③ 有关这段历史的部分回顾见：Joan Lombardi，*Time to Care*：*Redesigning Child Care to Promote Education*，*Support Families*，*and Build Communities*（Philadelphia，Pa.：Temple University Press，2003），131. 我于2005年1月13日与帕蒂·西格尔的访谈也有助于我理解这些早期发展对于当代的意义。

袖——爱丽丝·沃尔克·达夫（Alice Walker Duff）和卡伦·希尔-斯科特创建了水晶楼梯公司（Crystal Stairs Inc.）。1980 年，它成为一个庞大的机构，为贫困中南部地区的家庭提供支持。

20 世纪 90 年代初，发生在华盛顿的两个事件为加利福尼亚州的儿童
保育事业注入了新的资金和政治热情。第一件发生在 1990 年，老布什政 150
府同意为儿童保育提供整笔专项拨款，即联邦儿童保育专项资金，其中大部分通过保育券的方式流入幼儿园。1996 年联邦政府开始实行福利改革之后，针对儿童保育事业提供的拨款激增，这是震动学前保育领域的第二个事件。[①] 至 2000 年，加利福尼亚州领取现金援助的家庭数量减少了一半。这项政策的成功得益于越来越多的儿童保育机构的支持，越来越多的单身母亲也因此而走上了工作岗位。皮特·威尔逊州长于 1997 年签署了实施联邦改革的法规，包括大力发展由州政府资助的幼儿园和儿童保育项目，这些项目之前一直是由倡导者西格尔和女性核心小组推动的。接下来，又一个问题顺理成章地出现了：为什么努力工作的蓝领和中产阶级家庭不能从猛增的公共资金中受益呢？

研究者与记者

至此，政治辩论的核心不再是政府是否应该帮助家庭减轻儿童保育的负担，而是什么样的儿童保育机构应该得到政府的支持（比如以家长本身的偏好为依据），以及多大范围内的家庭可以从公共财政对学前教育的支持中受益。20 世纪 90 年代中期，媒体热衷于刊登婴儿脑发育的报道，质问福利改革是否会伤害幼龄儿童。更大范围的公众辩论促使政府机构和各大基金会投入资金，开展新研究，探究不同类型的儿童保育服务将如何刺激或阻碍幼儿的发展。认为幼儿园能够提高贫困家庭儿童认知和语言水平的最新研究结果一经发布，人们对此类机构的兴趣便越发高涨起来。

---

① 关于我们发表的有关儿童保育与发展整笔补助金的报告可参阅：Bruce Fuller and Susan Holloway, "When the State Innovates: Interests and Institutions Create the Preschool Sector," in *Research in Sociology of Education and Socialization*, vol. 11, ed. Aaron Pallas (Oxford: Elsevier Publishing, 1996), 1-42.

到20世纪90年代末，女权主义获取的进展在加利福尼亚州发挥了重要作用。拥有话语权的女性开始在加利福尼亚州各大报刊的编辑委员会任职，包括《萨克拉门托蜜蜂报》的苏珊娜·库珀（Susanna Cooper）和皮娅·洛佩斯（Pia Lopez），《圣何塞信使报》（*San Jose Mercury News*）的帕蒂·费希尔（Patty Fisher），以及《洛杉矶时报》的卡琳·克莱因（Karin Klein）；还有教育记者，她们由《纽约时报》的苏珊·奇拉（Susan Chira）、全美发行的报纸《教育周刊》（*Education Week*）的琳达·雅各布森（Linda Jacobson）和《洛杉矶时报》的卡拉·里韦拉（Carla Rivera）等先锋人物领导，对儿童的发展和年轻家长面临的压力尤为关注。这些女性对幼儿的日常生活以及公共机构应如何提升学前阶段的教育体验进行了深入的报道和细致的分析。

151 1997年，加利福尼亚州社会福利局请我所在的研究中心按照邮政编码分区，详细调研了全州各区县幼儿园和家庭托儿所的服务供应情况。面对层出不穷的新项目，如何合理地分配新增的财政拨款？这项研究有望将这个问题厘清。这项研究由克林顿政府设立的美国联邦儿童保育局联合资助，在帕蒂·西格尔的机构网点中进行。我们于1998年发表了研究结果，揭示了贫困和富裕社群在学前教育供给上的巨大差异。加利福尼亚州各大媒体对此进行了详细报道。2002年，我们再次开展调研。研究结果显示，保育券的大量发放促进了非正规保育机构数量的增加，但未能刺激幼儿园数量的增长。《洛杉矶时报》以“加利福尼亚州南部迫切需要幼儿园”为标题刊登了头条文章。[①]《纽约时报》的里韦拉报道了这份研究报告，而此前一个月，赖纳已经敦促县政府拨款1亿美元，用于普及学前教育运动。

20世纪90年代末，美国国家儿童健康与人类发展研究院资助了一项由社会学家安妮·佩布利（Anne Pebley）进行的社区研究，以了解洛杉矶的人口和工作结构如何导致儿童在发展上出现的差距。这项研究对65个社区的3010个家庭进行了两轮采访，结果令人吃惊。未能完成高中学

① Carla Rivera, "Southern California Need for Preschools Is Acute, Study Says," *Los Angeles Times*, July 19, 2002, B3.

业的母亲绝大多数为拉美裔，只有四分之一的受访母亲表示每周陪伴年幼的孩子（3—5岁）阅读的次数在3次以上。而在上过大学的母亲中，以这种频率伴读的比例占80%。极度贫困社区的家庭当中（家庭收入中位数为23391美元），略多于50%的家长称家中为学龄前幼儿准备的儿童读物至少在10本以上。而在非贫困社区（年收入中位数为55378美元），这一比例为89%。重要的是，研究发现低收入家庭和拉美裔家长对他们年幼的孩子表现出了相似程度的温情和关爱。①

随着这些新发现的问世，公众对幼儿的关注也不断增加，这为有效的宣传创造了条件。1998年秋天，选民通过的第10号提案犹如划过学前教育领域的又一道闪电。第10号提案由赖纳起草，提出对每包出售的香烟加收50美分的烟草税，起初每年可筹集7亿多美元。大部分收益不断流向各地的0—5岁幼儿及家庭教育委员会（First 5 Children and Family commissions）——共有58个委员会，每个县各设一个——以支持学前教育、儿童保健以及为0—5岁儿童的家长提供的项目。戴维斯州长任命赖 152
纳为加利福尼亚州0—5岁幼儿及家庭教育委员会主席，赖纳随后聘请了头脑精明、办事认真的萨克拉门托资深人士简·亨德森（Jane Henderson）担任执行理事。

赖纳早期对婴幼儿的关注已经一去不复返了。他的新事业在各县刚刚组建的0—5岁幼儿及家庭教育委员会中几乎未能获得任何进展。已有部分研究证实，年轻家长常在私下里表示，他们更愿意把孩子送到家庭式托儿所，那里的负责人他们都认识，而且能够信任。家长们究竟想要为自己年幼的孩子做出怎样的选择呢？这个问题不久便让赖纳的委员会感到忧心忡忡，而且在洛杉矶的重要人物之间引发了激烈的争论。

当普及学前教育运动在加利福尼亚州开展之时，另一项研究同样引发了争议。众议员维尔玛·尚（Wilma Chan）等政界人士也被卷入其中。维尔玛·尚要求州立法机构的研究机构估测当前的入园率，得到的数字是

① Sandraluz Lara-Cinisomo and Anne Pebley, "Los Angeles County Young Children's Literacy Experiences, Emotional Well-Being and Skills Acquisition: Results from the Los Angeles Family and Neighborhood Study" (Santa Monica: RAND Corporation, 2003).

47%，即在所有3—4岁的儿童中，有不到一半上了幼儿园。[①] 但是，当加州大学伯克利分校的玛格丽特·布里奇斯计算该州4岁儿童的入园率时——这是赖纳新发起的公民表决提案唯一关注的焦点——她发现，根据联邦政府的数据，1998年有62%的4岁儿童在幼儿园就读。兰德公司的研究人员林恩·卡罗里根据另一份资料估计，这个数字接近65%。[②] 事实证明，这些数字让普及学前教育运动的领袖们很是头疼，因为在佐治亚州和俄克拉何马州，上幼儿园儿童的比例最高也只能达到或接近70%。入园率已经如此之高，似乎已经不需要"普及"了。

将学前教育的"疫苗"注入学校改革

1998年加利福尼亚州州长选举的两个月后，格雷·戴维斯州长效仿肯塔基州和得克萨斯州的举措，提出了一项雄心勃勃的公立学校问责法案。加利福尼亚儿童的阅读成绩在全美范围已降至最低水平，仅高于亚拉巴马州和密西西比州。1993年进行市长选举时，只有五分之一的洛杉矶选民称教育是他们最担心的问题。而到2001年，47%的选民表达了这样的担忧。[③]

153 作为回应，戴维斯州长敦促学校更为频繁地进行考试，更多地关注少数族裔的进步，并对只取得一定进步或仍然落后的学校采取"胡萝卜加大棒"的政策。立法机构配合戴维斯的政纲，迅速采取了行动，在1999年夏天之前通过了法案的大部分内容，又过了两年，联邦政府才通过《不让

---

① Elias Lopez and Patricia de Cos, "Preschool and Child Care Enrollment in California" (Sacramento: California Research Bureau, State Library, 2004). 该估测数据接近加州大学洛杉矶分校为加利福尼亚州0—5岁幼儿及家庭教育委员会所做的调查，其结果为3—5岁（还没上学前班的）儿童的登记报名比例为49%。参阅：Moira Inkelas, Ericka Tullis, Robin Flint, Janel Wright, Rosina Becerra, and Neal Halfon, *Public Opinion on Child Care and Early Education, California 2001* (Los Angeles: University of California, Center for Healthier Children, Families and Communities, 2002).

② Lynn Karoly and James Bigelow, *The Economics of Investing in Universal Preschool Education in California* (Santa Monica: RAND Corporation, 2004).

③ David Halle, ed., *New York and Los Angeles: Politics, Society, and Culture* (Chicago: University of Chicago Press, 2003), 32.

一个孩子掉队法案》，加大了学校问责的力度。由于与互联网相关的收入仍源源不断地流入州库，萨克拉门托有能力每年给学校新增 20 多亿美元拨款，其中就包括支持发展幼儿园项目的款项。

系统性改革带来的压力——包括州政府规定的学习目标、课程标准和对儿童认知水平进行的评估——渐渐渗透到学前班和幼儿园的课堂中。德莱纳·伊斯廷（Delaine Eastin）在 20 世纪 90 年代曾担任州教育局局长多年，她组建了两个委员会。这一举措意味着加利福尼亚州政府领导人已经开始重视幼儿教育的问题，也标志着将幼儿园与 K-12 学段的问责制相结合的呼声越来越高。

伊斯廷组建的第一个委员会接受帕卡德基金会的资助，并于 1998 年 3 月发表了报告，详述如何在 10 年之间建立一个普及学前教育的系统，提出了每年新建 1500 所幼儿园的建议。[①] “就像突然发现一种有效的脊髓灰质炎（小儿麻痹症）疫苗一样，”德莱纳·伊斯廷说，“只要读过这份研究报告，看到幼儿园能给孩子们带来什么，你就会觉得，不呼吁普及学前教育简直罪大恶极。”[②] 这个特别工作组的负责人是曾在加州大学洛杉矶分校任教的卡伦·希尔-斯科特教授，也是水晶楼梯公司的联合创始人。

事实证明，这个特别工作组走在了时代的前面，他们为数年后更具有针对性的规划做好了铺垫。这表明州政府对为幼儿创设正式机构的兴趣越来越浓厚，进而意味着州政府可能会建立一个由该州首府萨克拉门托统一管理的系统。这让普及学前教育倡导者中的保守派感到不安。罗伊娜·皮内达（Rowena Pineda）说，一个名为“家长之声”（Parent Voices）的组织担心“3 岁大的孩子就得参加考试”。皮内达提到她年幼的儿子，她赞同福禄贝尔和皮亚杰的观点，并补充道：“我只是想确保他获得对自己有帮助的社会技能，而且能快乐。”[③] 其实早有全美范围内的调查表明，家

---

① California Department of Education, “Ready to Learn: Quality Preschools for California in the Twenty-first Century” (Sacramento: Child Development Division, 1998).

② Carol Brydolf, “Toddler Tech: Making the Case for Universal Preschool,” *California Schools* (Winter 2004).

③ Leslie Weiss, “Free Preschool for All? California Department of Education Task Force Calls for Quality Public Programs for All Three- and Four-Year-olds,” *Children's Advocate* (May-June 1998).

长最担心的是与儿童社会性发展有关的问题。

德莱纳·伊斯廷局长要求另一个委员会为公立幼儿园制定学习标准，该委员会的成员包括苏珊·霍洛韦、萨姆·迈泽尔斯（Sam Meisels）、玛
154 琳·泽佩达和埃德·齐格勒等发展主义者。伊斯廷发布了一份前所未有且不具约束力的课程指导方针，同时她宣称“普及学前教育是美国必须接受的又一个重要理念，……（它）比把人送上月球更重要”①。该特别工作组经过细致的衡量与斟酌，制定并公布了一套学习目标与课堂实践活动，敦促幼儿教师创造“各种各样的体验，以刺激他们（幼儿）在认知、社会性、身体和情感方面的成长”。这份标准要求教师在设计课堂活动时将州政府新颁布的学前班标准考虑在内，关注儿童社会情感方面的发展，明白“玩耍在儿童学习中扮演的角色”。“情绪的自我调节”与“创造力和自我表达”等传统的社会化目标也被纳入这份标准之中。

然而，政策制定者可能会对幼儿的各种能力不够了解，这或许是因为这些软能力被学校问责制的压力掩盖了。“到 2001 年，有相当一部分人对建立一个囊括所有学区的系统感兴趣。”希尔-斯科特用不赞成的语气对我说。那一年，加利福尼亚州州府萨克拉门托的民主党人力主将学前教育与激进的学校问责制结合起来。2002 年，就在连任竞选的几周前，戴维斯州长发表了一份声明，强调“儿童保育项目和幼儿园项目应当将重点放在孩子们在学前班获得进步所需的技能上”②。接替德莱纳·伊斯廷教育局局长一职的国会议员杰克·奥康奈尔在其后进一步强调了这一理念，他提出一项法案，规定所有 3—4 岁的儿童都应该具备的认知技能包括了解公民的责任，以及理解“国家象征”的神圣性和重要性。

与此同时，赖纳成立不久的洛杉矶儿童与家庭委员会（后更名为加利福尼亚州 0—5 岁幼儿及家庭教育委员会）受到了抨击。内德·罗斯科

① California State Department of Education, *Pre-Kindergarten Learning and Development Guidelines* (Sacramento: Child Development Division and Health and Education Communications Consultants, 2000), v, 13, 16, 19, 20.

② On the Capitol Doorstep, "Governor Responds to Child Care Questions and Other News" (e-mail bulletin, Sacramento, November 1, 2002).

（Ned Roscoe）是烟草连锁店“实惠香烟”（Cigarettes Cheaper）的负责人，他起草了一个废止第10号提案的公民表决提案。“别让罗布·赖纳做你孩子的妈妈。”罗斯科对赖纳提出了质疑，“孩子们真正需要的是父母的爱。”选民们最终否定了罗斯科的提案。[①] 2001年，加利福尼亚州0—5岁幼儿及家庭教育委员会进入高速运转时期，为当地的入学准备项目提供了2.065亿美元的资助，旨在将儿童保育服务提供者、幼儿园教师和学前班管理人员团结在公立学校内部。对于有意接受更多培训和试点性职前培训的幼儿园教师，该委员会出资给予薪酬奖励。委员会还与洛杉矶一家公关公司签订了一系列媒体宣传合同，内容包括宣传学前教育的好处。这一举 155
措最终给赖纳带去了困扰。[②]

2001年，加利福尼亚州新兴的普及学前教育运动以另一种形式获得了合法性，当时州立法委员们任命了一个委员会，为如今被人们称为P-12的学段制定新的总体规划，其政策术语不再仅仅是K-12。随后，赖纳的加利福尼亚州0—5岁幼儿及家庭教育委员会自愿出资成立了一个由50多名成员组成的“入学准备工作小组”，并再次由希尔-斯科特担任负责人。耶鲁大学的莎伦·林恩·卡根（Sharon Lynn Kagan）受邀担任首席顾问，早前撰写婴儿脑研究综述的里马·肖尔起草了这一规划的大部分内容。

在这个委员会成立四年后，第二份普及学前教育的计划于2002年发表了。这份计划更为详细，加上恰逢政府收入随互联网行业的溃退而减少，因而显得愈加野心勃勃。它敦促政府为婴幼儿提供“从出生开始的……有保障的优质儿童发展服务”，并为所有3—4岁的儿童提供普及性的学前教育。[③] 计划中提出的理念将各个年龄阶段都包含在内，因此，先

---

① 对废除赖纳的第10号提案过程的回顾见：Magellan Health Services，“Prop. 10：These Cigarettes Are Good for Children”，www. magellanassist. com/mem/library/default. asp? TopicId = 268& CategoryId = 0&ArticleId = 46，accessed May 1，2005.

② 我们的研究中心受邀对该委员会在师资发展方面取得的成效进行了评估。评估报告在以下网址可查：pace. berkeley. edu。

③ 该计划的相关回顾见：California First 5 Children and Families Commission，“Recommendations of the School Readiness Working Group for the New Master Plan for Education，” *Building Blocks* 2，no. 1（March 2002）.

前对婴幼儿的关注又重新回到了大众的视线中。

耶鲁大学的莎伦·林恩·卡根还提出了一个颇为激进的观点，她认为学校应当为幼儿做好准备，而非要求幼儿做好入学准备，并主张每个学区起草一份“学校准备方案”，以确保提供“丰富的、以标准为基础的课程，……并在整个小学阶段持续为家庭提供支持和服务”，这是对格塞尔的全面发展观（holistic conception of development）的回归。赖纳的“入学准备工作小组”下设的以家庭为导向的附属委员会敦促州立法机构“鼓励家庭带薪休假，并鼓励（雇主）实行对家庭友好的制度”。

随着加利福尼亚州预算赤字的激增，施瓦辛格取代戴维斯成为州长，赖纳转而将洛杉矶作为路演宣传的阵地。事实证明，这一策略有效地维持了普及学前教育运动残存的活力，并很快催生了多种多样的县级项目，增加了儿童的入园机会，提高了幼儿园的教学质量。由此，将大型幼儿园系统与民主党领导人推动 K-12 学段的学校问责制的努力相结合的想法，终于得到了明确的落实。一个更紧密、更忠诚的倡导者圈子出现了，希尔-斯科特便是这个圈子成员在思想上的领袖。赖纳从克林顿政府请来了一名年轻的政治活动运营高手本·奥斯汀（Ben Austin），以协助自己寻找这副政治拼图缺少的碎片。事实证明，事情远比这些活动人士所以为的更令人困惑，也更容易引发争议。

156

普及学前教育运动的文化政治格局

自 1999 年成立以来，洛杉矶儿童与家庭委员会进行了两次战略规划，以确定哪些事项应该提前进行。他们最终制订了一项方案，并给自己拟出了一个更“够味儿”的名字，即洛杉矶 0—5 岁幼儿及家庭教育委员会。但在赖纳看来，最值得注意的是这个委员会花的并不是他们自己的钱。由于烟草税的收入以每年约 1.65 亿美元的速度稳定增长，而委员会最初行动迟缓，因此他们账户上的数字增长得十分迅速。由于烟草业早前曾抨击过 0—5 岁幼儿及家庭教育委员会，这种情况可能引发政治风险。2002 年年初，在萨克拉门托遭遇挫折的赖纳再次与洛杉矶的激进派普及学前教育倡导者和温和派共和党人携手合作，营造起了更大的势头。

游戏参与者所持的政策框架

在为洛杉矶儿童与家庭委员会展开宣传之前，赖纳做了充分的准备。他会见了两位关键人物，第一位是泽夫·亚罗斯拉夫斯基（Zev Yaroslavsky），他是洛杉矶县监事会的资深成员（监事会管辖着面积广大的洛杉矶大都会区），也是洛杉矶儿童与家庭委员会的主席。亚罗斯拉夫斯基希望将该委员会筹得的资金用途扩大到为蓝领家庭的儿童购买健康保险，这些家庭的收入超出美国联邦医疗补助制度所规定的水平，无法享受医疗保险，可他们的雇主又未能提供健康方面的福利。本·奥斯汀当时估计，如果要为洛杉矶7.8万名尚未接受学前教育的4岁儿童提供半日制学前教育，需要投入9500万至1.4亿美元。[①] 委员会的主要成员达成协议，将累积的收入进行分配，一部分用于购买儿童健康保险，另一部分用于普及学前教育。

强势的县监事会成员的介入不断挑战着赖纳和他的小圈子。两年后，洛杉矶的政治人物们极力要求洛杉矶普及学前教育理事会（Los Angeles Universal Preschool，LA-UP）遵守公开会议的法规，在各个立法选区平等分配拨款，希尔-斯科特表示："令我感到悲哀的是，在管控和管理问题上达成一致需要付出如此巨大的努力，……这在某种程度上颇似一场政治运动。"[②] 然而，当监事唐·克纳贝（Don Knabe）成为洛杉矶0—5岁幼儿及家庭教育委员会的主席时，他评论道："到头来，他们（选民）不会追究洛杉矶普及学前教育理事会的责任，他们会追究政府的责任。"[③]

---

① 78366名4岁儿童未能进入幼儿园，这一数字来自：Karen Hill-Scott，"Universal Preschool：Master Plan"（Los Angeles：First 5 LA，2004），31. 假设4岁儿童的幼儿园入园率最高将达到70%，希尔-斯科特估计每年需要增加32397个幼儿园入学名额。

② Carla Rivera，"A Compromise on Preschool Plan：After Weeks of Debate County Officials Agree on the Makeup of a New Agency to Oversee ＄600 Million Program，" *Los Angeles Times*，July 13，2004，B3.

③ 引自我于2005年3月2日对唐·克纳贝的采访，约翰·穆塞拉（John Musella）和琳达·塔尔诺夫（Linda Tarnoff）在场。

157 赖纳会见的第二个关键人物是前科罗拉多州州长罗伊·罗默（Roy Romer），他如今管理着洛杉矶联合学区（L. A. Unified School District）。在进行首次提案推介的前一周，我与赖纳聊了聊。他说："罗默将通过债券发行支持我们（包括从一项新的债券受益中获取资金为幼儿园购买设备），但他似乎被其他事情搞得焦头烂额。"罗默从未真正参与过普及学前教育运动。据希尔-斯科特说，罗默在"2002 年站出来说：'我们与幼儿园没有任何关联。'"洛杉矶市教育委员会主席卡普里斯·扬（Caprice Young）是前市长理查德·赖尔登（Richard Riordan）的温和派圈子里冉冉升起的一颗新星，她参加了洛杉矶儿童与家庭委员会的会议，支持赖纳的呼吁。但是她也提出警告：大多数小学已经过于拥挤，无法为幼儿园腾出教室了。

一方面，罗默的支持显得不温不火；另一方面，来自加州大学洛杉矶分校的尼尔·哈尔丰在一份备忘录中表示，不会支持小学附设的幼儿园系统。因此，2002 年 6 月的提案"强调早期阅读和数学技能，（但这一工作）主要利用现有的私人和公共领域的保育中心，而非由政府建立大量新学校"。[①] 仅仅 16 个月后，赖纳突然重新考虑在小学附设幼儿园系统，并与加利福尼亚州教师协会（California Teachers Association，CTA）联手，为他的第一次普及学前教育公民表决提案开展宣传。但是，0—5 岁幼儿及家庭教育委员会委员、南加州大学（University of Southern California，USC）社会福利学教授杰奎琳·麦克罗斯基（Jacquelyn McCroskey）认为，在洛杉矶的多元化政局中，"必须有足够多的观点、团体和个人参与其中，而这是一个巨大的挑战"[②]。

赖纳成功地组织了投票，洛杉矶 0—5 岁幼儿及家庭教育委员会指导员工设计了一个覆盖全县的普及学前教育系统，并拨出 1 亿美元作为头期

---

① 相关总结内容见：Evelyn Larrubia and Carla Rivera，"Reiner Urges Preschool Access for All，" *Los Angeles Times*，June 14，2002，B3.

② Carla Rivera，"Universal Preschool a Daunting Task：Experts Say a Plan for a Countywide System Will Require Consensus-Building，Political Support，" *Los Angeles Times*，September 16，2002，B1.

款。2003 年 11 月，希尔-斯科特和她的咨询公司被任命为这一系统的筹备负责人。如《洛杉矶时报》记者卡拉·里韦拉所言，希尔-斯科特“将团结社区领袖、儿童保育倡导者、教育工作者和家长们等各种难以驾驭的团体来完成这个项目”①。

2003 年年初，洛杉矶的区域性普及学前教育提案筹备拉开了帷幕，舞台上出现了形形色色的演员，扮演着各自的角色，只是场面并不总是那样和谐。希尔-斯科特巧妙地在两个不同的层面进行周旋，一个是舞台，另一个是后台——此处用戏剧来打比方显得异常贴切。首先是旷日持久的动员会：召集地方政客、儿童保育利益相关人士、社区机构、学校官员和学者等 150 多人，召开了八次动员会议，其中有几次是在耗资 1.89 亿美元新建的天主教堂——“天使之女”主教大教堂（Our Lady of the Angels）中召开的。希尔-斯科特的公司还提供了精致的餐食。人们吃着喝着，礼 158
貌地说着俏皮话。“这简直是个巡回马戏团。”一名与会者说。特别工作组的联合主席戴利·赖尔登和有望担任市长的罗伯特·赫茨伯格（Robert Hertzberg）坐在前方一个高高的平台上观看会议进程（这不禁叫人联想到剑桥大学那张高桌子*）。

在仲夏时节召开的一次会议上，赖纳从高桌旁站起来，向围坐在天主教堂中 18 张圆桌旁的特别工作组成员提出告诫。他说，他们的组织将“搁置内斗”。他和希尔-斯科特正承受着将婴幼儿纳入普及学前教育计划的压力，但“公众能够理解、愿意支持的两个领域……是幼儿园和医疗”。他对济济一堂的人们说到，这一次（提案）将主要针对 4 岁儿童进行筹备。“我们要将这笔投资用于满足公众的意愿。”赖纳说，“洛杉矶是为学前教育建立真正的基础设施的关键力量。”② 那天晚些时候，针对新的幼儿园系统中教师应该具有本科学历，还是更低的学历也可以接受这一问

① Carla Rivera, “Veteran Educator to Head County's Preschool Effort,” *Los Angeles Times* November 15, 2002, B5.

* 意指“高桌晚宴”，从英国牛津大学、剑桥大学传统的学堂晚餐基础上发展而来。高座位只有晚宴主席、演讲嘉宾及特邀嘉宾等高桌成员可以就座。——译者注

② Rob Reiner, “Presentation at the Universal Preschool Master Plan Advisory Committee” (Los Angeles, Our Lady of the Angels Cathedral, June 20, 2003).

题，我们应要求进行了表决。在这次会议上，人们还遵照新英格兰式的直接民主制*原则，制定了一些其他的相关政策。

如前所述，希尔-斯科特同时还兼顾着筹备工作的另一层面——“后台”工作，希尔-斯科特组织特别工作组细心研究了普及学前教育设计的关键特性。0—5岁幼儿及家庭教育委员会应该资助半日制课程还是全日制课程？幼儿园应该由什么机构运营？哪些可能的质量标准真正与儿童的发展有关？家长应如何参与其中？事实证明，约列·弗洛里斯·阿圭勒与她的社区盟友们在以社区拓展委员会（community outreach committee）为基础为洛杉矶的学前教育设计蓝图的过程中，渐渐偏向了一个极富包容性的方向：以社区和公立学校为核心的学前教育中心——包括家庭托儿所——都有资格经营普及学前教育项目。① 希尔-斯科特在接受我们的访问时说：“我认为我的工作就是回应需求，尽量兼容并包，不与人起冲突。”她回顾自己通过水晶楼梯公司在社区扎下的根基：“你不可能叫学区的人直接冲进社区接管幼儿园。”她说：“我可以找到一个一刀切式的系统，那是最简单的方法，……可是它不够负责，也缺乏文化敏感性。”

在一年的筹备过程中，该由谁来运营社区幼儿园始终是个棘手的问题。首先，洛杉矶的公立学校对管理幼儿园缺乏热情，那么县里的哪个机构应该为普及学前教育项目负责呢？这个问题又回到了更为广泛的关于幼
159 儿园存在理由的框架中了。这个人性化的机构是应该专注于偏狭的教学任务，即专注于传授学科知识并将4岁的儿童塞进学校；还是应该从更宽广的角度，从约列·弗洛里斯·阿圭勒或尼尔·考夫曼的立场来考虑（以一个更全面的视角看待儿童培养的问题，并尽量鼓励家长参与，促进社区的凝聚力）？

其次，如果公立学校不负责管理洛杉矶的学前教育系统，教学质量的基准或课程大纲该如何制定？这个公立幼儿园系统是否应该依赖于质量的

* 直接民主制，“间接民主制”的对称，是指全体公民遵循多数统治的原则直接参与政权工作或直接行使政治决策权的民主制度。——译者注

① 有关特别工作组强调的基本概念和主题，参阅：Karen Hill-Scott，“Universal Preschool：Master Plan”（Los Angeles：First 5 LA，2004），33-41.

替代性（结构性）指标，比如班级规模、师幼比或教师资格的级别？或者，执行机构是否应该推行一种特定的课堂教学方式，如同俄克拉何马州一样，让学业技能和《不让一个孩子掉队法案》的逻辑占领上风？佐治亚州和新泽西州制定了各种各样的课程体系，供幼儿园的管理者选择。洛杉矶学区为了建立自己的学前教育网络，在 2003 年实施了一项名为“发展性教学材料”（Developmental Learning Materials Express）的半固定化课程体系。该学区的管理人员伊梅尔达·弗利（Imelda Foley）告诉我，该课程体系“与加利福尼亚州的幼儿园课程大纲挂钩”。“想想《不让一个孩子掉队法案》——即使这并不适用（于幼儿园），……我们仍希望将教师资格证书（和课程实践）与之结合在一起。”①

在筹备工作中，有一点从未在洛杉矶多元化的政治局面中引起过争议。人们很快就达成共识，认为普及学前教育的政策方案应该把重点放在已确定的“重点地区”，即贫困程度高、几乎没有幼儿园的地区，这些地区都有对应的邮政区号。加州大学洛杉矶分校人口统计学家利奥·埃斯特拉达（Leo Estrada）根据这些标准绘制了重点地区分布图，结果发现其中一半明显位于监事格洛丽亚·莫利纳（Gloria Molina）负责的校区，而她多年来一直支持以社群为核心发展儿童保育服务。一时间争议不断。最后，第一批 200 所“幼儿园”更为平均地（其中一半实际上是家庭托儿所）分布在五位监事负责的校区。但实际上，执行机构最初的拨款集中在低收入社区。洛杉矶的“普及”学前教育运动依旧越来越集中地针对为低收入家庭提供服务。

哪些机构获准参与？

在 20 世纪 90 年代末，普及学前教育的倡导者们已经意识到了儿童保育和学前教育之间的显著区别。萨克拉门托的并行研究小组（tandem study panel）提出了“入学准备”的概念，并提到了高质量的学前教育。倡导者利比·多格特在华盛顿提出的主张值得铭记：“我认为我们在儿童

① 引自我于 2004 年 3 月 3 日对梅尔达·弗利的采访。 160

保育工作方面犯了一个巨大的错误。我们不该在学前教育的质量上有任何妥协，即使这意味着（幼儿）入园率增长缓慢。”一小群遍及全美的普及学前教育的倡导者希望推广些新事物，那是曾经只有在如佩里幼儿园项目这样精细的实验项目中才能展现的事物。他们还希望与20世纪90年代早期在儿童保育资金方面取得巨大成就的倡导者划清界限，那些人当中有很多并未加入普及学前教育运动的潮流。

然而，随着筹备工作的推进，希尔-斯科特想起从前的观点：家长的工作安排各不相同，对照料者的偏好也不同，他们希望有更多的选择。20世纪90年代初，学前教育领域受到主张自由选择的政策框架主导，这与洛杉矶的政治文化非常契合——洛杉矶本来就有着非常多样的学前教育机构。洛杉矶的儿童保育负责人凯茜·马拉斯克-萨穆（Kathy Malaske-Samu）说：“我想罗布和部分学区把它当作了一个以公立学校为中心的项目。这在（学前教育）领域是无法接受的。多样化的选择大有益处。（需要学前教育的）人数实在是太多了，仅凭公立学校实在无法容纳迅速增长的需要入园的儿童。”她还强调，学校只提供半天的课程，如果家长全天都得工作，下午就只能把4岁的孩子送到另一所幼儿园或另一位照料者那里去。

资金究竟应该给学校还是社区机构？就这个问题，洛杉矶0—5岁幼儿及家庭教育委员会已经与它位于萨克拉门托的上级委员会和赖纳的执行理事简·亨德森展开了争论。联邦政府提出的“健康开端”（Healthy Start）提案意图通过公立学校为更多儿童和孕产妇提供健康服务，这项提案落败时，亨德森在州教育部担任要职。“她讨厌社区机构。”一位洛杉矶0—5岁幼儿及家庭教育委员会的委员告诉我。另一名支持社区机构的活动人士称，亨德森把“学校视作普及的纽带。……普及学前教育成了公立学校的一部分，以前公立学校的教育从5岁开始，现在从4岁就开始了”。州委员会在为入学准备机构发放相应的拨款，进而将公立学校与儿童保育服务的提供者彼此联系起来时，“拒绝了社区机构的提议，……大多数（补贴）都发给了学区”［长滩社区理事会（Long Beach neighborhood council）的负责人玛丽·哈默（Mary Hammer）说］。

2003 年，由于几个关键角色的出现，混合市场格局得以形成。在他们的推动下，许多有资格获得普及学前教育运动资助的社区机构加入了这个市场。确保由社区非营利性组织、教堂，甚至营利性机构运营的幼儿园 161
能够参与洛杉矶的新项目，这是当时的一条原则。当地的家庭托儿所协会也加入了这一行动，他们参与希尔-斯科特的特别工作组，并有时与阿圭勒和各地服务规划区委员会（Service Planning Area council，SPA council）结盟。正如圣费尔南多谷协会（San Fernando Valley association）的会长南希·怀亚特（Nancy Wyatt）所言："在其他一些州，家庭式保育服务的提供者有过很糟糕的经历，人们承诺会给他们机会（加入普及学前教育项目），最后却叫他们大失所望。"① 筹备工作进行到中途，来自英格尔伍德市（Inglewood）的心理学家科琳·穆尼（Colleen Mooney）提出抗议："从事学前教育的人自以为自己明白什么对所有孩子最好。这个项目根本不尊重家长的选择，……他们对体制化的安排有明显的偏好。"

教师工会有意无意地在多样化的儿童保育机构与将幼儿园纳入公立学校的努力之间制造了隔阂。2001 年，加利福尼亚州教师协会的杂志刊登了一篇文章，副标题是"学前教育如今是件严肃的事情"②。2003 年秋天，赖纳与加利福尼亚州教师协会联手推进第一次的普及学前教育表决提案，教师工会为这项昙花一现的事业派出组织和法律方面的工作人员各一人。与之相似的情况还曾出现在 2005 年年初，当时赖纳重组了自己的小班子，打算起草一份新的公民表决提案，美国教师联合会（加利福尼亚州教师协会的上级工会，也是美国全国教育协会的竞争对手）也从华盛顿派出了一名工作人员。支持普及学前教育运动的基金会为公立学校的游说团体提供资助，为议案造势。例如，帕卡德基金会向加利福尼亚州学校理事会协会（California School Boards Association）提供了一笔资金，用于向当地成员宣

① Carla Rivera, "Universal Preschool a Daunting Task: Experts Say a Plan for a Countywide System Will Require Consensus-Building, Political Support," *Los Angeles Times*, September 16, 2002, B1.

② "Once Looked Upon as Child's Play: Preschool Education Is Now Serious Business," *California Educator* 5, no. 6 (March 2001).

传这一主题。

倡导者还将注意力集中在对民调数据的共同解读上。2001 年，赖纳的洛杉矶 0—5 岁幼儿及家庭教育委员会第一次对民意进行评估，发现支持普及学前教育运动的民众寥寥无几，尤其是拉美裔家庭。① 他们重新从华盛顿聘请了民意调查专家彼得 · D. 哈特，重新设计了问卷，增加了比如“是否应该为 4 岁或更年幼的儿童提供有组织的教育”这样的问题。以这种方式提出问题能够避免被其他儿童保育形式干扰视听，得到的正面回答也随之增加。② 受访者样本随机从潜在选民中抽取，并不一定都是为人父母者。当问题涉及婴幼儿时，人们普遍对政府的介入感到紧张。洛杉矶县儿童保育负责人凯茜 · 马拉斯克-萨穆等人试图将政策重点集中于整个
162 0—5 岁年龄段的儿童，但她在报告中称“赖纳的民意调查显示，公众意不在此”。她补充道：“但他们的确让 4 岁儿童做好了入学准备。”

在各种各样的儿童保育服务中，家长真心倾向于选择哪一种？在希尔-斯科特负责的筹备过程中，这个问题一直被反复地讨论。波莫纳大学（Pomona College）的雷蒙德 · 布列尔（Raymond Buriel）和玛丽亚 · 乌尔塔多-奥尔蒂斯（Maria Hurtado-Ortiz）早前的一项研究发现，在拉美裔家长当中，为 5 岁以下儿童选择幼儿园的比例不到六分之一，无论这些家长是否出生于美国。③ 我和张岳文对美国国家儿童健康与人类发展研究院的家长调查数据进行分析，发现整个洛杉矶县的情况与之相似，即拉美裔家长选择家庭托儿所的比例更高。④ 然而，我们的研究所展示的是一个典型的“先有鸡还是先有蛋”困局：如果家长在所处社区中找不到负担得起的

---

① Moira Inkelas, Ericka Tullis, Robin Flint, Janel Wright, Rosina Becerra, and Neal Halfon, *Public Opinion on Child Care and Early Education, California 2001* (Los Angeles: University of California, Center for Healthier Children, Families and Communities, 2002).

② Peter D. Hart Associates, “Is California Ready for School Readiness? A Statewide Survey of Attitudes Toward Early Education” (Sacramento: First 5 California, 2003), 8.

③ Raymond Buriel and Maria Hurtado-Ortiz, “Child Care Practices and Preferences of Native- and Foreign-Born Latina Mothers and Euro-American Mothers,” *Hispanic Journal of Behavioral Science* 22 (2000), 314-331.

④ Neal Halfon, Margaret Bridges, Jeanne Brooks-Gunn, Bruce Fuller, Alice Kuo, and Michael Regalado, “Mexican American Preschool Study” (unpublished manuscript, Los Angeles: University of California, Los Angeles, School of Medicine, 2005). 数据分析由张岳文完成。

幼儿园，或得不到由政府资助的幼儿园的入园机会，那么对他们来说，上幼儿园就算不上一个真正的选择。

为了更加准确地了解家长的偏好，希尔-斯科特请加州大学洛杉矶分校的利奥·埃斯特拉达组织了一系列焦点小组座谈*。她们得到的答案是：在各个社会阶层，都有相当一部分人大力支持开办幼儿园。然而，约列·弗洛里斯·阿圭勒与她的社区理事会负责人对家长们的选择关注程度更高，他们不相信这个结果。因此，在 2003 年夏天，也就是筹备的中期阶段，阿圭勒获得 0—5 岁幼儿及家庭教育委员会划拨的资金，对 3201 位家长进行了更为广泛的调查，调查过程由当地服务规划区委员会的工作人员和志愿者实施。

在接受调查的育有幼儿的家长当中，近 48%的人不会说英语，47%的人使用了某种形式的保育服务。在选择保育服务的这 47%的家庭中，6 岁以下儿童上幼儿园的比例为 28%，另有 10%上的是家庭托儿所。所有族裔的家长都表示自己有意让孩子从 3—4 岁开始入园。约 12%的家长说他们更愿意选择家庭托儿所，这个比例颇为惊人。大多数家长强调前阅读技能和社会化发展的重要性。许多人表示，他们明白前阅读技能对孩子往后在学校的表现意义重大。①

也有人鼓励希尔-斯科特以洛杉矶现有的形形色色的学前教育机构为基础进行建设。根据凯茜·马拉斯克-萨穆早前对全县情况做的分析，家庭托儿所协会认为，在获得政府许可的家庭托儿所中还有大量学位空缺，确切地说，是有将近 4000 个学位空缺。② 服务范围从洛杉矶机场南侧一直延伸到长滩的服务规划区的儿童保育工作组发表了一份立场声明：“我们 163
反对将所有 4 岁儿童统一安置到体制化的、正式的教育机构中的主张。家

* 即采用小型座谈会的形式，挑选一组具有同质性的消费者或客户，由一个经过训练的主持人以一种无结构、自然的形式与一个小组的具有代表性的消费者或客户交谈，从而获得对有关问题的深入了解。——译者注

① Children's Planning Council，“Universal Preschool Initiative：Parent Survey Findings Report”（Los Angeles：Los Angeles County，2003）.

② K. Malaske-Samu and A. Muranaka，*Child Care Counts：An Analysis of the Supply and Demand*（Los Angeles：County Chief Administrative Office，Child Care Planning Committee，2000）.

庭托儿所的主要优势之一，便在于它尊重家长面对各种项目时进行自主选择的权利。"①

这一声明呼应了一个儿童保育机构的组织者米歇尔·希尔塞雷兹的观点："从设备的角度看，……根本就不可能将洛杉矶所有的孩子都送进公立小学附设的幼儿园。这些（开办家庭托儿所的）女士真的很需要帮助和资源，……身处这个行业的人都明白，你们不能再一次拒绝她们了。"②其他洛杉矶团体也一直在组织家庭托儿所的经营者，其中包括就职于当前社区变革协会（Association of Community Organizations for Reform Now, ACORN）的约翰·杰克逊（John Jackson）。杰克逊对我说："将洛杉矶联合学区视为救命稻草，不过是往棺材上多钉一颗钉子而已。他们不能把自己的想法强加于人。"③ 另一位社区机构的支持者说："我认为卡伦·希尔-斯科特不了解民间机构，……她离这些群体很远。"

不过，这些社区活动人士可能误会了希尔-斯科特。20 世纪 70 年代，她发表了第一篇学术文章，关注的是黑人家庭的儿童保育为何长期依靠亲戚朋友的帮助。她写道："儿童保育本身不应被视为一种目的，而应被视为一种手段，通过这种手段，公共政策可以创造适宜的服务，以满足不同的家庭需求。"④ 她筹备的普及学前教育运动兼容并包，令社区机构的项目和家庭托儿所都有资格获得普及学前教育的项目资金。"我知道全美国的人都认为我疯了，……但这是一场大规模实验。"她这样对我说。

推动儿童保育选择多样化的人还有很多。其中一位是 0—5 岁幼儿及家庭教育委员会委员雷纳塔·库珀（Renatta Cooper），这位口才上佳的委员称，筹备小组将重点放在 4 岁儿童的幼儿园教育上，因为"那是民调数

---

① Children's Planning Council, "The Family Child Care Profession: Position Paper by SPA 8 Child Care Workgroup" (Los Angeles: Los Angeles County, 2003).

② 引自我分别于 2004 年 11 月 11 日和 12 月 10 日对米歇尔·希尔塞雷兹的采访。另参阅：Jenya Cassidy, "Labor Movement Frontiers: Organizing the Child Care Workforce," *On the Move* (Fall 2003), 1-11.《行动之中》(*On the Move*) 是加州大学伯克利分校劳动研究教育中心的时事通讯。

③ 引自我于 2003 年 9 月 26 日对约翰·杰克逊的采访。

④ Karen Hill-Scott, "The Effects of Subsidized, Private, and Unregulated Child Care on Family Functioning," in *Continuity and Discontinuity of Experience in Child Care*, ed. Donald Peters and Susan Kontos (Norwood, N. J.: Ablex Publishing, 1987), 147-167.

括的结果，……但是对于谁上幼儿园，谁去儿童保育机构，存在着强烈的阶级偏见”①。洛杉矶的最终筹备方案包容性如此之强，也有赖于卡拉·杜卡基斯（Kara Dukakis）的贡献。她来自奥克兰，是“今日儿童”（Children Now）的一名政策分析师，并以这个身份加入了希尔-斯科特的特别工作组。“我们谈论的是富有竞争力的优质家庭日托服务。”杜卡基斯告诉我，“就连加利福尼亚州教师协会都说，如果没有一个混合型的供给系统，根本无法做到这一点。”

认为普及学前教育运动能够推动社区机构建设的人，对2004年年初出炉的方案感到非常满意。“我们对社区如何为各阶段儿童的发展和利益 164
提供帮助非常非常感兴趣。……从产前到学前，再到孩子们成长的社区环境。”0—5岁幼儿及家庭教育委员会的尼尔·考夫曼补充道：“要为儿童创设更好的环境，这是一个符合生态学的做法。卡伦·希尔-斯科特设计的方案非常符合生态学。”洛杉矶0—5岁幼儿及家庭教育委员会提出的方案在2004年2月获得批准，县监事唐·克纳贝当时担任委员会主席，他对我说：“我们必须看看自己（已经）拥有什么。我看到了现在已有的、基于社区的学前教育项目是很有机会的，我们可以在这些项目的基础上继续发展。我认为我们不该另起炉灶。”

如何创建高质量幼儿园？

随着筹备小组与不同种类的机构结盟，如何创建高质量幼儿园这一关键问题变得复杂起来，实质上如此，从政治的角度看也是如此。起初，许多人担心赖纳对市中心的希望街家庭中心（Hope Street Family Center）那样的机构有所偏好，这样一种具备综合服务模式的幼儿园耗资不菲，没有任何一家家庭式经营的非营利性机构有经济实力进行模仿。“我们不希望它（普及学前教育）成为另一个昂贵而无用的项目。……就像灰姑娘一样，她太特别、太罕有，刚好能穿上那只鞋。”资深儿童保育倡导者帕

① 引自库珀和希尔-斯科特于2005年10月3日在洛杉矶市中心举行的一场小型会议上发表的讲话。

蒂·西格尔说。[①] 还有人为“入学准备”的论调以及保育重点转向狭隘学业技能的趋势感到担忧，部分原因在于洛杉矶学区正在采用一套新的幼儿园课程，这套课程与以自然拼读为基础的“开放的院落”（Open Court）[*]阅读课程基本一致。

还有一些活动人士担心，遵照富裕的郊区幼儿园的质量标准——聘用更多拥有本科学历的教师——可能导致进入学前教育领域的教师在语言和文化上缺乏多样性。教师的多样化程度较低，可能导致课堂上采用的内容和教学策略同质化。这些担忧并非毫无根据。不久前，凯茜·马拉斯克-萨穆的办公室制定了一个五个星级的质量体系，目的是将普及学前教育的项目资金更多地分配给聘用较多高学历教师的幼儿园。这个质量体系最终被采用了。我参观了帕萨迪纳市（Pasadena）的一个新幼儿园，最初它仅获得三颗星，那里的主班教师——有 17 年的教学经验，但没有本科学历——正在通过网络课程进修本科学历。但问题依然存在：从经验上来看，这样的培训与儿童的发展之间是否真的有长期关联?

165 从长远来看，儿童保育行业从业者的多样性仍是一个重要的问题。在加利福尼亚州，大多数新生儿至少有一位拉美裔家长。弗吉尼亚大学（University of Virginia）的布里奇特·哈姆雷（Bridget Hamre）对赖纳的0—5 岁幼儿及家庭教育委员会所支持的 48 个县设立的在职培训项目进行了评估，发现 47%的幼儿园教师是非拉美裔的白人。之所以形成这一结果，是由于联邦政府实行的提前开端项目和州政府在 20 世纪 40 年代开始实施的幼儿园项目均是以社区为中心的。与此形成鲜明对比的是，2002 年该州公立小学教师当中有 74%为白人。[②] 因此，人们担心会有越来越多只会说一种语言的白人从事这一行业，导致本可从优质幼儿园中获得最大

---

① 引自我于 2005 年 1 月 13 日对帕蒂·西格尔的采访。

* “开放的院落”是供美国小学生使用的英语阅读课程，以大量直接、系统化的自然拼读训练为基础，发展儿童的阅读能力。——译者注

② 详细数据见：Bruce Fuller, Margaret Bridges, and Alejandra Livas, “How to Expand and Improve Preschool in California: Ideals, Evidence, and Policy Options” (Working Paper 05-1, University of California and Policy Analysis for California Education, Berkeley, 2005).

收益的儿童大量流失。

“事实上，在越来越多移民儿童就读的幼儿园项目中，教师对孩子们的家族文化和语言知之甚少，……（这些项目）越来越强调针对幼儿设定死板的、狭隘的学科目标。”民间团体“明日加州”（California Tomorrow）的劳丽·奥尔森（Laurie Olsen）这样说。[①] 这一趋势涉及一个核心问题：幼儿园的课堂应当采用怎样的社会规范、文化价值和语言特征？学前教育专家安东尼娅·洛佩斯（Antonia Lopez）引用一位家长的话说：“我不希望他们教我的孩子和她的祖母谈判。”[②]

在一年的筹备中，还有一个问题引发了争论：应宣传半日制的学前教育项目，还是全日制的项目？民间团体“家长之声”主张大力宣传全日制的项目：“这样孩子们每天就用不着在不同的机构之间换来换去了。”[③] 但是，在约列·弗洛里斯·阿圭勒的调查中，洛杉矶地区只有不到三分之一的家长表示更喜欢全日制幼儿园，大多数人更偏向半日制且提供各种保育服务的机构。希尔-斯科特最终的筹备方案呼应了这种偏好，这同时有出于成本考虑的因素。

有一个容易引起争议的潜在话题在筹备期间没能引起人们的注意：该如何为洛杉矶的4岁儿童构建课堂活动或正式课程？“我觉得我们在逃避这个问题。”一天下午，在市中心的露天市场，凯茜·马拉斯克-萨穆对我这样说，然后她又补充道：“我们决定不为课程设置相配的质量评级系统。”我问她，为什么有的学区会在希尔-斯科特的工作正在推进之时如此激进地在他们的幼儿园实施照本宣科的“基础技能”课程呢？“卡门·施罗德（Carmen Schroeder，该学区的幼儿园主管）所在的那些社区，测验分数的确很成问题。……（但是）如果我们服从于它，放弃让孩子获得丰 166

① Laurie Olsen, “Ready or Not? A California Tomorrow Think Piece on School Readiness and Immigrant Communities,” *California Tomorrow*, Fall 2004, 9; Hedy Nai-Lin Chang, Amy Muckelroy, and Dora Pulido-Tobiassen, *Looking In*, *Looking Out*: *Redefining Child Care and Early Education for a Diverse Society* (monograph, Oakland: California Tomorrow, 1996).

② 引自我于2003年6月对安东尼娅·洛佩斯的采访。

③ Parent Voices, “Parent Principles on Universal Preschool” (San Francisco: Parent organization housed at the California Child Care Resource and Referral Network, 2003).

富课堂体验的机会，如果我们把它归结为分数这种小事，就与犯罪无异。”

希尔-斯科特确实认为，推荐一些课程体系有助于构建课堂活动，正如管理新泽西州的普及学前教育项目的埃伦·弗雷德（Ellen Frede）所做的。“照我看，高瞻课程或（学龄前儿童）创意课程（Creative Curriculum）兼顾了不同的领域，……社会的、情感的，高瞻课程甚至有木工课。”希尔-斯科特在2005年接受我的访问时说，“我不否认，我没有深入思考这个问题，没有仔细审视关于课程的一些理论（以提升学前教学质量），并将其作为一种嵌入式的教师专业发展方式。”回想一年的筹备工作，希尔-斯科特一直本能地以自由人文主义的方式推进发展适宜性教育实践。“但课程委员认为这等于往那些课程的生产者口袋里塞钱。”希尔-斯科特说。

洛杉矶的家长，像洛杉矶的筹备人员一样，更希望幼儿教师关注孩子的社会情感的发展，而非片面地关注前阅读技能训练。阿圭勒的调查显示，家长更倾向于各方面都兼顾的做法。在他们心目中，“最重要”的三个学习目标是“听老师的话，尊重成年人”“与其他孩子合作与分享”“树立自信”。[①] 这些回答使人想起一直以来困扰着联邦政府的利比·多格特的全美民调数据。谈论孩子的社会情感发展，并不能争取那些赞成学校问责制的鹰派人士的支持。在阿圭勒的调查中，61%的家长是拉美裔，不过他们关心的是自己的孩子在进入学前班之前是否能够“学会使用更多的单词”，或学会写自己的名字。在接受访问的家长中，有三分之二表示支持孩子在幼儿园学习第二语言，只有白人家长认为这不是需要优先考虑的事。

希尔-斯科特为洛杉矶规划的方案与她过去在萨克拉门托设计的两份方案相似，并于2004年2月经洛杉矶0—5岁幼儿及家庭教育委员会审查通过。不过，洛杉矶的筹备方案明确侧重于低收入家庭，并出人意料地同时接受学校附设幼儿园和社区幼儿园，甚至可以为符合质量标准的家庭托儿所提供资助。从某种意义上说，洛杉矶的“普及学前教育”既不是普及

① Children's Planning Council, “The Family Child Care Profession: Position Paper by SPA 8 Child Care Workgroup” (Los Angeles: Los Angeles County, 2003), 12.

性的，也不局限于幼儿园。[①] 这个前所未有的方案反映了洛杉矶独特的、丰富多彩的、极富包容性的政治文化。

谁来管理普及学前教育运动？ 167

当这个方案被交回洛杉矶0—5岁幼儿及家庭教育委员会等待最终批准时，它遇到了最后两个问题。第一个问题是，委员会本身是否打算管理这个规模庞大、资金累积达到6亿美元的机构？如果不，谁来管理它，如何对管理者问责？正如考夫曼委员所说："这是一次艰难的分娩。"

希尔-斯科特的方案受到0—5岁幼儿及家庭教育委员会和社会精英核心圈子的拥护，他们热情地对这个普及学前教育方案表示支持。希尔-斯科特与赖纳之间形成了牢不可破的信任，赖纳偶尔会出现在关键的表决时刻或在精心设计的展示时刻露个面。可是，到了2004年春天，洛杉矶0—5岁幼儿及家庭教育委员会明显不愿继续引领这项庞大的事业了。在希尔-斯科特的协调下，核心圈子开始支持建立一个独立的非营利性机构（实际上是一个庞大的社区机构）来管理这项提案，这个机构被命名为"洛杉矶普及学前教育理事会"，由市民和企业精英管理，他们能够筹集新资金，并维持高度的政治支持。

希尔-斯科特不希望洛杉矶普及学前教育理事会成为一个官僚机构，便尽力推动它以富有活力的企业形象面世。这个民众联盟中富有的一方一直与普通大众在风格上存在差异。有些人，比如约列·弗洛里斯·阿圭勒，担心精英阶层会控制这个管理普及学前教育的公司。她在谈到哪些人可能成为理事会的成员时说："他们必须凭一己之力筹集4000万美元。这些人是加利福尼亚西部的好莱坞大款，几乎全都是富裕的北欧裔美国人，都在为某个服务于他人的系统运筹帷幄。"南希·戴利·赖尔登（Nancy Daly Riordan）起初也在这个精英团体之中，她被任命为洛杉矶普及学前教育理事会的联合主席。但在得知作为一名公职官员必须提交财务报告和

① 2003年9月19日，希尔-斯科特在会上分发了包括洛杉矶项目整体构架草案在内的日程材料，最终报告于2004年2月获得洛杉矶0—5岁幼儿及家庭教育委员会批准并公布。

利益冲突报告后不久，她便辞职了。

如何确保洛杉矶的普及学前教育事业在一定程度上独立于县政府，同时又担负起公共责任，这是个十分棘手的问题。将普及学前教育提案与0—5岁幼儿及家庭教育委员会紧紧捆绑在一起的缺陷之一是，该提案可能不得不承受一定的政治压力，例如，将资金平均地分配给各位监事负责的地区的压力。这意味着超过5亿美元的公共资金处境危险，由此核心圈子的一些成员要求筑起一道又高又厚的政治隔离墙。0—5岁幼儿及家庭
168 教育委员会主席唐·克纳贝否决了这一提议。“我和这个不愿负责任的组织相处得很艰难，”他对我说，“最终，作为委员会的一名成员，我将被追究责任。考虑到社区机构的利益，他们（洛杉矶普及学前教育理事会的成员们）就不能把自己关在密不透风的小屋子里做决定。”考夫曼说：“它必须是一个公共实体。”这也是0—5岁幼儿及家庭教育委员会在2004年7月的会议上做出的决定。①

2004年秋天，格拉谢拉·意大利诺-托马斯（Graciela Italiano-Thomas）被任命为洛杉矶普及学前教育理事会的第一任执行理事，她曾为社区机构和提前开端项目工作过很长时间。第二年春天，她管理下的理事会宣布了对地方项目的第一批拨款，意在鼓励100所幼儿园和100所家庭托儿所提供更多的招生名额，同时帮助它们提高质量。在赖纳组织起自己的地方机构——洛杉矶0—5岁幼儿及家庭教育委员会——仅仅两年后，洛杉矶有着高度参与性的政治就催生了美国组织包容性最强的普及学前教育模式，旨在为各式各样的儿童与家庭服务。关于4岁的孩子应该学什么，以及幼儿园如何对家长自身的育儿目标进行补充，鲜有人提及。不过，普及学前教育已经来到了洛杉矶。②

---

① Carla Rivera, “A Compromise on Preschool Plan: After Weeks of Debate County Officials Agree on the Makeup of a New Agency to Oversee $600 Million Program,” *Los Angeles Times*, July 13, 2004, B3.

② 尽管希尔-斯科特相信学前教育的效用，但她也告诉我：“我坚定地认为，家长的参与是学前教育的基础。……如果仅凭这个‘项目’就能解决问题，那我们早已将教育成果上的不平等消除了。”来自2005年11月4日的个人邮件。

一场遍及全州的宣传

加利福尼亚州为普及学前教育而做的努力在洛杉矶这一前线可谓获得了重大胜利。2003 年 10 月，希尔-斯科特为洛杉矶筹备的方案初具规模，她给自己的大型顾问小组发送了一封庆祝备忘录，称“今天，加利福尼亚州教师协会宣布了一项提案，……为两个重要项目筹措资金，分别是缩小K-12 的班级规模，以及为 4 岁儿童提供普及学前教育。罗布·赖纳……一直与加利福尼亚州教师协会合作，筹备这项提案”①。两周后，这项提案正式提交，这对联手的伙伴开始为请愿书征集签名，将提案列入全州公民表决名单。它的目标是增收 45 亿美元的商业地产税，并将其中三分之一用于资助普及学前教育运动。②

不测风云

天有不测风云，这项提案最后以赖纳和加利福尼亚州教师协会在政治上的挫败告终，这生动地说明了在制订学前教育改革计划时，特殊的文化和政治背景的分量有多重。在加利福尼亚州教师协会与赖纳合作的提案 169
中，起初拟定的普及学前教育系统相当单一，即让各地学区控制所有的幼儿园项目，因此它与卡伦·希尔-斯科特方案中那个具有组织包容性的项目相去甚远。在加利福尼亚州，实行直接民主制的成本并不低。收集签名、购买电视广告、与反税收团体论战需要大量的资金。赖纳第一次提交的普及学前教育公民表决提案若是获得通过，会对商业地产征收较高的税

① Karen Hill-Scott, “Invest in Better Learning Act, Sponsored by the CTA” (Los Angeles: Karen Hill-Scott & Company, October 27, 2003).

② Rob Reiner, “Improving Classroom Education Act: Text of the Measure” (Sacramento: Office of the Attorney General, submitted November 14, 2003).

额，并可能对臭名昭著的第13号提案*的重要规定之一造成破坏。为了获胜，他需要动用加利福尼亚州教师协会的竞选资金。

因此，在制定这一版本的提案时，加利福尼亚州教师协会经验丰富的政策主管鲍勃·彻丽（Bob Cherry）多次做了决断。该提案呼吁将公立学校教育下延至4岁儿童。它允许地方学校理事会与社区机构签订合同，使其有资格提供幼儿园入园名额，但它迫使社区机构的职员成为学区职员，进而成为教师工会的成员。它要求所有的幼儿园，甚至是那些由教堂、蒙台梭利理念的实践者和其他非营利性组织运营的幼儿园，都使用经学区批准的结构化课程体系。由于该提案要求所有学区都开展免费的幼儿园项目，结果可能迫使许多非营利性组织停业，尤其是那些仅靠家长付费得以维持的社区机构。具有讽刺意味的是，如果赖纳的第一版提案能够获得支持，那么以低收入社区为目标的更包容、更民主的洛杉矶模式（即希尔-斯科特为洛杉矶所筹备的方案）将遭到削弱。

考虑到要在全州范围内开展宣传，赖纳打算放弃洛杉矶模式，这一意愿凸显了学前教育体制的流动性和不确定性。社会学家研究的主题是一些新生领域如何随着时间的推移逐渐融合并形成制度——例如，公共教育的发展或医疗保险制度的官僚化。我们已经看到，俄克拉何马州和加利福尼亚州之间出现了明显的差异，这些差异体现了当地条件的重要性，正是由各地的不同条件催生的由政治力量构架的、各不相同的机构，为人们提供幼儿教育。这些条件告诉我们，社区中有哪些社会团体被视作“幼儿园”，以及，这（普及学前教育）是一项帮助贫困家庭儿童的公共事业，还是一项对所有人的权利赋予。

萨克拉门托的财政危机打击了许多普及学前教育的支持者的士气，尤其是20世纪90年代，政府在繁荣经济的刺激下，曾为儿童保育事业提供

---

* 美国加利福尼亚州于1978年通过的第13号提案是对州宪法的修正案，其正式官方名称是《人民限制财产税动议》（People's Initiative to Limit Property Taxation）。这一提案意在大幅削减财产税并限制税收增长，它标志着保守主义思潮重新开始活跃，也标志着罗斯福新政标榜的自由主义开始终结。其财政上的结果之一是，加利福尼亚州这一美国最富裕的州的州政府一度于2009年面临破产的危险。——译者注

了极大的财政支持，如今氛围已经发生了变化。“我们没有乔治·布什或阿诺德·施瓦辛格，”一天晚上，帕蒂·西格尔埋怨道，她接着说，“只有 170
罗布为孩子们着想。”加利福尼亚州教师协会主席芭芭拉·克尔（Barbara Kerr）宣称：“改善教育最有效的方法，包括将孩子送到小班化的学校，……为孩子提供接受普及学前教育的机会，这样他们就能为上学前班做好准备。”①

在毫无预兆的情况下，商业游说团体断然决定停止合作。加利福尼亚州商会与制造业团体和科技团体一道站出来反对这项措施。不过，令赖纳的核心圈子没有想到的是，温和派团体中也出现了反对的声音，包括加利福尼亚州基督教教会理事会（California Council of Churches）和美国拉美裔全美理事会（National Council for La Raza，NCLR）。希尔-斯科特在一份发给各界的书面函件中，试图解释为什么要将加利福尼亚的普及学前教育系统嵌入公立小学中：“变成公共系统是获得入场券的代价，这是因为加利福尼亚州教师协会是一个公务员工会，而法律规定所有教育从业人员必须受雇于学区。”

出于对非营利性幼儿园的命运以及可能产生的政治后果的担心，一个小团体敦促赖纳的核心圈子延后提交提案。我询问事情的进展，希尔-斯科特给我回复了一封电子邮件：“首先，推动提案的不是我、罗布或其他任何人。如果是我，这将是一个开放的过程，我在儿童发展领域的许多同事都会参与进来。”② 她的立场与她指导洛杉矶筹备方案的方式是一致的。加利福尼亚州教师协会的政策思想家鲍勃·彻丽在一次电话中驳回了这些担忧，她总结道：“我们将继续前进。”两周后公布的公民表决提案仍然要求非营利性幼儿园或教堂（开设的学前教育项目）的教师成为公立小学的雇员。这项提案的目标是将4岁儿童的入园率提高到70%，并要求所有教师都必须具有本科学历。

与赖纳的下属采取的强硬态度相比，发生在洛杉矶的争论很是文明。年轻的政策顾问本·奥斯汀给我发来一封电子邮件：“跟卡伦谈谈这事。在

① California Teachers Association，“Improving Classroom Education Act Introduced for November Ballot”（Sacramento：Press Relations Office，November 14，2002）.

② 引自卡伦·希尔-斯科特的个人邮件，邮件日期为2003年11月5日。

这件事上，我不是替加利福尼亚州教师协会说话。我只能说，如果‘进步人士’因为他们不同意这个过程……就反对为幼儿园提供15亿美元，这是他们的选择。”① 由于起草第一版提案的过程完全保密，我感到有些不安。一位记者问我对此有何看法，我说：“鉴于目前四分之三的幼儿园都 171 是以教堂和社区组织为基础的，目前这份草案可能威胁到了这些项目的活力。”② 奥斯汀告诉我：“你对媒体发表的评论真的激怒了罗布。”教师协会承诺为这份提案的宣传提供180万美元，其中美国全国教育协会（加利福尼亚州教师协会的上级协会）贡献了100万美元。

多元的理念和文化利益

美国拉美裔全美理事会的安东尼娅·洛佩斯和位于萨克拉门托的加利福尼亚州基督教教会理事会的温和派利比·肖尔斯对社区行动的理念表示担忧，约列·弗洛里斯·阿圭勒和尼尔·考夫曼等人大力宣传过这一理念。美国拉美裔全美理事会的许多当地成员都是社区机构、提前开端项目机构或特许学校的拉美裔负责人，这些机构为许多家庭提供儿童保育服务。这些负责人对庞大的城市学区疑虑渐生，而且他们见到提案中规定所有教师必须具有本科学历，认为这对少数族裔幼儿教师的生计构成了威胁。与此同时，美国拉美裔全美理事会、美国少数族裔协进会（National Association for the Advancement of Colored People，NAACP）和其他团体也在响应小布什政府对提前开端项目教师的两年大学学历的要求。

加利福尼亚州教师协会和赖纳的提案还要求所有幼儿园采用“适宜儿童年龄和发展阶段，并符合加利福尼亚州小学标准的课程”③。从历史的角度来看，将这两种彼此矛盾的标准并置真是讽刺意味十足，但提案的起草者似乎认为这完全合乎情理。一个与之相关的教学实践问题深深困扰着

① 引自本·奥斯汀的个人邮件，邮件日期为2003年11月11日。

② Suzanne Pardington, “Preschool Plan Draws Criticism,” *Contra Costa Times*, November 7, 2003.

③ Rob Reiner, “Presentation at the Universal Preschool Master Plan Advisory Committee” (Los Angeles, Our Lady of the Angels Cathedral, June 20, 2003), 8.

美国拉美裔全美理事会与墨西哥裔美国人法律辩护和教育基金会（Mexican American Legal Defense and Education Fund，MALDEF）的工作人员：如果幼儿园成为公立学校系统的一部分——即使是得到了州宪法的批准——那么按照州第 227 号提案的要求，所有学龄儿童都必须接受浸入式英语教育，这一条款是否也适用于 4 岁儿童？

2004 年的愚人节，美国拉美裔全美理事会的安东尼娅·洛佩斯和克里斯蒂娜·韦索（Cristina Huezo），以及墨西哥裔美国人法律辩护和教育基金会的希梅纳·瓦斯克斯（Jimena Vasquez）在萨克拉门托举办了一次会议。该提案的支持者也出席了会议，其中包括来自帕卡德基金会创建的团体加利福尼亚幼儿园（Preschool California）的玛丽安·奥沙利文（Maryann O'Sullivan），此外参加会议的还有越来越多默默持保留意见的利益群体，包括温和派教会团体、美国少数族裔协进会和旧金山的儿童保育法律中心（Child Care Law Center）。阿圭勒和服务规划区理事会也从洛杉矶派来了代表。与会者对赖纳的提案提出了 13 条意见，从各学区如何找 172
到足够的设施，到社区组织如何参与集体谈判，再到浸入式英语教学的要求是否真的适用于幼儿园课堂，等等。①

接下来的一周，美联社刊出一篇报道，将这些担忧一一列举出来，还有一些团体也表达了同样的忧虑。除反税收团体提出的意见外，记者詹妮弗·科尔曼（Jennifer Coleman）援引阿圭勒的话说："（我们）很难接受这种设定，因为我们需要将更多的资源用于幼儿园，……（但是）如果要在公共教育系统中创建学前教育系统，就会把很多人排除在这项事业之外。"② 由卡普里斯·扬（Caprice Young）领导的加利福利亚州特许学校协会（California Charter Schools Association）对学历和工会化要求持反对意见，她认为这些要求将毁掉特许学校开办的幼儿园项目。

第二天，加利福尼亚州教师协会宣布放弃这一提案。卡琳·克莱因在

① Antonia Lopez, "Meeting Notes, April 1, 2004" (Sacramento: National Council for La Raza, 2004).

② Jennifer Coleman, "Anti-tax Groups Say School Initiative Would Hike Homeowners' Taxes," *North County Times*, April 7, 2004.

《洛杉矶时报》的一篇社论中写道："既然负责人兼活跃分子罗布·赖纳和加利福尼亚州最大的教师工会将他们的联合提案从11月的公民表决中撤出，他们就应该从自己的错误中吸取教训，不要关起门来完成一份狭隘的提案。"[①] 赖纳给相关人士发送了电子邮件，称他有一天将重整旗鼓。

罗布·赖纳东山再起

这位激进的"电影导演"和同样积极的政策顾问本·奥斯汀确实从失误中吸取了教训。在第一版"面向所有家庭的学前教育"提案遭到突如其来的失败后，他们与民权领袖、遍及全州的儿童保育协会和工会取得了联系。赖纳在他位于好莱坞的豪宅中主持了战略讨论会和动员会。一个由幼儿园和劳工活动人士组成的小圈子开始商定第二次公民表决提案的雏形。

与此同时，帕卡德基金会增加了对各种团体的资助——包括对第一次公民表决提案提出强烈关注的团体（比如美国拉美裔全美理事会和美国少数族裔协进会）的资助——以支持这些团体遍布全州的成员参加的多个论坛。由民权律师转行为基金会官员的洛伊丝·索尔兹伯里（Lois Salisbury）写到，以奥克兰为大本营的团体加利福尼亚幼儿园是由帕卡德
173 基金会出资创立的，该团体的"精锐突击部队""负责协调全州普及学前教育的所有宣传和沟通工作"[②]。奥斯汀和"面向所有家庭的学前教育"的执行理事玛丽安·奥沙利文四处奔走，争取到了重要民主党人的支持，甚至部分商会的支持。2005年11月，赖纳准备在旧金山的一个新闻发布会上宣布自己已收集到超过100万人的签名，支持他新起草的公民表决提案，也就是众所周知的第82号提案。发布会上自然少不了他与一些学龄前的孩子坐在一起合影作秀。

赖纳的新提案与第一个版本可谓天差地别。以社区为中心的幼儿园不必并入当地学区，这是对社区机构的让步，却给教师工会的热情支持（和

① Karin Klein and editorial board, "Lessons Learned," *Los Angeles Times*, April 13, 2004, B8.
② 引自洛伊丝·索尔兹伯里给帕卡德基金会受赠人的信，日期为2004年4月14日。

竞选资金）泼了冷水。尽管如此，根据第 82 号提案，社区非营利性组织仍将不得不与所属学区竞争每年 24 亿美元的政府拨款，这一过程将由加利福尼亚州 58 个县的教育办公室进行控制。赖纳不打算对企业征税，也不打算利用加利福尼亚神圣的第 13 号提案来为他雄心勃勃的计划买单，而是选择向该州最富有的 1%的公民征税——这些人早已从小布什政府的减税政策中获得了丰厚的利益。

另一个相应的改变——源于赖纳的内部圈子对最新民调数据的解读——是将学前教育的扩张定义为一项核心的学校改革。“这是真正的不让一个孩子掉队。”赖纳在旧金山的新闻发布会上说，“这样竞争才会公平。”① 民主党领导人在一些统一口号的召唤下，重新聚集起来。加利福尼亚州教育局局长杰克·奥康奈尔在河边县（Riverside County）为一所新开办的幼儿园起名时，也使用了同样的措辞：“我衷心相信，在为儿童提供教育机会方面，幼儿园将起到重要的平衡作用。”②

在赖纳的第 82 号提案取得全州表决权（2006 年 6 月）的一个月前，加利福尼亚州议会主席、洛杉矶议员法比安·努涅斯（Fabian Nuñez）宣称自己支持这项提案。努涅斯受到匿名捐赠者的支持，乘飞机飞往法国和瑞典（进行考察），此后便开始相信普及学前教育大有益处。他与赖纳共同出现在洛杉矶的一所幼儿园，说道：“如果我们真的要将公共教育作为重要的均衡器，我相信学前教育是个绕不开的话题。”大家的论点彼此呼应起来。洛杉矶市市长安东尼奥·维利亚赖戈参观中南部的一所幼儿园 174
时，对努涅斯的观点表示赞同：“毫无疑问，这能为孩子们营造一个公平的竞争环境。”③

---

① Phil Yost, “Plan for Free Preschool Nears Ballot,” *San Jose Mercury News*, November 18, 2005.

② 该演讲引自：Bruce Fuller, “Preschool Reform Measure Won't Close Learning Gaps for Poor,” *San Jose Mercury News*, February 26, 2006, B7.

③ 以上有关加利福尼亚州政治人物语录的引文分别来自：Phil Yost, “Plan for Free Preschool Nears Ballot,” *San Jose Mercury News*, November 18, 2005; Dana Hull, “Rob Reiner Pitches Preschool Plan to Leaders,” *San Jose Mercury News*, December 14, 2005, B4; Seema Mehta, “Rural Preschool Provides a Preview of What May Be,” *Los Angeles Times*, February 14, 2006.

即便曾经与社区机构和少数族裔领袖进行过沟通，赖纳阵营还是决定将学前教育纳入公立学校中，这不仅是为了提高儿童的学业能力，进而提高考试成绩，普及学前教育运动还将以某种方式改变公立教育的体制。不过，这套高调的说辞开始让洛杉矶普及学前教育系统最初的筹备者感到不安。2005 年秋天，赖纳展开新一轮宣传攻势之时，几位筹备者坐在一起，对草案进行了批判性的审核。[①] 希尔-斯科特强调："20 世纪 60 年代，提前开端项目的宣传语是改善幼儿的生活体验，如今它却将终点转向了儿童的早期学习。"格拉谢拉·意大利诺-托马斯谈到近年来发生的事，比如 1998 年，提前开端项目规定所有的孩子必须学会字母表中的十个字母，她说："我们使儿童产生了分裂，这让我很不安，……这已经成了一个政治层面的决定。"然而，赖纳的演讲稿撰写人当时正是这么做的。

起初，在许多加利福尼亚人看来，赖纳这样界定问题似乎不太明智：为什么我们不该对富人征税，来为所有的 4 岁儿童提供免费学前教育呢？2006 年 2 月，加利福尼亚州公共政策研究所（Public Policy Institute of California）对可能投票的选民进行了调查，受访者中有三分之二表示支持第 82 号提案。[②] 民意调查专家马克·巴尔达萨雷（Mark Baldassare）对我说："这项提案会通过的。"

然而，正当赖纳感觉自己将重回政治生涯的巅峰之时，却再一次重重跌落。2005 年 11 月，赖纳宣布第 82 号提案获得表决资格，此后的 3 个月内，赖纳担任主席的加利福尼亚州 0—5 岁幼儿及家庭教育委员会在公益广告上花费 2300 万美元，用以宣传学前教育的优势，这一巨大进展是由《洛杉矶时报》的作者丹·莫兰（Dan Morain）报出来的。[③] 委员会花费巨资，通过各种媒体宣传关于 0—5 岁儿童健康发展的信息。但是很显然，赖纳的阵营中没有人考虑到目前与 GMMB 公司（GMMB Inc.）签订合同

① 于 2005 年 10 月 3 日，在洛杉矶县儿童保育协调办公室（child care coordinator's office）进行。

② Mark Baldassare, *PPIC Statewide Survey: Special Survey on Education* (San Francisco: Public Policy Institute of California, 2006).

③ Dan Morain, "Reiner Takes Leave from Panel on Children," *Los Angeles Times*, February 25, 2006, www.latimes.com/news/local/la-me-reiner25feb, accessed February 25, 2006.

的时机有问题。GMMB 是一家洛杉矶公关公司，负责制作支持普及学前教育的广告，并负责赖纳这项运动的早期宣传。[①] GMMB 的一名员工在起草的备忘录中也谈到通过公共宣传创造（对学前教育的）需求。[②] 此外，奥斯汀在州政府薪资改革和推动新的第 82 号提案中来回摇摆*，他很快成了替罪羊，在 3 月初辞职。随后，到了 3 月底，赖纳辞去了加利福尼亚州 175
0—5 岁幼儿及家庭教育委员会的职务。他坚称自己没有做错任何事，但他却成了问题的焦点，而非第 82 号提案的亮点。该提案在全州民调中的支持率很快就下滑了 8 个百分点。

不寻常的阵容——好莱坞演员和学者们加入战局

资深民主党战略家马克·法比亚尼（Mark Fabiani）表示："我们目睹了反对第 82 号提案的运动是如何展开的。"他说："它反对的是罗布，而不是幼儿园。"[③] 事实上，在迅速展开的富有争议的"现实政治"（Realpolitik）** 运动中，没有人真正反对将优质幼儿园普及给更多家庭的理念。没错，意料之中的反对者出现了，比如加利福尼亚州商会和加利福尼亚州商业圆桌会议组织（California Business Roundtable），后者是一个提倡提高公立学校效能的温和派团体。盖璞（Gap）服装集团的继承人约翰·费希尔（John Fisher）带领富人们为反对第 82 号提案的运动给予了资助。出乎意料的是，也有人对建立整齐划一的公立幼儿园体系提出了批评和质疑。

---

① Dan Morain, "First 5 Panel Seeks Missing Funds," *Los Angeles Times*, April 14, 2006, www. latimes. com/news/local/la-me-preschool14April, accessed April 14, 2006.

② Daniel Weintraub, "Tax-Financed Campaign to Change Minds on Preschool," *Sacramento Bee* March 9, 2006, www. modbee. com/opinion/state/weintraub/story/14227897p, accessed March 12, 2006.

* 第 82 号提案就是推动在加利福尼亚州实现普及学前教育的议案，其对年收入超过 40 万美元的个人，或者年收入超过 80 万美元的夫妻加征 1.7%的税，州政府使用这个税收所得让所有加利福尼亚州 4 岁儿童免费入读半日制幼儿园。——译者注

③ Dan Morain, "Reiner Quits First 5 Panel," *Los Angeles Times*, March 30, 2005, www. latimes. com/news/local/la-me-30March, accessed March 30, 2005.

** "现实政治"源自十九世纪的德国，由普鲁士铁血宰相奥托·冯·俾斯麦所提出。"现实政治"主张，当政者应以国家利益作为从事内政外交的最高考量，而不应该受到当政者的感情、道德伦理观、理想，甚至是意识形态的左右。在美国的脉络下，"现实政治"常用来与美国理想主义，特别是强调民主、公义、人权、和平的威尔逊主义做对比。——译者注

关于第82号提案实质性内容的辩论在各大报纸和电视节目中频频上演，逐渐掩盖了在这场如火如荼的运动中双方都强调的简单信息。争论的焦点之一，是在一个几乎三分之二的4岁儿童已经在幼儿园就读的州，哪些儿童真正能从普及学前教育中获益。2003年，该州4岁儿童的幼儿园入园人数为33.4万，其中14.1万儿童获得了政府资助，有的通过联邦提前开端项目获得资助，有的通过州政府制定的、规模较大的幼儿园计划获得资助。① 兰德公司的调查人员林恩·卡罗里和詹姆斯·比奇洛估算，在普及学前教育项目的资助下，加利福尼亚州4岁儿童的入园率将提高到80%，不过，新增的这部分儿童将更多地来自该州家庭年收入居于前50%的家庭（年收入约32000美元），而非后半部分的家庭（年收入约26000美元）。

最直接的影响是，这项举措每年的成本为24亿美元，其中有12亿至14亿美元将用在那些本来就负担得起幼儿园费用的家庭中。在2006年6月选举日的前两周，《洛杉矶时报》提出反对第82号提案，编辑委员会抗
176 议道："为了给2.5万至5万多名学龄前儿童支付学费，纳税人将为已经在幼儿园上学的另外32.5万名4岁儿童买单。"②

与此相关的问题是，中产阶级家庭的4岁儿童是否真的像第82号提案中所说的，能够从半日制学前教育课程中受益良多？民主党领导人用一种古怪而扭曲的逻辑进行了推理，认为普及学前教育运动将对所有孩子有所帮助，并能够缩小幼儿教育的学业成绩差距。那些善于制造噱头的人，比如玛丽安·奥沙利文这样的倡导者更是声称："无论怎样，在幼儿园每投入1美元，州政府就能获得2.62美元的收益。"③ 这个数字来自由帕卡德基金会委托兰德公司所做的调研，是根据芝加哥亲子中心的收益计算得出的，该项目于20年前开始运作，专门为贫穷的黑人儿童提供服务（见

① 该项分析参阅：Bruce Fuller and Alejandra Livas, *Proposition 82 – California's "Preschool for All" Initiative* (Berkeley and Stanford: Policy Analysis for California Education, 2006).

② Los Angeles Times, "No on Proposition 82: Universal Preschool Is Too Expensive, Too Bureaucratic, and Could Harm K-12," *Los Angeles Times*, May 21, 2006, www.latimes.com/news/opinion/editorials/la-ed-preschool21may, accessed May 21, 2006.

③ Maryanne O'Sullivan, "Say 'Yes' to Quality Preschool," *Tracy Press Enterprise*, June 5, 2006, www.tracypress.com/voice/2006-06-05-preschool.php, accessed July 7, 2006.

第六章）。普及学前教育的倡导者孜孜不倦地将这些发现，即一个与信念有关的巨大的跨越式推论，向加利福尼亚州的中产阶级加以推广。

选举进行的两个月前，帕卡德基金会邀请芝加哥的项目评估人阿瑟·雷诺兹（Arthur Reynolds）、耶鲁大学的爱德华·齐格勒、罗格斯大学的威廉·巴尼特（William Barnett）和指导俄克拉何马州普及学前教育评估的小威廉·戈姆利召开会议。会议由普及学前教育事业的追随者、来自言论自由运动发源地加州大学伯克利分校的大卫·克尔普教授主持，并且会议上只有记者才被允许提问。每位学者都言之凿凿地谈到贫困或蓝领家庭的孩子如何从优质幼儿园中获益。可是，他们的研究报告透露的观点是，如果第 82 号提案获得通过，所有的儿童都能获益。就在四个月前，美国国家儿童健康与人类发展研究院发表了一份报告，阐述了中产阶级家庭的儿童在幼儿园最初获得的认知和语言能力是如何在三年级时逐渐消失的（见第六章）。但会议上的记者们对这些发现闭口不谈。

事实证明，赖纳做出不针对低收入群体提供幼儿园援助这一决定后，付出了高昂的代价。包括旧金山儿童保育法律中心的南希·施特罗尔（Nancy Strohl）在内的部分资深儿童保育活动人士，敦促赖纳在第 82 号提案的早期草案中加入立场坚定、循序渐进的目标内容，但遭到了他的拒绝。[①] 作为回应，奥克兰当地的 0—5 岁幼儿及家庭教育委员会拒绝支持第 82 号提案。同样引人注意的是，州参议院民主党领袖唐·佩拉塔（Don Perata）改变了立场，公开反对赖纳的提案，称该提案“不会令最需要学前教育的人得到更多机会，比如穷人、弱势群体和英语（作为第二语言的）学习者”。就在这时，施瓦辛格州长在 6 月选举的一个月后提出了一 177
个目标明确的小规模计划，要在学生学业表现最差的社区中扩大学前教育服务。[②]

---

① Nancy Strohl et al., *Preschool for All Initiative Concerns* (San Francisco: Child Care Law Center, 2005).

② 虽然第 82 号提案在 2006 年 6 月的选举中未能通过，但是施瓦辛格仍继续推动扩建幼儿园，州立法机构批准了州长的小规模计划。Legislative Analyst's Office, "Governor's Preschool Expansion," Sacramento, May 17, 2006.

各社区幼儿园的负责人，包括惧怕第 82 号提案通过后成立的公立学校附设幼儿园可能带来的竞争的人开始大声疾呼。在全州范围内，那些享受政府补贴的幼儿园普遍支持奥斯汀、奥沙利文和赖纳的小圈子，因为他们已有的资金来源不会有任何损失，赖纳还将每年额外争取 24 亿美元，帮助这些幼儿园进一步扩大规模、提高质量。但是郊区的幼儿园都是要收取学费的——加利福尼亚州五分之三的 4 岁儿童上的都是这些自负盈亏的幼儿园——它们担心自己在激烈的价格竞争中落败。该州的蒙台梭利幼儿园协会会长帕梅拉·泽尔·里格（Pamela Zell Rigg）对《洛杉矶时报》的记者说，这项提案是“披着羊皮的狼。我们为加利福尼亚州 10 万名儿童提供服务，家长们认为我们是一个很不错的……选择。可是如果按照这项提案的标准来看，我们没有资格参与其中”①。

所有的幼儿园——无论是政府补贴的、独立经营的还是非营利性的——如今都可能归属于州政府的教育部门，这种可能性引起了许多人的忧虑。《洛杉矶时报》撰稿人卡琳·克莱因在一篇署名专栏文章中写道：“赖纳的幼儿园乌托邦将迫使州政府设定‘教学内容标准’，将决定是否要读《拍拍小兔子》（*Pat the Bunny*）和《晚安，月亮》（*Goodnight Moon*）的任务从家长和幼儿园那里移交给教育官员，并让教育官员对这种问题进行监督。”② 第 82 号提案还规定，幼儿园负责人必须令课堂活动符合加利福尼亚州公立小学的课程标准。在选举前进行的一项调查中，绝大多数社区幼儿园负责人明确反对这一要求。③ 达芙迪尔·阿尔坦（Daffodil Altan）是新美国媒体协会（New America Media）的一名编辑，她反对州政府正式推行单一形式的儿童保育服务，并写道：“告诉那些处于‘弱势地位’的家长……孩子如果不上幼儿园，下场就是成天喝可乐、

---

① Carla Rivera, “Voters Widely Back Measure on Preschools,” *Los Angeles Times*, March 13, 2006, B1.

② Karin Klein, “Scary Preschool Utopia,” *Los Angeles Times*, June 5, 2005, B8.

③ Bruce Fuller, Katie Gesicki, and Thea Sweo, *Community Voices: Preschool Directors Speak on Policy Options* (Berkeley and Stanford: Policy Analysis for California Education, 2006).

进少管所，这样做是不对的。”①

很明显，第 82 号提案只会小幅度地提高入园率。于是赖纳的团队另辟蹊径，表示每年投入 24 亿美元能够极大地提升教育质量。选民们收到一张叫人眼前一亮的传单，上面印着一张引人注目的照片——一个蹒跚学步的孩子拽着一个脚趾，旁边写着：“这个小家伙上了幼儿园，……另外4 个小家伙一个也没上。”传单内用小号字体详细说明，五分之四的学龄前儿童上的是劣质幼儿园。与传单相关的学前教育项目的所有费用都由加利福尼亚州教师协会支付。而所谓“五分之四”这一数据来源不明。有人 178
说，必须聘用具有本科学历的教师，幼儿园才可能有优质的服务。但至少有两项调查发现，已有三分之一的幼儿教师拥有四年制本科学历。② 综合考虑儿童与教师的阶级背景，教师的本科学历能够促进儿童成长的实证性证据仍然非常薄弱（见第六章）。

我们已经看到，在过去的四十年里，研究人员在促进（社会）对幼儿教育发展议题的关注，以及促进学前教育的潜在影响等方面发挥了杰出的作用。对第 82 号提案的宣传正在展开，与其相关的辩论似乎更像热烈的学术讨论，而非典型的、简单化的政治角力。阿瑟·雷诺兹、爱德华·齐格勒和我都在专栏上发表了“战斗评论”，客气地讨论我们从实证角度所了解的学前教育对不同儿童群体的影响，以及提升教育质量的关键所在。专业的活动家却不会一直如此客气。玛丽安·奥沙利文甚至扰乱了我们研究中心安排电话会议的计划，企图使任何违背政党路线的人名声扫地。我们原本计划在那次会议上向记者们简要介绍对第 82 号提案的技术分析。③

与此同时，第 82 号提案动员了数位富甲一方的好莱坞活动家进行宣传。赖纳一家和他们众星云集的交友圈为宣传活动提供了大部分资金。赖

① Daffodil Altan，“A Time-Honored Alternative to Universal Preschool，” *San Francisco Chronicle*，December 28，2005，B7.

② 关于证据的相关回顾见：Bruce Fuller，Margaret Bridges，and Alejandra Livas，“How to Expand and Improve Preschool in California：Ideals，Evidence，and Policy Options”（Working Paper 05-1，University of California and Policy Analysis for California Education，Berkeley，2005）.

③ 事件相关报道见美联社：Juliet Williams，“Preschool Initiative Would Benefit Few，Study Finds，” *Contra Costa Times*，April 5，2005，A5.

纳和妻子米歇尔·辛格·赖纳（Michele Singer Reiner）、父亲卡尔·赖纳（Carl Reiner）花费了580万美元购买电视广告和大量邮件广告。凭电视剧《白宫风云》（*West Wing*）一举闻名的马丁·希恩（Martin Sheen）捐赠现金，并在大选前几周出演了电视广告。提供财务支持的人还有坎达丝·伯根（Candace Bergen）、阿尔·弗兰肯（Al Franken）、杰米·李·柯蒂斯（Jamie Lee Curtis）以及诺曼·利尔（Norman Lear）。在选举日当天，长期以来一直在组织儿童保育工作者的美国服务业雇员国际工会（Service Employees International Union）捐出了1570万美元。加上来自加利福尼亚州两个教师工会的250万美元，第82号提案的支持者的经费几乎是其反对者的经费的四倍。[①] 普及学前教育运动是否引起了主要教育利益团体的注意？如果你对此仍有任何怀疑，看一眼第82号提案的主要捐助者名单即可得到答案。

民主党的疑虑

尽管第82号提案拥有一边倒的政治优势和毫不松懈的媒体宣传攻势，人们对它的质疑却与日俱增。4月末，可能参与投票的选民中表示支持这
179 项公民表决提案的占微弱多数（52%），尽管其中56%的人仍然表示对赖纳的这项提案知之甚少。之后，选民阅读了越来越多的资料，也就越来越担心细节中存在的问题。6月6日选举日前的最后一周，选择“支持”的人的比例缩减为41%，而46%的受访者表示反对，其中不乏愠怒的民主党人。[②] 加利福尼亚州共有43家报纸刊发社论，表达对这项提案的反对，并提出多项担心：提案对贫困儿童的关注程度是否不足？州政府是否将接管非营利性幼儿园？是否有人会在州宪法中动手脚，将24亿美元的政府预算永远锁定于某个单一的对象？甚至像《洛杉矶时报》、《萨克拉门托蜜蜂报》和《旧金山纪事报》（*San Francisco Chronicle*）这样在历史上支持

① Dan Morain, “Private Gifts Boost Races,” *Los Angeles Times*, May 26, 2006, www.latimes.com/news/printedition/california/la-me-money26may, accessed June 10, 2006.

② Mark DiCamillo and Mervin Field, “Voters Moving to the No Side on Prop. 82,” San Francisco: The Field Poll, June 3, 2006.

民主党的报纸也没有遵循旧例，它们认为第82号提案冗长复杂、毫无重点。

2006年6月的第一个星期二，第82号提案被61%的加利福尼亚州选民否决，虽然大量民主党人参与了投票，他们蜂拥到投票站，在两位有望在当年秋季的选举中成为施瓦辛格对手的民主党人之间进行选择，但《洛杉矶时报》在投票站出口的采访显示，走进投票站的受过良好教育的民主党人，对于赖纳关于普及学前教育的阐释感到疑虑重重。五分之三自称温和派的人投票反对了第82号提案。[①]

幼儿园内部，透视差异

早上8点45分，将近90名幼儿在喷水头之间快乐地奔跑，在塑料水池里进进出出，不时发出兴奋的尖叫。在这个炎热的七月早晨，万圣堂儿童中心（All Saints Children's Center）最不缺的就是戏水游戏。此时帕萨迪纳市中心的气温已经接近80华氏度。

在5号房间的“晨圈时间”里，孩子们播报的每日新闻同样有趣。虽然其中有几个4岁的孩子在想家，不过杰奈（Genai）报告说“昨天我扭伤了脚踝”，而尼古拉斯（Nicholas）说“如果我们要去冲浪，我得告诉我爸爸”。每个孩子都站起来背诵了关于爱国的效忠誓词（Pledge of Allegiance），然后在矮桌上安静地吃了一顿点心。凯特琳（Caitlin）觉得肚子不太舒服，但主班教师桑迪·阿尔斯特兰德（Sandy Ahlstrand）用一个长长的拥抱治愈了她。接下来，捕网和纸袋被有效地利用起来，到户外捉虫子的时间到了。

尽管这20名4岁儿童浑然不觉，但他们已成为洛杉矶“先锋儿童” 180
中的一部分：这些学龄前儿童正参与一项有趣的实验。共有400多所幼儿园提交了申请，研究人员从中随机抽取100所，万圣堂儿童中心正是为数

① 特别感谢《洛杉矶时报》的法尔纳兹·卡拉菲（Farnaz Calafi）和吉尔·达令·理查森（Jill Darling Richardson），他们根据在投票站出口处收集的民意调查数据制作了表格。来自2006年6月8日的个人邮件。

不多的幸运者之一。万圣堂儿童中心毗邻一座优雅的石砌教堂，教堂于1923年由圣公会教徒修建。万圣堂儿童中心成立于1966年，曾为帕萨迪纳市中心黑人社区的儿童提供服务。可是，正如一名工作人员所说，该项目负债累累，如果它仅为这一个群体服务，将会连教师“维持生活的工资”也无法支付。经过调整的万圣堂儿童中心如今主要服务于来自中上层家庭的儿童，家长每月为全日制课程支付约1000美元。“我们一路走来很不容易。”万圣堂儿童中心的副主管马蒂·鲁德（Marti Rood）告诉我。

万圣堂儿童中心虽然有着宗教背景，其理念却是极其世俗化和人性化的。“为了贯彻我们的理念，我们创建了适宜儿童发展的环境，在其中照顾孩子们。”学校的使命宣言如下：“儿童有选择的权利。他们可以根据自身需求设计活动，去实验，去探索。……教师要提供适宜的选择，以促进学生身体技能、认知学习、解决问题的能力和独立性的发展。”

普及学前教育运动给洛杉矶带来了怎样的早期影响？如今还不到盖棺定论的时候。就在此书付印之时（2007年），这项雄心勃勃的事业才进行了不到18个月。然而，在参观了几所“洛杉矶普及学前教育幼儿园”之后，借用长滩一位管理者的说法：我从中看到了一些优势，同时也有些重要问题开始浮出水面。

182

将课堂教学理念标准化

洛杉矶起初实施的普及学前教育方案有一个显著的特点，即坚信根植于自由人文主义理想的、传统的儿童发展原则。这可能要归根于希尔-斯科特自身的经历（她来自儿童发展领域而非公立学校），也要部分归根于意大利诺-托马斯在提前开端项目多年的工作经验。而学前教育课程方面的专家，包括那些为洛杉矶公立学校系统工作的专家们，并未施加过大的影响。

不管出于何种原因，洛杉矶普及学前教育理事会意图促使各地学前教育项目统一使用一套“适合儿童发展阶段的课堂实践”多少会让人联想到“学前关怀”这一机构，这为这个故事平添一丝讽刺的意味。迄今为止，洛杉矶普及学前教育理事会的领导人，尤其是意大利诺-托马斯，尚未推出任何具体的课程体系。但是，就像新泽西州的普及学前教育运动领袖一样，洛杉矶普及学前教育理事会温和地提倡一种发展主义观点，要求所有 183
学前教育机构重视早期儿童学习环境评价量表（Early Childhood Environment Rating Scale，ECERS）这一课堂评估工具中所囊括的质量指标，并对幼儿教师获得更高的大学学历怀有信心。

洛杉矶普及学前教育理事会的工作人员参观了由芭芭拉·斯托尔·麦克林（Barbara Stalle McClean）管理的长滩蒙台梭利幼儿园，并使用早期儿童学习环境评价量表这一观察工具对4岁儿童所在班级进行了评估。麦克林正在为自己的幼儿园申请第一年的资助，她说工作人员建议“把装扮区和积木区整合到教室里，而我们（以前）会把它们留在玩耍的地方”。她又做了一些补充，“通常我们会把音乐单独分出来”，作为一种独立的、有目的的活动，这符合蒙台梭利的做法。“但现在，如果他们（孩子们）想选音乐……”，就在这时，一个可爱的黑人美国女孩正在教室里走来走去，手里拿着一个叮叮作响的三角铁。

麦克林说，蒙台梭利教学法在美国开展已有近一个世纪的历史，它要求儿童“（对独立活动）更专注，也就是所谓的‘注意力集中的常态化’，同时要给儿童提供选择的机会”。她补充道：“他们（洛杉矶普及学前教育理事会的工作人员）坚持使用早期儿童学习环境评价量表，但我们仍然有很多自由。……他们在洗手方面做得有点过头了，但他们希望孩子们独立，自己倒水，自己吃零食。”评估员向麦克林提出意见：活动中心散落在教室各处，却在中间留下一块狭长的空地，孩子们可能会忍不住跑来跑去。麦克林说：“但到了周末，教堂会把这个房间用作主日学校，我们不想来回挪家具。”

回头看帕萨迪纳的万圣堂儿童中心，早在洛杉矶普及学前教育理事会的评估员到来之前，阿尔斯特兰德老师就很赞同发展的观点。“我们让孩子们尽情地自由探索。”她说，“在我看来，社会情感方面的发展是第一位的，为学前班即将遇到的挑战做好社会情感方面的准备也是。”她的课堂教学方式将自由人文主义理念与柔情版的“新兵训练法”进行了融合。“在学前班，不会有很多老师等着帮助他们，所以我们教他们学会如何维护自己的权利，如何与朋友交谈。孩子们基本上能自己的问题自己解决。他们会自己盛食物，自己倒果汁……。我们希望他们尽可能地自力更生。”

185 教训

从加利福尼亚州发生的事件当中，能够看出由来已久的历史性因素如何将学前教育置于当地的政治和文化环境之中，并塑造了它出现的时机和组织方式。我们看到，在洛杉矶，尽管身处由贫困和蓝领家庭占主体的广袤地区，民意领袖们仍然坚持自由人文主义的理念。可是，普及学前教育运动在全州范围内展开宣传时，这一理念很快就被州领导人的政治利益所掩盖，他们急于将学前教育与提高考试成绩相结合，而教育利益团体则迫切希望出台改革策略，减轻地方教育工作者为提高考试成绩而承受的压力。无论工会及其立法机构的盟友怀着怎样善意的初衷，他们都是从经济
186 利益出发的，而采取行动的目的是扩大教师队伍，从而巩固自身的政治地位。

也许普及学前教育运动兴起的时代仍过于保守，为了应对这种保守，运动的倡导者们为了赢得胜利，有时似乎付出任何代价也在所不惜，哪怕结果是使得儿童发展的理念变得日益狭隘。只要能从学校问责制和标准化考试的激进支持者那儿得到支持，那就这么干吧。他们意图在整个加利福尼亚州建立一个整齐划一的学前教育系统，认为这样的系统有望带来更统一的质量标准和更公平的机会，并将多种多样的儿童保育机构和家长的选择视作绊脚石。如果这意味着剥夺社区学前教育机构的权力或使课堂活动和课程内容同质化，没关系的，这点牺牲不值一提。

虽然由赖纳主导、波及全州的运动似乎有着坚定的理想和精明的策略，但是在洛杉矶，在希尔-斯科特的领导下，经由民主协商产生的组织模式却与前者截然不同。尽管在加利福尼亚州，广泛的历史力量不断推动着州一级的政策行动，但事实证明，地方性的政治和文化力量在各地有着巨大的影响力。尽管在推动州一级的改革时，赖纳支持将控制权的天平转向公立学校，但他还是同意在洛杉矶建立一个由学前教育机构构成的混合

市场。这座城市有着充满活力的政治格局，在文化和组织上不拘一格，没有土壤让一个集权化、以公立学校为主导的学前教育系统扎根。这让人想起德国当代哲学家尤尔根·哈贝马斯（Jürgen Habermas）描绘的“去中心化的社会”（decentered society），在这个社会中，“这种民主概念不再需要以政府为中心的社会整体理念来运作”①。

在希尔-斯科特为期一年的筹备工作中，没有可靠的倡导者严肃地提出应该由洛杉矶的公立学校系统来管理普及学前教育运动。我问“为了孩子”（Para los Niños）这一机构的雷·埃尔南德斯（Ray Hernandez），为什么市区的家长会选择社区幼儿园而非小学附设的幼儿园，他大笑着说：“你真的想听我的回答吗？”然而，当赖纳寻求政治合法性和资金以支持全州范围的宣传活动时，他直接找到了工会，工会提出的要求是把幼儿园牢牢地与公立学校绑在一起。

洛杉矶普及学前教育理事会正在进行一项有趣的实验，同时为贫困和富裕社区的幼儿园提供支持，通过多种多样的社区项目和公立学校附设项目提供幼儿教育，甚至资助获得营业执照的家庭托儿所。洛杉矶普及学前 187
教育理事会的领导人将学前教育的质量与根植于自由人文主义理念精华中的传统发展理论相结合，表明了自己的立场。这种策略能否成功地绕过学业技能的浅滩，并证明自己能够满足洛杉矶各色家长提出的要求，还有待观察。不知当洛杉矶普及学前教育理事会像公立学校那样面临问责的压力时，它是否还能坚持下去。

乔赛亚·罗伊斯在19世纪曾不满地说，加利福尼亚人如一盘散沙，如此迥然不同、如此粗蛮，他们无法长期且一致地追求任何一种公共理念。值得注意的是，赖纳和他动员的一小群精英已经确定了一个公共项目，他们吸收启蒙运动的思想，以改善儿童的生活为己任。这些体制自由主义者（institutional liberal）意图通过整齐划一的系统寻求帮助，这个系统主要由专家和专业人士进行运作。无论是从对质量的集权化定义中，还

① Jürgen Habermas, “Three Normative Models of Democracy,” in *Democracy and Difference: Contesting the Boundaries of the Political*, ed. Seyla Benhabib (Princeton: Princeton University Press, 1996), 21-30.

是从工会控制师资质量和课堂社会组织的欲望中，或是从萨克拉门托让孩子们进行标准化学习以应对考试的意图中，我们都能窥见这一体系。

与之形成鲜明对比的是，支持分权式管理的进步主义人士坚守社区行动的理念，关注儿童如何在特定的文化和语言环境中成长。正如约列·弗洛里斯·阿圭勒和尼尔·考夫曼描述的那样，这一类幼儿园提供了一个人性化的场所，使家长们团结起来，维持社区机构的运行。当我问埃尔南德斯，为什么中南部的拉美裔美国人不喜欢公立学校附设的学前教育项目时，他不再笑了。他回答道：“我们98%的教师都是拉美裔，而且真的很关心孩子们的文化。”

那么，普及学前教育的公共项目能否在加利福尼亚这样不拘一格的社会中继续开展下去？能否既为儿童提供丰富的环境，同时也不令家长和为社区带来凝聚力的人性化组织感到失望呢？也许吧。迄今为止，洛杉矶这个多元化大都会获得的最振奋人心的成就，是民主化运动取得的进展。在40年前，像约列·弗洛里斯·阿圭勒、罗萨里奥·古铁雷斯和特里·罗比森这样的人在洛杉矶的社会中没有发言权，也没有地位。而现在她们有
188 了，她们的观点和理念正在影响提供学前教育的社会机构。或许长期的政治和文化挑战并不足以点燃老布什急切强调的“万千光芒”*，却能够让这些光芒照向同一个方向，照亮一个与人类的多样性彼此应和的公共项目。

---

* 老布什总统在1989年发表就职演说时将美国的社区组织比喻成“万千光芒”。——译者注

第六章　哪些儿童从幼儿园受益？[①] 189

任何一个珍惜自己“羽毛”的普及学前教育倡导者都不会忘记使用这句话：“研究表明……”因此，我们常听到“研究表明所有的儿童都能从幼儿园中受益”，“研究表明幼儿园对幼儿的促进作用能够持续一生”，或者是“研究表明所有的幼儿园教师都必须具备大学本科学历”，以及各种诸如此类的话。“研究表明……”也可以用“基于研究的实践表明……”来代替，但后者通常暗含这是经科学明确揭示、确凿而神圣的真理的意思。

这些人信誓旦旦地称普及学前教育将带来诸多好处，说得天花乱坠。例如，2006 年，来自布鲁金斯学会（Brookings Institution）值得尊敬的资深经济学家伊莎贝尔·索希尔在曼哈顿举行的一次动员大会上承诺，如果在全美范围内推广普及学前教育运动，美国国内生产总值将在 60 年内增长 9880 亿美元。[②] 洛杉矶商会（Los Angeles Chamber of Commerce）同意支持罗布·赖纳的第二次的公民表决提案后，商会主席拉斯蒂·哈默（Rusty Hammer）宣称“要确保孩子进入小学后有优异表现，上幼儿园是

---

① 玛格丽特·布里奇斯参与本章的写作。

② Tamar Lewin, “The Need to Invest in Young Children,” *New York Times*, January 11, 2006. 索希尔和她的同事们认为，如果佩里幼儿园的所谓回报率能够在一个遍布全美的项目中得以实现（且像佩里实验控制组中的贫穷黑人家庭那样无其他保育选择的情况在四十年中维持不变），那么这个项目的经济回报将达到 9880 亿美元。这些由皮尤慈善信托基金会提供部分赞助的分析人士“假设了这项幼儿园提案的效用，即所有社会经济地位群体的儿童所获得的教育成就都是相同的”。参阅：Walter T. Dickens, Isabel Sawhill, and Jeffrey Tebbs, “The Effects of Investing in Early Education on Economic Growth” (draft manuscript, Washington, D. C., Brookings Institution, 2006).

唯一且最好的方法。研究人员发现在幼儿园受到的教育能够转化为更优秀
190 的考试分数和更高的毕业率”[①]。哈默还意犹未尽地宣称，普及学前教育运动将“为加利福尼亚和洛杉矶在全球经济竞争中带来至关重要的教育优势”。

这样的论调只能给人们带来层出不穷的幻象，而使人们忽略对已知经验的衡量与思考。新一代的倡导者——其中一部分接受过律师从业训练——常常认为事实是固定不变的。然而，儿童发展如同任何成熟的研究领域一样，并非一成不变，它既存在已有的、富有争议的数据，也有从更为丰富的数据和设计更严谨的研究中涌现的新发现。

当然，在教育政治学领域，使用乃至误用科学发现并不是什么新鲜事。但普及学前教育的主要倡导者们将某些科学研究的结果拔高，试图利用推销型说辞，形成公众舆论。倡导者们冒着浪费数十亿美元公共资金的风险，夸大在普及学前教育方面不断增加投资可能获得的回报，或者抓住幼儿园某一个方面的品质大肆吹嘘。有倾向性地选取调查结果，对大众进行游说，这是普及学前教育运动鹰派倡导者的特点，他们的做法使得家长和决策者无法看清自己面对的选择，他们甚至不知道关于培养儿童的不同流派和主张的存在。

州政府的举措一旦被证明效果显著，就会带来立竿见影的改变——考试分数提高、少女怀孕率降低、贫困家庭脱贫、贫困父母从靠吃福利转向就业等——人们便会开始相信决策者是深谋远虑的。我们的出发点并非要阻断研究团体与公众之间的重要互动。相反，我们希望所有涉及学前教育的研究证据，不论是有利的还是不利的方面，都能公之于众，也希望这些证据能够为民主对话服务。

我们要将每一种主张与迄今为止获得的研究结果相比较，观察其结果。有时候，我们不知道相关的经验事实究竟如何，所以迫切需要更细致的研究。这并不意味着我们必须等所有的拼图都到位才能开始拼图。这么做的确有助于向政策制定者提出建议，请他们更为谨慎地采取行动，不要

---

① Rusty Hammer, “Investing in 4 Year Olds,” *Los Angeles Times*, August 17, 2005.

朝未知的方向走得太远，导致公众对政府草率的政策举措一再进行嘲讽。

首先，我们要将重点放在这样一个假设上：上幼儿园对所有3—4岁儿童都有好处，这种好处在儿童发展的各项重要领域中都能得到体现，而且这种领先优势会一直持续下去。其次，我们将分析由普及学前教育倡导者和许多政策制定者所提出的论点，即，由于幼儿园是一种强有力的干预 191
措施，因此干预越多，效果越好，比如实施全日制课程，比如把连尿不湿都没脱掉的孩子送进幼儿园。最后，我们将探讨与最大幅度提升幼儿园质量相关的越来越丰富的证据，同时回顾人们如何将资金浪费在了质量的表面形式上。在过去的半个世纪里，学校教育效益的问题，即什么样的教学资料、教学实践和组织特征才能带来最丰厚的回报，一直困扰着教育领域的研究人员。学前教育领域的研究者们正在努力回答这一问题。

上幼儿园对所有儿童都有好处吗？

普及学前教育倡导者分发的小册子遍布全美，册子上印着天真孩童的照片和叫人过目不忘的图表，声称幼儿园使所有儿童都有了显著的进步，而且他们将一生受益。其中一本小册子上展示了一张图表，标题是“高质量幼儿园与27岁时较少的被捕次数密切相关”①。我就此事询问普及学前教育运动的主要资助者，皮尤慈善信托基金会的休·尤拉恩（Sue Urahn），她告诉我：“（在2001年）投资学前教育领域，我们是有研究结果作为基础的，有实证研究的结果作为依据。”② 在一定的程度上，普及学前教育运动建立在越来越多的证据基础之上，这些证据证明学前教育能产生意义深远的影响，至少对某些孩子来说如此。

但是在将家长的教育方式和家庭环境的影响纳入考量之后，这种被称为“幼儿园”的机构真的能促进所有孩子的发展吗？它带来的益处能持续多久？儿童长期所处的学校或家庭环境是否有助于维持这些益处？全州或

① Susanna Cooper and Kara Dukakis, *Kids Can't Wait to Learn: Achieving Voluntary Preschool for All in California* (Oakland: Preschool for All, 2004), 16.

② 引自我于2005年8月23日对休·尤拉恩的采访。

全美范围内的大规模学前教育项目能否复制儿童在精心设计的实验中获得的益处？

为贫困儿童服务的“精品”幼儿园

无论如何，这个故事都要从佩里幼儿园讲起。这个项目是学前教育领域最早，也是受认可程度最高的一个小规模实验。这个了不起的项目始于1962年，当时，密歇根州的伊普西兰蒂市第一批来自贫困家庭的黑人儿
192 童开始参加一项集中的、精心设计的研究项目，其内容包括半日制幼儿园和家访。1962年至1965年间，共有四批儿童参与了这项研究，每一批中都有3岁的儿童。孩子和母亲一起被随机分配到佩里幼儿园的实验组或对照组，对照组的孩子不接受幼儿园教育，其家长也不接受家长教育。与当代普及学前教育的倡导者设想的那种幼儿园相比，佩里的实验项目有一处关键的不同：佩里的项目要求幼儿园的任课教师对孩子和母亲每周进行一个半小时的家访。①

在佩里实验进行的三年时间里，实验组的四个教学岗位先后有十名女教师任教。每个实验组班级都采用专门设计的课程体系，重点是认知技能的发展，因为这个项目旨在提高黑人儿童的智商（见第二章）。每学年分为30个学习周，被试儿童依据年龄划分，分别接受一年或两年的幼儿园教育。每位教师至少拥有四年制的本科学历，并通过密歇根州政府的认证，具有教授小学或学前教育课程的资格。据项目设计者称，每一位教师都“接受了全方位的管理式督导和在职培训”②。实验组的平均师幼比高于1：6，远高于当代幼儿园的人员平均配置水平。据劳伦斯·施魏因哈特（Lawrence Schweinhart）估计，佩里幼儿园为每个儿童花费了15166美元（根据2000年的美元计算），是提前开端项目中一名学生花费的两倍，几

---

① 有关佩里幼儿园的详细讨论可参阅：John Berruta-Clement，Lawrence Schweinhart，William Barnett，Ann Epstein，and David Weikart，*Changed Lives*：*The Effects of the Perry Preschool Program on Youths Through Age 19*（Ypsilanti，Mich.：High/Scope Press，1984）.

② John Berruta-Clement，Lawrence Schweinhart，William Barnett，Ann Epstein，and David Weikart，*Changed Lives*：*The Effects of the Perry Preschool Program on Youths Through Age 19*（Ypsilanti，Mich.：High/Scope Press，1984），8.

乎是俄克拉何马州普及学前教育项目中儿童平均花费的四倍。①

佩里幼儿园产生的影响被广泛报道，直到今天，仍在许多人心目中保持着神话般的地位。直到该项目的毕业生由公立学校毕业，步入成年后，人们依旧对此津津乐道。与对照组相比，在佩里幼儿园的实验组接受过幼儿园教育的孩子的大学毕业率比对照组高出 20%，被捕的可能性更小，少女怀孕率也更低。值得注意的是，尽管普及学前教育倡导者在讨论时引用了佩里实验的成果，但在这些成果的衡量指标当中，有一部分并不适用于检测中产阶级家庭儿童受到的影响。

第二章曾讨论过佩里实验在学前教育运动历史上的地位，并强调参与实验的家庭数量不多。例如，实验组与对照组之间任何一项指标如果产生了 20%的差异，便意味着与对照组的孩子所做的选择相比，只有 10 名左右从佩里幼儿园毕业的孩子选择了一条更为积极的人生道路。另一个有关
佩里实验研究结果的困扰是，一旦看到热炒的新闻报道背后更多的事实， 193
我们就会发现，有些差异要么在统计学上来看并不显著，要么只适用于女孩不适用于男孩，要么便会逐渐消失。在 20 世纪 60 年代中期，对照组儿童的家长几乎没有其他的保育选择。如今，得益于为贫困家庭服务的幼儿保育中心的发展，这种情况几乎已经绝迹。佩里实验的优势只有在与对照组比较时才能得到体现，而对照组主要由贫困家庭的黑人儿童组成，他们大多数时间都待在家里。

我们也必须承认，某些影响并未随时间流逝而逐渐消失。这表明，如果佩里幼儿园丰富的教学实践能够得到重现，如果课堂活动能够与母亲们不懈的努力相结合，规模更大、覆盖全州的项目或许能够产生类似的效益。然而，这两个巨大的“如果”与制度和政策变化有关，却与佩里幼儿园的优势无关。

2005 年，第一批从佩里幼儿园毕业的孩子已经 40 岁了，由佩里幼儿

① Lawrence Schweinhart, Jeanne Montie, Zongping Xiang, William Barnett, Clive Belfield, and Milagros Nores, *Lifetime Effects: The High/Scope Perry Preschool Study Through Age 40* (Ypsilanti, Mich.: High/Scope Press, 2005).

园的缔造者管理的高瞻教育研究基金会（High/Scope Education Research Foundation）发布了最新的评估结果。来自高瞻教育研究基金会的劳伦斯·施魏因哈特和同事们，包括罗格斯大学的威廉·巴尼特坦率地报告：受试者 40 岁时收入方面的情况，可由佩里幼儿园的影响解释的部分不到 3%，而佩里幼儿园约影响了其学业水平的 4%。值得注意的是，虽然事隔多年依旧能够检测到差异，但其实际意义只能说是聊胜于无。① 佩里幼儿园的毕业生们 19 岁时在获得的最高教育年限和接受特殊教育*安置方面的优势仅在女孩身上体现出统计学意义，在男孩身上则没有。在某些年份，毕业生们遭刑事逮捕的次数明显减少，而在其他年份则不然；在 40 岁这一年，这一点在男性身上表现显著，在女性身上则不然。简而言之，一些关键影响的研究结果多年来并不一致，从统计学意义上来说，大众媒体报道的所谓优势逐渐消失了。

如果一个遍及全州的大型幼儿园系统无法按照佩里实验的成本和质量等关键特征进行配置，那么，这项实验表现的优势——至少对贫困儿童来说——又有何意义呢？当然，从这样小规模的实验中进行归纳是很难的。兰德公司的研究人员试图估算为加利福尼亚州建设囊括全州的幼儿园系统可能带来的经济回报，他们明智地将佩里实验搁置一旁，转而求助于芝加哥亲子中心。该项目在 20 世纪 80 年代中期为 4000 多名幼儿提供过服务，更为注重对家长的培训，且其成本还不到佩里实验的一半。

194 由佩里实验开创的一些项目条件，如为教师提供更好的培训和为儿童提供连贯的、适宜儿童发展的课程等，都为当代学前教育领域提供了借鉴。我们在塔尔萨见到了一些鼓舞人心的评估结果，显示贫困和蓝领家庭的孩子们的确从中获益匪浅，塔尔萨的孩子的确在认知方面表现出明显的

① Lawrence Schweinhart, Jeanne Montie, Zongping Xiang, William Barnett, Clive Belfield, and Milagros Nores, *Lifetime Effects: The High/Scope Perry Preschool Study Through Age 40* (Ypsilanti, Mich.: High/Scope Press, 2005), 47, 52, 56.

* 特殊教育是运用特殊的方法、设备和措施对特殊的对象进行的教育。狭义的特殊教育是指针对具有身心缺陷的人，即盲人、听障人（聋人）、弱智儿童等的教育以及针对问题儿童的教育，相关政府部门和其他各类机构从经济投资、科学研究、师资和设备等方面支持这类教育。——译者注

进步。但是佩里实验看重的其他因素并未产生可复制的结果：在佐治亚州，在有关儿童发展方面对教师进行重点培训是有效的，但除此之外，要求教师具有本科学历并未带来任何回报。

尽管如此，佩里幼儿园的小型实验产生的示范效果依旧轰动一时，它已经成为学前教育研究领域的标志性事件，就像牛顿观察到苹果从树上掉下来从而发现地心引力一样。

第二个值得注意的“温室”实验是卡罗来纳初学者项目（Carolina Abecedarian Project）。1972 年至 1977 年间，这个项目的设计人员依托北卡罗来纳大学（University of North Carolina），招募了 111 名来自低收入家庭的出生仅数月的婴儿。参与研究的母亲平均年龄不到 20 岁，受教育年限不超过 10 年，大多数是黑人单亲母亲。

卡罗来纳初学者项目的早期教育干预甚至比佩里幼儿园的干预更为深入。项目对四组儿童进行评估：两个实验组，一个对照组和一个控制组。第一个实验组的儿童从婴儿时期开始接受公立学校附设幼儿园的保育，直至幼儿园毕业。第二个实验组的婴儿不仅接受以上保育，而且参与一项家庭访问项目。起初婴儿与成年人的比例是 3∶1，进入幼儿园后，这一比例升至 6∶1。幼儿园是一个全年全日制的项目，所以它提供的干预程度比佩里实验的更强。相比之下，对照组的儿童只参加从一年级开始的课后托管项目和家庭访问项目。家庭访问持续到孩子上小学第三年，对照组的母亲从家访者那里获得指导，学习如何组织活动，刺激孩子前阅读技能的发展，如何达到其他各项教育目标。控制组的儿童获得免费的强化铁配方奶粉和纸尿裤，但不参加任何保育或家庭访问计划。

经历过学前干预的儿童在认知技能（如早期语言发展和阅读技能）方面的表现进步最大，尤其是女孩。弗朗西斯·坎贝尔（Frances Campbell）和同事们发现，该项目对考试分数的影响一直持续到 21 岁，即参与测试的儿童接受评估的最后阶段。与对照组和控制组相比，那些在项目中接受过学前教育的孩子在小学留级或接受特殊教育的概率更小，被四年制大学 195

录取的可能性则更大。[①]

根据威廉·巴尼特的计算，在卡罗来纳初学者项目中，每投入1美元，参与者或整个美国社会就会获得4美元的回报。这个回报率并不像佩里实验的8美元那样高，而佩里实验的回报率也是巴尼特根据在一个特定观察期获得的结果计算得出的。[②] 经济学家林恩·卡罗里剔除“成为罪案受害者的无形损失”这一项后，佩里实验的回报率估值下调至每投资1美元，获得4美元回报。[③] 芝加哥亲子中心项目每投入1美元获得的回报为2.62美元。卡罗来纳初学者项目的规模比它更小，但回报率似乎更高。我们很快就会讲到这个芝加哥亲子中心项目。

总体而言，我们讨论佩里实验或卡罗来纳初学者项目时所做的经济分析，对于估算大规模学前教育项目可能带来的益处帮助甚微。打个比方，这就像通过观察哈佛毕业生的认知敏锐度或收入，用其结论来证明应该创建更多社区大学一样。这些小规模示范性项目带来的益处并不适用于大规模的学前教育系统。没有任何一个州会像佩里实验那样，为每个孩子的幼儿园教育和家访投入超过16000美元（以2007年的美元折算），也不会像卡罗来纳初学者项目那样，为每个孩子投入超过34476美元（以2000年的美元折算）。[④]

不过，这并未妨碍普及学前教育的支持者们继续夸大幼儿园的影响。2005年，加利福尼亚州学校理事会协会（California School Boards

① Frances Campbell and Craig Ramey, “Cognitive and School Outcomes for High-Risk African-American Students at Middle Adolescence,” *American Educational Research Journal* 32 (1995), 743-772; Frances Campbell, Craig Ramey, Elizabeth Pungello, Joseph Sparling and Shari Miller-Johnson, “Early Childhood Education: Young Adult Outcomes from the Abecedarian Project,” *Applied Developmental Science* 6 (2002), 42-57.

② William Barnett and Jason Hustedt, “Head Start's Lasting Benefits,” *Infants and Young Children* 18 (2005), 16-24.

③ Lynn Karoly, Peter Greenwood, Susan Everingham, Jill Houbé, Rebecca Kilburn, Peter Rydell, Matthew Sanders, and James Chiesa, *Investing in Our Children: What We Know and Don't Know About the Costs and Benefits of Early Childhood Interventions* (Santa Monica, Calif.: RAND Corporation, 1998).

④ Lawrence Schweinhart, Jeanne Montie, Zongping Xiang, William Barnett, Clive Belfield, and Milagros Nores, *Lifetime Effects: The High/Scope Perry Preschool Study Through Age 40* (Ypsilanti, Mich.: High/Scope Press, 2005).

Association）在圣地亚哥举办大会，帕卡德基金会在会上宣传自己的项目时声称：“许多长期跟踪研究表明，接受高质量学前教育的儿童，入学准备更好，语言能力更强，能够掌握更多的数学技能，问题行为更少。”①目前，针对高质量幼儿园的长期跟踪研究只完成了三项，我们刚刚回顾了其中两项。这些研究确实显示出了令人鼓舞的成果，但其成本却是任何一个州，甚至40年后的提前开端项目都无法承受的。此外，佩里实验和卡罗来纳初学者项目都将母亲的参与和家庭环境的影响引入实验，而不是把早期干预的对象仅仅局限在课堂上。

必须强调的是，像佩里幼儿园和卡罗来纳初学者项目这样的示范实验
的初衷，并非证明这种模式适合被大规模推广为州级项目。它们的开展，
是为了证明幼儿的认知能力可以通过“早期干预”得到提高。这些项目的 196
设计者坚定地反对“先天胜过后天培养”这一观点，即贫困儿童天生缺少
获得高水平成就的能力。在这一点上他们做得很不错。

为贫困家庭儿童服务的大型项目

自从20世纪80年代中期开始，新一代研究人员为了寻找适合推广的研究结果，开始跟踪观察儿童从婴儿期到学步期、学龄前直至小学阶段的长期发展。这些研究人员并未试图证明小型精品幼儿园能产生多么显著的效果，而是追问，规模更大的幼儿园项目是否也能产生类似的效果。

这些大规模项目的研究分为两类。首先，在过去的10年中，他们评估了专门为来自贫困和工薪家庭的儿童提供服务的项目。在这一类别中，最为细致的研究成果或许来自芝加哥亲子中心项目。该机构自1967年以来一直接受芝加哥公立学校的管理。20世纪80年代中期，威斯康星大学的阿瑟·雷诺兹对芝加哥亲子中心项目进行了深入研究，在此期间，这一项目主要为黑人社区服务。与佩里实验和卡罗来纳初学者项目一样，这项在芝加哥开办的项目也囊括了幼儿园课堂之外的元素。为家长提供的教育

① California School Boards Association，“Annual Meeting Program Guide for Student Achievement Symposium on Preschool”（Sacramento，2005）.

和家访一般从儿童两岁时开始，参与项目的儿童在3岁时进入幼儿园，为部分儿童提供的强化活动和家长参与一直延续到小学三年级。

芝加哥亲子中心幼儿园每天提供时长半天（3小时）的课程，侧重于提高儿童在早期语言、读写和数学方面的能力。主班教师拥有本科学历和伊利诺斯大学儿童发展专业的证书。教师和保育员都是芝加哥公立学校的雇员。每间教室通常有17名3—4岁的学生，配备两名成年人。芝加哥亲子中心的工作人员都接受过培训，学习过如何鼓励家长参与，例如在家中组织学习活动等。在20世纪80年代，中心提供的综合服务还包括健康筛查、免疫接种和免费膳食——类似于美国联邦政府的提前开端项目。部分后续项目一直延续到小学三年级，比如小班授课以及大力督促家长在家中参与孩子的学习和社会性发展。①

197 芝加哥亲子中心项目负责人索尼娅·格里芬（Sonja Griffin）告诉我：“家长们明白我们是一个学术项目。我们有效地开展以科学为基础的实践，……标准化的教学内容是我们课程的支柱。”与此同时，还有一些中心秉持为家长赋权的精神。洛兰·汉斯贝里小学（Lorraine Hansberry Elementary School）的校长伊迪丝·艾伦-科尔曼（Edith Allen-Coleman）于1967年协助创办了公立小学附设幼儿园（汉斯贝里亲子中心），尽力确保贫困家庭的家长将自己视作学校群体当中的一员，如她所说：“（家长能够）认识办公室的工作人员，能见到校长，看到教师是怎样上课的。”②

艾伦-科尔曼告诉我，洛兰·汉斯贝里小学有全职的家庭教育指导师，他们不仅告诉家长要陪孩子阅读，还向他们展示“如何提高音量，做出兴致盎然的样子。……就算不识字，也可以讲故事”。最近，随着卡布里尼·格林（Cabrini Green）等公共住宅项目发展的停滞，芝加哥亲子中心项目的预算被削减，几所中心被关闭，但他们设计的这套方法却成功地促

① 有关芝加哥亲子中心项目的详情，可参阅：Arthur Reynolds，“Effects of a Preschool Plus Follow-On Intervention for Children at Risk,” *Developmental Psychology* 30（1994），787-804. 兰德公司的研究人员将芝加哥亲子中心项目的模式与加利福尼亚州的卡罗里和比奇洛的普及学前教育模式进行了比较，见：Lynn Karoly and James Bigelow，*The Economics of Investing in Universal Preschool Education in California*（Santa Monica：RAND Corporation，2004）.

② 我于2005年9月9日走访汉斯贝里亲子中心（Hansberry Child-Parent Center）。

进了儿童与家庭的共同发展。

为了评估芝加哥亲子中心项目的长期效果，阿瑟·雷诺兹（Arthur Reynolds）教授与同事们对1539名儿童进行了跟踪研究。被试儿童在1985—1986学年进入了25所不同的（由项目支持的）学前班。调查样本中包括许多没有上过芝加哥亲子中心幼儿园的儿童（不过其中有五分之一的儿童上过提前开端项目开办的幼儿园），以及一些没有参加（小学）一至三年级后续项目的儿童。其中可能包含选择性偏差，也就是说，家庭或家长等因素可能会决定哪些孩子进入并留在芝加哥亲子中心项目中继续学习。而且，这些因素，而不是干预本身，同样可能解释儿童在能力方面的发展。正因为如此，研究人员更喜欢真实验（true experiment）*，尽管我们已经看到，真实验获得的结论的普适性很有限。阿瑟·雷诺兹确实研究了实验条件下不同家庭之间的差异，但发现差异并不显著。这一结论可能与该事实有关，即芝加哥贫困社区幼儿园的入园率更多地与附近是否建有芝加哥亲子中心有关，而与表达了对幼儿园的需求的单个家庭有哪些特征相关性不大。

参与研究的儿童生活在贫困社区，他们的家长当中有五分之二未能完成高中学业。76%的儿童生活在单亲家庭，84%的儿童符合联邦贫困标准 198
规定享受午餐补贴。参加芝加哥亲子中心项目的5岁儿童在认知能力测试中得分显著高于未参加的儿童，其影响程度为0.21个标准差。① 这一水平与田纳西州在幼儿园和小学低年级实施的小班教学实验中观察到的效果相

* 真实验是指随机抽取与分配被试、保证各组被试等值、有效操纵自变量、严格控制无关变量、实验效度高、误差小的实验，比如随机控制实验。——译者注

① 引自我与雷诺兹于2006年3月3日和3月14日在加州大学伯克利分校进行的个人交流，以及2006年3月14日的个人邮件。与芝加哥亲子中心的特征相关的效应值，参阅以下论文：Arthur Reynolds, Judy Temple, Dylan Robertson, and Emily Mann, "Long-Term Effects of an Early Childhood Intervention on Educational Achievement and Juvenile Arrest," *Journal of the American Medical Association* 285 (2001), 2339-2349; Arthur Reynolds, Judy Temple, Dylan Robertson, and Emily Mann, "Age 21 Cost-Benefit Analysis of the Title I Chicago Child-Parent Centers," *Educational Evaluation and Policy Analysis* 24 (2002), 267-303; Melissa Clements, Arthur Reynolds, and Edmond Hickey, "Site-Level Predictors of Children's School and Social Competence in the Chicago Child-Parent Centers," *Early Childhood Research Quarterly* 19 (2004), 273-296.

近，后者同样关注贫困家庭的儿童。[①]

对芝加哥亲子中心进行的研究产生的结果中，最叫人吃惊的是学前教育的内容（平均每个儿童在幼儿园学习一年半）对认知增长的影响虽然温和，却是长期的。被试儿童在 9 岁时的阅读成绩仍比未参加芝加哥亲子中心项目的儿童高 0.19 个标准差，14 岁时的阅读成绩比后者高 0.16 个标准差。18 岁时，只有 14%的芝加哥亲子中心的毕业生接受了特殊教育，而控制组这一比例高达 24%。而且，芝加哥亲子中心的学生留级比例较低，完成高中学业的比例略高（为 49%，而控制组为 38%）。参加芝加哥亲子中心的儿童成人后发生不法行为和犯罪的概率也较低。然而，对于男孩来说，除非他们从幼儿园毕业后仍然留在强化的实验班，否则这些积极的影响往往会消失。

如果家长在幼儿园和小学阶段坚持参与孩子的学习，那么项目的效果就会显著增强。根据阿瑟·雷诺兹的报告，参与研究的儿童“从 3 岁到 9 岁接受长达 6 年的教育干预，同时（该项目）强调家长要参与社会服务”。他接着详细介绍了家长参与的有效形式，包括“课堂志愿服务、家长室活动、教育讲习班和培训，以及接受家访”。

雷诺兹将该项目效果的四分之一完全归因于家长（主要为母亲）的参与。“对芝加哥亲子中心的（儿童）成绩进步产生间接影响的因素中，有 25%的贡献是由家长的参与带来的，其中包括家访，”他告诉我，“这个估计可能稍微偏低，因为这只是一个指标。如果考核成绩，效应量可能会更高。”这个观点在大规模普及学前教育项目的设计中至关重要，因为它们往往缺乏对家长和家庭教育活动的持续关注（见第七章）。

199 阿瑟·雷诺兹估计，在芝加哥亲子中心项目中，花在每个孩子身上的支出为 6692 美元（按 1998 年的美元计算）——比佩里幼儿园低，但比佐治亚州普及学前教育项目的花费高 40%（按 2007 年的美元计算），是俄克

① 有关为幼儿服务的各项目的效应量详情，参阅：NICHD Early Child Care Research Network and Greg Duncan, “Modeling the Impacts of Child Care Quality on Children's Preschool Cognitive Development,” *Child Development* 74 (2003), 1454-1475.

拉何马州的两倍多。控制组的儿童来自黑人社区的贫困家庭，在20世纪80年代中期，他们的家长能够选择的保育方式比现在要有限得多。在评估任何一个项目的效果并进行推广时，我们都应该谨慎一些。

提前开端项目效果初现

当然，要论规模最大的幼儿园项目，当属联邦政府投入60亿美元打造、主要面对贫困家庭儿童的提前开端项目。它的起源可以追溯至“伟大社会”运动，在40多年间，提前开端项目不断引发关于以社区为基础的、整体化教育理念的激烈争论，进而促使人们讨论它为儿童和家长带来的潜在好处。自20世纪60年代至今，提前开端项目一路走来充满坎坷，已经产生了大量与儿童有关的实证研究结果，特别是在什么样的投入和质量因素能够更好地促进儿童的发展方面。这个初始规模并不大的学前教育项目已经演变为一个由众多地方项目构成的庞大而复杂的网络项目，其制度性经验也极其丰富。

起初的实证研究结果是令人沮丧的。1969年，威斯汀豪斯学习公司（Westinghouse Learning Corporation）和俄亥俄大学（Ohio University）发表了最初的评估报告。报告表明，对首批进入小学低年级的提前开端项目毕业生进行评估时，几乎未能发现任何该项目的可持续的影响。[①] 在随后十年中进行的跟踪研究的结果也同样令人沮丧。1985年，露丝·哈贝尔-麦基（Ruth Hubbell-McKey）等人为联邦政府综述对第一批儿童所做的实证研究，得出的结论是：对贫困家庭儿童而言，提前开端项目在认知方面带来的影响是显著的，然而，这些优势在孩子们进入小学后便很快消失了。[②]

但是，在精心设计的提前开端项目效果研究（Head Start Impact

① Westinghouse Learning Corporation and Ohio University, “The Impact of Head Start: An Evaluation of the Effects of Head Start on Children's Cognitive and Affective Development,” report to the Office of Economic Opportunity (Athens, Ohio: Ohio University, 1969).

② Ruth Hubbell-McKey, Larry Condelli, and Harriet Ganson, “The Impact of Head Start on Children, Families and Communities, Final Report of the Head Start Evaluation, Synthesis and Utilization Project” (Washington, D. C.: U. S. Department of Health and Human Services, 1985).

Study，HSIS）中，研究人员随机地将贫困家庭儿童分入实验组和控制组，最近的研究结果显示，参与研究的3—4岁儿童在认知和社会性发展方面获得了显著的进步。[①] 如今，要判断这些细微的进步会持续下去，还是随着孩子们进入质量参差不齐的小学而逐渐消失，还为时过早。但是，提前开端项目对幼儿学习和发展带来的促进效果，与2003年发表的有关学前
200 教育效用的研究结果是一致的。美国家庭和儿童经验调查（Family and Child Experiences Survey，FACES）对该研究有详细的描述。[②]

与此同时，约翰·洛夫（John Love）、埃伦·伊莱亚森·基斯克（Ellen Eliason Kisker）和数学政策研究所（Mathematica Policy Research）普林斯顿办公室的同事们通过研究发现，参加联邦政府提前开端项目的幼儿和家长获益匪浅。这项开创性研究始于20世纪90年代，既看重孩子在高质量的婴幼儿中心获得的经验，也强调母亲在家中对孩子的教育。运用计算软件《计算》（Mathematica）测得的评估结果显示，当幼儿在幼儿园就读，同时母亲持续进行亲子教育的情况下，幼儿在对母亲的回应、早期语言和社会性发展等方面都有适度的进步。早期认知和语言发育方面的效应量为0.15个标准差，玩耍时母子互动方面的效应量为0.43个标准差。[③]

有关提前开端项目最新的研究结果同样告诉我们应保持谨慎的乐观态度。维思达特（Westat）公司是位于华盛顿特区外的一家备受推崇的评估公司，其研究团队对首次进入提前开端项目幼儿园的3—4岁儿童进行了评估。每个儿童分别在刚刚入园以及入园9个月时接受评估。然后，研究团队比较被随机分配到提前开端项目的儿童与那些留在家中或进入其他保育机构的儿童的成长速度。由于控制组的许多儿童在其他幼儿园上学，因

① 评估设计和第一年的结果见：Westat et al.，*Head Start Impact Study*：*First Year Findings*（Washington，D. C.：Office of Planning，Research and Evaluation，U. S. Department of Health and Human Services，2005）.

② Westat et al.，"Head Start FACES Study 2000：A Whole-Child Perspective on Program Performance，Fourth Progress Report"（Washington D. C.：U. S. Department of Heath and Human Services，2003）.

③ John Love et al.，"The Effectiveness of Early Head Start for 3-Year-Old Children and Their Parents：Lessons for Policy and Programs，" *Developmental Psychology* 41（2005），885-901.

此，提前开端项目可能产生的影响与不同的儿童保育教育环境相关。①

参与提前开端项目一年后，与控制组相比，实验组儿童的前阅读和读写萌发（emergent literacy）* 水平高出 0.2 个标准差。这一结果与芝加哥亲子中心测得的影响非常相似（与几乎从未接受过儿童保育服务的控制组相比）。从统计数字看，提前开端项目对儿童词汇量和前写作技能的影响也较为显著，但其影响程度只有上一项目的百分之五十。在参与提前开端项目的儿童中，来自英语家庭儿童的总体认知能力的提高较西班牙语家庭的拉美裔儿童更为显著。这一发现表明，对于后者，课堂实践的效果可能并不显著，这也可能是由于服务于只会说西班牙语的儿童的提前开端项目幼儿园的整体质量较低。

提前开端项目效果研究小组还考察了该项目对（儿童）社会行为发展 201
可能带来的影响。研究发现，进入提前开端项目 9 个月后，儿童出现问题行为（比如攻击性的人际互动）的可能性降低——尽管效应量只有 0.13 个标准差。研究人员还观察到，儿童的过度活跃行为也有所减少（效应量为 0.18 个标准差）。在 3 岁儿童身上观察到的以上正面效果最为一致，4 岁儿童也获得了类似的进步，但幅度较小。参与提前开端项目的 3 岁儿童的家长们普遍表示，他们的孩子比控制组的孩子更健康。参与提前开端项目的儿童比未参与的儿童接受了更多的定期牙齿护理。尤其是参与提前开端项目的拉美裔家庭，其家长普遍报告自己的孩子的健康水平要高于控制组。

与一些州立普及学前教育项目相比，提前开端项目内容的综合性似乎激发了更有活力的亲子育儿实践，至少在短期内是这样的。提前开端项目的家长称自己陪孩子阅读的频率增加了，而参与提前开端项目的 3 岁儿童

① 特别感谢珍妮特·居里（Janet Currie）帮助我们对提前开端项目评估的回顾加以改进。这项实验设计的初步结果见 Westat et al.，*Head Start Impact Study*：*First Year Findings*（Washington，D. C.：Office of Planning，Research and Evaluation，U. S. Department of Health and Human Services，2005）.

* 读写萌发是指在幼儿能在正式接受读写教育前显露出的对读及写的兴趣及能力。——译者注

比控制组的儿童参加了更多的教育类户外活动，比如参观博物馆或动物园。这些 3 岁儿童的家长表示，他们较少依赖体罚等方法作为惩戒手段。相反，许多州政府管理的幼儿园并不关心儿童离园回家后的教育情况，比如俄克拉何马州的情况就是如此，这样做可能使儿童通过经改进的家庭教育实践获益的机会受到限制。

对各州学前教育项目的初步评估

对各州第一代普及学前教育运动的可靠评估正在出现。在第四章中，我们详细介绍了普及学前教育运动在塔尔萨市产生的鼓舞人心的效果，以及贫困和蓝领家庭的儿童从中获得的好处。在佐治亚州，加里·亨利和同事们开展了一项对 466 名 4 岁儿童进行的跟踪研究。研究从他们进入三种不同类型的幼儿园开始，至他们进入学前班结束。这些幼儿园包括佐治亚州已有 10 年历史的公立学校附设幼儿园、提前开端项目幼儿园，以及其他非营利性或私立幼儿园。①

在佐治亚州，参与这三类项目的家庭之间存在着明显的分化。参与提前开端项目的儿童，他们的母亲中只有 5%具有四年制本科学历；加入新开办的普及学前教育项目的儿童，他们的母亲当中有 29%拥有四年制本科
202 学历；对于选择其他社区幼儿园的母亲，这一比例为 49%。从研究结果来看，在佐治亚州，参与普及学前教育项目的儿童与其他两个类别的儿童相比，并没有明显的差异。这项评估研究中没有对照组，即没有与从未上过幼儿园的儿童进行对比。从这项研究中能够看出，指定一个合适的对照组尤为重要。需要强调的是，目前全美的 4 岁儿童中已有三分之二上了幼儿园，将接受过普及学前教育的儿童与从未上过幼儿园的儿童进行比较，是一种效用递减的做法。

在新泽西州的阿伯特学区，普及学前教育项目主要对贫困家庭儿童的认知产生了显著的影响。在 20 世纪 90 年代末，普及学前教育项目开展的

① Gary Henry, Laura Henderson, Bentley Ponder, Craig Gordon, Andrew Mashburn, and Dana Rickman, *Report of the Findings from the Early Childhood Study*, 2001-2002 (Atlanta: Georgia State University, Andrew Young School of Policy Studies, 2003).

初期，维思达特评估公司的加里·雷斯尼克（Gary Resnick）就对一大批儿童进行了为期超过两年的跟踪研究，他发现这些儿童的成长曲线有显著上升。他还发现处于同一间班级内的儿童远比不同班级之间的儿童的成长差异更为显著。

因此，尽管总体而言新泽西州的幼儿园展现了美好的前景，但家庭背景和亲子教育的影响仍旧盖过了不同幼儿园的班级和师资质量差异的影响。也就是说，在阿伯特学区进行改革的起初几年，在认识到进入高质量幼儿园就能带来好处后，人们发现幼儿园质量的差异并不能给予儿童进步方面的差异更多的解释。[①] 这一结论与美国国家儿童健康与人类发展研究院对儿童保育服务效果进行长期跟踪研究得到的最新发现是一致的。我们将在本章的后半部分再次讲到这个问题，即将上或不上幼儿园带来的（至少在短期内的）激励作用剔除之后，幼儿园的教育质量究竟能产生多大的影响。

威廉·巴尼特和同事最近评估了五个州的大规模学前教育项目对儿童发展的影响。除西弗吉尼亚州之外，其他几个州的项目均针对低收入家庭的儿童提供服务。在俄克拉何马州塔尔萨的样本中，也有少数中产阶级的孩子。威廉·巴尼特在一篇尚未接受同行评议的论文中采用了小威廉·戈姆利和黛博拉·菲利普斯在各自对塔尔萨的研究中使用的断点回归法，有关这种方法的介绍，详见第四章。报告中提出的影响效应量总体上属于中等水平。在对样本儿童的年龄用月龄进行调整之前，上过幼儿园的儿童在早期语言和数学概念发展方面的结果分别比没上过幼儿园的儿童高出 0.21 个标准差和 0.34 个标准差。[②]

---

① Gary Resnick et al., *Second Year Report on Early Childhood Education Programming in the 20 Abbott School Districts: Program Implementation and Children's School Readiness* (Trenton: New Jersey Departments of Human Services and Education, 2002).

② William Barnett, Cynthia Lamy, and Kwanghee Jung, "The Effects of State Prekindergarten Programs on Young Children's School Readiness in Five States" (New Brunswick, N.J.: National Institute for Early Education Research, Rutgers University, 2005). 巴尼特认为没有必要按年龄对分数进行标准化，他认为对一些特定的子群体来说，这些量表对以月为单位的年龄不够敏感。戈姆利和菲利普斯在对塔尔萨的研究中也使用了断点回归法，他们在评估幼儿园的影响之前对儿童的年龄进行了控制。

203 当巴尼特集中关注样本按月龄调整后的平均差异时，他发现差异的幅度有明显下降。虽然上过幼儿园的儿童在对书面材料的认知方面得分较高，但巴尼特在语音意识方面未能发现差异。尽管州立学前教育项目有较高的质量标准，而且大多数接受教育的儿童都来自贫困或蓝领家庭，但他们的学习效果并不均衡，且与没参与项目的儿童相比普遍差异不显著。

更为广泛的家庭政策改革

通过对影响儿童日常生活的相关政策变化进行评估，一些有关幼儿园和儿童保育机构产生影响的新证据浮出了水面，其中最引人注目的证据与美国长达 10 年的福利制度改革有关。我与莎伦·林恩·卡根和苏珊娜·洛布对 927 名在不同形式的儿童保育机构之间辗转的儿童进行了一项研究，发现当母亲从接受福利救济转为就业时，儿童的认知水平获得了明显发展。

这些儿童多数在两岁半至五岁之间在各种幼儿园中度过了长短不一的时间。我们利用布莱肯入学准备量表（Bracken School Readiness Assessment）为他们进行认知技能测试和入学准备的测试，加利福尼亚州和佛罗里达州的被试儿童表现出了 0.32 个标准差至 0.57 个标准差的提高。① 幼儿园带来的影响实际上超过了母亲的语言能力和亲子阅读等亲子教育活动对儿童的影响。在社会性发展方面，我们未能发现幼儿园对儿童有一致的影响。

我们还发现，尽管在 4 岁半至 7 岁半之间，儿童的成长曲线抬升明显减缓，但在小学二年级和三年级期间，仍能观察到上幼儿园带来的优势。认知方面的进步依旧显著，且由于我们控制了儿童先前的认知水平，这一

① Susanna Loeb, Bruce Fuller, Sharon Kagan, and Bidemi Carrol, "Child Care in Poor Communities: Early Learning Effects of Type, Quality, and Stability," *Child Development* 75 (2004), 47-65. 有关这些发现的背景和相关研究，参阅：Martha Zaslow, Kristin Moore, Jennifer Brooks, Pamela Morris, Kathryn Tout, Zakia Redd, and Carol Emig, "Experimental Studies of Welfare Reform and Children," *Future of Children* 12 (2002), 78-95; Pamela Morris, Ellen Scott, and Andrew London, "Effects on Children as Parents Transition from Welfare to Employment," in *Good Parents or Good Workers? How Policy Shapes Families' Daily Lives*, ed. Jill Berrick and Bruce Fuller (New York: Palgrave Macmillan, 2005), 87-116.

指标是由我们在现场的工作人员进行直接评估的。值得提及的是，在五个随机分配的母亲从吃福利变为就业的实验研究中，我们也观察到了这一转变不同幅度地对儿童认知能力产生影响。各州和各县的福利制度改革大不相同，尤其是在为儿童提供的幼儿园入园名额以及母亲走上工作岗位后在多大程度上必须依赖亲友照顾孩子等方面。

在不同幼儿园就读的儿童 204

第二种类型的研究是长期跟踪研究，它针对的既非精心设计的小型实验，也不是大规模的学前教育项目，它重在长期跟踪大量的儿童样本。通过这种方法，研究人员能对各种各样的问题进行调查，包括不同社会阶层的儿童、属于不同族裔或语言群体的儿童，以及女孩和男孩从幼儿园获得的好处有何不同。

哥伦比亚大学的经济学家珍妮特·居里（Janet Currie）领导了这个类型当中最细致、最具启发性的研究，该研究旨在考察提前开端项目的持续效应。她与邓肯·托马斯（Duncan Thomas）于20世纪90年代合作发表过系列论文，他们的研究发现上过提前开端项目幼儿园的贫困儿童，尤其是那些母亲受教育程度较高的白人儿童和拉美裔儿童，比从未上过幼儿园的儿童在小学阶段表现更佳。① 来自非英语家庭的儿童获得的进步较小，这与最新的提前开端项目效果研究得出的结论相似。这些结果表明，家庭环境，特别是家庭中的语言实践活动，与幼儿园相结合，能够共同促进儿童的发展。珍妮特·居里还发现，贫困家庭的儿童在最高受教育年限、收入和减少对福利的依赖等方面获得了长期的收益。②

---

① Janet Currie and Duncan Thomas, "Does Head Start Make a Difference?" *The American Economic Review* 85 (1995), 341-364; Janet Currie and Duncan Thomas, "Does Head Start Help Hispanic Children?" *Journal of Public Economics* 74 (1999), 235-262; Eliana Garces, Duncan Thomas, and Janet Currie, "Longer-Term Effects of Head Start," *The American Economic Review* 92 (2002), 999-1012.

② Janet Currie, "Early Childhood Education Programs," *Journal of Economic Perspectives* 15 (2001), 213-238; Janet Currie and Duncan Thomas, "School Quality and the Longer-Term Effects of Head Start," *The Journal of Human Resources* 35 (2000), 755-774.

珍妮特·居里从美国家庭收入动态追踪调查（Panel Study of Income Dynamic）的数据中发现，参加过提前开端项目的低收入白人完成高中学业并进入大学的比例高于从未上过幼儿园的白人。对黑人来说，提前开端项目幼儿园带来的长期影响则无法确定。不过，总体而言，提前开端项目的毕业生与刑事司法系统的接触较少。居里使用一种特殊的家庭模型解决了研究方法上存在的顾虑，即该家庭模型中，兄弟姐妹其中之一参与过提前开端项目，而另一个没有参与。这样做有助于排除引入选择性偏差的可能性，正是选择性偏差使得人们一度不大敢相信部分早期研究得出的推论。家长先前的影响或亲子教育的影响很可能是导致家长选择一所幼儿园以及孩子获得成就的主要因素，在这种情况下，就会产生选择性偏差。研究人员在观察到幼儿园与儿童发展之间彼此相关时，可能错误地认为是幼儿园促进了儿童的发展，然而真正的原因可能是家庭。通过控制家庭成员带来的固有影响，然后确定提前开端项目对来自同一个家庭的孩子各有怎样的影响，居里成功地避开了这个问题。

205 珍妮特·居里已经对在怎样的条件下从幼儿园得到的起步优势能够在整个小学阶段保持有了初步的了解。她发现，结束提前开端项目的学习后，与白人儿童就读的公立小学相比，美国黑人儿童就读的公立学校普遍质量较低。[①] 这一结论与凯瑟琳·马格努森（Katherine Magnuson）最近的一项发现不谋而合，即低收入家庭的儿童从幼儿园获得益处后，如果进入一所教学质量较好的小学，这些优势更容易保持。[②]

这类研究采用了具有全美代表性的幼儿样本，也使研究人员能考量普及学前教育的倡导者提出的关键主张恰当与否，即幼儿园是否对所有儿童有益，包括那些来自中产阶级或富裕郊区，家庭中有着丰富语言环境的儿童。我问普及学前教育运动的赞助人皮尤慈善信托基金会的休·尤拉恩，

① Katherine Magnuson, Christopher Ruhm, and Jane Waldfogel, "Does Prekindergarten Improve School Preparation and Performance?" (Working Paper 10452, National Bureau of Economic Research, Cambridge, 2004).

② 描述性统计见：NICHD Early Child Care Research Network and Greg Duncan, "Modeling the Impacts of Child Care Quality on Children's Preschool Cognitive Development," *Child Development* 74 (2003), 1454-1475.

为什么政府应该为所有家庭提供上幼儿园的教育补贴，包括穷人和富人，她说：“你为中产阶级的孩子争取到的好处可能不如帮穷人家孩子争取到的好处那么多。”但她又补充说，强调普适性可能激发政策制定者的政治意愿，增加孩子们的入园机会，提高幼儿园的质量。“人们怎么说来着？‘只为穷人们设立的项目会成为糟糕（poor）的项目。’”她说。

与休·尤拉恩一样，普及学前教育的倡导者提出的最吸引人的说辞，是宣称幼儿园将使所有孩子都得到早期开发，但他们似乎多少有点搞混了。在第五章中，我们谈到，加利福尼亚州教育局局长杰克·奥康奈尔称普及学前教育为“伟大的平衡器”，他声称它缩小了学业差距。可是，一种干预既能帮助所有儿童，又能缩小儿童的学业差距，这似乎有些自相矛盾。达成这一目标的唯一方法是，使贫困家庭儿童获得的益处显著大于中产阶级家庭儿童获得的益处。这样一来，随着时间的推移，前者将赶上后者。然而，有证据表明，中产阶级的儿童并未从幼儿园获得多少益处。既然如此，为什么要资助中产阶级的孩子上幼儿园，将公共经费从受益程度最高的儿童身上转投他处呢？

美国国家儿童健康与人类发展研究院参与了一项有关美国儿童保育的研究，该研究有助于平息这场争议。这项研究将成为有史以来最雄心勃勃的长期跟踪研究，其目的是评估儿童保育机构对儿童进入小学和中学后的 206
认知、社会和健康发展的影响。该研究团队从 1991 年开始招募新生儿和他们的家长。

不知是不是有意为之，在美国国家儿童健康与人类发展研究院的研究团队选取的 1364 个家庭样本中，大部分家庭来自中产阶级，不会说英语的家长被排除在外。不过这样也有另一个好处：这个庞大的样本库用于评估幼儿园对中产阶级儿童各方面发展的影响已经足够丰富了。研究样本中 79% 为白人家庭，母亲平均上过两年大学，有 27% 的儿童在 3 岁时进入中心幼儿园*（center-based program）就读，到 4 岁半时，这一比例上升

* 中心幼儿园在美国指质量可接受的正规幼儿园，这是相对于质量欠佳的家庭式托儿所而言的。——译者注

到54%。[①]

美国西北大学（Northwestern University）的经济学家格雷格·邓肯（Greg Duncan）帮助这个研究团队精心地对先前存在的选择性偏差进行了控制，将家长受教育水平、社会阶层、母亲的心理健康程度、育儿方式、儿童的性格和分离焦虑等因素带来的影响剔除，使得幼儿园对儿童认知发展的影响能够得到单独评估。邓肯发现，对于2岁3个月到4岁半（27个月至54个月）大的儿童来说，在正规幼儿园入园每多一个标准差的时间（而非在家中或较为随意的不正规儿童保育机构受照料的时间），儿童的认知水平和学习成绩就会提高0.27个标准差，这一影响幅度与早前针对贫困家庭儿童所做的研究结果相似。

与此同时，美国国家儿童健康与人类发展研究院的研究团队发现，长时间在幼儿园的儿童，发生攻击性社会行为的概率有细微但显著的提高，我们将在后文谈到这个问题。邓肯发现，将中心幼儿园带来的基本影响剔除后，提高幼儿园教学质量能够产生的益处非常小。然而，总的来说，好消息是：对于这一批主要由中产阶级儿童组成的样本库而言，上幼儿园的确带来了短期的效益。我与斯坦福大学的苏珊娜·洛布和戴弗娜·巴索克及其他研究者合作，对更大样本规模的早期儿童发展长期跟踪研究的数据进行了分析，其中包括对全美2.2万名学前班儿童进行直接评估的结果。对于孩子自出生以后曾在哪些保育机构就读以及就读时长，报告中都有家长提供的详细数据。我们发现，与从未上过幼儿园的儿童相比，那些在进入学前班的前一年——通常是4岁时——上幼儿园的拉美裔儿童在早期语言和前阅读技能方面表现出了0.23个标准差的优势。[②]

207 同样有趣的是，我们发现白人儿童在这方面的优势幅度要比拉美裔儿

①样本儿童的在园时间比例根据儿童在2岁3个月至4岁半之间，每4个月最多入园5次的在园次数计算得出。NICHD Early Child Care Research Network and Greg Duncan, "Modeling the Impacts of Child Care Quality on Children's Preschool Cognitive Development," *Child Development* 74 (2003), 1454-1475.

② Susanna Loeb, Margaret Bridges, Daphna Bassok, Bruce Fuller, and Russ Rumberger, "How Much Is Too Much? The Effects of Duration and Intensity of Child Care Experiences," *Economics of Education Review* (forthcoming).

童弱三分之一以上，其效应量仅为 0.14 个标准差。对于白人儿童来说，在学习数学概念和计数时产生的进步比早期阅读方面略微显著一些；而拉美裔儿童在数学领域获得的进步是所有族裔当中最明显的。简而言之，我们的分析显示，中产阶级和富裕的白人家庭的儿童比拉美裔家庭的儿童受益更少。

对于中产阶级家庭的儿童来说，到小学三年级时此类优势几乎完全消失。美国国家儿童健康与人类发展研究院的团队在 2005 年的一篇论文中发现，到了三年级，与从未上过幼儿园的儿童相比，上过幼儿园的儿童的认知优势几乎消失殆尽，降至 0.07 个标准差左右，具体数值取决于具体的测量方法。① 对早期儿童发展长期跟踪研究中的儿童大样本所做的两项独立分析也发现了类似的模式：来自贫困家庭的儿童，尤其是那些进入优质小学的贫困家庭儿童，其认知上的优势有一定程度的保持，但中产阶级儿童的获益则明显减弱。

凯瑟琳·马格努森最近的分析显示，低收入家庭的儿童似乎获得了更多的可持续优势。② 对于所有的弱势儿童而言，比如来自贫困家庭或家长一方未能高中学业的儿童，一年级的阅读成绩位于第 33 百分位*。其中，在进入学前班之前上过幼儿园的那部分儿童得分位于第 44 百分位。遗憾的是，家庭环境对儿童社会性发展方面的负面影响在许多孩子身上依然存在。据他们的教师报告，贫困家庭儿童的问题行为指数在一年级结束时升至第 69 百分位。一位学术评审人写道："作者的结论是，为了获得最佳影响，未来幼儿园事业的扩张应主要服务于处境不利儿童，或那些将要就读

---

① NICHD Early Child Care Research Network, "Early Child Care and Children's Development in the Primary Grades," *American Educational Research Journal* 42 (2005), 537-570; Russell Rumberger and Loan Tran, "Preschool Participation and the Cognitive and Social Development of Language Minority Children" (Santa Barbara: University of California Language Minority Research Institute, 2006).

② Katherine Magnuson, Christopher Ruhm, and Jane Waldfogel, "Does Prekindergarten Improve School Preparation and Performance?" (Working Paper 10452, National Bureau of Economic Research, Cambridge, 2004).

* 百分位表示具有某一测量值和小于该测量值的人占统计对象总人数的百分比。以一年级儿童第 33 百分位的阅读成绩为例，表示有 33% 的儿童阅读成绩等于或低于该分数，也就是说，有 67% 的儿童阅读成绩高于该分数。——译者注

于（学业表现）不佳的小学的儿童。"①

普及学前教育的倡导者们理性地指出，如果幼儿园的质量能够提高到佩里幼儿园或卡罗来纳初学者项目所达到的水平，儿童的受益程度就能大幅度提高，并继续保持到小学阶段。然而，除了上幼儿园带来的基本作用之外，在教学质量提高对儿童的进一步促进这一方面，至今仍未出现特别鼓舞人心的证据。同时，在保持教育质量的同时如何"扩大规模"，这一体制性的问题依旧让许多跃跃欲试的改革家们感到困惑。

208 普及学前教育会强化早期儿童的学业差距吗？

从以上的研究中，我们得到了一些重要发现。首先，尽管幼儿园教育的质量参差不齐，但其对贫困儿童认知发展的短期影响已得到充分证实。这一发现已在许多针对不同儿童样本的研究中反复出现。贫困家庭儿童若进入质量更优的幼儿园，这种影响的幅度往往会更高，但研究尚未证实教学质量对中产阶级儿童有任何额外的促进作用。影响的效应量——包括对贫困家庭儿童在内——在五分之一至三分之一个标准差之间。这是一个引人注目的影响水平，尽管不像普及学前教育倡导者所鼓吹的那样夸张。

209 其次，中产阶级家庭的儿童的确获得了益处，但程度要低得多。唯一的例外可能是在加利福尼亚州，那里几乎一半的中产阶级都是拉美裔，我们发现上幼儿园对加利福尼亚州的儿童产生的影响比对全美中产阶级白人家庭儿童的影响要稍强一些，对早期儿童发展长期跟踪研究项目数据的独立分析证实了这一点。

总的来说，普及学前教育、扩大入园机会将如何缩小幼儿在学习和社会性发展方面的巨大差距目前尚不明确。甚至在把幼儿园质量的决定要素（如训练有素的教师、丰富的教学内容等）分配到一个普及学前教育系统中之前，来自中上层家庭的儿童就已经显示出短期的进步。如果不努力集

① David Francis, Review of "Does Pre-kindergarten Improve School Preparation and Performance?" by Katherine Magnuson, posted by National Bureau of Economic Research, www.nber.org/digest/mar05/w10452.html, accessed March 10, 2006.

中资金并将其用以提高贫困儿童接受的学前教育质量，优秀教师就可能会流向更为富裕的社区，就像学前班教师的情况一样。来自贫困家庭的儿童要缩小目前在早期认知方面的差距，就必须表现出相当大的进步——远远超过近来所发现的0.20到0.35个标准差的效应量。而且，如果州政府放弃将资源集中投向服务低收入群体的幼儿园，对于每周在幼儿园待很长时间的儿童来说，其社会性发展将受到更为负面的影响，使本就处于不利处境的儿童进一步陷入困境。至于幼儿园教育——也许还需要结合家访——如何促进幼儿健康状况的提升，我们所知还甚少，尽管提前开端项目效果研究的初步结果是令人振奋的。[①]

在园时长越长越好吗?

如果说上幼儿园为贫困家庭和一些中产阶级家庭的儿童带来了益处，那么上幼儿园时间的增加，是否能提高儿童受益的程度呢? 我们从两个角度来讨论这个问题。首先，我们发现，较早上幼儿园的儿童，比如2—3岁上幼儿园的儿童，与4岁才上的儿童相比，在认知和社会性发展方面受到的影响更为显著，可是这些影响并不总是积极正面的。其次，近来已有一些研究考察儿童在一个星期内接受幼儿园教育的强度的影响，以每天或每周在园的总小时数来衡量。

“早期干预”这个词透露出一种意味，仿佛一个2岁孩子脚步蹒跚地 210
走进正式机构的时间越早，也就是说，家长开始依赖公共机构的时间越早，效果就越好。然而，迄今为止的实证研究结果并未明确证实这一结论。近来我们发现，与那些留在家中或在较为松散的机构就读的儿童相比，那些在2—3岁进入幼儿园、每周至少上幼儿园15小时的儿童，认知

① 有关儿童健康的资料回顾，参阅：Janet Currie，“Health Disparities and Gaps in School Readiness,” *Future of Children* 15 (2005), 117-138.

能力获得的增长最为显著。[①] 但是，发展主义者杰伊·贝尔斯基（Jay Belsky）对社会情感发展方面集中进行了分析，发现长时间待在幼儿园（以及其他所有非父母看护形式的服务机构）可能引发轻度的攻击性和明显的任性表现。他认为，在出生后的第一年，频繁使用任何一种形式的儿童保育服务，都可能引发儿童的外化行为问题。[②] 我们通过对早期儿童发展长期跟踪研究中的大量样本进行分析，发现前文提到的这种情况有一个例外：拉美裔儿童就算上了幼儿园，且每天在幼儿园的时间超过 3 小时，也不会表现出社会情感发展的放缓。

这些研究结果引出了下面这个问题，也是家长常针对幼儿园提出的问题：每周上幼儿园的时间超过一定的小时数后，回报是会停止增长，还是会有所下降？全日制幼儿园的成本要比半日制的高多了，只是考虑到许多工薪家庭的孩子全天都需要被照顾，所以全日制幼儿园依旧存在。事实证明，每周上幼儿园的时间并非越长越好。我们最近的研究结果显示，每周在幼儿园度过 15 小时，能够提高孩子的认知能力，时间若继续增加，认知能力则几乎没有变化，至少在目前的幼儿园质量下是如此。甚至已有研究发现，在园时间达到 15 小时的孩子，其社会情感方面的发展有所放缓，若每周在园 30 小时或更长，这种放缓的幅度会成倍增加。

我们发现，除拉美裔儿童外，其他不同类别的儿童也有不同的模式。对于贫困家庭的儿童而言，在幼儿园的时间越长，认知能力的增长就越明显，而且呈线性关系：每周在前阅读和数学技能方面多花几小时，效果较好。这些孩子在幼儿园待上一整天也没有表现出更强的攻击性。至于白人和中产阶级家庭的儿童，当他们每周在幼儿园的时间超过 15 小时后，尽管认知能力有所提高，但更为明显的后果却是社交能力的减弱。

211 此外，对于富裕家庭的儿童，我们将其分为两类，一类与双亲之一在

---

① Susanna Loeb, Margaret Bridges, Daphna Bassok, Bruce Fuller, and Russ Rumberger, "How Much Is Too Much? The Effects of Duration and Intensity of Child Care Experiences," *Economics of Education Review* (forthcoming).

② NICHD Early Child Care Research Network, "Does Amount of Time Spent in Child Care Predict Socioemotional Adjustment During the Transition to Kidergarten?" *Child Development* 74 (2003), 976-1005.

家中待着，另一类每天在幼儿园超过 3 小时，我们发现后者在社会性行为方面的退步幅度是前者的三倍。与没有上过幼儿园的类似儿童相比，参加了在全日制幼儿园或半日制幼儿园的美国黑人儿童没有表现出更高的问题行为发生率。

杰伊·贝尔斯基通过分析认为，上幼儿园与儿童的行为结果之间存在一种线性或持续的关联，即上幼儿园时间过长会导致社会行为水平不断下降。他尚未发现所谓的“临界小时数”，即在某个小时数范围之内，社会性发展会得到提高或不受幼儿园影响。他的报告称，有多位教师、母亲和独立研究人员表示，长时间待在幼儿园的儿童——每周待在幼儿园 30 小时或更长时间的儿童（主要是母亲需要全天工作的儿童）——比其他儿童表现出更多的外化行为问题*。

贝尔斯基的发现受到几乎所有观察者的赞同，这似乎并不是由具有偏向性的报告得出的假象。然而，他的研究结论仍然需要斟酌，加以限定。请记住，美国国家儿童健康与人类发展研究院选取的家庭样本基本上来自白人和中产阶级——根据我们自己的分析发现，长时间上幼儿园，对来自这些家庭的儿童的社会性发展会造成负面影响。

当然，对于儿童的社会情感发展这一重要主题，以及接受幼儿园教育的强度与社会情感发展之间的关系，还需要进行更多的研究。真实验设计是最为理想的，例如侧重于考察促进儿童社会性发展的方法的实验。什么样的家庭更可能选择全日制幼儿园，而非将半日制幼儿园和其他类型的保育服务混在一起，对这一点我们还需要进行更多研究。许多家长都在想方设法多陪伴孩子，研究人员也许尚未充分捕捉到这些家长将幼儿园教育与亲子教育相结合的时刻。幼儿园质量和课堂实践方面的各种因素如何消除儿童社会情感发展的减缓，这一点我们也知之甚少。

阿瑟·雷诺兹在对芝加哥亲子中心进行长期研究的过程中，还考察了上一年和两年幼儿园带来的不同影响。[①] 在结束学前班的学习时，雷诺兹

---

* 外化行为问题是一个发展心理学用语，指对外的攻击性行为、破坏性行为。——译者注

① Arthur Reynolds, “One Year of Preschool or Two: Does It Matter?” *Early Childhood Research Quarterly* 10 (1995), 1-31.

对 42 名上过两年幼儿园的儿童进行了评估，发现他们的表现优于那些只上了一年的儿童。多上一年幼儿园的效应量为：学前班阅读评估结果提高 0. 28 个标准差，数学评估结果提高 0. 23 个标准差。上两年幼儿园的儿童
212 能够保持自己的优势，那些只上一年的儿童在一年级时基本就被赶上了，而上两年幼儿园获得的优势在六年级时才消失。这一现象告诉我们提高小学教育质量至关重要，同样重要的或许还有如何与家长合作，以帮助儿童保持从幼儿园获得的益处。

研究人员正在分析长时间待在儿童保育机构中为何会影响儿童发展，尤其是，儿童社会情感的发展为何会趋于停滞。上幼儿园与接受早期保育服务的经历似乎与家长在孩子的婴儿期和学步期的陪伴有关。由哥伦比亚大学的简・瓦尔德福格和珍妮・布鲁克斯-冈恩（Jeanne Brooks-Gunn）领导的一个研究小组分析了美国全国青少年长期跟踪研究的另一组全美数据，这组数据与成年人陪伴儿童的时间有关。①

他们发现，若母亲在孩子出生的最初九个月内外出工作，这样的儿童在 7—8 岁时更容易表现出外化行为问题，这可能与母亲亲自养育孩子的时间减少有关。不过，他们发现的是母亲的工作（而非孩子接受保育服务）和儿童行为之间的关联，所以激发行为问题的机制可能不是上幼儿园本身，而是与家长分离的时间过长。

与此同时，他们还观察到，当白人儿童的母亲在孩子出生后的第二、第三年外出工作时，这些儿童的认知能力会得到提高，而这种效应在黑人儿童和拉美裔儿童中是看不到的。② 这项不稳定的机制因何以及如何形成依旧无解——或者与母亲是自愿或非自愿就业有关，或者与家长选择保育

---

① Wen-Jui Han, Jane Waldfogel, and Jeanne Brooks-Gunn, "The Effects of Early Maternal Employment on Later Cognitive and Behavioral Outcomes," *Journal of Marriage and Family* 63 (2001), 336-354. 部分发现被一个提前预示型的分析使用，参阅：Nazli Baydar and Jeanne Brooks-Gunn, "Effects of Maternal Employment and Child-Care Arrangements on Preschoolers' Cognitive and Behavioral Outcomes: Evidence from the Children of the National Longitudinal Survey of Youth," *Developmental Psychology* 27 (1991), 932-945.

② Jane Waldfogel, Wen-Jui Han, and Jeanne Brooks-Gunn, "The Effects of Early Maternal Employment on Child Cognitive Development," *Demography* 39 (2002), 369-392.

机构的质量有关。然而，珍妮·布鲁克斯-冈恩指出，在儿童蹒跚学步的幼年时期，母亲就业带来的负面影响似乎更多地与家庭环境有关，而非与儿童保育机构的质量有关。

这个谜团的一部分可能与儿童不同的个性，以及他们对正规课堂环境的反应有关联。长时间与同龄人相处时，年幼的儿童似乎会比年长的儿童在自我调节方面遇到更多困难。苏珊·克罗肯伯格（Susan Crockenberg）和她在佛蒙特大学（University of Vermont）的团队最近发现，儿童的性格会强化长时间待在保育机构带来的影响：那些容易感到沮丧的孩子，如果每周在保育中心待上 30 小时或更长时间，更可能在学步期表现出外化行为问题[①]；相比之下，那些因新事物而感到极度苦恼，并在保育中心度过很长时间的儿童，更有可能在学步期体验到内化行为问题，如退缩和焦虑。 213

对儿童皮质醇水平的研究进一步显示了这一因果关系。皮质醇水平是人体压力激素释放的指标，它为我们提供了一种生理信息，反映出了一个人在社会环境中的感受。凯瑟琳·陶特（Kathryn Tout）和同事们报告说，接受全日制保育服务的 3—4 岁儿童白天的皮质醇水平不断上升。[②] 一般来说，留在家中不接受保育服务的儿童，激素水平会出现节律性的昼夜波动。

进入保育机构似乎会给一些（但不是所有）孩子带来压力，这种压力随后会导致消极的社会行为。还有一个研究小组观察到，在组织化的儿童保育机构中，皮质醇的增加导致男孩自控力变差、产生攻击性行为和表现得害羞。[③] 幼儿和社会性发展不成熟的儿童与学龄儿童不同，他们在进入保育机构时，皮质醇水平也会升高，同时伴随着前文讨论过的有关社会行

---

① Susan Crockenberg and Esther Leerkes, "Infant Temperament Moderates Associations Between Childcare Type and Quantity and Externalizing and Internalizing Behaviors at $2\frac{1}{2}$ Years," *Infant Behavior and Development* 28 (2005), 20-35.

② Kathryn Tout, Michelle de Hann, Elizabeth Campbell, and Megan Gunnar, "Social Behavior Correlates of Cortisol Activity in Child Care: Gender Differences and Time-of-Day Effects," *Child Development* 69 (1998), 1247-1262.

③ Andrea Dettling, Megan Gunnar, and Bonny Donzella, "Cortisol Levels of Young Children in Full-Day Childcare Centers: Relations with Age and Temperament," *Psychoneuroendocrinology* 24 (1999), 519-536.

为产生的负面表现。

如何提高学前教育的质量?

如果学前教育机构的教育质量得到显著提升，在园儿童是否能获得更显著的发展呢？如果能，怎样才能有效地提升教育质量？在过去的半个世纪中，这两个彼此依存的问题一直困扰着研究公立学校教育的研究人员。比如，我们知道上学能够使所有儿童的读写能力真正得到提高，但是，除去基本因素之外，额外增加师资培训、设计更为精良的教学内容，或类似的其他“投入”，往往产生不了显著的效果。

经济学家格雷格·邓肯对美国国家儿童健康与人类发展研究院的数据所做的分析证实，在学前教育领域，这个问题的实证研究结果是相同的。邓肯将一些与幼儿园和非正式儿童保育机构相关的质量指标纳入研究，以评估儿童的认知发展，发现新增的效果并不显著（将“上幼儿园”这一举措带来的影响剔除之后），仅为 0.04 个标准差至 0.08 个标准差[①]，相当于在普通学前班学习 10 到 20 天后前阅读技能获得提升的幅度。

214 北卡罗来纳大学的戴维·布劳（David Blau）从一组有关学前教育的全美数据中发现，某些质量性因素的影响更为明显。比如教师接受有关儿童发展的专业职前培训甚至在职培训等因素，就带来 0.20 个标准差的进步。[②] 不过，提升教学质量的传统措施带来的总体效果十分有限。

再一次提醒，请不要忘记，美国国家儿童健康与人类发展研究院的样本主要由中产阶级家庭组成。我们在加利福尼亚州和佛罗里达州跟踪研究了超过 400 名加入在贫困中成长项目的低收入家庭儿童，发现与在质量较差的幼儿园学习两年以上的儿童相比，在那些教师拥有两年专科学历、与

---

① NICHD Early Child Care Research Network and Greg Duncan, “Modeling the Impacts of Child Care Quality on Children’s Preschool Cognitive Development,” *Child Development* 74 (2003), 1454-1475.

② David Blau, *The Child Care Problem: An Economic Analysis* (New York: Russell Sage Foundation, 2001).

儿童互动更为积极、使用的语言更为丰富的幼儿园中，儿童的认知发展和与纸质材料（比如故事书）相关的知识都有很大的提升。一些认知提升的效应量达到0.30个标准差。这些令人鼓舞的影响与质量因素有关——对于贫困家庭的孩子而言——也与黑人儿童和拉美裔儿童的语言发展有关。①

幼儿园的哪些属性，包括教师的特点在内，最直接地影响了儿童的学习？对这个问题的争论仍在继续。这个话题之所以会不断地引起争议，是因为一些所谓的质量特征——比如要求教师获得四年制本科学历——不仅耗费大量成本，而且无法确认是否能够让儿童受益。我们现在就来揭晓答案，看看哪些质量指标的效果是最为突出的。

师幼比

长期以来，教室内的师幼比一直被作为衡量教学质量的指标，各州政府对这个一眼可见的质量“代替品”做出了严格的规定。几项研究证实，较低的儿童与成年人人数比是提高保育质量的坚实起点。玛莎·J. 扎斯洛（Martha J. Zaslow）在回顾美国国家研究委员会1990年的文献时得出结论：较高的师幼比与较高的儿童发展程度相关。②

美国国家儿童健康与人类发展研究院的家庭样本进一步证实了这一关联模式，该样本证实，在聘用更多的成年人为更少儿童提供服务的幼儿 215
园，儿童的认知技能进步更大，虽然只大一点点。③ 尽管如此，正如小组成员艾莉森·克拉克-斯图尔特（Alison Clarke-Stewart）等人强调的：“从统计数字上看，儿童保育服务的质量与儿童能力之间的关联是清晰可见

① Susanna Loeb, Bruce Fuller, Sharon Kagan, and Bidemi Carrol, “Child Care in Poor Communities: Early Learning Effects of Type, Quality, and Stability,” *Child Development* 75 (2004), 47-65. 零散质量因素的影响可能在不同程度上塑造了儿童的认知和社会性发展。可参阅：Margaret Burchinal, Ellen Peisner-Feinberg, Donna Bryant, and Richard Clifford, “Children's Social and Cognitive Development and Child-Care Quality: Testing for Differential Associations Related to Poverty, Gender, or Ethnicity,” *Applied Developmental Science* 4 (2000), 149-165.

② Martha Zaslow, “Variation in Child Care Quality and Its Implications for Children,” *Journal of Social Issues* 47 (1991), 125-138.

③ NICHD Early Child Care Research Network, “Characteristics of Infant Child Care: Factors Contributing to Positive Caregiving,” *Early Childhood Research Quarterly* 11 (1996), 266-306.

的，……（但是这种关联）并不显著。寄希望于通过提高儿童保育服务的质量，而非提高亲子教育的质量，以达到显著的效果，可能并不合理。”①某些类型的家长是否更倾向于将孩子送入人员配比合理、对教师要求更高的幼儿园？关于这个问题，我们需要做更多的研究。研究人员必须报告真实的效应量，以确定在与其他影响质量的因素相比较时，这些优势的幅度大小。

较高的师幼比是如何通过人际互动促进幼儿发展的呢？在这个方面研究人员已经取得了一些进展。北卡罗来纳大学的玛格丽特·伯奇纳尔（Margaret Burchinal）及其同事们发现，当师幼比更为合理时，教师和保育员对儿童的话语和表达的意愿反应更为积极。② 同样，在英国，P. 布拉奇福德（P. Blatchford）的研究小组发现，4—5 岁儿童所在班级的规模越小，互动质量就越高，日后的学习成绩也越好。③ 就这样，幼儿园组织中反映出来的与结构性质量有关的各种因素，与教师的回应和课堂上的人际互动等过程性因素的影响互相叠加在了一起。

课程重要吗?

课堂活动的结构——以某种理念为指导、利用特定的材料进行——可能会进一步加大幼儿园在促进儿童发展方面的影响。人们对学业技能和与入学准备相关的社会行为越来越重视，商业化的课程体系中也随之体现出较为枯燥的知识和例行活动。这一变化符合普及学前教育倡导者的诉求，即向各种各样的群体推出一个高度标准化的课程项目，目的在于普遍提高儿童的考试成绩。然而哪种课程体系最适合哪种类型的儿童，幼儿教师对此知之甚少。“基于研究的实践”这种说法听上去可信，背后却暗藏着一

① Alison Clarke-Stewart and Virginia Allhusen, *What We Know About Childcare* (Cambridge, Mass.: Harvard University Press, 2005), 108.

② Margaret Burchinal, Joanne Roberts, Laura Nabors, and Donna Bryant, "Quality of Center Child Care and Infant Cognitive and Language Development," *Child Development* 67 (1996), 606-620.

③ Peter Blatchford, Harvey Goldstein, Clare Martin, and William Brown, "A Study of Class Size Effects in English School Reception Year Classes," *British Educational Research Journal* 28 (2002), 169-185.

套评估系统，评估的资助方往往正是那些推销一套又一套教材的公司。

有的人支持发展适宜性教育实践——美国幼儿教育协会领导的自由人文主义守旧派倡导这种方式。还有一些人是直接讲授教学法*特立独行而 216
前卫的追随者。双方都声称自己的方法效果更好。佩里实验和卡罗来纳初学者项目之所以产生了令人兴奋的结果，就在于它们的创建者认为，一种积极的教学方法主要应包括丰富的发展适宜性教育实践和创造性活动，这些活动能够滋养儿童与生俱来的好奇心，并将前阅读技能纳入更为广泛的儿童发展日程中。①

斯坦福大学的黛博拉·斯蒂佩克发现，与专注于狭隘的学业技能的直接讲授教学法相比，类似适应儿童发展阶段的教学活动，有时被称为以儿童为中心的教学活动，确实能激发儿童对学习活动的热情，尽管直接讲授教学法在认知方面带来的短期效果更显著。与此同时，斯蒂佩克的研究小组发现，接受直接讲授教学法的儿童感受的压力水平高于在以儿童为中心的项目中学习的儿童。② 关于接受学前教育服务的儿童类型与选择教学方法之间的偶发性问题，在第七章将再次谈到。

理查德·马尔孔（Richard Marcon）设计了一个真正的实验来评估这两种教学策略的相对优势，他还提出了第三种条件，即一种混合教学法，这让人不禁想起加利福尼亚州和俄克拉何马州的教师也曾试图将两种教学方式进行嫁接。理查德·马尔孔的团队发现，以儿童为中心的教学策略和高强度的学业技能训练策略对儿童的语言和社会性发展的促进作用都大于混合教学法。③ 在以儿童为中心的教学项目中，儿童在小学入学的数学技能考试中

---

* 这种教学法的基本模式为：教师教授信息，儿童立刻重复信息，教师提出和信息有关的问题，儿童对这个问题做出反应，如果反应有误，教师立刻加以纠正，直至儿童做出正确的反应。——译者注

① 比如：Laurence Schweinhart and David Weikart, "The High/Scope Preschool Curriculum Comparison Study Through Age 23," *Early Childhood Research Quarterly* 12 (1997), 117-143. 可参阅该文献获得有关佩里幼儿园的课程理念和教学方法的介绍。

② Deborah Stipek, Sharon Milburn, Darlene Clements, and Denise Daniels, "Parents' Beliefs About Appropriate Education for Young Children," *Journal of Applied Developmental Psychology* 13 (1992), 293-310.

③ Rebecca Marcon, "Moving up the Grades: Relationship Between Preschool Model and Later School Success," *Early Childhood Research and Practice* 4 (2002).

得分最高，在中学时也有不错的成绩，这表明这种影响是能够持续的。

家长才是真正的伙伴

另一个很有可能有效的方法，是请家长陪伴孩子阅读与幼儿园课堂相同的材料。通过这种方式，工作人员有时能够帮助家长理解一件事，即儿童的发展是一项确凿无疑但有时会很复杂的工程，家长应注重为孩子组织培养前阅读技能的活动，关心孩子的情绪状况。系列研究对提前开端项目中常常使用的小书计划（Little Books program）展开了评估，部分评估结果显示儿童的前阅读技能大有提升，并且他们对印刷材料的认识也获得了惊人的进步。[①] 但是，这样的人际互动对亲子关系质量的提升能够起到多大作用，以及在这类活动中儿童能够发展出多么丰富的语言，我们却知之甚少。

217 最近担任小布什政府首席教育研究员的儿童心理学家格罗弗·怀特赫斯特（Grover Whitehurst）及其团队设计了一个非常实用的实验，他将在纽约上幼儿园的、英语能力有限的儿童随机分配到三种情境中：第一组参加仅由幼儿园教师发起的故事书阅读计划；第二组参加的活动与第一组内容相同，但增加由家长陪伴的家中亲子共读环节；第三组为控制组。仅仅6周后，第二组的儿童在表达时使用的词汇量方面就表现出明显的进步，且这种进步在接下来的一年中一直持续。[②] 这项研究表明，至少在认知能力和早期读写能力的发展方面，将家长与幼儿园有效地进行结合，可能产生事半功倍的效果。

教师的教育背景和语言技能

幼儿园课堂的另一项基本特征——教师掌握的技能或持有的文凭——

① 由南加州大学的大卫·雅顿（David Yaden）及其同事们进行综述，参阅：David Yaden, Robert Rueda, Tina Tsai, and Alberto Esquinca, "Issues in Early Childhood Education for English Learners," in *Contemporary Perspectives in Early Childhood Education*, ed. Bernard Spodek and Olivia Saracho (San Francisco: Jossey-Bass, 2004), 215-242.

② Grover Whitehurst, David Arnold, Jeffery Epstein, Andrea Angell, Meagan Smith, and Janet Fischel, "A Picture Book Reading Intervention in Day Care and Home for Children from Low-income Families," *Developmental Psychology* 30 (1994), 679-689.

在过去三十年中受到了发展主义者的极大关注。不幸的是，早期的研究设计较为松散，往往无法控制样本教师自身的社会阶层背景（容易与教师的在校成绩和文凭混淆），也无法充分控制样本儿童的背景（常与儿童所在幼儿园和社区的任教教师的学历水平有关）。

我们知道，接受过正规教育的教师能为儿童提供更优质的保育。由于大部分幼儿教师接受的正规教育水平较低，幼儿教师的资格认证问题就引发了政策决策者的极大担忧。补救措施仓促出台，但一直将重点放在提高文凭水平上，却不考虑增加读大学的时间是否真的能够提高教师的语言能力，或是令教师更懂得关怀和体察儿童——这两项才是真正能够促进儿童发展的因素。

比如，提前开端项目的管理层如今要求一半的教师拥有两年制的社区大学学位，最好接受过有关儿童发展的培训。第二章中也曾提及，美国国会成员们提出了四年制本科学历的要求。美国约三分之一的幼儿教师已经拥有本科学历，但各地的师资培养工作依旧存在明显的差异。①

通过接受正式的职前培训，教师是否能够获得促进儿童早期发展的技能，培养出关爱儿童的品质？有关的争论仍在继续。三十年前，W. 诺 218
顿·格拉布（W. Norton Grubb）* 和马尔温·拉泽尔松（Marvin Lazerson）警告人们要提防这样一种困境："学前教育机构有一种追求，即与小学相比，自己要有更高的地位。……在较为冷漠的职业化行为与较为亲切、有教养的行为之间做出的权衡，可能使得保育机构变得更为正式和体制化。"② 一位富有成效的幼儿教师应当展现哪些技能和特质？如何通过培训使教师具有这些特质？即便在如今，与这些问题相关的理论和实证工作

---

① Walter Gilliam and Edward Zigler, "A Critical Meta-Analysis of All Evaluations of State-Funded Preschool from 1977 to 1998: Implications for Policy, Service Delivery, and Program Evaluation," *Early Childhood Research Quarterly* 15 (2000), 441–473; Marcy Whitebook et al., *Estimating the Size and Components of the U. S. Child Care Workforce and Caregiving Population* (Seattle: Human Services Policy Center, 2002).

* W. 诺顿·格拉布是加州大学伯克利分校教育学院已故教育经济学教授。——译者注

② W. Grubb and Marvin Lazerson, "Child Care, Government Financing, and the Public Schools: Lessons from the California Children's Centers," *School Review* 86 (1977), 22.

都还停留在初级阶段。需要强调的是，对“富有成效”的含义可以有不同的理解，这取决于一个人秉持的理念。

教师的受教育水平不断与越来越多的全局性质量指标挂钩，比如课堂材料的丰富程度、儿童学习中心的结构和物理设施的质量（由类似于幼儿学习环境评价量表这样的质量评估标准来衡量）。将附带的质量标准，如师幼比，甚至是家长支付的费用（代表学前教育机构周边的社区和家庭所处社会阶层的地位）通通纳入考虑之后，教师学历的影响几乎不复存在。[①] 所谓的“选择性偏差”在早期的研究中普遍存在，这些研究试图表明拥有本科学历的教师能够显著地促进儿童的成长。但问题是，学历水平高的教师往往会转向为富裕家庭的儿童提供服务的幼儿园，因而这样的幼儿园显示出了较高的总体质量水平。[②]

近年来，研究人员利用更为庞大的数据集，精心设计了一些研究，这些研究有助于区分哪些类型的职前教师培育能够更有效地促进儿童的早期学习。例如，美国国家儿童健康与人类发展研究院的研究团队发现，在调整了师幼比、班级规模和教师自身的教育信念后——比如教学方式更专制或者更加自由——教师的整体教育程度越高，对儿童的教养便更为有利。[③] 接受过有关儿童发展的两年制或四年制学位课程培训的教师，照顾儿童时会表现得更敏锐、更负责。[④]

珍妮特·居里和马修·内代尔（Matthew Neidell）开展了一项研究：

---

① David Blau, “The Production of Quality in Child Care Centers: Another Look,” *Applied Developmental Science* 4（2000）, 136–148.

② 针对大约自1970年到20世纪90年代中期进行的第一批质量研究当中存在的问题的有关讨论，参阅：Bruce Fuller, Margaret Bridges, and Alejandra Livas, “How to Expand and Improve Preschool in California: Ideals, Evidence, and Policy Options”（Working Paper 05-1, University of California and Policy Analysis for California Education, Berkeley, 2005）.

③ NICHD Early Child Care Research Network, “Characteristics and Quality of Child Care for Toddlers and Preschoolers,” *Applied Developmental Science* 4（2000）, 116–135.

④ Sharon Ritchie and Carollee Howes, “Program Practices, Caregiver Stability, and Child-Caregiver Relationships,” *Journal of Applied Developmental Psychology* 24（2003）, 497–516; NICHD Early Child Care Research Network, “Child-Care Structure→Process→Outcome: Direct and Indirect Effects of Child-Care Quality on Young Children's Development,” *Psychological Science* 13（2002）, 199–206.

在教师拥有本科学历的情况下，参与提前开端项目的儿童是否表现出更大的进步？结果发现并非如此。[①] 有充分的证据表明，儿童与成年人之间互动的特点对儿童的发展至关重要。奇怪的是，在幼儿园课堂上，高学历的教师并不一定能够为孩子们带来更加丰富的社会化体验。[②]

对教师进行有关儿童发展知识的专门培训是否有效，同样是引起争议 219
的焦点之一。因为这种策略更为有的放矢，比要求教师具有本科学历的成本更低。例如，加州大学洛杉矶分校的卡罗利·豪斯（Carollee Howes）及其同事们将两组教师进行比较，第一组是拥有本科学历并接受过学前教育培训的教师，第二组同样拥有本科学历，但没有经过专门培训。[③] 两组教师的敏锐程度、严厉程度或冷漠程度都没有表现出统计学上的明显差异。

研究发现，与接受正规教育程度较低的教师相比，拥有本科学历的教师和接受过学前教育培训但没有本科学历的教师对儿童更敏感，也不那么严厉。有本科学历同时也接受过学前教育培训的教师，得分高于没有接受过学前教育培训但拥有本科学历的教师。这些研究结果表明，让低于四年制本科学历的教师接受学前教育专业培训能够对儿童的成长产生显著影响，但为了获得本科学历而额外增加投入不会对上幼儿园的孩子产生进一步的促进作用。

拥有本科学历且接受过学前教育培训的教师的确更可能提供高质量的课堂，但那些拥有两年制学位，接受过学前教育培训的教师在课堂上也表现出了同样的敏锐程度和对儿童的充分关爱。通过对不同的幼儿园和家庭

① Janet Currie and Matthew Neidell, "Getting Inside the 'Black Box' of Head Start Quality: What Matters and What Doesn't," *Economics of Education Review* 26 (2007), 83-99.

② Carollee Howes, Ellen Galinsky, and Susan Kontos, "Child Care Caregiver Sensitivity and Attachment," *Social Development* 7 (1998), 25-36; NICHD Early Child Care Research Network, "Nonmaternal Care and Family Factors in Early Development," *Journal of Applied Developmental Psychology* 22 (2001), 457-492.

③ Carollee Howes, Deborah Phillips, and Marcy Whitebook, "Thresholds of Quality: Implications for the Social Development of Children in Center-Based Child Care," *Child Development* 63 (1992), 449-460.

样本进行研究，目前已经发现，这两种教师带来的差异并不显著。[①] 在佐治亚州，经济学家亨利等人发现，在教师拥有本科学历和教师持有两年制儿童发展专业文凭的班级中，学生的进步相差无几。后者是佐治亚州普及学前教育项目对教师的要求之一。亨利认为，这一结果的产生主要是由于佐治亚州的项目为教师安排了在职培训和辅导。[②]

最近，北卡罗来纳大学的黛安娜·厄尔利（Diane Early）和同事们不辞辛苦地对取自数千个当地幼儿园项目的七项研究数据重新进行了分析，以确定教师接受教育的水平、教师是否拥有大学学历、课堂质量等各方面之间的关联，及其对儿童发展的影响。他们的方法很严谨：所有的研究假设都以相同的方式操作，使用的统计方法也一致，并且对儿童与教师先前的背景特征进行了严格的控制。这些研究结果至关重要，因为最终，这几
220 项主要研究的结果之间能够直接进行比较。更加值得一提的是，大多数（包括其中五项研究的）样本在全美都具有代表性，因此研究结果值得更为广泛地推广。

该研究团队发现，教师的整体受教育水平或获得怎样的本科学历与他们提供的幼儿保育和教育服务的质量之间几乎没有关联。拥有本科学历的幼儿教师教育的儿童，其发展曲线不一定攀升得更为迅速。其中的确有两项研究发现，拥有学士及以上学位的教师与更高的教学质量相关，但也有

---

① David Blau, "The Production of Quality in Child Care Centers: Another Look," *Applied Developmental Science* 4 (2000), 136–148; Margaret Burchinal, Debbie Cryer, Richard Clifford and Carollee Howes, "Caregiver Training and Classroom Quality in Child Care Centers," *Applied Developmental Science* 6 (2002), 2–11; Carollee Howes, "Children's Experiences in Center-Based Child Care as a Function of Teacher Background and Adult," *Merrill-Palmer Quarterly* 43 (1997), 404–425; Carollee Howes, Deborah Phillips, and Marcy Whitebook, "Thresholds of Quality: Implications for the Social Development of Children," *Child Development* 63 (1992), 449–460; Leslie Phillipsen, Margaret Burchinal, Carollee Howes, and Debby Cryer, "The Prediction of Process Quality from Structural Features of Child Care," *Early Childhood Research Quarterly* 12 (1997), 281–303.

② Gary Henry, Bentley Ponder, Dana Rickman, Andrew Mashburn, Laura Henderson, and Craig Gordon, *An Evaluation of the Implementation of Georgia's Pre-K Program: Report of the Findings from the Georgia Early Childhood Study, 2002–2003* (Atlanta: Georgia State University, Andrew Young School of Policy Studies, 2004).

一项研究发现高学历与较低的教学质量相关，另有四项研究发现两者没有任何关联。教师的学历与儿童获得的进步之间的关联也不再如此正面。在纳入前阅读技能测试的六项研究中，其中两项研究发现教师的本科学历与儿童的阅读成绩之间存在正相关，其余研究则没有发现它们之间的任何关系。在数学方面，五项研究发现教师的学位状况与儿童的数学技能之间没有关联，剩下的两项研究则发现了负相关。

不过，研究人员也发现，受教育程度较低的幼儿教师或保育服务提供者——比如那些只有高中文凭的教师（有几个州的法律允许这样的教师在幼儿园工作）——对儿童的敏感程度较低，关怀程度较低，其特征往往是语言贫乏和课堂活动不够生动。这一因素已被多次证明将对成千上万儿童的成长产生阻碍作用。①

师幼互动

幼儿园班级质量的最基本结构要素，即师幼比、课程设置和职前教师培训等，已经受到学者们和州政府监管机构的广泛关注。与此同时，最近研究人员也开展了一些研究，分析教师与儿童之间互动的特征，研究教师如何用丰富的语言，对儿童提出有益的挑战，从而引导他们之间建立同伴关系，帮助他们处理他们自己之间的互动，就如同学前班里的孩子在早期学习中所呈现的社会机制一样。

弗吉尼亚大学的罗伯特·C. 皮安塔（Robert C. Pianta）是美国顶尖的研究人员，他试图阐明幼儿园和学前班课堂上师生之间展现的各种类型的关系和互动。他和同事发现，某些互动有助于预测儿童日后在认知和社会性方面的发展。② 例如，根据美国国家儿童健康与人类发展研究院的数据，
皮安塔和同事们发现，教师为儿童提供稳定的反馈、表达关心、给予的回 221

① Margaret Burchinal, Debbie Cryer, Richard Clifford and Carollee Howes, "Caregiver Training and Classroom Quality in Child Care Centers," *Applied Developmental Science* 6 (2002), 2-11.

② Robert Pianta and Megan Stuhlman, "Teacher-Child Relationships and Children's Success in the First Years of School," *School Psychology Review* 33 (2004), 444-458.

应、提供情感支持，对促进儿童的认知和社会性发展更为有效。[①] 罗伯特·皮安塔的工作与杰夫·阿内特（Jeff Arnett）早期的研究有关，而杰夫·阿内特研究的课题是，教师用关爱的语气对幼儿所说的话和提出的问题，以及对更为复杂的语言和认知需求给予的回应（比如与儿童一起，通过问题进行推论），将如何有助于预测儿童的智力发展和社会性发展的程度。

在在贫困中成长项目中，我们采用阿内特的方法，发现当问题出现时，如果教师蹲下来倾听和讨论儿童遇到的问题，或庆祝他们在任务中取得的成功，儿童就能够显示出较高水平的语言和认知发展。[②] 当教师不够敏锐、表现冷漠，以及出现问题或困难未能使用复杂的语言（和儿童沟通）时，儿童的发展速度就会下降。此外，可以预见的是，如果儿童与幼儿园中同一位教师保持长期而稳定的关系，儿童的认知能力进步会更大。

在为不同社会阶层和族裔的儿童服务时，如何给予其敏锐体贴的照顾可能需要"因材施教"。豪斯和同事们发现，如果教师在及时给予回应时，能够加入儿童所属族裔群体使用的一些做法，这样的师生关系就会为儿童发展带来积极的影响。[③] 这些实践活动包括语言的使用、不同形式权威的展现和儿童可识别的社会规则的运用。通过这些方法，幼儿园既尊重了当地家庭的信仰和价值观，又帮助他们的孩子做好了入学准备，真正起到了支持作用，也受到了人们的欢迎。

学前教育机构中的师幼互动是最细微处的人际互动，要制定相关法律政策，从上位进行监管，以求提高这种互动的质量，是不现实的。相反，令幼儿园发挥更大作用的一个重要举措，应该是辨明什么样的班级、儿童群体、课程以及教师接受的教育能创造有利的条件，促使丰富的人际互

---

① Robert Pianta and the NICHD Study of Child Care and Youth Development, "Academic and Social Advantages for At-Risk Students Placed in High-Quality First Grade Classrooms," *Child Development* (forthcoming).

② Susanna Loeb, Bruce Fuller, Sharon Kagan, and Bidemi Carrol, "Child Care in Poor Communities: Early Learning Effects of Type, Quality, and Stability," *Child Development* 75 (2004), 47–65.

③ Alison Wishard, Eva Shivers, Carollee Howes, and Sharon Ritchie, "Child Care Program and Teacher Practices: Associations with Quality and Children's Experiences," *Early Childhood Research Quarterly* 18 (2003), 65–103.

动、复杂的语言和充足的情感支持得以出现。虽然在当前的政策环境下，令课堂教学实践符合州政府精心制定的课程标准，或对 3—4 岁儿童进行更严格的测试，听上去可能相当不错，但这些流于表面的措施可能无法帮助幼儿园为儿童及其家庭带来更多人性化的服务。

幼儿园应当由谁运营? 222

最后一个近来受到研究人员关注的问题是：公立学校的幼儿园是否比基于社区机构的幼儿园更有效？关于这个话题的研究还不太成熟。但是到目前为止，这两者之间几乎不存在任何差异。究其原因，可能是公立学校附设幼儿园和社区机构的幼儿园遵照的是同一套质量标准，即由普及学前教育运动立法制定的质量标准。不过在像新泽西州和俄克拉何马州这样具有开创精神的州，这套质量标准是由教育部门制定的。当然，要确定公立学校是否更适合运营幼儿教育项目，还需要进一步的研究。我们知道，公立学校的项目往往会吸引更多拥有四年制学位的教师，但是到目前为止，尚未发现这种差异会对儿童的发展路径带来任何明显影响。①

在佐治亚州，有人对已有十年历史的普及学前教育项目进行了精心设计的评估，以便比较三组幼儿园的质量和效果：由泽尔・米勒州长的最初议案资助的幼儿园、提前开端项目幼儿园、非营利性或私立幼儿园（包括那些由父母付费资助的富裕郊区的项目）。由加里・亨利领导的评估小组确定，到 2002 年为止，佐治亚州公立学校附设幼儿园项目中有 54%的教师拥有四年制学位。相比之下，在非营利性或私立幼儿园中，只有 20%的教师拥有本科学历，而在提前开端项目的幼儿园中，这一比例仅为 13%。如前所述，这一发现反映了不同项目当中不同族裔教师之间的差异。2002 年，在佐治亚州的公立学校附设幼儿园中，75%的教师是白人，22%的教师是黑人。在提前开端项目中，情况正好相反：69%的教师是黑人，28%

① 有关教师素质差异的评述，参阅：Bruce Fuller, Margaret Bridges, and Alejandra Livas, "How to Expand and Improve Preschool in California: Ideals, Evidence, and Policy Options" (Working Paper 05-1, University of California and Policy Analysis for California Education, Berkeley, 2005).

的教师是白人。[①]

加里·亨利和同事们集中关注该州的普及学前教育项目，发现在这些幼儿园就读的儿童中，近三分之二上的是非营利性或私立幼儿园，三分之一上的是公立学校附设幼儿园。观察这些儿童两年多内获得的成长，研究小组最初发现，从上幼儿园开始，直至学前班结束，这两类儿童之间没有差异。通过对 11 种不同的认知能力和 3 种社会行为进行测试，亨利在公立学校和社区机构的项目之间发现了一个不同之处：在公立学校附设幼儿园上学的儿童，其表达性词汇的增长速度较慢。

223 加里·亨利和同事克雷格·戈登（Craig Gordon）最近进行了一项分析，他们在佐治亚州所有区县分别跟踪在社区幼儿园和公立学校附设幼儿园就读的儿童，对他们进行长期研究，研究一直持续到小学三年级。[②] 亨利和戈登提出了一个理论，认为在那些分布着充满活力的社区幼儿园的县，儿童的表现可能会更好：在这样的机构中，教师的能力更强，家长也坚信自己选择的项目比公立学校附设幼儿园质量更好。这一理论得到了证实：非营利性和营利性幼儿园的儿童确实表现出了更陡峭的发展曲线，具体表现为语言成绩更高，三年级时的留级率更低。

事实上，他们发现，在竞争更为激烈的混合市场中运营的幼儿园，儿童获得的成长更为显著。分数方面的效应量大小仅为 0.14 个标准差，但是这与测量这种效应在小学阶段维持状况的早期研究结果不相上下。亨利认为，形成这个优势的部分原因是社区幼儿园能够吸引那些逃避公立学校的附设幼儿园，或无法在其中生存下来的年轻教师，他们往往是训练有素的。

在新泽西州，普及学前教育提案的早期评估报告称，在普遍收入较低的阿伯特学区也有类似的结果。2003 年，当我来到新泽西州时，全州

① Gary Henry, Laura Henderson, Bentley Ponder, Craig Gordon, Andrew Mashburn, and Dana Rickman, *Report of the Findings from the Early Childhood Study*, 2001-2002 (Atlanta: Georgia State University, Andrew Young School of Policy Studies, 2003).

② Gary Henry and Craig Gordon, "Competition in the Sandbox: A Test of the Effects of Preschool Competition on Educational Outcomes," *Journal of Policy Analysis and Management* 25 (2006), 97-127.

将近70%的学龄前儿童在社区幼儿园就读。由维思达特公司的加里·雷斯尼克领导的评估小组发现，在儿童认知和社会性发展方面，公立学校附设幼儿园和社区幼儿园之间并没有一贯的差异。[①] 埃伦·弗雷德领导的新泽西州教育部为所有幼儿园——无论是由哪一方开办的——制定了严格的质量标准，比如鼓励教师获得本科学历。在俄克拉何马州，虽然2004年只有18%的儿童在社区幼儿园就读，但只要持续进行评估，应该就能够检测到这两类幼儿园（社区幼儿园和公立学校附设幼儿园）之间是否存在差异。

为优质幼儿园建立稳健性理论

尽管上幼儿园的好处并不像一些普及学前教育倡导者宣传的那样显著，但贫困家庭儿童从中获得的益处依旧令人鼓舞。幼儿园对中产阶级儿童的影响同样也非常乐观，虽然这种影响更为温和。这两类儿童似乎都获得了好处，但投入公共资金以创造更多的幼儿园入园机会，却不一定能够缩小幼儿发展的差距——哪怕各个社群的幼儿园教育质量水平保持一致。 224
我们已经看到了一种萦绕不去的忧虑，即中产阶级家庭的儿童每周上幼儿园的时间更长，这使得他们的认知能力逐渐提高，社会性发展的水平却受到了抑制。但这并不是倡导者所关心的，他们认为只要花更多的钱，幼儿园的质量自然能够得到提升。

如果我们能够对幼儿园产生有效影响的内外因素有一个透彻的认识，那么它就可能为儿童和家长带来更大的益处。如果能够更为精准地解释哪一方面的努力对哪一类儿童更有效，这对学前教育领域一定是有益的。当人们都开始思考幼儿园应该如何培养和塑造儿童这个问题时，持各种理论

① Gary Resnick, A. Sorongon, D. Klayn, Ruth Hubbell-McKay, and J. DeWolfe, "Second Year Report on Early Childhood Programming in the 30 Abbott School Districts," (Trenton: New Jersey Department of Human Services and Department of Education, 2002), 79; Erain Applewhite and Lesley Hirsch, *The Abbott Preschool Program: Fifth Year Report on Enrollment and Budget* (Newark, N. J.: Education Law Center, 2003).

的专家们可能会表现得更为谦逊，对家长们也更为尊敬。

普及学前教育的新一代倡导者常常把讨论范围缩小到提升狭隘的认知技能和学业知识上。但是，对于许多中产阶级家庭儿童来说，如果长时间待在幼儿园会出现社会化发展停滞不前的现象，这一点应当引起各州政府和专业协会的警惕。儿童的社会性发展是家长最关心的领域，但当前的政策争议很大程度上忽视了这一点。

由弗吉尼亚大学的罗伯特·皮安塔领导的美国国家儿童健康与人类发展研究院小组最近的发现正在这一方面开辟新的领域。他们的发现将教师表现出来的关怀和情感支持的强度与儿童的社会性和认知发展联系起来，这对幼教工作者和决策者都具有指导意义。从某种意义上说，我们需要将政策抛开，去做更多的研究，把普及学前教育的倡议者和政客们支持的那一套简单的因果模式放在一边。他们声称只要遵照政府制定的课程标准，与小学学习标准保持一致，幼儿园就能促进儿童认知的发展，帮助他们获得更高的考试分数。皮安塔的研究生动地展示了忽略教师的作用——以及他们在课堂上表现的情感、给出的反馈和鼓励——为何是一个严重的概念性错误。

这个新的研究方向使我们远远超越了有关教师学历或师幼比之类的争论。这些发现对各州正在开展的各种各样昂贵的教师培训项目具有重要意义。新的研究方向并不否认用更多提高前阅读技能的内容充实课堂的重要性，但它的确表明，忽视师幼关系的特点可能会付出高昂的代价。

225 不同的幼儿园模式——包括新的州立普及学前教育项目在内——将如何真正影响家长对儿童学习的投入程度，现在还无法确定。近期有学者对提前开端项目受到的评估做了一次回顾，展示了该项目在这一方面的优势。然而，首批研究可能受到一些选择性偏差的影响：那些参加提前开端项目的低收入家庭的家长，是否本来就比没有参加的那些家长更倾向于重视和参与孩子的发展呢？①

在儿童健康领域，我们同样不清楚哪一种幼儿园模式能够真正产生积

① Peggy Pizzo and Elizabeth Tufankjian, “A Persistent Pattern of Progress: Parent Outcomes in Longitudinal Studies of Head Start Children and Families,” in *The Head Start Debates*, ed. Edward Zigler and Sally Styfco (Baltimore, Md.: Brookes Publishing, 2004), 193-214.

极的影响。而且，幼儿园给富裕和贫困社区都带来了政治经济方面的发展，我们还需要评量这些社区的就业状况和经济效益。从理论上讲，提前开端项目应该有助于振兴当地经济、组织年轻的家长。但在这方面，证据仍然很少。

如何维持幼儿园起初带来的优势已经成为一个关键问题。即使提高教学质量能够使儿童的成长曲线得到适度的改善，起初那五分之一到四分之一个标准差的优势在进入小学不久后也可能消失殆尽，它将被儿童的家庭环境造成的各种影响所淹没，这也反映在孩子们就读的小学的质量上。

我们已经有一些证据表明，当提前开端项目的儿童进入教学质量极高的小学时，幼儿园的影响能够持续存在。然而，公立中小学的质量是如何与儿童在学前班之前获得的优势进行相互作用的，我们尚不清楚。幼儿园和小学之间相互依存的关系，使得研究幼儿园的影响力问题变得愈加紧迫起来：普及学前教育的倡导者很可能推动那些对儿童发展毫无用处的质量标准，将本可用于提高幼儿园和小学低年级教学质量的公共资金白白浪费。

另一个需要构建强大理论支持的前沿地带，是幼儿园作为一种机构类型与课堂内的教学实践之间的关系。比如说，关于社区机构运营的幼儿园的好处的说法比比皆是，那么，这是否是因为社区幼儿园的教师反应更为积极，更能吸引家长，尤其是那些对正规机构持怀疑态度的家长呢？可是，我们明确知道的只有公立学校附设幼儿园和社区幼儿园的孩子们在总 226
体上并没有显著差异，因此幼儿园归属何处是否能够对带来的益处产生影响，是无法确证的问题。

最后，过去半个世纪的实证研究基本上忽略了家长这一因素。在不同的文化和语言群体中，家长的目标和日常育儿实践有何不同？这对课堂活动的设计有何启发？任何一个多元社会都应提出这样的问题。儿童发展理论学家，就像物理学或生物学领域的理论学家一样，认为成年人制定的规范化行为、情感或社会规则将在所有类型的儿童中产生普遍影响。然而，在过去的一代人中，跨文化心理学和对亲子育儿实践进行的社会学研究开始兴起，它们对这一普适性理论的有效性提出了尖锐的挑战。这是一个刻不容缓的问题，我们将在第七章进行讨论。

227 第七章　美国拉美裔群体的幼儿教育[1]

《纽约时报》报道称："经研究发现，美国拉美裔家庭选择用其他方式替代幼儿园。"报道又补充道："机构化儿童保育的自由主义观点受到了挑战。"[2] 1994 年，苏珊·奇拉对我带领的研究团队的最新发现进行了报道，即与其他族裔的儿童相比，年龄在 3 岁至 5 岁之间，母亲外出工作的拉美裔美国儿童较少上幼儿园。美国企业研究院（American Enterprise Institute）的道格拉斯·贝沙罗夫（Douglas Besharov）等政治右翼人士对此表示欣赏，这份热情或许并不叫人感到意外。贝沙罗夫说："我认为保守派是对的，……这可能不仅是财政上最省钱的（儿童保育的）方式，而且可能是最适合社会文化需求的方式。"

紧接着，一个月后，迈克尔·莱文（Michael Levine），一位来自纽约卡耐基基金会的聪明的、精通学前教育的专家从纽约市来到波士顿的剑桥，我们在哈佛广场（Harvard Square）附近的一家咖啡店碰面。我对他在卡耐基基金会领导的特别工作组很感兴趣，该工作组不久后便撰写了
228 《起点：满足幼儿的需求》，还针对并不算新的脑科学研究掀起了一场轰轰烈烈的公众辩论。但迈克尔还有另一项计划：他想探明我将这些研究结果进行发表的动机。他带着一丝冷笑，开门见山地问我是否因这些发现"使提前开端项目领域的人不安"而感到惊讶。

我与哈佛的同事苏珊·霍洛韦、梁晓燕通过研究发现，将母亲的就业

---

① 力杭德拉·利瓦斯和西塔·帕伊参与本章的写作。

② Susan Chira, "Hispanic Families Use Alternatives to Day Care, Study Finds," *New York Times*, April 6, 1994, A19.

状况纳入考量后，拉美裔儿童在进入学前班之前上幼儿园的可能性比黑人儿童足足低了 23%，比白人儿童低了 11%。[①] 提前开端项目的领导人声称，我们正在质疑他们为拉美裔家庭服务的决心，因为提前开端项目实施的缘由是服务黑人社区。当时克林顿政府正急于大力扩张提前开端项目，而我们的研究结果显示拉美裔家庭对学前教育的需求明显呈疲软态势。与之相反，许多拉美裔家长将孩子托付给亲朋好友照看，间接地支持了老布什政府早期采取的尊重父母选择的立场。我们的目标仅仅是将新的发现发布给公众，供人们思考而已。莱文上述这番话是在礼貌地试探我，想看看我是否真的那么天真。

这件事引发了长达十年的探索，目的是更好地理解拉美裔家庭，以及其中各种各样的家长如何权衡和比较包括幼儿园在内的不同类型的儿童保育服务。我们的研究团队也开始分别研究生活在不同社区中的拉美裔群体如何做出不同的“选择”。在过去的十年中，美国政府一直不遗余力地推广自己的理念和制度偏好，向拉美裔美国人推行提前开端项目和儿童保育券。这些政策和策略的前提是家长在抚养子女方面能够拥有做出明智决定的能力和资源。这些政策和策略还进一步表明，该由哪些团体或个人拥有和把持儿童养育的权威的有关争论正变得越来越激烈——当这场争论牵涉普及学前教育运动时，家长、专家、倡导者和学前教育工作者也纷纷加入了战局。

拉美裔家庭——病入膏肓还是全盘美国化?

人类学家奥斯卡·刘易斯（Oscar Lewis）在 1965 年的著作《生活：一个贫困文化中的波多黎各家庭》（*La Vida*：*A Puerto Rican Family in the Culture of Poverty*）中提出“贫困文化”（culture of poverty）这一令人沮丧的说法，描绘了墨西哥和波多黎各的贫困家庭的境况，并被之后的社会改

① 以上研究结果见：Bruce Fuller，Susan Holloway，and Xiaoyan Liang，“Family Selection of Child Care Centers：The Influence of Household Support，Ethnicity，and Parental Practices，” *Child Development* 67（1996），3320-3337.

229 革者们广泛接受。刘易斯写道："贫民窟的儿童长到六七岁时，通常已经耳濡目染了自己的亚文化中的基本价值观和心态，寻致即便机会出现，他们也没有心力……充分利用（这些机会）。"[1] 据说拉美裔家长被封闭在一个"传统社会"中，这个社会表现出一种自暴自弃、听天由命、相信宿命的态度，以至于他们无法为自己规划未来。迈克尔·哈林顿（Michael Harrington）将贫困称为"一种文化、一种制度、一种生活方式"。利斯贝思·肖尔（Lisbeth Schorr）等人也在最近写道："这些家庭实在是毫无结构或组织，能把你的脑子搅得一团乱！"[2] 威廉·朱利叶斯·威尔逊（William Julius Wilson）则谈到"内城区的病态混乱"[3]。

直到20世纪80年代，拉美裔家庭一直都被当作抽象的实体来对待，研究人员与改革家们总说他们"存在风险"，可能出现各种各样的问题。"文化剥夺"（culturally deprived）一词渐渐销声匿迹后，"存在风险"这个原本属于医学领域的说法，或"处境不利"一词，就常常被用来形容只掌握有限的英语词汇或在某方面未达到做好"入学准备"标准的孩子，他们犯下的错误是无法在小小的课桌前安静地坐着。据说拉美裔家长急需一种新的支持：他们需要正规机构伸出援手，帮他们抚养幼儿，帮助这些孩子顺利地完成社会化过程。加利福尼亚州的一个普及学前教育倡导者团体认为，普及学前教育具有的"魔力"能够拯救那些"在语言方面格格不入"的孩子，甚至能够降低他们成年后的离婚率或犯罪率。[4]

美国拉美裔全美理事会的幼儿专家安东尼娅·洛佩斯指出："在有关入学准备的部分言论中存在一种言外之意，认为成绩差的问题根源在于学生的某些缺陷。"她补充道："他们认为，我们的孩子缺乏学前教育，这些

---

① Oscar Lewis, *La Vida: A Puerto Rican Family in the Cultu-e of Poverty* (New York: Random House, 1966), xlv.

② Lisbeth Schorr and Daniel Schorr, *Within Our Reach: Breaking the Cycle of Disadvantage* (New York: Anchor Press, 1988), 149.

③ William Wilson, *The Truly Disadvantaged: The Inner City, the Under Class, and Public Policy* (Chicago: University of Chicago Press, 1987), 8.

④ Susanna Cooper and Kara Dukakis, *Kids Can't Wait to Learn: Achieving Voluntary Preschool for All in California* (Oakland: Preschool for All, 2004), 16.

家长……没有能力满足孩子们的需要，因此必须有人插手，接管这些‘原料’，把他们送进学前班。”①

可是，在拉美裔的家长和儿童当中，究竟有多少人表现出这样的毛病？对于抚养健康儿童必不可少的经济或社会资源，拉美裔家长在哪些方面有所欠缺？具体而言，是拉美裔群体当中的哪一类人群有所欠缺？以拉美裔群体的优势为基础，能够创建何种形式的学前教育？本章内容将围绕这些问题展开。

我们首先思考的是如何促进拉美裔儿童早期发展的问题，与此同时，这种思考也会促使我们深刻意识到在学习理论方面发生的跨文化革命。儿童发展主义者、文化心理学家和社会学家一直在仔细研究儿童如何在由社会阶层、种族和语言划分的特定社区（particular community）内成长和学 230
习。这些学术研究始于80多年前，正在超越皮亚杰和神经科学家强调的生物学特点。文化心理学家使用更宽泛、更多色彩的理论框架来接纳欧洲启蒙主义思想家关于个人主义和自由人文主义的诸多假设。同时他们也认为需要在有限的文化框架下来理解这些。

如今，民意领袖和公立学校一直致力于让孩子们摆脱自己所属的社群，融入抽象的民族国家之中。要事半功倍地达到同化之目的，须抛弃落后偏狭的方式，利用通用的语言和读写技能，并辅以对现代机构的社会责任。因此，我们遇到了一个重要问题：学前教育机构是否应该采取行动，促使儿童吸收改革者所重视的特定形式的知识、语言和社会行为？虽然，对家长和各地拉美裔群体而言，这些形式仍然相当陌生。

围绕这个问题的文化张力背后，是官僚政府对事务进行监管和标准化的惯性，它们似乎在悄无声息地、有意地将经济和社会生活的各个领域进行合理化。学前教育领域成为一个舞台，当代政府的政治文化，即由善意的精英们制定的议程，与特殊社群特有的道德原则和亲子教育方式在这个舞台上对峙。在文化领域，一股热烈的民主化风潮在美国各地蓬勃发展，

---

① Laurie Olsen, "Ready or Not? A California Tomorrow Think Piece on School Readiness and Immigrant Communities," *California Tomorrow*, Fall 2004, 12.

同时出现了机构化的民主化过程，广泛存在且发展成熟的社区学前教育机构正是这股风潮的体现，它们也是合法的政治参与者，洛杉矶的案例就生动地体现了这一点。

因此，对学前教育进行理性化改革，对某些人有切实益处，但这样做会削弱德国唯心主义者曾经提到过的“geist”，即特殊群体的精神、价值观和文化结构。[①] 在启蒙运动时期，政府曾尝试将儿童从落后的乡村生活，包括从关于儿童发展潜力的狭隘观念中解救出来。用洛克的话说就是，儿童有能力成为有逻辑、有推理能力的个体，拥有脱离群体利益的自主权。如今，普及学前教育的倡导者们孜孜不倦地努力，试图将拉美裔儿童从他们那所谓“存在风险”的家庭中拯救出来，是同样的逻辑。

但是，普及学前教育运动的精英们试图通过建立体制的方法来拯救拉美裔儿童，这是否会破坏为拉美裔社群带来凝聚力和支撑力的社会结构？
231 公共机构实施的集体行动能否有效地为这些群体提供帮助、改善人数众多的机构，从而为家长与他们的孩子提供稳定的环境和经济来源？在深入研究这些问题时，我们应当将塔尔科特·帕森斯（Talcott Parsons）的话牢记在心，即文化理想主义者（cultural idealist）和理性实用主义者（rational utilitarian）的观点都可以通过实证分析去了解。[②] 我们不能被社区行动机构的理念和政府的承诺所限制，必须以实证研究评估不同的组织策略如何，或何种条件真正能够促使家庭变得更健康，并促进儿童的发展。

拉美裔儿童发展的谜团与矛盾

美国拉美裔家庭的家长普遍非常重视学校教育，认为学校教育能为自己的孩子提供好的工作和幸福的生活。2004 年，美国拉美裔全美理事会

---

① 社会人类学家亚当·库珀（Adam Kuper）在他的书中对这场后启蒙时代的争论进行了富有启发性的讨论，参阅：Adam Kuper, *Culture: The Anthropologists' Account* (Cambridge, Mass.: Harvard University Press, 1999), 47-53.

② 有关此类对现代机构和各地社群的看法的回顾，参阅：Ferdinand Tönnies, *Community and Society* (New York: Harper & Row, 1957).

进行的一项民意调查显示，公共教育是拉美裔美国人最关心的问题。近四分之三的受访者认为政府在教育上的投入“太少”，77%的人认为美国“应该增加投入，确保所有儿童都能享受到幼儿园教育和服务”。[1]

然而，拉美裔儿童的教育程度却远远落后于其他群体。2003 年，30%的拉美裔美国人在 24 岁之前没有完成高中学业，而黑人和白人的这一比例分别为 11%和 7%。在第一代拉美裔年轻人中，43%的人没有毕业就离开了学校。[2] 这些差异在幼儿进入学前班之前就已经非常明显了。在加利福尼亚州，我们发现，即便是拥有一些初级英语水平的拉美裔学前班儿童，在前阅读技能方面也比白人低 0.60 个标准差，在数字和数学概念的理解上落后近 0.90 个标准差（将近一整年）。这些早期认知发展上的差距与四年级的白人学生和拉美裔学生之间的学业差距是一致的。[3]

既然拉美裔家长如此重视学校教育，是什么导致了他们的孩子在认知和语言方面落后于人呢？我们是否应该将其归因于儿童所处的语言环境、养育方式（也许他们的传统就是不注重读写）、家庭的贫困或社会性的混乱无序？在身体健康或社会情感方面，研究人员是否也观察到了同样的差距？新一代幼儿园倡导者认为，这些儿童的日常环境有所欠缺，比如也许 232
家长的能力不足，因此我们对因果关系的假设至关重要。

我们将通过对美国人口变革的研究，去探寻造成今日之果的原因。我们将探究一个新的课题，即为许多拉美裔家庭的教育提供支撑的是什么样的强大的家庭价值观和社交资本。我们还要详细讲述拉美裔美国人的多样性，包括在来源国、社会阶层、教育水平和文化适应程度等方面的多样性。

---

① Joe Zogby and Rebecca Witten, “Hispanic Perspectives” (Washington, D.C.: National Council for La Raza, 2004).

② 有关对美国国家教育统计中心数据的分析，参阅：Jennifer Hochschild and Nathan Scovronick, “Demography Change and Democratic Education,” in *The Public Schools: Institutions of Democratic Society*, ed. Susan Fuhrman and Marvin Lazerson (New York: Oxford University Press, 2005), 302-323.

③ Margaret Bridges, Bruce Fuller, Russell Rumberger, and Loan Tran, “Preschool for California's Children: Promising Benefits, Unequal Access” (Working Paper Series 05-1, Policy Analysis for California Education, Berkeley, 2005).

人口结构的变革

拉美裔群体的迅速增长意味着数百万新增拉美裔儿童将进入学前班学习，且他们中相当一部分人的英语口语水平十分有限。1960 年至 2000 年间，居住在美国的拉美裔人口总数增长了 5 倍；到 2003 年，拉美裔成为美国社会规模最大的少数族裔群体。① 2006 年，美国拉美裔 5 岁以下儿童的人数为 420 万，预计到 2050 年将增加到 860 万，占美国幼儿总人数的比例将从 21%增加到 32%。②

由于拉美裔母亲的受教育程度正在逐渐提高，加上拉美裔家庭在文化适应的过程中接受了一些美国中产阶级的社会规范，尤其是与生育和家庭规模有关的价值观，拉美裔儿童人数的增长可能会放缓。在加利福尼亚州，拉美裔人群的生育率（平均一位妇女生育子女的数量）从 1990 年的 3.4 下降到 2003 年的 2.6（2000 年非拉美裔白人的生育率为 1.9）。③ 即便如此，在未来数十年中，涌入学校的英语水平有限的儿童仍然可能有增无减。2000 年的美国人口普查数据显示，在加利福尼亚州所有 5 岁及以下的儿童中，在家中说除英语之外语言的超过 39%。现在有超过一百万名英语水平有限的儿童就读于加利福尼亚州的小学，占所有入学儿童的整整四分之一。④ 英语水平有限的儿童——包括所有说其他语言（不仅是西班牙语）的儿童——相当于得克萨斯州所有儿童人数的 31%，纽约的 28%，佛罗里达州、伊利诺伊州和马萨诸塞州的大约五分之一。⑤ 在洛杉矶，将

---

① 对历史资料的收集整理见：Jorge Durand, Edward Telles, and Jennifer Flashan, "The Demographic Foundations of the Latino Population," National Research Council（forthcoming）.

② U.S. Census Bureau, "Projections of the Resident Population by 5-Year Age Groups, Race, and Hispanic Origin with Special Age Categories"（Washington, D.C.: U.S. Census Bureau, Population Division, 2000）.

③ 人口统计结果引自：Mireya Navarro, "For Younger Latinas, A Shift to Smaller Families," *Los Angeles Times*, December 5, 2004, A1.

④ Christopher Jepsen and Shelley de Alth, "English Learners in California Schools"（San Francisco: Public Policy Institute of California, 2005）.

⑤ 相关人口普查资料见：Ann Morse, "Language Access: Helping Non-English Speakers Navigate Health and Human Services"（Denver: National Conference of State Legislatures, 2003）.

近三分之二的新生儿来自拉美裔家庭。①

如今，了解语言的多样性尤为重要。20 世纪 90 年代末，在全美范围内，从学前班到十二年级，超过一半（57%）的拉美裔学生在家中主要说英语。此外，17%的拉美裔学生报告说他们在家中说英语和说西班牙语的 233
时间比例大体相同。在家中以说英语为主的学生中，将近四分之三的学生的母亲出生在美国。相反，在家中以说西班牙语为主的拉美裔学生当中，母亲出生在美国境外的占 92%。② 墨西哥人构成了美国最大的拉美裔亚群体。2000 年，所有 5 岁以下的拉美裔儿童中有超过三分之二是墨西哥裔。在洛杉矶市，墨西哥裔居民几乎占总人口的三分之一，占拉美裔人口的 63%。在芝加哥，71%的拉美裔人口是墨西哥裔。

家庭的经济来源

2002 年，生活在联邦政府贫困线以下的拉美裔儿童在拉美裔所有儿童中的占比为 22%（标准为一个四口之家的年收入低于 16000 美元）——这一数字与黑人（24%）相当，但几乎是白人（8%）的 3 倍。社会学家唐纳德·埃尔南德斯（Donald Hernandez）研究墨西哥裔家庭时发现，在第三代及以上的移民家庭中，有整整 48%的儿童所在家庭的收入低于贫困线的 200%*；在墨西哥裔移民家庭中，这一比例为 69%。③

20 世纪 60 年代，在加利福尼亚州，随着“伟大社会”运动的发起，生活在贫困状态的拉美裔成年人人数先是显著下降，然后再次上升，在 1980 年后，一度占加利福尼亚州拉美裔成年人总数的五分之一左右。1970 年，加利福尼亚州四分之一的拉美裔居民是第一代移民，但经过 30 年自

---

① David Hayes-Bautista, *La Nueva California: Latinos in the Golden State* (Berkeley: University of California Press, 2004), 201.

② National Center for Educational Statistics, “Language Spoken at Home,” http://nces.ed.gov/pubs2003/Hispanics/Section11.asp, accessed March 13, 2006.

* 即假设贫困线是收入 20000 元，则其 200%是 40000 元，低于贫困线的 200%，即收入低于 40000 元。——译者注

③ Donald Hernandez, “Demographic Change and the Life Circumstances of Immigrant Families,” *Future of Children* 14 (2004), 17-36.

墨西哥和部分南部地区的持续移民，这一比例在2000年攀升至57%。到2020年，考虑到移民速度的放缓和出生率的影响，拉美裔第一代移民在全美的比例将降至四分之一。[①] 在加利福尼亚州40多岁的拉美裔移民中，略高于77%的人表示西班牙语是他们的第一语言；同年龄组中，出生于美国的拉美裔只有13%的人更喜欢说西班牙语。[②]

社会基础

拉美裔低收入家庭是否与其他族裔的低收入家庭一样摇摇欲坠、脆弱无比？拉美裔移民的家庭结构随着代际更迭的确已经有了一些变化，但大
234 多数家庭仍然得到保持，为拉美裔群体的文化奠定了坚实的基础，这些家庭比美国当代（非拉美裔）白人家庭更为稳固。几乎四分之三（73%）的第一代墨西哥家庭中有已婚夫妻，这一数字在第二代家庭中下降到了66%。墨西哥第一代移民家庭的平均人数为4.4人，第二代家庭的平均人数为3.6人。家庭人数的下降与儿童和与儿童同住亲属人数的下降有关。与此相反，2000年，美国36%的波多黎各裔家庭由单亲母亲支撑，在古巴裔美国家庭中这一比例为18%，黑人和白人家庭的这一比例分别为45%和14%。[③]

加州大学洛杉矶分校的医学教授戴维·海斯-鲍蒂斯塔（David Hayes-Bautista）认为，自20世纪40年代以来，“拉美族裔的表现比‘美国’中产阶级本身更像‘美国’中产阶级”[④]。这一说法与人口学家南希·兰代尔（Nancy Landale）等人的发现彼此呼应：“在大多数人口指标上，拉美

---

① Jeffrey Passel, “The Rise of the Second Generation” (Washington, D.C.: Pew Hispanic Center, 2003).

② David Hayes-Bautista, *La Nueva California: Latinos in the Golden State* (Berkeley: University of California Press, 2004), 65, 101.

③ Nancy Landale, R. Oropesa, and Cristina Bradatan, “Hispanic Families in the United States: Family Structure and Process in an Era of Family Change,” in *Hispanics and the Future of America*, ed. Marta Tienda and Faith Mitchell (Washington, D.C.: National Research Council, 2006), 138-178.

④ David Hayes-Bautista, *La Nueva California: Latinos in the Golden State* (Berkeley: University of California Press, 2004), xvi.

裔比非拉美裔表现出更高的家族主义水平。"① 海斯-鲍蒂斯塔追溯了过去的半个多世纪中主要针对加利福尼亚州的墨西哥后裔家庭做出的分析。他指出，在过去 60 年中，这个族裔成年人的就业比例比任何其他族裔都高，而领取失业福利的比例则较低。拉美裔的婴儿死亡率和低出生体重发生率低于黑人和其他低收入群体。拉美裔成年人的寿命也较其他群体更长。海斯-鲍蒂斯塔将孕产妇和儿童良好的健康状况归功于拉美裔群体健康的饮食习惯，比如经常食用新鲜水果和蔬菜。

第一代墨西哥裔母亲比白人母亲更倾向于母乳喂养，尽管这种健康的做法在第二代和第三代墨西哥裔母亲当中的占比有所下降。与白人或黑人未婚夫妻相比，墨西哥裔低收入未婚夫妻在一个孩子出生后分手的比例较小。② 此外，发展主义学家们已经表明，（墨西哥裔家长的）某些育儿行为，比如关爱的程度和陪伴时间的程度等，都比白人中产家庭家长更强，或与之持平。③ 与非移民家庭养育的第二代子女相比，移民家庭的子女与至少一位祖辈同住的可能性是前者的两倍。④

简而言之，拉美裔的婴儿和蹒跚学步的孩童以及他们的母亲，在健康、营养等社会指标方面表现良好；可是，到 3 岁或 4 岁时，这些儿童在 235
某些认知技能和读写能力方面落后于其他群体。这些数字呈现出一幅相当矛盾的图景。然而，将诸如"处境不利"或"存在风险"这样的标签贴到拉美裔家长和儿童身上，既忽视了大部分少数族裔家庭拥有的文化背景

① Nancy Landale, R. Oropesa, and Cristina Bradatan, "Hispanic Families in the United States: Family Structure and Process in an Era of Family Change," in *Hispanics and the Future of America*, ed. Marta Tienda and Faith Mitchell（Washington, D. C.: National Research Council, 2005）, 138-178.

② 相关调查结果参阅：Fragile Families Study, Center for Research on Child Well-Being, "The Hispanic Paradox and Breastfeeding: Does Acculturation Matter?"（bulletin, Princeton University, Princeton, 2004）.

③ Robert Bradley, Robert Corwyn, Harriett McAdoo and Cynthia Coll, "The Home Environments of Children in the United States, Part I: Variations by Age, Ethnicity, and Poverty Status," *Child Development* 72（2001）, 1844-1867.

④ Donald Hernandez, "Demographic Change and the Life Circumstances of Immigrant Families," *Future of Children* 14（2004）, 17-36; Marta Tienda and Faith Mitchell, eds., *Hispanics and the Future of America*（Washington, D. C.: National Academies Press, 2006）.

优势和社会资产，也忽视了在各个亚群体之间观察到的差异。

对拉美裔美国家庭的反思

总体而言，拉美裔美国人的经历不同于白人移民或黑人的过往经历。正如已故人类学家约翰·奥格布（John Ogbu）着力强调的，一个家庭是自愿移民的，还是在非自愿情况下被捉住并强行带到美国的，这是有区别的。[①] 在过去的半个世纪里，黑人和拉美裔群体在经济机会、种族歧视程度和民权运动等方面走过了不同的历程。大多数拉美裔群体的家庭和亲属网络始终连贯如一，并由此产生了较高的社会支持水平，这一点与黑人有着天壤之别。在判断双亲家庭的拉美裔家长抚养儿童的能力以及他们的一整套文化规范时，不可忽略这些历史差异的重要意义。

研究人员还详述了拉美裔家长如何表达对家族的强烈责任感，对社会权威具有等级属性的承认，以及对兄弟姐妹、父母和其他亲属成员怀有的明确的角色责任。社会学家安杰拉·瓦伦苏埃拉（Angela Valenzuela）和桑迪·多恩布施（Sandy Dornbusch）认为，这些牢固的社会观念虽然有时会以别具一格的方式孕育孩子的个人抱负和最终的流动能力，却也会使日常生活具有连贯性、自成体系。[②] 学者们再次将重点放到社会资本的概念上来，留意到彼此合作的家庭网络如何帮助家庭成员彼此缓解贫困带来的窘迫，这为拉美裔群体的家庭结构和价值观投上了一层积极的色彩。[③]

矛盾的确存在。我们自己进行的研究表明，当与祖父母或亲戚同住时，拉美裔家长较少选择让孩子上幼儿园。在这种情况下，亲人随时随地

---

① John Ogbu, *Minority Education and Caste: The American System in Cross-Cultural Perspective* (New York: Carnegie Foundation on Children, 1978).

② Angela Valenzuela and Sanford Dornbusch, "Familism and Social Capital in the Academic Achievement of Mexican Origin and Anglo Adolescents," *Social Science Quarterly* 75 (1994), 18-36.

③ Nancy Landale and R. Oropesa, "Migration, Social Support, and Perinatal Health: An Origin-Destination Analysis of Puerto Rican Women," *Journal of Health and Social Behavior* 42 (2001), 166-183; Rubén Rumbaut and John Weeks, "Unraveling a Public Health Enigma: Why Do Immigrants Experience Superior Perinatal Health Outcomes?" *Research in the Sociology of Health Care* 13 (1996), 337-388.

的帮助能够复制家庭特有的社会规范和语言模式，却也限制了儿童接触更广泛的认知需求和社会行为的机会。[①]

在尝试了解拉美裔家庭是否具有能力养育强健的儿童时，我们发现了 236
另一个矛盾。我与玛格丽特·布里奇斯、拉斯·朗伯格和洛恩·德兰（Loan Tran）共同展开的研究发现，来自低收入拉美裔家庭的5岁儿童进入学前班时的前阅读技能比来自中产阶级拉美裔家庭的4岁儿童要低得多（仅就具有基础英语水平的儿童而言）。但到了高中，情况便发生了逆转：全美第一代移民学生的平均绩点（grade point average，GPA）* 高于第三代移民学生（虽然他们早前在墨西哥接受的学校教育也发挥了一部分作用）。[②] 这些发现表明，对于幼儿而言，家长的教育方式和家庭语言的确会产生影响，但是随着时间的推移，当地同龄人和低收入环境的社群规范突然开始展现出强大的影响力。一代又一代拉美裔家长自称对学校的功能坚信不疑，但是其他因素和家庭经济状况常会限制家长所施加的直接影响，即便家长对子女教育仍然怀着极强的期待。[③]

和所有家庭一样，拉美裔家庭的幼儿需要面对、完成各种各样产生认知和社会需求的活动。成年人往往因文化背景或社会阶层的不同，对儿童的这些活动和行为怀有不同期待。并不是所有类型的家长都热衷于为孩子安排游戏聚会，或到最近的书店买一本新的儿童读物。蹒跚学步的孩子和学龄前儿童可以和兄弟姐妹一起玩、学习怎样和祖母共度欢乐时光、玩电

---

① Bruce Fuller, Susan Holloway, Marylee Rambaud, and Costanza Eggers-Piérola, "How Do Mothers Choose Child Care? Alternative Cultural Models in Poor Neighborhoods," *Sociology of Education* 69 (1996), 83-104; Xiaoyan Liang, Bruce Fuller, and Judith Singer, "Ethnic Differences in Child Care Selection: The Influence of Family Structure, Parental Practices, and Home Language," *Early Childhood Research Quarterly* 15 (2000), 357-384.

* 平均绩点通常指平均学分绩点。某些学校采用学分绩点制对学生的学习质量进行评定，在这种情况下平均学分绩点是主要考察指标。——译者注

② Amado Padilla and Rosemary Gonzalez, "Academic Performance of Immigrant and U. S. -Born Mexican Heritage Students: Effects of Schooling in Mexico and Bilingual/English Language Instruction," *American Educational Research Journal* 38 (2001), 727-742.

③ Claude Goldenberg, Ronald Gallimore, Leslie Reese, and Helen Garnier, "Cause or Effect? A Longitudinal Study of Immigrant Latino Parents' Aspirations and Expectations, and Their Children's School Performance," *American Educational Research Journal* 38 (2001), 547-582.

子游戏或是与妈妈一起烤面包。

在过去的半个世纪里，跨文化心理学家和人类学家一直在研究种种人性化的情境，并观察儿童如何在家庭环境中获得意义并习得技能。有时可能需要家长进行说教，但大多数情况下，儿童需要自己进行观察、模仿或参与集体活动。在不同族裔和社会阶层的人群当中，家庭环境可能存在总体上的差异。文化心理学家对这一课题的研究导致了一场革命的发生，它改变了我们对不同类型的家庭中幼儿如何学习的看法。它对我们如何创建更有效的幼儿园，以及在某个特定群体内正式组织学前教育时如何定义“有效”，都有着重要的影响。

237

学前教育领域的文化革命

20 世纪 90 年代末，发展主义学者加里·雷斯尼克对新泽西州刚刚兴起的普及学前教育运动进行了评估，他发现了一个有趣的现象。他发现，在公立学校新开设的幼儿园就读的白人儿童，其英语词汇量和语言能力都有显著提高。同样令人吃惊的是，在社区幼儿园就读的拉美裔儿童在西班牙语的词汇量和前阅读技能方面也进步惊人。社区幼儿园雇用了大量双语教师，对于应该使用哪一种或哪几种语言进行教学，这两类机构持有不同的观点。① 事实证明，将组织环境的力量和儿童发展特点放在一起讨论，研究结果是非常惊人的。

几年前，戴维·狄金森（David Dickinson）发表了一项研究结果，这项研究对以西班牙语为母语，但分别进入用英语或者西班牙语为主导授课语言的幼儿园的儿童进行跟踪调查。与以西班牙语为主导授课语言的班级相比，英语教学班级的学生明显表现出了更多行为问题。英语教学班级的儿童认知和前阅读技能习得速度较慢，这可以从他们和说英语的教师之间人际关系较弱、紧张的同伴关系等方面找到解释。哈佛大学社会语言学家

① Gary Resnick, A. Sorongon, D. Klayn, Ruth Hubbell-McKey, and J. DeWolfe, “Second Year Report on Early Childhood Programming in the 30 Abbott School Districts,” (Trenton: New Jersey Department of Human Services and Department of Education, 2002).

凯瑟琳·斯诺（Catherine Snow）及他的同事在总结这项研究时写道：“考虑到学龄前儿童社会性能力的发展能够预测他们包括读写能力在内的长远发展，这些研究结果是相当令人震惊的。”①

幼儿学习时所处的特定环境——包括家庭和幼儿园之间的连贯性——影响着儿童对主要认知技能和学校看重的行为的获得。从文化心理学家和学习理论家的角度来看，这一论断至关重要。这些学者并未将幼儿园看作有意推动幼儿适应现代社会的陌生组织，而是强调拉美裔美国家庭的认知需求和社会规范，为幼儿园教师提供了一种框架以（帮助儿童）建构新的发展水平。

皮亚杰认为，成年人必须根据儿童的发展阶段调整自己的教育实践活动，尽管越来越多的人倡导抽象技能，但这一观点依旧被广大学前教育工作者所接受。教导具有特殊需求的儿童的教师也一直采用这一基本策略。238
但是，遇到在文化或语言上具有差异或优势的儿童时，常规心理学却常常比建构新框架的尝试更具影响力。不论是儿童英语词汇的贫乏，还是“羞涩”儿童的沉默寡言，全都成为政策制定者和许多一线工作者意欲消除的“问题”。

这一突破性的观念表明，儿童的心智并不是在社会真空中发展的。相反，儿童的心智通过人际互动获得发展，获得自身所属特定社群期待自己获得的认知工具、社会规范和情感倾向。这种理念可以追溯到 18 世纪德国哲学家约翰·哥特弗雷德·赫尔德（Johann Gottfried Herder）提出的假设：“成为某个群体的一员，就是以某种方式，遵循特定目标、价值观和世界观进行思考和行动，……根据那个世界特定的目标、价值和图景而思考和行动，为了归属于某个群体而思考和行动。”② 文化心理学家早已开始研究物质条件、社会规范和符号系统（包括语言和与行为有关的道德信

① Catherine Snow, M. Burns, and Peg Griffin, *Presenting Reading Difficulties in Young Children* (Washington, D. C.: National Academies Press, 1998), 156.

② Richard Shweder, Jacqueline Goodnow, Giyoo Hatano, Robert LeVine, Hazel Marcus, and Peggy Miller, “The Cultural Psychology of Development: One Mind, Many Mentalities,” in *Handbook of Child Psychology*, 5th ed., vol. 1, ed. William Damon (New York: Wiley, 1998), 865-938.

仰）如何塑造不同的思维方式和行为方式，不过直到最近，这一把儿童的发展放置在其自身文化处境中的新颖观点，才吸引了越来越多的追随者。与此同时，民众精英和政府加大力度，以某种方式对“存在风险”的拉美裔和其他少数族裔儿童在家中的教育和抚养方式进行“修复”或“补偿”。

拉美裔儿童是一个非常多样化的群体，我们很难对他们的一般特征进行概括。许多儿童并非完全生活于某个单一的文化或语言群体之中。的确，人口学家唐纳德·埃尔南德斯基于 2000 年对美国家庭普查数据进行的分析发现，在 5—8 岁的拉美裔儿童中，只有 40%上下的孩子能说流利的西班牙语，同时他们的英语也“说得很好”。①

儿童发展的生物和文化决定因素

跨文化学者并不否认儿童大脑和身体的成熟具有特殊的生物学阶段。但是这些并不能解释年幼的儿童为何说不同的语言，或一些拉美裔的儿童为何很少挑战成年人的权威、很少翻阅一本书或者不喜欢独自坐着画手指
239 画。语言和社会性发展程度的差异对儿童在学校的表现有着强烈影响，这些差异是由文化性的活动造成的，而非仅仅由于生理成熟自然产生。

加州大学洛杉矶分校人类学家帕特里夏·格林菲尔德（Patricia Greenfield）谈到了儿童在成长过程中普遍出现的标志，比如了解与同龄人、与家长之间的基本社会关系，了解每种文化中的青少年如何在不同程度上独立于父母进行推理。② 其基本机制的大致情况可能十分相似。例如，我们知道，家长若在家中用西班牙语进行亲子共读，幼儿的西班牙语前阅

---

① 相关调查结果见亚利桑那州立大学拉美裔幼儿教育国家专案组（National Task Force on Early Education for Hispanics，Arizona State University）于 2005 年 12 月 16 日向技术咨询委员会提交的报告。

② 格林菲尔德和同事们描述了强调发展的文化背景的三个方面。（1）文化价值观，该框架认为不同的家长为孩子设定不同的学习和发展目标；（2）本章所强调的生态文化框架；（3）社会历史框架，该框架植根于维果茨基、科尔和罗戈夫（Barbara Rogoff）的研究工作，强调儿童的日常活动和必要的认知工具如何因不同的种族和文化背景而不同。Patricia Greenfield，Heidi Keller，Andrew Fuligni，and Ashley Maynard，“Cultural Pathways Through Universal Development，” Annual Review of Psychology 54（2003），461-490.

读技能会更强。[①] 但是，第一代或第二代拉美裔儿童所学习的内容——从与语言相关的认知符号到潜移默化的社会道德规范——很可能与中产阶级家庭白人儿童学到的大相径庭。

正如加州大学圣克鲁兹分校的心理学家芭芭拉·罗戈夫所言："认知发展发生在新老世代通过不同形式的人际交往和制度实践进行合作的过程中。" 她补充道："概念上的转变从将个体活动视作分析单位，转变为将社会文化活动视作分析单位；……从将认知视为一种个体属性，到视其为人类社会文化活动的一个方面。"[②] 由此可见，当幼儿园教师追求"发展适宜性教学实践"，或将音素和数字灌输到孩子的头脑中，或允许孩子自由选择活动时，他们是在迫切要求儿童适应独特的认知需求和规范，使他们能够在特定的情境中进行活动。在具有文化敏感性的学习理论家看来，儿童在家庭中的社会化与学校安排的必备知识和认知要求——不论是鼓励儿童在装扮区尽情打扮自己，还是要求他们在纸上的长方形里写上自己的名字——之间是否存在联系，仍然是一个关键问题。

20 世纪 70 年代初，随着家长对儿童保育机构和幼儿园的依赖加深，学前教育领域的各项研究工作也交织着展开。越来越多的儿童在多样的环境中成长，与各种成年人打交道，在幼儿园等正式机构度过的时间越来越长。首先针对儿童保育展开研究的学者们，特别是格蕾塔·法恩（Greta Fine）和艾莉森·克拉克-斯图尔特，运用尤里·布朗芬布伦纳（Urie Bronfenbrenne）的生态系统理论*，详细了解幼儿和学龄前儿童是如何在新的环境中学习成为不同群体的成员的：家庭和保育机构向他们提供的认 240
知需求、社会规则，甚至保健活动都是不同的。[③] 例如，我两岁的儿子迪

---

① Grace Burkart, "Development of English Literacy in Spanish-speaking Children: Progress Report" (Washington, D. C.: Center for Applied Linguistics, 2003).

② Barbara Rogoff, "Cognition as a Collaborative Process," in *Handbook of Child Psychology*, 5th ed., vol. 2, ed. William Damon (New York: Wiley, 1998), 680.

* 生态系统理论是由已故的美国康奈尔大学教授、著名心理学家布朗芬布伦纳于 1979 年提出的一种理论模型。他从个体所处的生态环境出发来研究人的发展，认为人的行为不仅受社会环境中的生活事件的直接影响，还受发生在更大范围的社区、国家、世界中的事件的间接影响。——译者注

③ Greta Fine and Alison Clarke-Stewart, *Day Care in Context* (New York: Wiley, 1973).

伦（Dylan）在餐桌上兴奋地用西班牙语大声祷告。他并不是从自己的家长那儿学到这个技能的，而是从葛洛丽亚·马林（Gloria Marín），一位有着虔诚宗教信仰的照料者那里学到的。通过这些方式，幼儿和学龄前儿童受到训练，获得规范的、成年人所预期的行为和信念。

从历史和文化的角度来看，家庭在社会中的地位也对许多拉美裔家长持有并对儿童提出何种认知需求和社会规范产生着影响，尤其是当他们试图在两种文化之间架起桥梁的时候。迈克尔·科尔等活动理论家指出，儿童所处的环境和小规模机构对儿童提出了不同的任务，完成这些任务需要掌握特定的认知技能和社会规则。因此，我们需要再次关注每个社会中影响着童年本质的那些更为广泛、更宏观的力量。“对黑人儿童和拉美裔儿童早期的社会化体验和目标产生影响的文化和环境因素与影响白人儿童的文化和环境不同。”德博拉·约翰逊（Deborah Johnson）和苏珊娜·伦道夫（Suzanne Randolph）等参与美国国家儿童健康与人类发展研究院儿童保育研究的学者们强调。[①] 他们最近发表了一篇论文，其中表示：“在过去的 20 年中，人口学和意识形态方面的因素结合在一起，引发并影响了对儿童保育的研究，而这些因素主要与中产阶级、与欧洲裔美国家庭有关。”但是，“不同的家庭会使用（自己的）基础文化价值观来指导自己的育儿方式和保育选择”。

对拉美裔美国家庭育儿的启发

布朗大学的心理学家辛西娅·加西亚·科尔（Cynthia García Coll）及其同事认为，及其同事由于忽略了家长和儿童照顾者适应周遭环境的努力，儿童发展科学得出了这样一种关于少数族裔儿童及其家庭的理论，该理论侧重于解释他们与白人中产阶级相比发展上的偏差，而非被研究者

① Deborah Johnson, Elizabeth Jaeger, Suzanne Randolph, Ana Mari Cauce, Janie Ward, and National Institute of Child Health and Human Development Early Child Care Research Network, “Studying the Effects of Early Child Care Experiences on the Development of Children of Color in the United States,” *Child Development* 74 (2003), 1227-1244.

（特定社群）的常态发展和成长过程。[①] 他们的研究结果表明，掌握双重文化认知和社交能力的拉美裔儿童“较少在学校和家庭中发生冲突”。正如比阿特丽斯·怀廷（Beatrice Whiting）和约翰·怀廷（John Whiting）在一代人的时间之前所写的那样：“如果将儿童放在单一文化的范围内进行研究，许多现象都会被视作自然的。有的现象，只有当人们发现其他族 241
裔不遵循这样的做法时，……才会被视作偏差。”[②]

最近的发现显示，拉美裔美国家长正努力促使自己的孩子适应美国的主流文化，而这种主流文化往往会忽视他们自己的母语和文化习俗。从莱斯莉·里斯（Leslie Reese）在洛杉矶与第一代墨西哥家长进行的访谈可以看出，他们当中有许多人认为美国充满经济机遇，但缺乏强大的道德准则。因此，他们回头从自己的祖国寻找经验和故事，传递给下一代，以帮助他们定义自己在白人社会中与众不同的身份。[③]

同样，哈佛大学的纽里·希尔伯格（Nurit Sheinberg）采访了一些拉美裔的母亲，问她们如何定义一种好的育儿方式。这些母亲讲述了自己采用的各种育儿模式：一些母亲将自己视作孩子的保护者及其与充满敌意的外部世界之间的调解者；一些母亲则努力形成自己的 niños educados（西班牙语，即“儿童教育”）方式，确保儿童表现出应有的风度和尊严，赢得尊重，履行家庭义务；还有一些母亲采用与教师类似的说教式做法，比如督促孩子在学校取得好成绩，用自己的文化习俗来教化孩子。[④] 由此，我们再一次看到家庭教育实践如何暗藏于儿童日常接触的，却更为广泛的

① Cynthia García Coll, Keith Crnic, Gontran Lamberty, Barbara Hanna Wasik, Renee Jenkins, Heidie Vásquez-García, and Harriet Pipes McAdoo, “An Integrative Model for the Study of Developmental Competencies in Minority Children,” *Child Development* 67 (1996), 1891-1914.

② 比阿特丽斯·怀廷和约翰·怀廷的话引自一篇 1960 年的论文，参阅：Michael Cole, *Cultural Psychology: A Once and Future Discipline* (Cambridge, Mass.: Harvard University Press, 1996), 2.

③ Leslie Reese, “Morality and Identity in Mexican Immigrant Parents' Visions of the Future,” *Journal of Ethnic and Migration Studies* 27 (2001), 455-472.

④ Nurit Sheinberg, “How Should I Raise My Child? Assessing the Parenting Beliefs and Practices of Latino and African American Mothers in the Context of a Parenting Intervention Program” (Ph. D. diss., Harvard University, Cambridge, 2003).

社群力量之中，并根据这些力量进行调整，从而发生作用。具体的育儿策略跟家长适应家庭在主流文化中所处地位的方式有关，这种地位取决于他们的语言、社会阶层和文化适应的姿态。

列夫·维果茨基与皮亚杰同样出生于1896年，他是学习理论的先驱，揭示了儿童在特定情境下如何获得知识、语言和社会认知，为学习理论奠定了重要基石。他不反对生理发展的影响，也不反对行为主义者强调社会化过程中的不连续刺激（或消极惩罚）。但他认为，这两种模型都未能充分解释幼儿因何产生学习的动力并从幼年时期的人际互动中建构意义。维果茨基的工作是在苏联开展的，直至20世纪80年代才在美国扎下根来。

“在儿童的发展过程中，”维果茨基写道，“与生理的成长和成熟同时进行的第二层次的发展有着明显的不同，这一发展即行为的文化性发展。它以对工具、文化行为和文化思维方式的掌握为基础。”① 詹姆斯·韦尔奇（James Wertsch）对维果茨基的论述进行了详细描述：“个体的高级心
242 理过程起源于社会过程，我们只有理解了调节心理过程的工具和符号，才能理解心理过程。”芭芭拉·罗戈夫补充道：“婴儿进入这个世界时，带着由各自的基因决定的，因产前经历而形成的行为模式。此外还要考虑到照看者，他们建构了婴儿的生理和社会世界，其建构方式源自他们自己的……文化历史。”②

卡尔·马克思认为，人类没有固定的本质，而会根据不断发展的物质需求和劳动时参与的社会组织来调整意识和社会行为。维果茨基在此基础上进行了发展，他开始对一个问题感兴趣，即经济背景和上一代人的主导活动对下一代人的育儿有何影响，这是对儿童所处的不断变化的环境进行生态描述的基础。他和鲁利亚（A. R. Luria）强调，工业组织的兴起改变了人们的日常活动和认知形式，也就是说，制度的形式和规范随时间推移而演变，从而改变了孩子们在受家长的阶级地位制约的环境中接受默认的

① 维果茨基写于1930年，引自：James Wertsch, *Vygotsky and the Social Formation of Mind* (Cambridge, Mass.: Harvard University Press, 1985), 23.

② Barbara Rogoff, "Cognition as a Collaborative Process," in *Handbook of Child Psychology*, 5th ed., vol. 2, ed. William Damon (New York: Wiley, 1998), 682.

学徒式训练的方式。

例如，维果茨基和鲁利亚研究中亚地区有读写能力的群体为何比没有读写能力的群体更容易产生符号化的和抽象的观念，以及新的制度与现代化工作组织所需要的认知工具如何引发了“新的思维形式”。[①] 正如西尔维娅·斯克里布纳（Sylvia Scribner）和迈克尔·科尔总结的那样：“维果茨基认为，基本的心理过程（抽象、概括、推理）是全人类共有的，是普遍的，但是它们的功能性组织会有所不同，这取决于不同历史时期和社会中可用的符号系统的性质。……语言是一个普遍的符号系统，……但是其他的符号系统并不是普遍的，它们在组织更高级别的（认知）过程的方式上引入了文化的特定差异。”[②]

与皮亚杰一样，维果茨基对儿童如何在所处的当下环境中学习某些社会符号的意义很感兴趣。有个常被提及的案例是，儿童照料者观察到孩子随意的手臂运动并将物体递给这个孩子，此后这个孩子才建构起对积木或泰迪熊做手势（而不是无意地指向它）的意义。通过儿童和成年人之间的这种（非说教的）互动，双方都懂得了符号的含义。与这种互动类似的是，在许多拉美裔家庭中同龄人之间塑造相互支持的责任的过程，或幼儿园的活动区是如何暗示在此处可以以创造性的、有时是合作的方式来玩耍的。有意义的符号与认知需求有关，这种在成年人或同伴的指导下进行融 243
合的符号、思想和行为在特定的语境中具有意义。

维果茨基认为，只有当新信息或认知工具处于儿童的最近发展区*内时，即孩子拥有足够的储备知识来理解新的社会符号或解决新的认知问题时，这种学习才会发生。这个过程类似于学习一门新的语言，只有具备足

① James Wertsch, *Vygotsky and the Social Formation of Mind* (Cambridge, Mass.: Harvard University Press, 1985), 35.

② Sylvia Scribner and Michael Cole, *The Psychology of Literacy* (Cambridge: Harvard University Press, 1981), 9.

* 苏联心理学家维果茨基提出的最近发展区理论认为，学生的发展有两种水平：一种是学生的现有水平，指学生独立活动时所能达到的解决问题的水平；另一种是学生可能的发展水平，也就是通过教学所获得的潜力。两者之间的差异就是最近发展区。教学应着眼于学生的最近发展区，为学生提供带有难度的内容，调动学生的积极性，发挥其潜能，帮助其超越其最近发展区而达到下一发展阶段，然后在此基础上进行下一个发展区的发展。——译者注

够的储备知识才能理解新的语法结构或复杂的句子。同样，皮亚杰认为，儿童是通过将引起分歧或冲突的策略转向为共同的行动路线并协商，进而学会合作和共同完成任务的。儿童使用同一种语言，对有助于解决眼前问题的符号和行为脚本的含义有同样的理解，这是主体之间形成共识的先决条件。①

提倡进步教育的约翰·杜威应该会赞同皮亚杰和维果茨基的观点，即当儿童积极参与解决认知方面或社交方面的挑战时他们便能获得发展，前提是这些挑战在当时的环境中是有意义的。成年人或同龄人会为环境提供一些结构和建构的规则，但儿童不可避免地将要建构自己对环境中力量和符号的理解。

"学习者不可避免地要参与到实践者的群体中来。"文化情境学习理论家让·拉韦和艾蒂安·温格说。② 他们早期的工作主要研究学徒式学习和（来自心理学的）社会学习理论指导下的学习，并将两种学习进行区分：一种是说教式地传递信息，对方被动接受；一种是积极参与真正的活动，其中包括"工匠大师"的参与，比如精细的裁缝和细致的幼儿园教师，他们精心搭建认知的框架，并鼓励学习者应对自己的任务。他们的情境学习框架很大程度上借鉴了活动理论*和维果茨基的基本概念，他们强调，学徒式学习说来容易，做起来却很难。情境学习需要将分散的技能与社会参与精心交织在一起，并视学习者和推动者为同一任务的共同参与者。事实上，这个框架与自由人文主义的理念相去甚远，因为它不把学习看作仅仅发生在单个儿童头脑中的东西（儿童以最大的自主性进行推理和探索），
244 反而认为"学习以实践为根基，……在一定形式的社会合作和参与中进

① 维果茨基与皮亚杰关于儿童发展理论的相似之处的相关讨论，参阅：Michael Cole, "Cultural Psychology: Some General Principles and a Concrete Example," in *Perspectives on Activity Theory*, ed. Yrjö Engeström, Reijo Miettinen, and Raija-Leena Punamäki (New York: Cambridge University Press, 1999), 87-106.

② Jean Lave and Etienne Wenger, *Situated Learning: Legitimate Peripheral Participation* (New York: Cambridge University Press, 1991), 29.

* 活动理论强调了活动在知识技能内化过程中的桥梁性作用，认为活动构成了心理，特别是人的意识发生、发展的基础，而人的活动具有对象性和社会性。——译者注

行”，学习理论学家威廉·汉克斯（William Hanks）如是说。①

拉美裔美国儿童的发展——相同的模式，不同的调整 252

近年来，探究拉美裔美国家庭的机会变得越来越多，至少在好奇心旺盛的研究人员看来是如此。我们来看看人类学家与善于做定量研究的学者在儿童社会化实践方面了解到了什么。

引用罗伊·G. D’安德雷德（Roy G. D’Andrade）和克劳迪娅·施特劳斯（Claudia Strauss）的话说，对于培养儿童的最佳方式以及对儿童品质怀有怎样的期望，所有家长都持守“常识性的民间模式”（commonsense folk model）。而这些模式，一部分包含家长在社会化方面所持的信念和目标，另一部分则包含家长实际使用的育儿方法，比如要求孩子面对成年人时毕恭毕敬，以及在用餐时询问孩子一些可能影响心情的问题。养育后代的文化模式——无论是在曼哈顿上东区、中西部农村地区，还是在灰蒙蒙、尘土飞扬的洛杉矶东部——通常是家长在模仿自己的父母或身边的群体时不知不觉所形成的。与此同时，文化适应和社会变革，或与倡导主流文化形式的正规机构（如幼儿园）的接触，使得隐性的育儿实践得到了外显。

事实上，我们正在加深对拉美裔亚群体之间和单个家庭之间差异的了解。“文化群体在参与各自社群的日常活动时，其方式往往有一定的规范，”克里斯·古铁雷斯（Kris Gutiérrez）与芭芭拉·罗戈夫写道，“这些 253
环境具有相对稳定的特征，然而参与者却往往有急迫的目标和实践方式，两者之间总是存在着矛盾。”② 最为重要的是，我们必须要了解拉美裔儿童发展的特点，同时要认识到，在家长适应新文化、孩子将新的社会习俗

① 参阅威廉·汉克斯写的序言：Jean Lave and Etienne Wenger，*Situated Learning：Legitimate Peripheral Participation*（New York：Cambridge University Press，1991），14.

② Kris Gutiérrez and Barbara Rogoff，“Cultural Ways of Learning：Individual Traits or Repertoires of Practice，” *Educational Researcher* 32（2003），19-25.

甚至是新的语言带回家的过程中，拉美裔美国家庭之间产生了怎样的差异，家庭内部发生了怎样的变化。

当然，研究人员对何为正确的育儿方式持有自己的看法。美国国家儿童健康与人类发展研究院的调查人员通过对儿童保育的长期跟踪研究，试图测试家长在社会化目标和管教方式等方面展现的差异，这些差异可能有助于预测哪些儿童能够获得更为显著的发展。研究团队向家长提出的一组问题来自测量工具现代性量表（Modernity Scale），该量表包含30项指标，来“描述家长对孩子以及亲子教育角色的看法”①。这项调查的目的是评测家长的“传统信念”，比如“是否看重孩子的顺从性及家长的权威性”（越看重越不好，反之则好）。

这个研究小组还采用了儿童抚养清单（Raising Children Checklist）中的严格控制分量表（harsh control subscale），其题项包括“你希望孩子在第一时间就听从自己说的话吗?”（这也是一种糟糕的表现）。这群杰出的发展主义者试图用二分法，将育儿实践分为“传统的”和“现代的”。他们的方法不乏有趣之处，但是这种概念化的做法忽视了在过去的半个世纪里，对于非白人家庭内部进行的民族志和社会学方面的研究。②

对拉美裔美国家庭育儿方式的不同描述

在描述拉美裔美国家庭育儿的文化模式时，文献里出现了三个解释性的研究。在早期，研究人员将许多拉美裔家庭相互依赖、彼此合作的特点与白人中产阶级家长强调个人主义和自由主义的特点进行了对比。帕特里夏·格林菲尔德（Patricia Greenfield）强调拉美国家的农耕传统，强调经济合作、大家庭以及促使儿童社会化与为家庭做贡献的重要性。“在重视群体和谐与合作的集体主义社会中，……人们会认为帮助他人具有一定的

① 相关测试的回顾参阅：NICHD Early Child Care Research Network，“Type of Child Care and Children's Development at 54 Months，” *Early Childhood Research Quarterly* 19（2004），203-230. 引言来自第209页。

② Michael Lamb，Kathleen Sternberg，Carl-Philip Hwang，and Anders Broberg，*Child Care in Context：Cross-Cultural Perspectives*（Hillsdale，N. J.：Erlbaum，1992）.

紧迫性，是一种义务。”格林菲尔德等人写道。[①]

在一项研究中，她对比了这样的家庭价值观与洛杉矶一位幼儿园教师从督导那儿接受的建议。这位教师被告知，不要坚持让孩子们共用一盒涂 254
色蜡笔，而要给每个孩子发放属于自己的涂色蜡笔。这位教师负责的教室里坐满了墨西哥裔和其他中美洲裔美国家庭的儿童，她一直都鼓励孩子们为了集体的利益好好爱护蜡笔。这种教育理念强调以群体的团结和谐作为根本目标，以儿童为家庭尽义务为最高价值，而儿童自身的利益也被包含其中［即家族主义（familismo）的观点］。格林菲尔德写道：“在（欧美）模式中，社会化的主要目标是成为自主的、完成自我实现的个体，通过个人选择，参与社会关系和承担责任。在拉美裔的模式中，发展的首选目标是相互依存。”

结果表明，拉美裔家庭看重对成年人权威的高度尊重（西班牙语中称之为 respeto），强调道德社会化，强调家庭的完整和个人对家庭的义务。[②]罗宾·哈伍德（Robin Harwood）等人同样详细地描述了波多黎各裔母亲多么重视对孩子反复灌输何为正确的行为举止：“孩子要有礼貌、听话，为更大的群体所接受。”白人母亲则相反，她们看重的是如何增长孩子的知识和提高孩子的自我表达能力。[③]

这一列系列彼此呼应的文化期望中包含着对祖父母和其他亲属的期望　希望他们帮忙照看和引导儿童的成长。同样，哥哥姐姐，特别是姐姐，在照顾弟弟妹妹方面所起的作用在文化层面也得到了加强和复制。在

---

① P. Greenfield and L. Suzuki, “Culture and Human Development: Implications for Parenting, Education, Pediatrics and Mental Health,” in *Handbook of Child Psychology*, 5th ed., vol. 4: *Child Psychology in Practice*, ed. I. Sigel and K. Renninger (New York: Wiley, 1998), 1089.

② 例如：Raymond Buriel, “Acculturation, Respect for Cultural Differences, and Biculturalism Among Three Generations of Mexican American and Euro American School Children,” *The Journal of Genetic Psychology* 154 (1993), 531-543; Cynthia Coll, Elaine Meyer, and Lisa Brillon, “Ethnic and Minority Parenting,” in *Handbook of Parenting*, vol. 3, ed. Marc Bornstein (New Jersey: Lawrence Erlbaum Associates, 1995), 189-209.

③ Robin Harwood, Axel Schoelmerich, Elizabeth Ventura-Cook, Pamela Schulze and Stephanie Wilson, “Culture and Class Influences on Anglo and Puerto Rican Mothers’ Beliefs Regarding Long-Term Socialization Goals and Child Behavior,” *Child Development* 67 (1996), 2446-2461.

家庭内部，语言也开始发挥作用。随着儿童将英语带进家庭，为成年人提供翻译并与外部世界进行协调，说西班牙语的成年人的权威可能会遭到削弱。加州大学伯克利分校的莉莉·黄·菲尔莫尔（Lily Wong Fillmore）在对第一代拉美裔美国人的研究中发现："家长甚至可能认为使用母语不利于自己孩子的发展，并因此减少亲子交流。想想看——家长和孩子之间减少交流。"①

许多拉美裔家长因为特别重视这种相互依存的关系，总是对年幼的孩子谆谆教诲，比如举止要得体（西班牙语中称之为 buenos modales），行事待人要有礼貌（西班牙语中称之为 comportamiento），等等。第一代墨西哥裔美国家长对此高度重视。一位拉美裔父亲对加州大学洛杉矶分校的研究人员说："一个人必须努力走正道。如果没有良好的行为举止，如果不学会尊重他人，就上不了大学。"② 由罗纳德·加利莫尔（Ronald Gallimore）、克劳德·戈登堡（Claude Goldenberg）和莱斯莉·里斯领导的
255 一个加州大学洛杉矶分校研究小组在洛杉矶选择了 121 对说西班牙语的父母，自他们的孩子进入学前班时开始进行跟踪调查。一位母亲指着自己 5 岁的女儿和小姑娘的兄弟姐妹说："这是最重要的事：尊重身边的人和自己。……我们尊重每个人的意见。"

其他研究人员已经详细阐述过，西班牙语中的 bien educado（直译为"好的教养"）一词不是指孩子接受了好的教育，而是指他们尽职尽责、尊重他人、彬彬有礼，是受到家庭和社区尊重的孩子。另一位母亲在被问及希望自己 5 岁的孩子如何成长时表示："我希望他好好学习，最重要的是要正直、行为举止良好，成为（西班牙语为 que llegara a ser）一个受人尊敬的人，同时也要尊重他人。"罗宾·哈伍德曾详细讲述过波多黎各裔美国家庭也看重类似的道德责任，强调举止得体、赢得大家庭的尊重。

---

① 相关引述见：Laurie Olsen, "Ready or Not? A California Tomorrow Think Piece on School Readiness and Immigrant Communities," California Tomorrow, Fall 2004, 12.

② Claude Goldenberg and Ronald Gallimore, "Immigrant Latino Parents' Values and Beliefs About Their Children's Education: Continuities and Discontinuities Across Cultures and Generations," *Advances in Motivation and Achievement* 9 (1995), 183-228. 引言来自第 197、198 页。

对拉美裔美国家庭育儿方式的第二种阐释借鉴了黛安娜·鲍姆林德（Diana Baumrind）经典的社会化归类方法，按照采用的教养方式，鲍姆林德将家长分为放纵型（permissive）、权威型（authoritative）和专断型（authorit-arian）。黛安娜·鲍姆林德对从许多家庭观察到的经验模式进行总结，得出这些类型，并详细说明了每个类型在教养目标和方法上的差异。鲍姆林德发现，采用权威型的教养方式的家长，为孩子提供指导和信息，却不专横，这样教养出的儿童成长得更为健康，这种方式也是自由人文主义传统的最佳体现。

遵循鲍姆林德理论的研究人员试图根据这些教养模式预测儿童的成长轨迹或其后的学业成就。许多拉美裔父母似乎采用了专断型的教养方式，其表现为严格监控孩子的行为、直接对孩子进行训诫。按照鲍姆林德对家长进行分类的方式，这些家长有时得分较低。一般而言，这种分类法能够较好地反映信奉自由主义的中产阶级家长与非现代型家长在教养方式上的区别，美国国家儿童健康与人类发展研究院的研究人员采用的方法也是如此。不过，鲍姆林德虽然通过总结自己的经验将家长进行了分类，但她从未对不同类别的家长进行价值判断，也从未声称这套框架与不同文化族群在儿童教养方面看重的优先事项有任何关联。

在对美国拉美裔学龄儿童进行跟踪研究时，安杰拉·巴伦苏埃拉和桑迪·多恩布施并未发现专断型教养方式与儿童较为平直的发展轨迹有任何 256 关联。同样，人类学家报告称，一些拉美裔母亲在随时关注孩子行为的同时，采用“相对放松的育儿风格，……这与拉美裔以社会为中心的文化价值观是一致的，这种文化价值观鼓励家庭成员之间形成相互依存的关系，不鼓励个人独立和个性化”，辛西娅·加西亚·科尔等人如是说。[1]

可能被心理学家雷蒙德·布列尔和罗斯·帕克（Ross Parke）视作不甚开明的育儿方式——比如严格监督儿童是否完成家庭作业、是否对成年

[1] Cynthia Coll, Elaine Meyer, and Lisa Brillon, “Ethnic and Minority Parenting,” in *Handbook of Parenting*, vol. 3, ed. Marc Bornstein (New Jersey: Lawrence Erlbaum Associates, 1995), 198.

人权威言听计从——却可能更容易帮助许多拉美裔儿童在学校取得好成绩。[①] 特定的亲子教育方式是否有效，必须以群体规范为背景进行判断，并且考虑这样的亲子教育能否让一个拉美裔儿童在身处异国环境时表现自己。同样，人类学家汤姆·韦斯纳（Tom Weisner）等人也发现，与承担的家庭责任较少，或是在摆脱集体义务方面拥有更大自主权的儿童相比，那些经常分担家务和参与家庭社交活动的拉美裔儿童在上学后表现出更高的成就水平。[②] 在拉美裔的实际生活当中，这种直接的做法并没有与严厉的管教或惩罚联系在一起。它往往伴随着温暖和母亲与孩子之间稳定的互动。

对拉美裔美国家庭育儿方式的第三种阐释认为，将培养后代的方法分门别类是不妥当的，尤其是当存在各种各样小群体的情况下。近期展开的这项研究工作力图理清一些因地制宜的育儿实践或促使儿童进行社会化的模式，它们看似相近，却无法按照静态的文化模式或鲍姆林德的分类方式进行归类。这种阐释方法强调，许多拉美裔家长在融入各自社区文化的同时，也根据主流的育儿方式进行了自我调整，比如对孩子提出学校式的认知要求。这种调整可能发生在家庭内部，也可能发生在连续数代人在社会阶层中向上流动的过程中。而幼儿园——拉美裔的年轻家长抵制的机构——在这一过程中要么成为备受尊重的中介，要么成为文化强加的媒介。

从这样的角度来看，第一代拉美裔母亲并不会单单采用约定俗成的育儿方式，而会具有“双重参照点”，这是生态适应的本能使然。纽里·希
257 尔伯格在博士论文中着重指出：“文化失调迫使移民母亲不断调整自己作为母亲的角色，重新定义自己在教育后代方面的文化模式，以满足当前

① Ross Parke and Raymond Buriel, “Socialization in the Family: Ethnic and Ecological Perspectives,” in *Handbook of Child Psychology*, vol. 3 (New York: Wiley, 1998), 469-489.

② Thomas Weisner, Gery Ryan, Leslie Reese, Kendall Kroesan, Lucinda Bernheimer and Ronald Gallimore, “Behavior Sampling and Ethnography: Complementary Methods for Understanding Home-School Connections Among Latino Immigrant Families,” *Field Methods* 13 (2001), 20-46.

（美国）社会的期望，帮助自己的孩子适应两种文化世界。"① 纽里·希尔伯格也借鉴了罗纳德·加利莫尔和莱斯莉·里斯的研究工作，他们发现许多拉美裔家长"与那些屈服于在他们看来放荡堕落的洛杉矶生活方式的人相比，将自己置于道德上的优越地位"②。比如，家长们会讲述一些家庭的故事，这些家庭有的为了让自己的孩子远离帮派猖獗的美国高中而返回墨西哥，有的每年十二月都要南下，"因为母亲希望孩子们学习和体验墨西哥的传统"③。

通过访谈和对家庭进行观察，纽里·希尔伯格观测了各种因地制宜的育儿实践和社会化理念。她的结论是，所谓专断式的亲子教养方式常常体现在家长与孩子更紧密的接触当中，这种接触往往还夹杂着温情和回应。受教育程度更高的移民或第一代移民母亲会花更多时间陪伴孩子，确保学龄儿童完成家庭作业，对孩子何时能达到发展基准有着明确的预期，并治家有方。这些母亲更坚定地贯彻并行使着父母的权威。总体而言，较贴近放纵型或权威型的家长较少参与孩子的生活，也较少关注孩子在学校的经历。

这种从经验上勾勒拉美裔家长的教养方式及其对儿童发展所持观念的方法，符合更为灵活的生态和双重文化视角。第一代移民家长常常将家庭视为残酷现实世界中的避风港。他们认为在家庭价值观和集体义务方面，祖国的传统比美国的更为优秀。说西班牙语的家长和亲属会促使孩子以一种较为稳定的、自我保护式的方式融入社会，并在孩子心中培植家庭的不可侵犯性，即个人应从属于家庭，应相互尊重（西班牙语中称之为respeto），总之他们希望将孩子培养成一个展现出良好教养（西班牙语中

① Nurit Sheinberg, "How Should I Raise My Child? Assessing the Parenting Beliefs and Practices of Latino and African American Mothers in the Context of a Parenting Intervention Program" (Ph. D. diss., Harvard University, Cambridge, 2003).

② Ronald Gallimore and Leslie Reese, "Mexican Immigrants in Urban California: Forging Adaptations from Familiar and New Cultural Sources," in *Culture, Ethnicity, and Migration*, ed. Marie Foblets and Ching Pang (Leuven: Acco Publisher, 1999), 245-264.

③ Claude Goldenberg and Ronald Gallimore, "Immigrant Latino Parents' Values and Beliefs About Their Children's Education: Continuities and Discontinuities Across Cultures and Generations," *Advances in Motivation and Achievement* 9 (1995), 204.

称之为 buen educado）的人。强烈认同自己原籍国的母亲们还说，她们更希望孩子在家中继续说西班牙语。通过重温西班牙语，一代人将基本的价值观、家庭义务和对一致性的个人认同传给下一代。正如一位母亲所说："如果孩子以后总说英语，他们会忘记自己在现实中的身份，以及他们的文化。"① 对另一些拉美裔移民而言，家庭又有着不同的社会生态。幼儿园也许能够帮助拉美裔家长进行调整，形成一种混合式或是并行的儿童抚养方式。

258 这种生态学框架将拉美裔家庭视为一些处于高度变化中、分属不同社区的群体，这些社区包括赤贫的移民聚居区、环绕城市中心的蓝领聚居的郊区等等。该框架将儿童发展的小环境视为一个开放系统。也就是说，家长必须调整育儿方式：从让孩子留在家中以避免危险，到适应环境中出现的工作和儿童保育选择。持久且坚韧的文化模式和规范可能会增强家庭的凝聚力，但生态学观点强调的是，如果无法适应新的经济和社会环境，家长和孩子的发展机会都可能受到限制。②

认知成长的文化模式

拉美裔家长也表达了他们对儿童认知能力的看法，他们对儿童的成长和成熟也有着自己的见解。播放贝多芬的音乐进行胎教、在孩子的卧室里贴上字母表，这些都不属于拉美裔的文化传统。拉美裔家长对"发展"应该如何进行有着明确的、多种多样的观念。

---

① Lucinda Pease-Alvarez，"Moving Beyond Linear Trajectories of Language Shift and Bilingual Language Socialization，" *Hispanic Journal of Behavioral Sciences* 24（2002），114–137；Leslie Reese，"Morality and Identity of Mexican Immigrant Parents' Visions of the Future，" *Journal of Ethnic and Migration Studies* 27（2001），455–472.

② 有关生态发展理论在跨文化环境中的应用参阅：Sara Harkness，"Culture and Social Development，" in *Blackwell Handbook of Child and Social Development*，ed. P. Smith and C. Hart（Oxford：Blackwell Publisher，2002），60–78；John Berry，"Ecocultural Perspective on Human Psychological Development，" in *Cross-Cultural Perspectives in Human Development*，ed. T. Saraswathi（New Delhi：Sage Publications，2003），51–69.

对儿童发展的期待

最初的研究结果表明，对于儿童的“智力”和认知技能在获得引导后能够“发展”到何种程度，或儿童的可塑性，许多拉美裔家长与中产阶级白人家长的理解有所不同。2001 年，加州大学洛杉矶分校医学院的莫伊拉·英克拉斯（Moira Inkelas）带领的一个研究小组采访了 4801 名家长，他们每人至少抚养着一个年龄在 0 到 5 岁之间的孩子。英克拉斯的目的是了解不同群体对儿童发展能力的看法。研究人员要求家长们对这一陈述做出回应：“孩子的学习能力从出生起就基本定型了，不会因为家长与孩子的互动方式而获得明显的提升或退步。”“极不赞成”分值为 1，“极其赞成”分值为 10，按照这样的评分方式，白人家长给出的平均分只有 2.4 分，只有少数人赞同儿童的聪明是“天生”的。相比之下，拉美裔家长在这一项的平均得分为 5.8 分。[①] 玛琳·泽佩达等人在洛杉矶的研究还表明，相对于白人父母而言，拉美裔家长普遍认为自己蹒跚学步的孩子在较晚的时候才能够展现出某些运动技能和语言能力。[②]

在莫伊拉·英克拉斯的调查中，家长们也被问及他们在多大程度上赞 259
同这一陈述：“孩子在上学前班之前是否学会了字母、是否会数数或会写自己的名字，其实并不重要。”总的来说，拉美裔家长赞同这一观点的占多数，得分为 6.4 分；而白人家长的平均得分为 3.7 分，持反对意见的较多。这一结果与罗纳德·加利莫尔、孔查·德尔加多－盖坦（Cocha Delgado-Gaitán）和瓜达卢普·瓦尔德斯（Guadalupe Valdés）早期的一系列独立研究结果相吻合，这些研究表明，许多拉美裔家长不会和孩子坐在一起阅读或背诵字母表。文字和字母表被看作一种学业知识，是孩子们上学后老师自然会教的知识。对他们来说，正式的课堂代表着一种完全不同

---

① Moira Inkelas, Ericka Tullis, Robin Flint, Janel Wright, Rosina Becerra, and Neal Halfon, *Public Opinion on Child Care and Early Education, California 2001* (Los Angeles: University of California, Center for Healthier Children, Families and Communities, 2002).

② Marlene Zepeda and Michael Espinosa, "Parental Knowledge of Children's Behavioral Capabilities: A Study of Low Income Parents," *Hispanic Journal of Behavioral Sciences* 10 (1988), 149–159.

的、现代化的学习新知识的环境，这种环境可能与拉美裔父母非常注重的社会化原则无关。

许多拉美裔群体仍然认为，学校这一机构在儿童的生活中拥有独特的权威和明确的角色划分。哈佛大学的丽萨·洛佩斯（Lisa López）问拉美裔母亲为什么要送孩子上提前开端项目开办的幼儿园时，一位母亲告诉她：“我想让她学会如何与其他孩子相处，如何与其他孩子沟通。我想让她学会写自己的名字，学会辨认颜色。……在学校里需要学习的一切，都要学习。”① 家长们认为这些技能是上正规学校时必须掌握的，代表着孩子们入学后在认知方面必须达到的要求。

家庭活动和认知需求

在拉美裔家庭的日常活动中，前阅读活动并不像中产阶级白人家庭那样频繁。戴维·狄金森和帕顿·塔博尔斯观察到，拉美裔家长在安排时间与年幼的孩子一起读故事书、在餐桌上进行“解释性谈话”（explanatory talk）、与孩子玩耍时用丰富的词汇展示富有想象力的故事等方面的能力，确实存在差异。② 亲子共读在多大程度上被看作具有说教、质询和表达性质的活动，也因为家长所属族群不同而有所不同。然而，由于阅读被默认为是在学校获得的技能，拉美裔家长往往认为，阅读能力是在上学一段时间后，经过反复练习就可以获得的。

拉美裔母亲告诉亚利桑那大学的社会语言学家伊利亚娜·雷耶斯
260 （Iliana Reyes），虽然她们依靠学校教孩子们英语，但她们更倾向于将学习西班牙语作为传递文化和行为观点的媒介。③ 雷耶斯还观察到拉美裔家长之间也有所不同：那些在工作中要用到读写技能的家长比不使用读写技能的家长更强调幼儿对书面材料的熟悉程度和理解书面文字的能力。这种模

① Lisa López, “Adapting the Family as Educator Model for Young Latino Children” (draft manuscript, Harvard University, Department of Human Development, Cambridge, 2003), 25.

② David Dickinson and Patton Tabors, eds., *Building Literacy with Language: Young Children Learning at Home and School* (Baltimore, Md.: Brookes Publisher, 2001).

③ Iliana Reyes, “Language Practices and Socialization in Early Bilingual Childhood” (paper presented at the American Educational Research Association meeting, San Diego, April 2004).

式使我们想起列夫·维果茨基的观点，即儿童的发展依托于家长自己所面临的认知需求。①

即便将所有社会阶层考虑在内，拉美裔家庭的亲子阅读或教育性外出活动（如去图书馆或博物馆）的总体发生率也明显低于其他群体。儿童心理学家罗伯特·布拉德利（Robert Bradley）整理了美国全国青少年长期跟踪研究多年来的访问数据后发现，29%的拉美裔贫困家庭和49%的拉美裔非贫困家庭的家长每周至少和孩子（3—5岁）进行三次亲子共读。对于白人来说，55%的低收入家庭和71%的非贫困家庭家长会陪伴孩子阅读。②大约三分之一的低收入拉美裔家长说自家还没上小学的孩子拥有超过十本儿童读物，而贫困白人家长中这一比例为四分之三。

拉美裔家长对前阅读活动的关注不一致，这似乎与母亲在儿童认知发展方面的角色有关。正如一位母亲对加州大学洛杉矶分校的莱斯莉·里斯等人说的："对孩子进行道德教育比对孩子进行学业教育更有必要。……老师面对一个毫无道德约束、无法无天的孩子，要教他学科知识一定会很困难。如果一个孩子懂得如何尊重和对待别人，学知识就会更容易些。"③长期以来，拉美裔家长对教师们给予了崇高的敬意。"La maestra es La segunda mamá."（西班牙语，即"老师是第二位母亲"）是拉美裔群体常挂在嘴边的一句俗语。孩子们应当尊重老师，绝不能挑战老师的权威，要像对待妈妈一样对待老师。一些研究表明，拉美裔家长不提出任何问题，与现代学校机构保持距离，以此表达对教师的尊重。可是这种行为可

① Leslie Reese, Helen Garnier, Ronald Gallimore, and Claude Goldenberg, "Longitudinal Analysis of the Antecedents of Emergent Spanish Literacy and Middle-School English Reading Achievement of Spanish-Speaking Students," *American Educational Research Journal* 37 (2000), 633-662.

② Robert Bradley, Robert Corwyn, Harriett McAdoo and Cynthia Coll, "The Home Environments of Children in the United States, Part I: Variations by Age, Ethnicity, and Poverty Status," *Child Development* 72 (2001), 1844-1867.

③ Leslie Reese, Silvia Balzano, Ronald Gallimore, and Claude Goldenberg, "The Concept of *Educación*: Latino Family Values and American Schooling," *International Journal of Educational Research* 23 (1995), 57-81.

能引起误解，因为幼儿园教师可能认为拉美裔家长对幼儿教育并不重视。[①] 一项研究发现，与对待学前班教师相比，拉美裔家长对小学教师的权威要更加敬重。[②]

拉美裔家长精通西班牙语，但是对英语学习的重视程度各不相同。丽
261 萨·洛佩斯问一位母亲，为什么她为儿子选择了提前开端项目的双语幼儿园，她说：“他懂一点英语，但我希望他在上学前班之前学得更好一点。……我让他上双语班，这样他就可以在继续学西班牙语的同时学习英语。”其他的母亲则表示，她们的孩子在具有双重文化背景的波士顿学习英语很有成效。“我要和别人谈话，有个词不知该怎么说，就问克拉拉（Clara，她的孩子）：‘这个用英语怎么说？’她帮我把问题解决了。”另一位母亲对洛佩斯说：“我去医院看病，我带着他（她五岁的儿子）。……想一想，多不可思议，他居然成了我的翻译。”[③]

---

① 相关定性研究的回顾参见：Carol Hammer and Adele Miccio, “Home Literacy Experiences in Latino Families,” in *Handbook of Family Literacy*, ed. Barbara Wasik (Mahwah, N. J.: Erlbaum, 2004), 305-328.

② Chaya Piotrkowski, Michael Botsko, and Eunice Matthews, “Parents' and Teachers' Beliefs About Children's School Readiness in a High-Need Community,” *Early Childhood Research Quarterly* 15 (2001), 537-558.

③ Lisa López, “Adapting the Family as Educator Model for Young Latino Children” (draft manuscript, Harvard University, Department of Human Development, Cambridge, 2003), 29, 38.

第八章　迈步向前——更强大的家庭，更多彩的童年 271

普及学前教育运动的拥趸们的持续冲锋叫人联想到发生在另一个时空的事件。大约一千年前，重新崛起的天主教教徒将西欧从异教徒手中解放出来，并急切地建造了恢宏的罗马式大教堂。为了尽量多地容纳朝圣者，这些高耸的建筑打破了传统的建筑范式，被设计成新的模样：石头地面十分宽展，减少支柱，以免阻挡会众的视线。然而，如此惊人的改变背后的代价是墙壁必须建造得比以往都厚，才能支撑上方数以吨计的砖石结构。因此，为了保护结构的完整性，每堵墙上只能开上几扇小窗。教堂得以多容纳数千名礼拜者，但他们中的大多数只能在黑暗中聆听教义。

在当代的美国，政府及其麾下的专家们也怀着类似的迫切心情，意图建立同样可能前景黯淡的公共学前教育制度体系。启蒙运动对儿童的内在天性提出了乐观的假设，对于如何改善儿童所处的环境，也提出了让人满
怀期待的理念。当代政府借用了教会进行社会管理的官僚主义手段，比如 272
成套的、一成不变的教义问答（如今已经变得世俗了），用以指导公立学校的教学。教科书取代了赞美诗集，一排排课桌取代了教堂的长椅，但包裹着坚硬外壳的组织形式依然不变。

19 世纪，美国各州对标准化教育和世俗社会义务的追求催生了统一的最佳公共教育系统。为了追求效率和公平，公立学校教授的内容高度同质化，教学方法也相当枯燥乏味。用了一个多世纪的时间，兼以 20 世纪 60 年代的社会动荡为代价，政府和杰出的策划人员才认识到：长期以来，家庭被视作儿童现代化教育的障碍，被当作改革的对象。与此同时，许多

朝圣者也许是因为不愿继续在黑暗中接受教育，所以想要脱离那个反应迟钝的教育机构，寻求另一种形式的学校教育。

我们已经看到，正在兴起的普及学前教育运动赢得了不少追随者。但由于儿童和社区幼儿园不得不适应大型公立学校系统，这一运动也触及了许多家长和政界人士的痛处。这种紧张局势使得政府陷入两难的境地。政府领导人不断感到压力，他们被要求证明公共机构能够显示货真价实的成果：提高经济竞争力，并确保能够建设一个为所有儿童带来光明未来的公平社会。

与此同时，当他们试图向公共机构问责的时候，公众对公共机构不够人性化的运作方式也提出了质疑。第五章中讲到的一位长滩活动人士说："我为什么要把4岁的孩子托付给那个（学校）系统？"学前教育的问题被展示在公共舞台上，于是我们看到了来自其他人的反对，他们担心公立教育会向下渗透，担心学前阶段的儿童教育被一刀切式地标准化改革。

女权主义的标杆人物贝蒂·弗里丹于85岁离世时，许多人重温了她1963年出版的经典著作《女性的奥秘》（*The Feminine Mystique*）一书。她书中的观点是，随着第二次世界大战后和平富足的生活刺激了郊区文化和消费主义的发展，女性与社会隔绝、日渐消沉，男性也同样如此：中层管理人员的身份使他们异化、变得漠然，用社会学家威廉·怀特（William Whyte）的话来说，就是成为"组织人"（organization men）。贝蒂·弗里丹在书中引用了怀特的作品，以及社会学家戴维·赖斯曼（David Reisman）在其20世纪50年代的经典著作《孤独的人群》（*The Lonely Crowd*）中对美国人的从众心理和如同工具一般盲目为企业服务的现象的批判。[1]

273 在贝蒂·弗里丹发出呼吁的40年之后，妇女就业率大幅攀升，夫妻双方都在职的家庭的经济状况也有了大幅改善。紧随着妇女角色发生的重要变化而来的，是提供儿童保育服务的机构和幼儿园的入园机会越来越

① Rachel Donadio, "Betty Friedan's Enduring 'Mystique'," *New York Times*, February 26, 2006, 23.

多，且扩张速度堪称“贪婪”。这一变化造成的结果之一是，有三分之二的美国家长表示，他们希望有更多的时间和孩子在一起。[①] 母亲们为不可避免的“第二班”感到忧心忡忡，一方面不愿在每天下班回家后还要照顾家庭，一方面又担心自己的抱负和经济上的需求会影响孩子的成长。近年来，美国母亲的就业率实际上已经有所下降，与 1995 年相比，如今美国母亲每周花在孩子身上的时间要多出数个小时。[②]

但仍有一些家长在管理严格或高度官僚化的工作岗位上辛苦工作，下班回家后，孩子们又会向他们讲述每天在同样冷漠而迟钝的公立学校内“工作”的情况。在过去的一代人中，教育改革家一直关注着这个问题，并且成功地创建了类似于特许学校和小型高中的人性化教育机构。反对冷漠的机构的斗争仍在继续，例如，教师们担心工作热情减退，反对自己的工作被统一进行安排，而且努力帮助学生摆脱课堂上的被动角色，培养学生学习的热情。

简而言之，我们的自由人文主义本能仍然在反抗（一些固有现实），我们不愿看到又一个“孤独的人群”出现——这可能是由一个铆足了劲要做正确事情的政府机构造成的。家长同样渴望为孩子打造更安全、更温暖、更有趣的环境。他们并不一定赞同这样的假设：公众对学前教育越是支持，我们对幼儿的潜能和探究精神的理解便越狭隘。没有哪位家长曾对研究人员表示，他认为学龄前儿童应该集中精力记忆字母表、学习如何排队，或者安静地坐在座位上。

为政府还是为社区培养孩子？

扩张与改善学前教育的新运动很有吸引力，受到了重要选民的欢迎。

① 对纽约家庭与工作研究所（Families and Work Institute in New York）收集的数据进行回顾的内容，参阅：Karen Kornbluh，“The Joy of Flex,” *Washington Monthly*，December 2005.

② Suzanne Bianchi，“Maternal Employment and Time with Children：Dramatic Change or Surprising Continuity?” *Demography* 37（2000），401-414. 导致这种下降趋势的原因是母亲们认为难以维持工作与家庭的平衡因此放弃了工作，还是自 1995 年以来劳动力市场走软打击了抚养幼儿的女性群体的就业，目前尚不清楚。

274 儿童应平等享有温暖而令人振奋的环境，是否能够进入优质幼儿园不该继续由某个家庭住在哪里或能否支付高额学费来决定。与此同时，认为一个受到统一监管的公共机构能够回应美国各种族裔的家庭的需求，这样的假设已经站不住脚了。尽管普及学前教育运动的精英们怀着自由主义的社会理想，可矛盾的是，他们不断地偏离自己信奉的人本主义的民主立场。他们从不向家长和学前教育工作者请教应该如何为不同的孩子构建环境，而是一门心思地执着于自己的解决方案。他们担心的只是策略，而非实质的内容，他们更担心如何在议会大楼里赢得胜利，并不打算以社区为基础，花费心思开展教育实践。

本章将简要地提出回归核心原则的做法：围绕如何加强和提升家长教育子女的能力，特别是雇主和大型机构如何帮助家长在工作和抚养子女之间寻得更为合理的平衡的问题，开展一场民主讨论。要达到这一目标，必然要在几个方面之间找到中间立场，这需要高超的施政才能，既保证公平和质量，又不会将一套单一的文化标准强加于各地的学前教育工作中。在前几章，我们已经看到一些证据表明，只要以尊重的态度与家长进行合作——比如进行家访、邀请家长参与课堂、学习并尊重他们的社交方式等等——便可以为孩子带来更大的益处。可是体制自由主义者依旧把希望寄托在资深专业人士身上，却不知道这样做有可能使存在于公立学校的教师和家长之间的巨大隔阂提前在幼儿园出现。

在普及学前教育运动开展得较早的几个州里，已有部分加利福尼亚州和俄克拉何马州的幼儿园教师表达了这种担忧。他们承受着巨大的压力，不得不要求孩子们背诵音素、大声数数、适应照本宣科的教学。与此同时，倡议者声称，教师只有拥有四年制大学学历，成为具备思考能力、富有洞察力的专业人士，才能在课堂上因势利导地进行教育。具有讽刺意味的是，课堂正日渐变得僵化死板。既然要将课堂变得越来越死板，为何又需要具备专业性、智慧和判断力的教师呢？不要误会我的意思：幼儿园教师和照料者在照顾幼儿的同时，可以做很多事来丰富口头和书面语言的环境。但是，如果像对待家长一样，剥夺教师的权利，在对影响孩子日常生活环境的因素进行精心设计时将他们排挤在外，就只会使教师越来越置身事外。

新一代普及学前教育的倡导者将普及学前教育进行包装兜售的策略， 275
说明他们对女权主义和儿童保育运动源自草根阶层这一事实毫不在意，也暴露了他们对民主的偏离。这些精英组织者通过全国性的调查发现，大多数家长都为孩子的社会情感成长感到担心。可是，为了提升政治上的优势，他们将学前教育的问题界定为“入学准备”的问题，一种为提高一年级学生考分而采取的努力。“新的”脑研究揭示了儿童发展的“关键期”，因此他们倡导通过公共提案来促进婴幼儿发展。但是直到 19 世纪 90 年代末，这项事业几乎一直未能获得支持。如今他们将脑研究改头换面，从某种程度上，成功地证明了建立普及性学前教育机构的合理性。此时，倡导者麾下的民意调查人员发现，“普及”这个词让很多选民避之不及，所以他们把整个运动重新命名为“面向所有家庭的学前教育”。最令人困惑的是，倡导普及学前教育的人士声称，普及性的入园机会将促进所有儿童的学习，并且缩小富裕和贫困家庭儿童之间的差距。他们忽略了这种说法在逻辑上的自相矛盾。

学前教育改革不必以这种方式展开。洛杉矶的普及学前教育运动与俄克拉何马州的看上去明显不同，而后者又与新泽西州的做法颇有差别，这显示了美国联邦体系健康的一面。小阿普尔（R. Apple，Jr.）在论述其他事件时曾经写道：州政府也许立志要做到“以实验为基础、勤加质疑、不易满足……，坚持扎根于地方传统之中”①。这种精神与普及学前教育运动鼓吹的同质化的“美丽新世界”形成了鲜明对比。我们不应轻信这些
建议，而应着眼于长期目标：以家庭业已创造的环境为基础，进一步丰富 276
儿童的生活和学习。建立一个根植于多元化社区传统的学前教育网络系统，而不是将其纳入已然不堪重负的公立中小学学校系统中，可能是解决方案中的要点。

① R. Apple，Jr.，“Basque Chefs，Sharing the Glory，” *New York Times*，May 5，2004.

回归民主基础

公众最在意的还是帮助美国家庭以有物质保障的、全面发展的方式抚养后代。如何通过公共行动来实现这一目标，用德国哲学家海德格尔（Martin Heidegger）的话来说，已经形成了一个持久的（哲学）问题。[①]为了实现这一公共目标，政府发挥了至关重要的作用，特别体现在通过财政支持创办种类丰富的幼儿园和儿童保育机构，为家长提供服务这一方面。然而，政府如今正处于政策的十字路口：要么将幼儿园等机构移交给中央机构和公立学校系统，不鼓励地方民众参与；要么培育有助于巩固市民社会的分权式机构。聪明的政府还会让雇主也为改善工作和家庭之间的平衡出一份力。在这方面，欧洲有很多经验值得我们借鉴。

一些社群已经依据自身情况提出了有关普及学前教育的提案，真正有效地促进了地方机构的参与。正如我们在洛杉矶和新泽西州所见，这些提案对社区机构和当地公立学校均有倚重，且将其中的平衡拿捏得恰到好处。普及学前教育确有可能丰富地方机构的种类和质量，从而使家长和学前教育者能够丰富幼儿的日常环境。随着研究者和专家与家长之间不断展开对话和交流，这种丰富将得以不断延续。

半个世纪以来，科学研究极大地影响了整个学前教育领域，包括对普及学前教育运动的推动。除此之外，几乎没有任何公共议题被如此详细地研究过。虽然专家的声音日渐占据主导地位，但第一基本原则不应被忘却：必须创建人性化的学前教育机构，使之不仅能提高学前教育的质量，并且会根据家长的各种育儿理念和实践做出调整。家长们抚养后代的方式并非一成不变，他们将持续对学前教育产生影响，且比正规机构带来的影响要大得多。

277 一个秉承新古典自由主义思想的政府，致力于将个人权利神圣化并加

① Martin Heidegger, *Nietzsche: The Will to Power as Art*, vol. 1 (New York: Harper Row, 1979).

以保护，为了摆脱压迫性的社会控制，无论在政治还是产业方面它都已经投入了大量的努力。政府当然应该确保儿童掌握各式各样的技能，为最终进入竞争激烈的劳动力市场做好准备。但是，作为市民社会的基石，家庭与社区机构所发挥的作用也应得到加强，只有这样，儿童的生活才能变得更加丰富多彩。从罗斯福新政到"伟大社会"运动再一次掀起社区行动的热潮，再到女权主义倡导的亲社会精神，在这些历史性的时刻，美国政府已经用不同的方式在各地发动了集体行动。

在工作与家庭之间取得平衡

普及学前教育的倡导者经常以法国或斯堪的纳维亚*为例，说明集权化的政府如何有效地培育高质量的学前教育行业。这不无道理，但他们未能留意的是，在更为广泛的意义上，这些国家的学前教育政策有赖于允许家长在工作和子女教育之间取得较好的平衡。即使美国这个典型的、注重"个人责任"的个人主义社会，近年来也在为贫困家庭提供家庭休假和经济支持，以及为中产阶级家长出资提供儿童保育服务方面取得了长足的进步。

在美国社会历史上一个相当保守的时代中，普及学前教育的倡导者将注意力全部集中于"工作与家庭"这块拼图中的一小块上，这尚在情理之中。但是，在当代，普及学前教育运动的领袖们将新兴的幼儿园纳入公立学校体系，交由政府统一监管和指挥，却使得对资本主义经济社会的经济保障和家庭生活质量的广泛讨论无法展开。仅靠幼儿园，永远无法减轻在贫困的家庭、危险的城市市区或日益衰落的郊区中成长对儿童造成的伤害。除非美国社会着力于对工作机会和收入进行更公平的分配，否则教育改革将收效甚微。

由于中产阶级家庭寻求更加稳定的经济收入，所以许多家长不得不在

---

* 北欧斯堪的纳维亚半岛上的挪威、瑞典、丹麦等国家被公认为是最典型的福利国家，并形成了"斯堪的纳维亚福利模式"。——译者注

职业抱负和陪伴孩子之间寻找平衡点。扩大学前教育解放了女性的劳动力，同时也减轻了企业领导者的压力，兑现了他们一再表达的、制定照顾
278 员工家庭的规章制度的意愿。福利国家制度长期以来一直是一种便利的手段，它承诺社会机构——比如公立学校——仅凭一己之力就能解决美国在工作、收入和社会地位方面存在的深刻的不平等现状。

普及学前教育的倡导者正确地指出，美国在支持学前教育方面落后于欧洲和亚洲的许多国家。例如，法国已经成为普及学前教育拥趸心目中的典范。到 20 世纪 80 年代中期，法国超过 90%的 4 岁儿童已经入园，甚至有五分之二的两岁儿童已经入园。[①] 即便如此，美国的学前教育专家代表团在见到法国的幼儿园教师后还是产生了不同的想法。这些教师穿着白色实验服，看上去像挑剔的护士而非亲切的幼儿园教师，美国学前教育专家们因此感到，法国幼儿园当中有许多特点是“未必要在美国进行复制的，比如大班教学、由教师主导的教学风格、家长置身事外、强调沉浸于法国文化、对文化差异反应迟钝等等”。[②]

在西欧大部分地区，政府领导人和企业主也会资助幼儿园，帮助人们在“育儿与工作”的天平上取得平衡。“想象这样一个世界，母亲和父亲可以选择兼职工作，一直到孩子上小学，既不用换工作，也不会失去医疗保险方面的福利。”纽约市立大学巴鲁克学院（Baruch College）的珍妮特·戈尼克（Janet Gornick）和华盛顿大学的马西娅·迈耶斯（Marcia Meyers）写道。[③] 他们接着写：“这已成现实。……在欧洲的一些国家，家长受益于公共政策，这些政策将养育孩子的成本分摊到整个社会，并要求雇主分担照顾孩子的责任。”

1963 年，面对出生率的下降和劳动力短缺的加剧，瑞典政府为那些

① Sheila Kamerman, “An International Overview of Preschool Programs,” *Phi Delta Kappan* 71 (1989), 135-137.

② Research and Policy Committee, Committee for Economic Development, *Preschool for All: Investing in a Productive and Just Society* (monograph report) (New York: Research and Policy Committee, Committee for Economic Development, 2002), 24.

③ Janet Gornick and Marcia Meyers, *Families that Work: Policies for Reconciling Parenthood and Employment* (New York: Russell Sage Foundation, 2003), 1.

在生育前就被聘用的妇女提供了 6 个月的带薪产假。[①] 自 20 世纪 30 年代以来，阿尔瓦·默达尔（Alva Myrdal）和冈纳·默达尔（Gunnar Myrdal）等社会批评家就一直在撰文，论述促进公众参与儿童保育的重要性，尤其是对于想要实现斯堪的纳维亚式的平等主义的工薪阶层家长而言的重要性。[②] 20 世纪 90 年代末，丹麦、芬兰和瑞典提供至少 52 周的带薪假期，有时父母双方会分开休假。甚至英国也提供 18 周的部分带薪产假。费用不直接由雇主承担，而是通过社会保险准备金分发给所有职工。[③] 2003 年，英国前首相布莱尔（Tony Blair）的政府推行了一项弹性工作时间制度，这项制度赋予任何育有 6 岁以下孩子的家长要求改变工作时间的权利——比如改成四天工作制、远程办公或工作分担制的形式——雇主必须 279
对这些要求做出回应。实行这项政策一年之后，符合条件的员工中有四分之一（约 80 万名家长）与雇主签订了协议。[④]

在通过政策帮助年轻家长方面，美国一直在奋起直追，尽管迈出的步伐仍很小。在克林顿总统签署《家庭与医疗休假法案》（Family and Medical Leave Act）10 年之后，有 3500 多万名工人申请无薪休假以照顾孩子或家庭成员。通过这种直接调整工作和家庭之间平衡的方式，母亲产后的平均休假时间已经从 3 周提高至 7 周，尽管大多数产假仍然无薪。[⑤] 美国劳工部在全美范围内对雇主进行的调查显示，85%的雇主表示，他们的

① Linda Haas, "Equal Parenthood and Social Policy: Lessons from a Study of Parental Leave in Sweden," in *Parental Leave and Child Care: Setting a Research and Policy Agenda*, ed. Janet Shibley Hyde and Marilyn Essex (Philadelphia, Pa.: Temple University Press, 1991), 375-405.

② Siv Gustafsson, "Childcare and Types of Welfare States," in *Gendering Welfare States*, ed. Diane Sainsbury (London: Sage Publications, 1994), 45-61.

③ Janet Gornick and Marcia Meyers, *Families that Work: Policies for Reconciling Parenthood and Employment* (New York: Russell Sage Foundation, 2003), 1.

④ 纽约家庭与工作研究所接受科恩布卢（Karen Kornbluh）的采访，见《弹性工作制之乐》(The Joy of Flex)。

⑤ Wen-Jui Han and Jane Waldfogel, "Parental Leave: The Impact of Recent Legislation on Parents' Leave Taking," *Demography* 40 (2003), 191-200.

雇员总体上享受了中等或充分的福利待遇。①

显然，美国还有更多的工作需要做，尤其是在为孩子出生后数周内放弃收入将入不敷出的家庭提供带薪假期方面。纽约家庭与工作研究所的詹姆斯·邦德（James Bond）和埃伦·加林斯基等人发现，来自富裕和中产阶级家庭的女性比来自低收入家庭的女性更有关于休假选择的意识。② 不过，这样的政策正在为家长争取更多的时间用以陪伴孩子，而不是让孩子越来越多地待在幼儿园。

美国另有一些富有创造性的政策鼓励人们兼职工作，同时保障他们的医疗或养老保险福利，帮助提高低收入家长的工资。如今有近 3800 家美国公司提取失业保险金——类似于欧洲国家资助员工带薪休假、通过兼职的方式来分担工作——而不是解雇白领和蓝领员工。③ 自 1994 年马里兰州的巴尔的摩（Baltimore）率先开创基本生活工资（living-wage）政策以后，美国 20 个大城市中有一半制定了类似的政策，影响面覆盖全美五分之二的城市工人。基本生活工资超过了联邦政府和州政府设定的最低工资标准，提升了人们的家庭生活质量。初步证据表明，实行这些措施后，为低技能者提供的工作机会可能会减少，但总体而言，这些政策正在帮助数百万人摆脱贫困。④

这些平衡工作与家庭的政策仅在一定程度上缓解了家长因抚养学龄前儿童而饱受困扰的时间和经济压力。一个更可靠、质量更优的幼儿园和儿童保育机构网络，无疑是解决这一难题的关键部分。美国的政治文化不允

① Jane Waldfogel, "Family and Medical Leave: Evidence from the 2000 Surveys," *Monthly Labor Review* 124 (2001), 17-23. 有关各州产假的概览，参阅：Jodi Grant, Taylor Hatcher, and Nirali Patel, *Expecting Better: A State-by-State Analysis of Parental Leave Programs* (Washington, D. C.: National Partnership for Women and Families, 2005).

② James Bond, Ellen Galinsky, Michele Lord, Graham Staines, and Karen Brown, *Beyond the Parental Leave Debate: The Impact of Laws in Four States* (New York: Families and Work Institute, 1991).

③ Thomas MaCurdy, James Pearce, and Richard Kihlthau, "An Alternative to Layoffs: Work Sharing and Unemployment Insurance," Growth and Employment Policy Review series (San Francisco: Public Policy Institute of California, 2004).

④ Scott Adams and David Neumark, "A Decade of Living Wages: What Have We Learned?" *California Economic Policy* (July 1, 2005).

许政府像欧洲福利国家那样承担巨大的财政负担，但州长和州立法机构已 280
经表露出了扩大社会保险金收入来源以帮助有孩子的家庭的意愿。与相信将大规模公立学校教育扩展到更加年幼的儿童身上便可以减少美国的不平等现象这种一厢情愿的想法不同，这些措施将带来美国社会在工作和收入方面结构性的大幅调整。

家庭和学前教育之间的交集提供了一个前景广阔的政策创新领域，也为提高家长育儿的效率提供了一种方法。佩里实验最初产生的效果与每周对母亲进行家访有很大的关联。我们也在规模更大的芝加哥亲子中心和早期的提前开端项目中看到，在家长的积极参与下，幼儿教育是如何展露出更显著的效果的。

家庭的选择，家长的心声

新一代普及学前教育运动的领袖通常对这样一个最基本的人类问题避而不谈：家长希望如何抚养自己的孩子。相反，他们似乎仅仅对政治策略感兴趣：如何培养孩子们的前阅读和数学技能，换句话说，如何做好入学准备，并且提高考试成绩。这是一场提倡严明纪律的运动，运动的倡导者们自然对各式各样松散的儿童保育政策感到沮丧，但他们从未打算认识文化和语言方面的差异，或是诚心诚意地询问家长是否理解或重视“入学准备”。

普及学前教育运动的倡导者和政府之间结成的新同盟有时真可谓愚不可及。芝加哥市中心的学校办公室为芝加哥亲子中心和其他州立幼儿园开发了一套看似有用的“早期读写学习框架”，其中“州政府制定的第 30 条目标”赫然在列，要求儿童“运用目标语言在学业、职业和技术学科之间建立连接，并提升与以上学科有关的知识和技能”[①]。要知道，这套框架是专为 3—4 岁孩子制定的，所以，难道它的目标是为孩子们在幼儿园

① Office of Early Childhood Education，*Early Literacy Framework*：*Handbook for Early Childhood Classrooms*（Chicago：Chicago Public Schools，2002）.

建造的乐高车库或创意十足的厨房场景注入更多功利主义的意义？我问芝
281 加哥亲子中心的负责人索尼娅·格里芬是否为教师提供了社会情感方面的指导纲要（该中心自 2002 年开始贯彻前阅读、数学和科学等学科的教育标准），她说："这的确是一个重要的组成部分，（但）我们尚未为此制定框架。"

幼儿园课堂的社会结构，以及它们与家庭自身发展观念的契合程度等还有很多中间地带有待探索。密歇根大学的早期阅读专家苏珊·纽曼（Susan Neuman）描述过这样一个例子：在一位善意的幼儿园教师的要求下，一群坐立不安的 4 岁儿童整整在地毯上坐了 75 分钟甚至更久。这位教师先是让孩子们念诵"每日作息"："我们吃早餐，然后我们去幼儿园"，接着她以一个叫尼娜（Nina）的木偶为辅助，向孩子们灌输以字母 n 开头的单词，如"night，nuts，noodles"。孩子们变得越来越吵闹甚至开始动手。不出所料，这位教师这样告诫他们："手是用来互相帮助的！"教育官员选择这所学校作为前阅读教育的模范。这个学区每年会用六种不同的评价工具对每个学龄前儿童进行六次评估。[1] 纽曼曾为小布什担任总统期间推行的阅读优先计划（Reading First）担任设计负责人，她曾经敦促（政府）制定政策，鼓励更稳妥、更有驱动力的教学实践活动。

许多教师正是这么做的：他们灵活运用发展主义者里塔·德弗里斯等人设计的课堂教学方式，这些教学方式详细说明了如何利用烹饪和音乐练习来帮助孩子们掌握测量、几何关系，甚至推理和因果关系的基本要素。在里塔·德弗里斯等课堂设计者的帮助下，教师们学会了将丰富的前阅读内容融入需要进行人际互动的课堂活动中，以及设计需要进行大量口语交流、建立和睦人际关系的合作任务。[2] 在未来的数十年中，随着学前教育变得更加制度化，争论的焦点可能集中在幼儿的发展和学习如何在课堂里进行建构，以及家长在幼儿园培养儿童的过程中是否有权置喙等问题上。

---

① 来自苏珊·纽曼在赫金杰研究所（Hechinger Institute）2005 年 9 月 11 日开办的关于幼儿教育的研讨会上的演讲，以及 2005 年 9 月 15 日带观察附注的个人邮件。

② Rheta DeVries, Betty Zan, Carolyn Hildebrandt, Rebecca Edmiaston, and Christina Sales, *Developing Constructivist Early Childhood Curriculum* (New York: Teachers College Press, 2002).

令人惊讶的是，有许多倡导普及学前教育的鹰派人士，他们信奉自由主义，却谴责保守派活动人士的教条主义和本土主义文化倾向。与此同时，他们支持强调学业技能的思想体系——将儿童的发展偏狭地缩小为分门别类的语言、数字和呆板的知识，虽然他们亲自完成的调查结果显示，家长更关切的是孩子的自信心和社会化，是孩子交朋友和与他人合作的能力。在这方面，也有大量的中间地带有待开发，可是当普及学前教育的倡导者和政治领袖们开始加固制度基础（比如要求幼儿园按照小学的标准化 282
考试项目来建构课堂，或要求 4 岁孩子学习的内容必须与 7 岁孩子考试的内容保持一致，或将英语设为唯一的教学语言），尊重家庭和社区的教学实践活动就可能成为过去式。

另一个具有讽刺意味的现象是，普及学前教育的拥趸对学校问责制度和考试的热衷——即使只是为赢得政治支持而做做表面工作——可能只是权宜之计，从长期来看，它可能造成不可收拾的后果。著名的 PDK（Phi Delta Kappa）教育工作者协会和知名调研机构盖洛普公司（Gallup）在 2005 年联合进行的一项调查显示：超过三分之一的受访美国人认为考试太多，而五分之二的人认为目前的情况还行；超过一半（58%）的人表示，目前对学生年度考试的关注正在引导教师为了应付考试而授课。① 那么，家长们真的希望看到标准化考试和死板的课程压力渗透到学龄前儿童的日常生活中来吗？

源于社群的幼儿教育

在过去的四十年中，联邦政府的儿童保育政策在很大程度上对家庭的需求做出了回应，联邦政府也采取了各种各样的儿童保育措施。政府一直在努力，为贫困工人提供保育券和幼儿园，为中产阶级提供税收减免，帮助他们减轻儿童保育的经济负担。然而，正如我们在第一章中所讨论的，

① Lowell Rose and Alec Gallup, "The 37th Annual Phi Delta Kappa/Gallup Poll of the Public's Attitudes Toward the Public Schools," *Phi Delta Kappan* 87 (September 2005).

这种混合市场的取向未能使所有家庭享有同等的优质保育服务。

尽管如此，美国目前依旧主要由许多各自为营的保育机构为日益多样的家庭提供人性化的保育服务。这些家庭并未表示急需美国政府制定补救政策，因为福利国家的补救政策往往意味着整齐划一的体制性机构和中央监管。困扰着儿童保育和卷土重来的学前教育运动的潜在压力，可能是由普林斯顿大学社会学家罗伯特·武斯诺（Robert Wuthnow）所称的“现代化进程”[①] 被打破带来的。像 19 世纪初的公立学校或 20 世纪后期的医疗卫生机构一样采取分权式管理的社会机构，正面临着来自现代化统一政府的无情压力。政府的目标是将这种分权式的机构进行整合，使其更像一个完整的系统，使其内部细节符合统一的要求，面对服务对象时遵循统一的
283 流程，对质量的评估也有统一的标准。因此，现代政府可能利用官僚机制对多元社会进行理性化治理，建立秩序。宾夕法尼亚州立大学（Pennsylvania State University）的杰拉尔德·勒滕德（Gerald LeTendre）和戴维·贝克（David Baker）等人对这个问题提出了一个深入的解释：“理性化改革作为一种普遍的西方思想历史性的文化产物……，其作用是使这个世界的制度体制官僚化、市场化、具体化和同质化。”[②]

在某些历史时刻，强制执行集权式政策当然是公正和必要的，比如美国南方的学校废除种族隔离，或是将公共资源集中使用在成绩不佳的学生身上，更多地向地方学校问责，等等。但是，如今大多数儿童由直接对家长负责的社区机构看护，政府应该负责的是论证对这些人性化机构进行理性化管理的优势何在。因为当幼儿园受中央政府的资助和控制时，课堂可能会变得更加统一，也更少地受到周围社群偏好的影响。

州政府和联邦政府必须要做出决定，要么继续沿着现代化的、韦伯式的道路走下去，将儿童要学习的内容标准化、编成书籍，严格控制他们每

① Robert Wuthnow, *Saving America? Faith-Based Services and the Future of Civil Society* (Princeton: Princeton University Press, 2004).

② Gerald LeTendre, David Baker, Motoko Akiba, Brian Gosling, and Alex Wiseman, "Teachers' Work: Institutional Isomorphism and Cultural Variation in the U. S., Germany and Japan," *Educational Researcher* 30 (2001), 3-15.

天在其中度过 8 小时以上的机构环境；要么，采取一种更黑格尔式的策略，改善与当地学校共同开办幼儿园的各色各样的社区机构。对这些由政府出资建立的小型机构，政府可以合理地提出要求，要求它们在继续推进不同的理念和实践的同时，达到更高的质量标准。这就与目前正在推进的扎根于地方且富有成效的特许学校相似。① 普及学前教育运动的领袖当中，有人正在制定更具包容性、以社区为中心的模式，如同我们在洛杉矶观察到的幼儿教育工作者一样。正如历史学家芭芭拉·贝蒂所指出的："既强调公众获得入园机会（而非直接提供服务），又鼓励公立和私立幼儿园参与，这样的倡导更有可能取得成效。"②

对政府和专业协会而言，如何摒弃苍白单一的儿童发展概念，创设种类丰富的优质幼儿园？这涉及一些新的概念，即政府如何为地方机构保驾护航，同时又不使这些机构与其声称要服务的家庭渐渐疏远。

随机应变的"手术刀"政府 284

在普及学前教育运动倡导者的说辞中，有一点是在理的：如果要提供更加平等的优质幼儿园教育，就需要更为强大的公共投资。就财政方面而言，要求富有的美国人为下一代的长期投资买单似乎是公平的，因为他们在联邦税收改革中获益颇丰。一些亲商业的游说团体，如洛杉矶商会和总部位于纽约的美国经济发展委员会都支持这一立场。他们可能会把关于幼儿园的讨论扩展到各自的公司同僚身上，到目前为止，这些同僚提供的主要是口头上的支持。

---

① 有关这一历史问题的政治框架之回顾，参阅：Robert Wuthnow, *Saving America? Faith-Based Services and the Future of Civil Society* (Princeton: Princeton University Press, 2004); Bruce Fuller, *Inside Charter Schools: The Paradox of Radical Decentralization* (Cambridge, Mass.: Harvard University Press, 2000); Joseph Kahne, *Reframing Educational Policy: Democracy, Community, and the Individual* (New York: Teachers College Press, 1996); Jodi Dean, ed., *Cultural Studies and Political Theory* (Ithaca, N. Y.: Cornell University Press, 2000).

② Barbara Beatty, "The Politics of Preschool Advocacy: Lessons from Three Pioneering Organizations," in *Who Speaks for America's Children?*, ed. Carol De Vita and Rachel Mosher-Williams (Washington, D. C.: Urban Institute Press, 2001), 182.

然而，单靠资金并不能确保幼儿园的入园机会得到公平的分配。我们还需要精心设计州政府扮演的角色，重点关注如何为不同的社区提供更加公平合理的财政支持，改善真正能够促进儿童发展质量的因素，并完善地方的治理模式。政府可以与社区机构建立强有力的伙伴关系——某些政府机构已经在这样做了——而不是试图将孩子们推入大规模的教育机构中。

政策制定者需要采取外科手术式的行动，将公共资源集中在那些能够从优质幼儿园中受益最多的儿童身上。一些倡导者说，“只为穷人设立的项目会变成糟糕的项目”，但此话并没有证据支撑。例如，最近对提前开端项目的实验研究结果显示（见第六章），该项目在幼儿读写能力方面带来的益处与田纳西州缩小班级规模的实验（同样针对贫困儿童）带来的益处不相上下。诚然，提前开端项目幼儿园的质量参差不齐，但它们正努力提高教师的能力，以促进儿童的社会和认知发展，我们有理由期待提前开端项目幼儿园能够产生更为显著的影响。同时，来自塔尔萨的最新调查结果显示，在对师资质量进行合理的干预后，幼儿园中贫困和工薪阶层的孩子获得了巨大的进步。

相较而言，在中产阶级和富裕家庭的孩子当中，我们较少观察到他们从幼儿园得到持续性收益的例子。这些孩子大多数受益于相亲相爱、积极振奋的家庭氛围。他们在学前班所展露的在幼儿园获得的领先优势看上去令人鼓舞，而且随着学前教育质量的提高，这种优势也会随之增强。可
285 是，自幼儿园毕业后，中产阶级家庭儿童的成绩可能在小学初期便下降到平均水平。如果普及学前教育中的“普及”只是一种聪明的政治策略——为赢得中产阶级选民的关键选票——那么这场运动的倡导者应该坦率承认这一点。迄今为止，所有儿童都能明显从幼儿园中受益的说法缺乏证据支持。那些声称上幼儿园能够缩小儿童学业差距的支持者们倒是更有可能拿到支持性证据。只是，要真正缩小学业差距，幼儿园必须对贫困儿童产生更大的影响和推动，同时孩子们在幼儿园获得的优势还需要更加优质的小学教育才能加以维持。

为所有家庭赋权，听上去是一项很有吸引力的政策，但在缩小学业成

绩的差距方面，它显然是无能为力的。赋权常常被作为改善教育不平等的政策补救措施而进行兜售。但事实上，它们根本无法缩小孩子们在学习上的差异。田纳西州缩小以黑人学生为主的学校班级规模，这一措施确实成功地缩小了孩子们学业成绩上的差距。但是在加利福尼亚州，将低年级班级规模限制在 20 名学生以内的政策执行 10 年后，低收入家庭的学生的落后程度仍与从前相同。① 初步分析表明，《不让一个孩子掉队法案》可能有助于维持各州在提高小学生考试成绩方面所展现的势头，但各族裔之间的学业成绩差距总体上未能弥合。② 当然，公共政策的目标必须包括影响和提高中产阶级儿童受教育的机会和生活质量。但在普及学前教育的倡导者和政策领导人集中关注贫困儿童的发展问题之前，这可能只会成为唯一的影响，且影响程度相当有限。

普及学前教育运动的支持者对大杂烩式的学前教育财政来源机制和流向地方政府和幼儿园的资金拨款方式提出了合理的批评。这些财政机制让家长们也感到困惑不堪。在联邦政府层面，由针对机构的直接固定拨款（如提前开端项目和州立幼儿园）、面向市场的保育券和税收减免等方式组成的混合模式可能会继续存在。与此同时，保守派人士将拒绝停止为低收入家庭发放保育券，因为其中大约一半的补助是提供给家庭式托儿所的。将超过 180 亿美元的财政支持整合成一个为幼儿园机构直接拨款的项目和一个专门的保育券项目，然后将管理权限下放到地方区县，这样就可能形成一个更易获取入园机会、有更高质量的由学前教育机构和学前教育提供者组成的网络系统。

如果家长选择的机构得到保护和加强，那些为家庭带来益处的长期公共支持政策，比如发展学前教育事业，就会变得更加壮大。从美国长达百 286

① Brian Stecher, George Bohrnstedt, Michael Kirst, Joan McRobbie, and Trish Williams, *Class-Size Reduction in California: A Story of Hope, Promise, and Unintended Consequences* (Santa Monica, Calif.: RAND Corp., 2003). 有关权利的政策改革文献，参阅：Stephen Ceci and Paul Papierno, "The Rhetoric and the Reality of Gap Closing: When the 'Have-nots' Gain but the 'Haves' Gain Even More," *American Psychologist* 60 (2005), 149-160.

② Daria Hall, "Primary Progress, Secondary Challenge: A State-by-State Look at Student Achievement Patterns" (Washington, D. C.: The Education Trust, 2006).

年的普及学前班运动的历史中，很难得出这样的结论：被公立学校接管后，学前班为5岁儿童带来了丰富多彩的环境（事实上并没有）。这种已经过时的所谓组织创新也未能在缩小儿童的学业成绩差距上带来任何帮助。幼儿园一旦被纳入公立学校，便会具有K-12教育系统的大部分特征，所有困扰这一系统的公共财政和教师素质不平等方面的弊端也将随之而来。与此同时，基本上不受监管的保育券的增长为低收入家庭减轻了经济负担，但它们往往流入了资质堪忧的照料者手中。

目前我们面临的困境是，既要丰富家长的选择，又要简化选择公立幼儿园的程序。要达到这一目的，就必须使幼儿园摆脱社会福利的历史定位，扩大幼儿园服务的家庭的范围。只有当政府的支持展现出足够的包容性时，蓝领家庭才会相信幼儿园是适合自己的选择之一。在进行美国医疗体制改革，扩大医保覆盖范围的国政时，这个方法也曾经奏效。

保护并提高家长对学前教育机构的选择性，让选项包括符合更高质量标准的家庭式托儿所，将使学前教育更能适应不同的家庭偏好，正如我们在洛杉矶的普及学前教育试验中看到的那样。同样，对于在工作场所开设幼儿园的企业，或是将提供保育经费报销作为福利的企业，扩大联邦税收减免范围等措施可以增加雇员的育儿选择，甚至可能降低雇主的附加福利成本。① 一项全美调查显示，到20世纪90年代末，约56%的重要雇主增加了儿童保育福利，13%的雇主开办了幼儿园。② 联邦政府每年向中产阶级家庭另外提供了27亿美元的税收减免，帮助其承担儿童保育和学前教育费用。

对学前教育质量的财政投入应以证明某种组织策略确实促进了儿童的发展为驱动力，而不能视质量的外在象征性指标而定，不论这种指标对专业团体或工会具有多大的吸引力。耗资巨大的“改善”，比如强制要求教

① Burton Beam, Jr. and John McFadden, *Employee Benefits*, 4th ed. (Dearborn, Mich.: Dearborn Financial Publishing, 1996).

② Erin Kelly, “The Strange History of Employer-Sponsored Child Care: Interested Actors, Uncertainty, and the Transformation of Law in Organizational Fields,” *American Journal of Sociology* 109 (2003), 606-649.

师必须具有本科学历，实际上并不能帮助孩子，反而会进一步削弱政府政策的正当性。

奇怪的是，一些信奉自由主义的普及学前教育倡导者似乎不鼓励开展有关美国人工作的本质、家庭的福祉以及如何提高家长抚养子女能力的生动鲜活的民主讨论。不知怎的，保守派的作家们似乎对家长和无所不知的机构的弊端反而持有更多的“真知灼见”，比如《纽约时报》的戴维·布 287
鲁克斯就写道：“人不仅仅是系统组织的一部分，还具有自己的思想和偏好，而且这些思想和偏好往往是与规划者迥然相悖的。你给人们提供蚊帐来预防疟疾，但他们可能用蚊帐来捕鱼。”①

当然，政府必须在筹措公共资金，以及加强基于实证研究的质量改进措施等方面更加足智多谋。但政治领导人也必须认识到，后联邦主义时代迫切需要对治理之道进行政策创新。我们在前文曾经看到，是州政府，而非联邦政府率先发起了学前教育领域的改革，且引发了一系列普及学前教育的实验。尽管如此，在美国万花筒式的各式社区当中，在文化多样性和地方组织民主化的推动下，一种更加多元化的市民社会模式已经出现。正如诺顿·格拉布和马尔温·拉泽尔松在约25年前曾经提醒的，“国家父权（parens patriae）*（即国家作为家长）的负面特性正逐渐成为一些儿童保育举措的特征”，实际上，强化非营利性机构，巩固市民社会，使得每个家庭更加稳固，才是正确的做法。② 这是普及学前教育的一些倡导者没有学到的功课。

“熔炉”的比喻将继续保留，整个美国社会的同化趋势也将持续下去。与此同时，美国现代城市和郊区的建筑已经明显由阶级、种族和语言划分成为一个个（彼此隔离的）社群。正是这“始终存在的社群成员的重要性”与如何组织公众力量来改善儿童教育的困境颇有关联。用社会学家理

① David Brooks, “Liberals, Conservatives and Aid,” *International Herald Tribune*, June 27, 2005, 8.

* “国家父权”一词源于拉丁语，含义是国家是每个儿童的最终监护人，因此国家可以承担家长责任，并且为了保护儿童干预家庭事务。——译者注

② Norton Grubb and Marvin Lazerson, *Broken Promises: How Americans Fail Their Children* (New York: Basic Books, 1982).

查德·阿尔巴（Richard Alba）和维克托·尼（Victor Nee）的话来说，重要的是强调“基于经济状况和利益关系的团结。……（要让）儿童能够从……所在群体的文化和社会经济资源中吸取有利的观念”[1]。这些地方性的活力再次挑战了政府的标准化和监管习惯。

从改善医疗服务、提供社会保障到促进学前教育，政府在为遍布全美的不同社群确定公共项目时必须当机立断。与此同时，政府也不应盲目地将特定的文化形式或抚养幼儿的方式强加于人，这些因素对于家长的权威和社群的传统习俗而言十分重要。正如威廉·高尔斯顿（William Galston）等政治理论家如今所主张的，培养孩子独立自主的个性和个人主义的观
288 念，对市场来说是有意义的，但这有可能瓦解他们的社会结构。[2] 这样的诉求难免叫人想到杜威、格塞尔和维果茨基提出的以社群为中心的儿童发展观。

要想使政府下沉，办法之一便是将治理工作集中在地方层面，比如集中在学校或社区委员会层面，总之是由更基层而非高高在上的政府官员进行管理。这在加利福尼亚州县级领导的普及学前教育创新方案中有所体现，这些都属于对非营利性机构最为包容、最为尊重的创意措施。州政府应该让地方委员会对幼儿在认知、社会化和体格发展方面取得进步负责。家长在促进儿童成长方面所起的作用也应加以追踪。州政府可以提供更公平的资金支持、规划数据和创新性的思路，帮助区县级管理者和学前教育工作者根据孩子和家长的实际情况进行策略上的调整，同时展示自己的课堂实践和课堂策略如何促进孩子的全面发展。[3]

我必须明确指出的是，目前学前教育机构的市场非常混乱无序，不仅数量不足，而且不公平到令人痛心的地步。我已经详细说明了如今幼儿园

---

① Richard Alba and Victor Nee, *Remaking the American Mainstream: Assimilation and Contemporary Immigration* (Cambridge, Mass.: Harvard University Press, 2003), 163.

② 有关高尔斯顿观点的批判性评论，参阅：Rob Reich, *Bridging Liberalism and Multiculturalism in American Education* (Chicago: University of Chicago Press, 2002), 51-55.

③ 教育和社会政策的其他领域，已使用一系列政策工具来促进附加的公共目标的实现，参阅：Lorraine McDonnell and Richard Elmore, “Getting the Job Done: Alternative Policy Instruments,” *Educational Evaluation and Policy Analysis* 9 (1987), 133-152.

在很大程度上受到家长购买力的影响，比如在入园名额和教师资质等方面。如果政治领袖试图根据家长的经济承受能力来分配公立学校的学位，毫无疑问，街头骚乱将接踵而至。令人遗憾的是，美国学前教育的大部分领域，便是以这样的市场原则来分配幼儿园资源的。然而，允许负担过重的公立学校接管大量社区幼儿园，集中采取补救措施，这将是极其危险的。因此，当前的公立和私立幼儿园市场需要改善良莠不齐的质量、调整差额巨大的办园成本，变得更有活力、更能适应美国多样化的家庭需求。

民主化的儿童发展 293

在追溯学前教育体制如何试图触及儿童及家长的生活时，我们很快便意识到，这个故事当中包含着诸多的角色和反复出现的矛盾，甚至还有一点悬念。事实上，学前教育已成为各种教育利益团体、社群团体、教会活动人士和政治家纷纷涉足的领域。我们发现，在现代施政逻辑之下，政府很难以大多数人的公共理想为出发点采取行动，无论是平衡学校拨款、对医疗服务提供商形成市场压力，还是在守护国家安全的问题上，均是如此。长期以来，政府面临着如何发动民众力量来支持公共项目的挑战，如今，这样的挑战又恰好遭遇了对市场的不信任及对自力更生的疑虑风潮。

市场和政府之间的斗争无论结果如何，都不应掩盖这样一个事实：在抚养幼儿方面，地方行动者——社区机构、幼儿园教师或家长——是最具影响力的。是的，我们常常听到“基于研究的实践”和“研究表明”这样的说法，仿佛普及学前教育的倡导者们一直饱受图雷特综合征(Tourette's syndrome)* 的折磨，但有关学前教育的争议的指导框架——无论是自由人文主义、学业技能，还是跨文化的发展概念——仍然与幼儿本
质，与能够促进幼儿学习的各种社会组织的理念和主张有关。有权将自己 294
的理念和实践运用于照看的幼儿身上以追求幼儿最佳发展的是幼儿看护

* 图雷特综合征是一种遗传性疾病，表现为频繁的运动性抽动和声带抽动，患者可能出现频繁重复语句的症状。——译者注

人，而非政府官员。

一套新的指导思想往往由精英思想家或面向大众的专家最先提出，继而引起争议，再由大学研究人员和专业团体不断提供新的信息，为争议方所用。但是如今，来自草根阶层的普通民众的声音，包括对中央集权政府的质疑在内，正在为学前教育相关的公开讨论注入新的能量，因为在很大程度上，基层的民主讨论是由分权式的组织机构主持的。①

因此，包括普及学前教育运动的倡导者在内的新自由主义者们，在推动幼儿园与各州融合的过程中，可能会从人力资本或技能形成的角度宣扬孩子们在课堂上应当学习的内容。然而，学前教育工作者或照料者可能会抵制这种观念（中产阶级的家长则更不必说了），因为他们大多数都是在自由人文主义或其他文化传统的熏陶下长大的。我们听到一些幼儿园教师提到过类似的情况：一边是新制定的统一教学法，另一边是专业且全心全意地培养儿童的自信心并保护儿童探索的冲动。他们努力地在两者之间寻找平衡。又比如，一位致力于提高儿童的拉美裔身份认同感或流利的双语表达能力的教师，可能会想方设法地抵制政府官员提倡的给儿童布置任务清单、进行重复性训练的方法。对于如何一再拒绝或适应来自上层越来越强烈的政策信号，我们还有很多要向学前教育工作者们学习的地方。

还有一个避不开的问题，那便是当代政府是否真的希望加强基层的民主社会组织体制。如今，我们看到，具有各种意识形态的政治人物都渴望提高考试成绩，并操纵各种中央政策杠杆，进一步对课堂进行控制，极端者甚至使得我们对儿童潜能的认识变得越来越狭隘。政府若是有意将不同群体整合在一起，就必须制定统一的规则和符号，甚至支持一种共同的、

① 对来自基层的地方社区的行动和来自上层的行动的比较，参阅：Joel Handler, *Down from Bureaucracy: The Ambiguity of Privatization and Empowerment* (Princeton, N. J.: Princeton University Press, 1996).

往往占主导地位的语言。政治体制的这一新古典主义经济学*功能一方面能够平衡经济机会，同时又相当自相矛盾地将占主导地位的工作和文化形式合法化，并随着时间的推移将它们强加给不同的家庭。

但是，如今为儿童提供服务的社区组织是呈平面化分布的，而美国社会正迅速地变得更为多元，因此集权化的规则可能受到来自底层的挑战。当政策制定者试图将制度形式同质化，设定统一的质量标准，或者强制推 295
行某种组织课堂的方式（意味着教师和孩子之间的人际关系变得千篇一律）时，这种反对将带来相当大的力量，正如我们在洛杉矶丰富多彩的政治文化格局中所见的那样。跨文化儿童发展这一概念的兴起对政府的监管习惯提出了新的挑战。

因此，我们看到，一直以来体现当代美国政策制定过程和政治权威的形象是垂直的——以美国人民为基座，国家元首居于其上，成为受到关注的焦点。但是，这一形象正在渐渐褪色。也许现在，这头野兽平躺了下来，由去中心化的人性化组织机构组成的领域，以及社会或“公共”权威构成的多个节点共同支撑。到目前为止，三分之二的非营利性幼儿园主要由家长交纳的费用支持，基本上不接受政府的监管或资金支持。即使是依赖州政府资助的幼儿园在普及学前教育的倡导者和他们的盟友开始强调学科技能的重要性之前，也是可以自由设计自己的课程和教学理念的。由于幼儿园质量良莠不齐，他们的论调并非完全没有市场。

其中一个难点是，学前教育机构的去中心化格局使得政府在这一领域失去了立足之地——普及学前教育运动的倡导者会喋喋不休地提及这一点。在保守的俄克拉何马州，一些政治人物不得不偷偷地为普及学前教育进行重大的财政体制改革。在加利福尼亚州，罗布·赖纳能够吸引媒体的关注，为一项全州范围的投票议案提供资金，但他必须绕过束手束脚的立

---

* 和古典主义经济学一样，新古典主义经济学支持自由市场经济、个人理性选择，反对政府过度干预；但新古典主义经济学更为强调市场对经济发展的作用，并认为经济完全可以通过市场这只“无形之手”实现均衡发展。它的三个基本观点是：主张保护个人利益、强调私有化的重要性；反对国家干预，主张自由竞争、自由放任；主张经济自由化，包括贸易自由化和金融自由化。——译者注

法机构和几位犹豫不决的州长。与此同时，保守党领导人已经变得相当擅长针对公共问题推动市场补救措施了——发展一个规模更小、影响力更低的政府。

夹在两者之间的是体制自由主义者，他们试图重新点燃现代社会对大系统的信心，推动一种韦伯式的涅槃，由政府为不断扩张的体制化机构充当总设计师的角色。为了显得更负责任、更公平，他们规定了统一的学习目标，将教学方法常规化，并让孩子们参加标准化考试。如果考试成绩确实提高了，那么纳税人对政府可能就更有信心，会拿出更多的钱来养活这头怪兽。这就是普及学前教育倡导者对童年进行标准化的策略。在大众社会的现代逻辑之下，建立一个更加严密和一致的儿童培养方式，这听上去是如此正确，前提是这套说辞能够不断地吸引追随者。

296 学前教育领域如今享有更清晰、更辽阔的边界，扎根于更肥沃的土壤中，得到了灌溉，而且我不得不说，还受到许多同样支持公立学校的利益集团和官僚机构的滋养。上一代的研究帮助我们全面了解并细化了由幼儿园和个体托幼服务提供者组成的广泛的网络，并揭示了获得优质学前教育服务的机会是如何不平等。新的实证性研究工作以及关于分权式社会行为的最新理论，有助于政治领导者和地方教育工作者厘清当前他们所面临的重大选择。事实上，在这场针对普及学前教育运动所展开的诸多辩论中，有相当多的问题是利害攸关的，比如美国人怎样通过不同的途径选择抚养孩子的方式和孩子成长的环境，甚至我们通过什么途径去理解儿童的发展潜能。

在未来几十年里，也许公共资源将被调集起来，以民主的方式创设更丰富的机构，帮助家长完成抚养子女这一重任。也许政治机构会决定加强公立学校系统，将权力集中在更为统一的体制中。在美国各州和各大城市之中，结果将各不相同。我们将要面临的，是一个牵动人心的选择。美国人将会信任什么？是政府，是市场，还是由更为强大的社区机构组成的市民社会？在这个关口，我们如何迈步向前，考验着我们是否具有共同的决心，决心以更好的方式培养我们的下一代，将人类最基本的任务完成得更加出色。

研究团队、研究方法与致谢 297

自本研究伊始，我与玛格丽特·布里奇斯和西塔·帕伊就试图厘清美国社会围绕着如何培育儿童这一基本问题存在的哲学观念分歧。儿童具有怎样的潜力？应当如何充实儿童的日常生活？不同的社会人群对于这些问题有着不同的设想和主张。信奉发展主义的当代学者们试图将思想体系方面的讨论搁置一旁，专注于探寻有益于儿童发展的普遍因素。但是，儿童获得重要的知识和成长，是多方面因素共同作用的结果，比如健康的生理发展、与文化背景相关的活动、认知需求和社会规范等等。我们意识到，一场围绕普及学前教育展开的政治文化争论正愈演愈烈，反映出在塑造美国学前教育领域的过程中，各种体制性机构和多方利益相关者是如何与发展科学角力的。

我们一面将两种类型的研究结果进行归总（一种是哲学的，一种是实证主义的）；一面也在进行自己的实证研究，我们花费两年时间，在加利福尼亚州、新泽西州、俄克拉何马州和华盛顿特区采访了诸多幼儿教育领域的相关人士，其中包括幼儿园教师、社区活动人士、学校官员、研究人员、联邦政府和州政府的政策制定者。仅靠理念和思想史自然无法推动重大的教育改革，但民众可以。我们在幼儿园展开了民族志式的研究，对家长进行访谈。我们跟踪观察各种幼儿保育机构的儿童，分析学前教育机构中教师与孩子的人口构成。在对普及学前教育运动有了更深的了解之后，我开始对一个问题产生了兴趣：学前教育运动的倡导者们是如何罗织各种证据以支持自己的观点，支撑自己推动童年的标准化的？

西班牙艺术家霍安·米罗（Joan Miró）常常在大幅画布上作画。纹理 298

清晰的画布上铺满了明丽的色彩或抽象的线条，激发人们去想象、去解读。与此同时，他也热衷于捕捉细节的意义。他说："每个人都只画大片的树木和山脉，而没有注意到小小的花朵和草叶。"① 这本书自然不像艺术家的画作那般色彩斑斓，感染力十足，它只是在试图发现广泛的历史和文化力量，阐明个人和群体如何将这些力量带入生活之中。每个人、每个群体都表达了内心深处的想法，同时这些表达也难免附带着一些程式化的事实。

在解开这团由哲学立场和实证研究缠结而成的乱麻之后，我们理应坦白自己的思想根源，以及我们在精心寻找角度和整合证据方面所扮演的角色。我说"我们"，指的我和我的两位卓越的同事——玛格丽特·布里奇斯和西塔·帕伊。这本书源自我们在过去数年间进行的集体研究项目。第三章中提到的在幼儿园内进行的民族志式调查，便是由西塔主导的；第六章中对实证研究的综述则大部分是玛格丽特的功劳。西塔以博士后的身份来到加州大学伯克利分校，她有着极强的专业敏感性，治学严谨，曾在哈佛大学与罗伯特·莱文（Robert LeVine）一道学习人类跨文化发展方面的课程。西塔·帕伊目前担任纽约市芝麻街工作室（Sesame Workshop）的研究主任。玛格丽特专业研习发展心理学，她毕业于弗吉尼亚大学。

在我们的研究中，大量关于幼儿园项目的供应情况研究，以及这些项目对儿童发展的影响的实证性研究是我与其他同事合作进行的。我和莎伦·林恩·卡根、苏珊娜·洛布共同主持了在贫困中成长项目，这是一项为期五年的研究，对来自 3 个州的 927 名低收入母亲及其年幼的孩子进行跟踪调查。

书中列出了加利福尼亚州康普顿市一位曾经的双语幼儿园教师意味深长的观点，这是由博士生亚力杭德拉·利瓦斯提供的。亚力杭德拉·利瓦斯还发掘了各种事实和统计数字，为第七章做出了重要贡献。亚力杭德拉·利瓦斯对加利福尼亚州幼儿园教师的访谈为我们的定性研究提供了依据。莎莉·塞拉菲姆（Sally Serafim）以娴熟的技巧为我校对初稿，在其

① Colm Tóibín, *Homage to Barcelona* (London: Picador, 2001), 85.

中发现了许多恼人的错误。艾莉森·申（Allison Chen）、凯蒂·格斯基（Katie Gesicki）和克丽丝特尔·明西（Krystal Mincey）帮助我核查事实、查找参考材料。阿普丽尔·阿尔瓦雷斯（April Alvarez）组织许多拉美裔 299
母亲开展焦点小组座谈，并搜集了大量期刊文章。

本书探讨的一些论点是由一群在哲学、科学和跨文化儿童发展领域工作的开创性学者提出的，例如辛西娅·加西亚·科尔、威廉·科尔萨罗（William Corsaro）、尤金·加西亚（Eugene García）、卡罗尔·约菲（Carol Joffe）、苏珊·霍洛韦、罗伯特·莱文、萨拉·莱文（Sarah LeVine）、莎莉·卢贝克、芭芭拉·罗戈夫、朱莉娅·里格利（Julia Wrigley）。我对他们感激不尽。我还要衷心感谢历史学家戴维·泰亚克（David Tyack），他在多年前曾对我讲过，在一个多元化的社会推进统一制定的教育系统可能有哪些好处和风险。

一些人不辞辛苦地帮我审阅了各章节的初稿，纠正了事实错误，并对我们的阐释做了真实性检验。在这一方面，我要特别感谢安迪·麦肯齐，我三次前往塔尔萨，都是他与妻子珍妮特一同接待的。他们总是那样热情而坦率，耐心地为我指出分析中存在哪些薄弱环节。卡伦·希尔-斯科特在这方面同样出色。她阅读了部分章节，参与了评审，尽管是“为他人作嫁衣”，但她总是表现得如此优雅迷人，且不乏幽默感。鲍勃·哈比森花费数小时与我讨论历史事件的细节，确保每一个事实都准确无误。小威廉·戈姆利也对讲述俄克拉何马州的章节发表了一番详尽的评论。

埃伦·弗雷德是一位思维缜密的发展主义者，曾在新泽西主持普及学前教育项目多年，她总是随时愿意提供帮助，她的评论坦白而富有洞察力。我咄咄逼人地提出了许多与证据有关的问题，但威廉·巴尼特总是不厌其烦地给予回答。珍妮特·柯里不惜花费时间审订稿件，温和地纠正我们对实证文献进行评述时犯下的错误。加利福尼亚州的保罗·米勒（Paul Miller）和帕蒂·西格尔总是乐于伸出援手，支持我，哪怕有时与我意见相左。在写作的过程中，两位出色的编辑凯特·沃尔（Kate Wahl）和伊丽莎白·诺尔（Elizabeth Knoll）帮助我进行构思，并对整本书进行指导，不断推动我继续关注这个人类社会的重要问题。四位匿名审稿人的评论为文稿的修订提供了指导。来自斯宾塞基金会（Spencer Foundation）的苏珊·多伯（Susan Dauber）长期以来一直资助我对低收入拉美裔家庭进行研究，以一贯的坦率和热情帮助我厘清自己的想法。在芝加哥，索尼娅·格里芬详细地讲述了那些让人印象深刻的亲子中心的情况，阿瑟·雷诺兹则毫无保留地和我分享了他的研究发现。

300 与其他各界人士的交谈以及他们的反馈，对于促进我对美国各州地方动态的了解意义非凡。特别感谢俄克拉何马州的史蒂文·道、帕姆·布鲁克斯、玛丽亚·卡洛塔·帕拉西奥斯、乔·埃丁斯、朱迪·费里、辛迪·兰斯、雷莫娜·保罗、哈丽雅·帕特森（Harriet Patterson）、莱斯利·波特和卡萝尔·罗兰。在加利福尼亚州，有许多人花费数小时与我在一起，拼合近代历史，事无巨细地记录当地事件，认真权衡与考虑洛杉矶和加利福尼亚州关键人物做出的贡献。向约列·弗洛里斯·阿圭勒、桑迪·阿尔斯特兰德、雷纳塔·库珀、休·柯蒂斯（Sue Curtis）、劳拉·埃斯科贝多（Laura Escobedo）、卡琳·克莱因、格拉谢拉·意大利诺-托马斯、尼尔·考夫曼、凯茜·马拉斯克-萨穆、芭芭拉·麦克莱恩（Barbara McLean）、卡拉·里韦拉和马蒂·鲁德致以诚挚的谢意。在杰奎琳·麦克罗斯基的帮助下，我看清了洛杉矶政治在几个不同时期的复杂动态。

我衷心感谢多年来支持这项研究的公共机构和基金会。幸而有他们的慷慨解囊，我才能够在幼儿园一待数月，对家庭进行长期跟踪研究，对全美数据进行分析。对任何一位学者而言，只要他提出具有强烈政治争议的问题，那么私人基金会的支持就是至关重要的。在这方面，斯宾塞基金会资助了西塔的民族志研究，并支持着我对拉美裔儿童在幼儿园内和园外的表现进行的研究。我对贫困家庭和儿童保育选择的研究得到了斯宾塞基金会以及帕卡德基金会近 15 年的支持。旧金山三个热心公益的，来自哈斯家族*的家庭提供的持续不断的支持也非常重要。特别感谢海迪·张（Hedy Chang）、苏珊·多伯、阿曼达·范斯坦（Amanda Feinstein）、迪安

* 哈斯家族是美国一个著名家族，其创始人为李维斯（Levi's）公司前董事长沃尔特·A. 哈斯（Walter A. Haas）。哈斯家族多年来致力于慈善事业，创办有“哈斯基金会”。——译者注

娜·贡比（Deanna Gomby）、谢里尔·波尔克（Cheryl Polk）、王伟民（Weimin Wang）* 和玛丽·扬（Marie Young），谢谢他们这些年来提出的尖锐的问题和给予的鼓励。在贫困中成长是一项长期跟踪研究项目，得到了美国教育部、美国卫生与公众服务部、哈斯家族、凯西基金会（Casey Foundation）、麦克阿瑟基金会（MacArthur Foundation）和斯宾塞基金会的资助。皮亚·迪万（Pia Divine）、劳丽·加尔杜克（Laurie Garduque）、内奥米·卡普（Naomi Karp）、麦克·拉拉希（Mike Laracy）和琼·隆巴尔迪也是这项工作早期的坚定支持者。

玛格丽特·布里奇斯起初对于幼儿园和儿童保育从业者的研究受到加利福尼亚州 0—5 岁幼儿及家庭教育委员会的资助。她对学前教育对不同儿童产生的持续影响的研究，是由帕卡德基金会与拉斯·朗伯格和洛恩·德兰共同资助的。在加州大学的安排下，我与家人在巴塞罗那度过了一个美好的假期，书中的大部分内容就在那儿写就。

这些机构或基金会不一定赞同我在书中提出的论点。玛格丽特和西塔 301
也不见得与我意见一致——这正是我乐于与她们共事的原因之一。书中若出现任何事实或阐释上的错误，都是由我个人的原因造成的。

我热切希望将此书献给苏珊·霍洛韦，她是智慧的灵魂伴侣，也是温柔的伙伴，我们相互扶持，共同抚养凯特琳（Caitlin）和迪伦（Dylan）两个孩子，这不啻为一段变幻莫测的历险。孩子们总是取笑我“迫不及待”地上网登录邮箱或阅读至深夜。苏珊是一位发展心理学家，每当成年人的奇怪行为使我百思不解时，她就会帮我依据儿童时代的自身经历找到困惑的落脚点。她帮我做到这一切，这有时甚至使她懊恼。对于苏珊为我的生活、成长以及我们共同的理想所做的一切，我怀着道不尽的感激。谢谢大家！

布鲁斯·富勒

于伯克利

* 此处人名为音译。——译者注

索　引

各词条后所列数码，为英文版原著页码，即本书边码。

出 版 人　郑豪杰
责任编辑　赵琼英
版式设计　杨玲玲
责任校对　贾静芳
责任印制　叶小峰

图书在版编目（CIP）数据

标准化童年：美国学前教育的政治与文化之争 /（美）布鲁斯·富勒（Bruce Fuller）著；宋映泉；张眉；程静译. —北京：教育科学出版社，2022. 5

书名原文：Standardized Childhood：The Political and Cultural Struggle Over Early Education

ISBN 978-7-5191-2807-4

Ⅰ. ①标…　Ⅱ. ①布…②宋…　Ⅲ. ①学前教育—研究—美国　Ⅳ. ①G619. 712

中国版本图书馆 CIP 数据核字（2021）第 227574 号

北京市版权局著作权合同登记　图字：01-2022-1654 号

标准化童年：美国学前教育的政治与文化之争
BIAOZHUNHUA TONGNIAN：MEIGUO XUEQIAN JIAOYU DE ZHENGZHI YU WENHUA ZHI ZHENG

出版发行	教育科学出版社		
社　　址	北京·朝阳区安慧北里安园甲 9 号	邮　　编	100101
总编室电话	010-64981290	编辑部电话	010-64981280
出版部电话	010-64989487	市场部电话	010-64989572
传　　真	010-64989419	网　　址	http://www. esph. com. cn
经　　销	各地新华书店		
制　　作	北京金奥都图文制作中心		
印　　刷	三河市兴达印务有限公司		
开　　本	720 毫米×1020 毫米　1/16	版　　次	2022 年 5 月第 1 版
印　　张	25. 75	印　　次	2022 年 5 月第 1 次印刷
字　　数	353 千	定　　价	79. 00 元

图书出现印装质量问题，本社负责调换。

Standardized Childhood: The Political and Cultural Struggle over Early Education

by Bruce Fuller

Published in English by Stanford University Press